新編諸子集成續編

# 鬼谷子集校集注

許富宏　撰

中華書局

圖書在版編目(CIP)數據

鬼谷子集校集注/許富宏撰. —2版. —北京:中華書局,2010.1(2024.6重印)
(新編諸子集成續編)
ISBN 978-7-101-07155-9

Ⅰ.鬼… Ⅱ.許… Ⅲ.①縱横家②鬼谷子-注釋 Ⅳ.B228.05

中國版本圖書館CIP數據核字(2009)第235498號

責任編輯:聶麗娟
責任印製:管　斌

新編諸子集成續編
鬼谷子集校集注
許富宏 撰
*
中華書局出版發行
(北京市豐臺區太平橋西里38號　100073)
http://www.zhbc.com.cn
E-mail:zhbc@zhbc.com.cn
三河市宏盛印務有限公司印刷
*
850×1168毫米 1/32・14⅞印張・2插頁・300千字
2008年12月第1版　2010年1月第2版
2024年6月第14次印刷
印數:42001-43500册　定價:52.00元

ISBN 978-7-101-07155-9

# 新編諸子集成續編出版緣起

新編諸子集成叢書，自一九八二年正式啟動以來，在學術界特别是新老作者的大力支持下，已形成規模，成爲學術研究必備的基礎圖書。叢書原擬分兩輯出版，第一輯擬目三十多種，後經過調整，確定爲四十種，今年將全部出齊。第二輯原來只有一個比較籠統的規劃，受各種因素限制，在實施過程中不斷發生變化，有的項目已經列入第一輯出版，因此我們後來不再使用第一輯的提法，而是統名之爲新編諸子集成。

隨着新編諸子集成這個持續了二十多年的叢書劃上圓滿的句號，作爲其延續的新編諸子集成續編，現在正式啟動。它的立意、定位與宗旨同新編諸子集成一脈相承，力圖吸收和反映近幾十年來國學研究與古籍整理領域的新成果，爲學術界和普通讀者提供更多的子書品種和哲學史、思想史資料。

續編堅持穩步推進的原則，積少成多，不設擬目。希望本套書繼續得到海内外學者的支持。

中華書局編輯部

二〇〇九年五月

# 目録

# 序言

鬼谷子一書是先秦縱橫家的理論著作，也是對春秋以來行人遊説、諫説的經驗技巧和此類文章寫作經驗與技巧的總結。它不僅在我國論説文發展史上佔有重要的地位，在我國古代心理學和人際關係、組織管理與策劃等學科的研究上，也具有重要的意義。

自然，中國古代並没有心理學、人際關係學、管理與策劃學這些學科，談到人際關係，也是「君君、臣臣、父父、子子」等來自儒家倫理學説和「禮」學的一套理論，對君對父，都講「死諫」；對兄弟、親朋，只講誠信。但君、父中也有兇暴不聽正確的勸諫者，師友、弟兄、親戚中也有固執不接受有益的建議甚至心胸狹隘、多疑好忌者；儒家重視識人與擇友，但人在社會上也難免要和修養較差甚至品質低劣的人打交道。對這些問題，儒家經典中找不到答案。西漢以來的兩千多年中，一直是儒家思想佔統治地位；作爲其補充的，在朝者以法家爲用，在野者以道家爲旨趣，讀書人少有知經世致用之理者。唐代士人「求知己」和「溫卷」所奉，詩歌之外，便是傳奇小説（參文獻通考選舉考），均不關乎世事。儒生只習經書詩賦，不一定能處好社會各方面的關係。不要説一般士子，就是儒家的大聖人孔子，雖然也說：「志有之：『言以足志，文以足言。』不言，誰知其志？」（春秋經傳集解第十七）也說：「名不正則言不順，言不順則事不成。」（論語子路）也講「不知言，無以知人也」（論語堯曰），「小不忍，則亂大謀」（論語衛靈公），但他奔忙于諸侯間數十年，先後罷官于魯，冷遇于衛，拘畏于匡，斥逐于蒲，困厄于陳、蔡，危難于宋、鄭，受阻于晉、楚，真如莊子盜跖所説「不容於天下」，謀求仕進以企推行仁政，而其願望終究未能實現。子路是孔門中以政事而著稱的，也是孔子最忠實的弟子，當他聽到孔子説爲政「必先正名」，竟脱口而出地説道：「子之迂也。」（論語子路）孔子的另一個以政事出名的弟子冉求則説：「非不説子之道，力不足也。」（論語雍也）由於冉求在任季氏家臣時的一些做法與孔子的意見不合，孔子曾説：「非吾徒也，小子鳴鼓而攻之可也。」（論語先進）反映出孔子的理論同當時的社會實踐存在一定的差距。儒家的亞聖孟軻説：「豈好辯哉！予不得已也。」（孟子滕文公下）奔走于鄒、齊、魯、宋、薛、滕、魏等國，高談闊論，意氣風發，力駁雄辯，横掃千軍。然而將近二十年的遊説，一無成功，所遇君主不是「勃然乎變色」，便是「顧左右而言他」，或者以「吾惛，不能進於是矣」之類的客氣話委婉加以拒絶，甚者，竟毫不遮掩地説：「寡人有疾，寡人好貨。」「寡人有疾，寡人好色。」使他無法再説下去。孟子説：「當今之世，舍我其誰。」（孟子公孫丑下）他和孔子一樣有着消除社會戰亂、維護社會正常秩序、拯救貧苦百姓于水火的歷史責任感和社會使命感，因而抱着積極的入世態度，但也同樣未能取得成功。這是因爲孔子、孟子都只從社會的政治、道德方面考慮問題，而没有考慮在中國當時的社會制度下，一個國家的君主和掌權的卿大夫的意願便是這個國家政治行爲的唯一準則，無民主可言，此後兩千多年的封建專制社會一直如此。要達到能參與政治的目的，首先要專權者能聽信你，任用你，接受你的建議或意見。人們在這樣的社會環境之中求生存、謀發展，必然會有一些經驗與教訓產生，即使没有人把它寫成書，這些經驗也總會流傳下來，逐步積累，慢慢形成一些理論。鬼谷子這部書就正是這方面經驗與理論的總結，也是先秦時代在這方面進行深入探討的唯一理論著作。

鬼谷子對過去學者們所忽略了的很多現象進行總結、概括，悟出一些道理，總結出一套理論。「捭闔」、「反應」、「内揵」、「抵巇」、「飛箝」、「忤合」、「符言」等都是以前諸子之書未見的概念（虞氏春秋中有揣摩等篇，韓非子中有「揣情」之語，但都是戰國末年人的著作），爲戰國中期以前士人聞所未聞。當然，這部書只能產生在禮崩樂壞、諸侯攻伐、士人奔波於各國之間以言談、計謀取官爵地位的戰國時代，因而其中也留下了深刻的時代烙印。

應該説，鬼谷子中的一些理論，是在春秋以來從政士人的實踐活動中不斷積累形成的。春秋時代的行人在諸侯國之間進行交結、盟會，爲了本國的利益，總要千方百計説動或壓服對方，不講究寫文章（書信、上書、陳辭、外交辭令等）和説話應對的技巧不行，也不能不瞭解對方國家的基本情況及國君和主政卿大夫的地位、經歷、能力、學問、嗜好、性格等。左傳襄公三十一年説鄭國著名的行人子羽（公孫揮）「能知四國之爲，而辨于其大夫之族姓、班位、貴賤、能否，而又善爲辭令」，這就同孔子、孟子的只考慮自己的政治理想、倫理道德理論等，自説自話，不考慮瞭解遊説國家及其有關人員的具體情況，不考慮其國君、主政卿大夫的真實想法的情形大不相同。當然，這也正是孔子之所以爲孔子，孟子之所以爲孟子的原因。他們的歷史地位是由於他們在思想史和教育史上的卓越貢獻，由於他們不凡的人格力量形成的。從社會政治的實踐方面説，他們是失敗者。孔子的學生也有出仕者，如冉求、子貢等，但有的爲卿大夫的家臣，有的也僅僅是一般的行人，還未能進入到政治決策的機構中去，只能是在既成的政治主張和運行框架下發揮一些作用。墨子的時代已經表現出士人在某些諸侯國政治軍事活動中的重要作用，但基本狀況没有變。雖然這樣，從孔子的某些弟子（如上舉冉求）和墨子來看，一些士人已經意識到在一方面是禮崩樂壞，諸侯、卿大夫專權，另一方面基本上還維持着諸侯、卿大夫世襲地位的社會中，説話的技巧和辦事的方式是很重要的，它往往决定着事情的成敗。荀子子道中有一段文字：

子路問於孔子曰：「魯大夫練而牀，禮邪？」孔子曰：「吾不知也。」子路出，謂子貢曰：「吾以夫子爲無所不知，夫子徒有所不知。」子貢曰：「女何問哉？」子路曰：「由問：『魯大夫練而牀，禮邪？』夫子曰：『吾不知也。』」子貢曰：「吾將爲女問之。」子貢問曰：「練而牀，禮邪？」孔子曰：「非禮也。」子貢出，謂子路曰：「女謂夫子爲有所不知乎？夫子徒無所不知。女問非也。禮，居是邑，不非其大夫。」

這裏表現出子貢不僅會提問題，而且對孔子的思想、爲人有着深刻的瞭解，對孔子心理狀況也有所掌握。因爲他們居於魯國，從禮的方面説，不能非議魯大夫。論語述而中還記了一件事：冉求想瞭解孔子對衛出公與其父蒯聵爭奪王位一事的態度。他没有直接去問孔子，而對子貢説，由子貢去問。子貢不直接問此事，而問：「伯夷、叔齊何人也？」孔子回答説：「古之賢人也。」子貢又問：「怨乎？」孔子曰：「求仁而得仁，又何怨！」子貢出來後對冉求説：夫子是不讚成衛出公的作法的。子貢爲什麼會作出這樣的判斷呢？因爲伯夷、叔齊二人互讓君位，從孔子讚揚伯夷、叔齊的語氣中就可以知道孔子是不讚成兒子同老子爭王位的。由這些事例可以看出，子貢以言語著稱，而其實不僅在善於言辭，還在於對各方面情況包括對方思想、作風、性格以至心理的瞭解。孔子説：「辭達而已矣。」（論語衛靈公）但要做到這個「達」，只靠能説會道是不行的。正如儀禮聘禮所説：「辭苟足以達，義之至也。」孔子曾經説：「博而不要，非所察也；繁辭富説，非所聽也。」（孔叢子嘉言）。他對巧言令色的人評價很低。可見，孔子的思想中，要提高言語的表達水平，也包括其他相關素質的培養。孔子曾説：「可與言而不與之言，失人；不可與言而與之言，失言。」（論語衛靈公）。可見，孔子也是注意觀察人，瞭解與之交際者的有關情況，甚至推度對方的思想、心理的。

儘管孔子的思想與其教育學生的實踐中注重對人的瞭解、識别和對一些人言行用意的推度，但孔子在交際中更注重對人的選擇，所謂「道不同，不相爲謀」（論語衛靈公），而後來之士人考慮的則是如何同各種人打交道。墨子説，時當「世亂」，「今求善者寡。不强説人，人莫之知也」，故主張「雖不扣必鳴」（墨子公孟）。墨子也專門研究論辯、遊説的方法和技巧，至墨家後學，更總結概括出「或」、「假」、「效」、「辟」、「侔」、「援」、「推」諸理論（參墨子小取）。這不僅在古代論説文發展史上具有重要意義，在我國語法學、修辭學、邏輯學史上也具有重要意義。應該説，這是由老子、孔子時代，即私學初創時期的聖人作風，向私學發展、士人勢力擴大、士人普遍爭取走上政治舞臺的戰國時代過渡的當中，社會精英思想作風轉變的表現。戰國時期，諸侯們不再是在承認周天子存在的情況下搞「尊王攘夷」的把戲，爭當霸主，而是都希望統一全國。「一天下」成了當時有遠見的政治家的共識，也成了各個諸侯國都希望達到的目標。道家看透了那些諸侯、卿大夫相互爭奪的實質，也看透了儒家末流借着仁義道德作統治階級幫兇的本質，所以對當時的社會失去了信心。儒家的思孟學派將孔子的思想向心性方面發展，在如何實現其政治理想方面，並没有拿出有效的辦法。戰國之末的荀況，曾兩至齊國的稷下，接受了法家的某些思想，也受了一些縱橫家的影響，在楚國春申君時代的政治上也還發揮了一點作用。真正認真總結春秋以來行人活動的實踐經驗和戰國初期以來士人參與政治活動的經驗與教訓，對於士人在封建專制制度下如何才能走上政治舞臺，在君主專權的情況下如何才能發揮政治作用，如何在事業上取得成功進行認真探討的著作，是鬼谷子這部書。

鬼谷子實際上是繼承了部分老子、莊子的思想，又總結了包括孔子、子貢、墨子在内一些知識分子遊説從政的經驗教訓，以及孔子之前叔孫豹、晏嬰、子産、叔問、子大叔等人進行外交活動、外事交涉、陳述辭令、勸諫君主等等的經驗的。比如它説的「欲高反下，欲取反與」的理論，就同老子第三十六章説的「將與奪之，必固與之」一致。明楊慎鬼谷子序引鬼谷子中「神之爲長」數句，「心氣一則神不徨」數句，「無爲而求」數句，又引莊子「無聽之以耳，而聽之以心；無聽之以心，而聽之以氣」等語加以比較，以爲「鬼谷子其有得於是説」。上文所舉子貢向孔子問對衛出公的態度，卻不直接提出衛出公，而問他對伯夷、叔齊的看法，正是用了鬼谷子中所説的「捭闔」、「飛箝」之法，只是當時未提出這些名稱而已。其摩篇云：「古之善摩者，如操鉤而臨深淵，餌而投之，必得魚焉。」其揣篇云：「古之善用天下者，必量天下之權而揣諸侯之情。」均明言有取于古人之經驗。權篇云：「古人有言曰：『口可以食，不可以言。』言者有忌諱也；『衆口鑠金』，言有曲故也。」謀篇云：「故先王之道陰，言有之曰：……」均引述古人之語立論。至於其中化用老子、易傳之處，亦復不少。這些都反映出這部書是在總結此前長期積累的社會經驗的基礎上完成的。

鬼谷子一書前人多評價不高，如柳宗元言其「險盭峭薄，恐其妄言亂世，難信，學者宜其不道」（鬼谷子辨）。宋濂云：「是皆小夫蛇鼠之智，家用之則家亡，國用之則國僨，天下用之則失天下，學士大夫宜唾去不道」（諸子辨）。胡應麟則評其「淺而陋」（四部正僞）。所以正統文人都對其不屑一顧。其實，這部書除了上面所談社會交際方面的應用價值和政治心理學等方面的開拓性研究之外，從哲學的層面上看也有值得稱道之處。可以說，這部書中充滿了辯證法思想。

首先，它認爲世界上的事物都存在對立統一的兩個方面。僅第一篇捭闔提到對立概念的句子就有「或陰或陽、或柔或剛、或開或閉、或弛或張」，「賢不肖、智愚、勇怯」，「乃可捭、乃可闔、乃可進、乃可退、乃可賤、乃可貴」等等。書中似乎還體現了這樣一種思想：任何國家，任何羣體，任何地方，矛盾總是存在的。抵巇篇說：「自天地之合離、終始，必有巇隙，不可不察也。」這實際上也是這本書立論的基礎之一。

其次，它認爲事物是變化的，不是一成不變的。捭闔篇説：「變化無窮，各有所歸。」「陽動而行，陰止而藏。陽動而出，陰隱而入。陽還終陰，陰極反陽。」忤合篇説：「世無常貴，事無常師。」等等，都反映出這種思想。

再次，它認爲事物之間是相互聯繫的，不是孤立的。鬼谷子一書的很多理論都是建立在這個認識之上的，不煩舉例。

同時，鬼谷子書中的思想也表現出一定程度上的唯物主義因素。固然，總體上説來，此書以道爲「天地之始」，屬於客觀唯心主義，但在具體論述中，特别强調對現實的瞭解，要求人的思想要合乎實際，要求注重事物發展的客觀規律。比如飛箝中説：「將欲用之於天下，必度權量能，見天時之盛衰，制地形之廣狹、岨嶮之難易，人民貨財之多少，諸侯之交孰親孰疏、孰愛孰憎。心意之慮懷，審其意，知其所好惡，乃就説其所重。」揣篇等都反復講這個道理。

鬼谷子書中有很多篇屬於交際和處世方面的理論，基於該書的著述目的，以論如何處理君臣關係的内容爲多。如權篇云：「故與智者言，依於博；與博者言，依於辨；與辨者言，依於要；與貴者言，依於勢；與富者言，依于高；與貧者言，依於利；與賤者言，依於謙；與勇者言，依於敢；與愚者言，依於鋭。此其術也，而人常反之。」這比卡耐基人性的弱點中的相關理論早兩千多年，在生活中，尤其在專制的封建社會中，不是毫無意義的。再如謀篇云：「其身内，其言外者疏；其身外，其言深者危。」韓非子説難等篇關於這個道理論之甚詳。這同人們平時所説的「交深言淺」、「交淺言深」利害關係是同一個道理。

公正地説來，鬼谷子一書並非完全是講陰謀詭計、教人壞良心的，其實有些地方與儒、道、法等家的著作相通，如高似孫子略所摘引「知性則寡累，知命則不憂」等同儒家思想一致，只是儒、法等注重講目的、講理想、講理論，而鬼谷子一書則重視主客觀的條件，更多地着眼於達到某一目的的方法和途徑。比方孔子説：「君子疾没世而名不稱焉。」（論語衛靈公）鬼谷子也講成名，它説：「是以聖人居天地之間，立身、御世、施教、揚聲、明名也，必因事物之會，觀天时之宜，因知所多所少，以此先知之，與之轉化。」「不悉心見情，不能成名」（忤合）。這就是説，關鍵要對客觀實際有全面、準確的把握，根據不同情況，採取不同的辦法。這就同孔子所稱讚的「邦有道則知，邦無道則愚」（論語公冶長）的做法大不一樣。按照孔子所稱讚的那個辦法，碰到昏暴愚昧之君，便毫無辦法，只有裝傻。鬼谷子抵巇云：

天下紛錯，士無明主，公侯無道德，則小人讒賊；賢人不用，聖人竄匿，貪利詐僞者作；君臣相惑，土崩瓦解而相伐射；父子離散，乖亂反目，是謂萌牙巇罅。聖人見萌牙巇罅，則抵之以法。世可以治則抵而塞之；不可治則抵而得之。

這種積極入世的思想，似乎更有利於社會的發展。「世可以治則抵而塞之，不可治則抵而得之」，真是驚世駭俗的反傳統之論。在先秦諸子中，只有孟子的「聞誅一夫紂矣，未聞弑君也」、「取之而燕民悦，則取之。古之人有行之者，武王是也」（孟子梁惠王下），與之相近，多少體現了一種同封建正統思想相對立的民主精神。在鬼谷子中找不到傳統的「忠君愛國」思想的影子。這也是人們評價縱横家時常説到的思想缺陷之一。固然，象春秋時楚國的莫敖大心、申包胥，鄭國的弦高，戰國時屈原那樣的愛國精神，我們應該弘揚，但當時的國家畢竟不同於近代國家之概念，他們「愛國」的思想內涵同林則徐、貝青喬等人的畢竟大不相同，所以才有「楚材晉用」的事實。戰國末年的楚國屈原投汨羅而死，屈景則遠走燕國。我們固然特别地稱讚屈原的愛國精神，但也不能對屈景過分苛求；各人的認識不同而已。至於忠君思想，是中國封建文化中最大的糟粕，是應該徹底批判的，古代有的思想家如孟子、黄宗羲等都對它進行批判。所以，我們也不能因此而鄙視鬼谷子一書。

鬼谷子一書中也講德，也講善，講美，也並不排斥「道德、仁義、禮樂、忠信」（内揵），只是它將這些同法、術、勢等同等看待，並不特别地傾向哪一個方面；也同等地利用，不以哪一家爲敵而加以摒棄。也就是説，它只是探索在當時的社會條件下達到一種目的的方法與途徑。

鬼谷子一書，既是歷史的必然産物，也是應運而生的。劉勰文心雕龍論説云：

伊尹以論味隆殷，太公以辨釣興周；及燭武行而紓鄭，端木出而存魯，亦其美也。暨戰國爭雄，辨士雲湧，從横參謀，長短角勢；轉丸騁其巧辭，飛鉗伏其精術；一人之辨，重於九鼎之寶；三寸之舌，强于百萬之師；六印磊落以佩，五都隱賑而封。

既列舉了歷史上幾個著名的因論説技巧之獨特與高超而成功的案例，也指出了戰國時遊説之風的普遍及遊説成功對個人榮枯和當時形勢所産生的巨大影響。劉知幾史通言語亦云：

戰國虎爭，馳説雲湧，人持『弄丸』之辯，家挾『飛鉗』之術，劇談者以譎誑爲宗，利口者以寓言爲主；若史記載蘇秦合從、張儀連横、范睢反間以相秦、魯連解紛而全趙是也。

這是對當時社會風氣和士人心態的準確概括。當時一方面由於士人普遍積極參與各國的政治活動，尤其是參與各國的決策活動，産生了不少成功的經驗，需要總結；另一方面從歷史的發展趨勢上説，將有更多的士人爭取登上政治舞臺，也需要一部全面介紹縱横家的經驗，對它們進行理論概括的著作。

在先秦諸學中，鬼谷子是一部十分獨特的書。它的特殊之處除了和先秦儒、道、法、名等各家著作一樣，表現了與他家不同的思想、主張之外，主要在於它探討了各家都不涉及的一些方法問題，也涉及到對接受者心理的揣摩和利用。從這一點説，它與戰國中期的墨辯與名家相近。鬼谷子同墨辯、名家在同一時期產生，這是值得思考和研究的。戰國之末產生的韓非子中的難言、揚權、孤憤、説難、和氏、解老、功名等篇，則不僅主旨、內容與鬼谷子相近，思想上也有相通處。都體現了「貴制人，而不貴見制於人」（鬼谷子中經）的思想。但從總體上來説，韓非子多論君主如何重勢立法以御臣下，而鬼谷子專論士人如何對付各種各樣的君主，專論如何取得君主的信任而成其事。

鬼谷子同先秦的兵家、農家、方技、陰陽一樣，在古代是具有應用價值的著作。拋開歷代儒家學者造成的偏見，在先秦諸子中，它也是獨樹一幟的。縱橫家是先秦諸子中重要的一家，研究先秦諸子而將鬼谷子排除在外，是不應該的。

從鬼谷子同張儀的關係看，鬼谷子其人應是戰國中期人物。史記張儀列傳云：「始嘗與蘇秦俱事鬼谷先生學術，蘇秦自以爲不及張儀。」張儀卒于秦武王二年，即前三〇九年，較蘇秦年長（史記記載以二人年相若，有誤。上世紀七十年代出土戰國縱橫家書已證明這一點），蘇秦學業初成之時以爲不及張儀，也是自然的。以孔子弟子例之，年齡相差大而同時學於一個老師門下的情況是有的，先後同門而傳説中誤爲同時就學的可能性也存在。總之，張儀、蘇秦都曾學習於鬼谷子，這點似不應有所懷疑。那麽，鬼谷子應生活於戰國中期。

我以爲鬼谷子這部書不是一時寫成的，應該是在一個較長時間中完成的，其中概括有包括張儀等早期弟子的經驗和理論，也將蘇秦之類較晚的弟子或後學的論著編入其中。劉向戰國策敍録中説：「中書本號，或曰國策，或曰國事，或曰短長，或曰事語，或曰長書，或曰修書。」結合出土戰國縱横家書來看，戰國後期有很多這類彙編的縱横家書信、上書、諫説稿流傳。有的可能是原件傳抄出來，有的應是所存底稿或追記稿。追記的現象在先秦時代是存在的，孟子一書中的很多篇章就是追記稿。有很多開始原件上並無主名，也無爲什麽寫這篇東西及其效果的説明，傳抄中爲了便於瞭解文意，明白其中有些話的針對性，才在開頭標出主名，加上了有關背景的材料，在其末尾説明事情的結果。這種「穿靴戴帽」的工作有的甚至是到劉向編戰國策的時候才完成的，這一點，將戰國縱横家書與戰國策相同的篇章進行對照，即可明白。各種説辭、書信等的彙編本，就似明清時代的「墨卷」，在士人中廣泛流傳。由這就可以看出當時的士人對於遊説理論需要的迫切性。鬼谷子一書既是對春秋以來行人實踐活動與辭令寫作經驗的總結，也是對當時士人中流傳的各種做法、經驗、理論和不同形式的辭令、書啟、遊説辭寫作經驗的總結、概括與提煉。對士人遊説、諫説、成事的經驗進行理論總結和深入探索的，鬼谷子不是唯一的人。蘇秦、張儀就不説了，韓非的説難等篇也是這方面的傑作。只是鬼谷子一書爲純方法性論著，從中看不出有什麼政治主張或政治理想，而韓非子則突出地表現了法家的思想，多是從實現法家的政治主張方面來論述的。韓非由韓至秦，其思想、主張不變；張儀、蘇秦則時而在此，時而在彼，誰用則爲誰奔走，就反映了二者思想作風的不同。

鬼谷子一書中有些地方確實是講陰謀、權術，主張利用對方的弱點以達到自己的目的。無疑，這種用心是應該批判和摒棄的。但是，如果採用批判地繼承的態度，我以爲其中也有不少先秦其他各家著作中没有的思想資源。即從心理學方面説，讀韓非子一書的説難等篇，韓非堪稱心理學大師，但他不是着眼于心理研究的方面；他認識到遊説和勸諫君主時掌握對方心理狀況的重要性，並用之於實踐，卻未能對它們進行理論的總結。從實踐上來説，他雖爲韓之諸公子，見韓之削弱，「數以書諫韓王，韓王不用」，秦王求之至秦國，似乎是找到了明主和知音，結果很快受李斯與姚賈的陷害不能自明而死；張儀、蘇秦卻佩相印，玩諸侯于掌上。可見韓非在這方面還是缺乏自覺的思考與深刻的認識的。

鬼谷子更多地分析人的心理，研究人的感覺、知覺、情感、志意、思維等同行爲的關係問題，提出一些觀察、試探人的心理的方法，指出人們在交際中從心理學的方面説應該注意什麽。此書開頭便説：「籌策萬類之終始，達人心之理，見變化之朕焉。」這大約是我國古代文獻中最早提出「心理」這個概念的。書中還提出「探心」、「攝心」這些名目，作爲探測、掌握心理的手段。書中説：

> 口者，心之門户也。心者，神之主也。志意、喜欲、思慮、智謀，皆由門户出入。（捭闔）
>
> 故口者，機關也，所以關閉情意也；耳目者，心之佐助也，所以窺間覸姦邪。（權篇）
>
> 無爲而求安靜五臟，和通六腑，精神魂魄固守不動，乃能内視，反聽，定志。慮之太虚，待神往來。（本經陰符七術實意法螣蛇）

由這種形神觀和心物觀入手，來推斷人的意志，使自己在各種情況下都處於良好的心理狀態。書中所提出的「知類在竅」、「見微知類」、「以類知之」以及「反以觀往，覆以驗來；反以知古，覆以知今，反以知彼，覆以知己」（反應）的知慮心理思想，所提出的「志者，欲之使也，欲多則心散，心散則志衰，志衰則思不達」，「心氣一，則欲不徨；欲不徨，則志意不衰；志意不衰，則思理達」（養志法靈龜），「志不養，則心氣不固；心氣不固，則思慮不達；思慮不達，則志意不實；志意不實，則應對不猛；應對不猛，則志失而心氣虚。志失而心氣虚，則喪其神矣。神喪則髣髴，髣髴則參會不一」（養志法靈龜）的志意心理思想，都有很強的理論性，表現出作者的深入思考和在心理學方面的系統探索。鬼谷子是我國心理學的開山著作。但目前見到的幾部中國古代心理學史著作，在論述先秦心理學史時都没有提到鬼谷子，這是很遺憾的。

在先秦諸子中，我並不特別推崇縱横家。我認爲儒家、墨家、道家、法家在中國古代思想史上的意義更大，而縱横家中一些策士朝秦暮楚、出爾反爾、反手爲雲、覆手爲雨的作法，我也最爲反感。但是，如荀子非十二子，不僅對墨、名、道、法進行批判，且矛頭直指作爲儒家正宗的思孟學派，將它們一例看作「其持之有故，其言之成理，足以欺惑愚衆」者；對「子張氏之賤儒」、「子夏氏之賤儒」、「子游氏之賤儒」大加伐撻。漢書藝文志對儒家推崇備至，然而也指出「惑者既失精微，而辟者又隨時抑揚，違離道本」，成「辟儒之患」；對道家、陰陽家、法家、名家、墨家也都予以充分肯定，但對於偏執者所造成的過失，也一針見血地指出。關於縱横家，漢書藝文志中說：

從横家者流，蓋出於行人之官。曰：「誦詩三百，使于四方，不能專對，雖多，亦奚以爲？」又曰：「使乎！使乎！」言其當權事制宜，受命而不受辭，此其所長也。及邪人爲之，則上詐諼而棄其信。

班固所取態度是比較正確的。今天我們對各家也都應持批判繼承的態度。縱横家中一些人潛心利用他人的缺點以達到自己的目的確實卑鄙，但這並不是縱横家的全部，更不能完全歸罪於鬼谷子這部書。縱横家的文章對後代的議論文産生了巨大的影響。漢初的陸賈、賈誼、晁錯、賈山，稍遲之鄒陽、枚乘、嚴安、主父偃、司馬遷等散文大家之文章都帶有縱横家鋪張揚厲之風格。後代長於議論者直至宋代三蘇，莫不如此。我們將鬼谷子所論視爲穿窬之術，但卡耐基的人性的弱點卻成了世界上最暢銷的書之一，也是值得思考的一個問題。曾子見到飴以爲可以養老，盗跖見到飴以爲可以開門鎖。關鍵在如何用而已。

由於這樣的原因，許富宏同志到我處問學，我勸他研究鬼谷子一書。富宏同志欣然接受我的建議，並在研究原書和搜集有關材料方面，下了很大功夫。他的博士論文鬼谷子研究在評議和答辯中獲專家的好評，畢業後，他根據我的建議繼續收集有關資料，進行鬼谷子一書的集校集注工作。爲了看鬼谷子一書較早的版本，他專程赴北京到國家圖書館等處查閱、過録；爲了搜集臺灣學者的有關研究成果，幾次輾轉托人複印郵寄，基本上做到了對此前研究成果「一網打盡」。當然限於認真嚴肅的研究之作，一些出於商業目的的嘩衆急就之作不在範圍之內。工作開始之初，我同他多次交談，向他提出了方法和體例上的一些要求；將中華書局總編室請趙守儼等先生集體討論確定的古籍校點釋例給他，讓他依此處理校勘、標點中的一些問題。他作了一部分樣稿後寄我，我提出修改意見和應注意之點。進行中，我們也經常聯繫，打過很多次電話。這樣經過一年多的努力，終於完成了鬼谷子集校集注一書，寄我審閱。根據我的意見，又作了兩次修改。新時期中，山東大學的鄭傑文先生在鬼谷子和縱橫家的研究方面既作了拓荒的工作，也取得了突出的成績，提出了一些有價值的觀點。本書中引用了鄭傑文先生的鬼谷子奥義解説一書中的不少觀點，臺灣學者蕭登福先生的鬼谷子研究也是一樣。

鬼谷子一書，由於歷來治之者少，所以存在的問題很多。屬於外部的有産生時代問題、作者問題、成書過程、流傳情況等；屬於文本方面的有文字的是正、概念的界説、句意的詮釋，一些篇段藴意的歸納與闡發，某些篇、段當時的社會針對性及今日價值之審視，結合現實進行新的闡釋等。許富宏同志經過前後四年多的深入鑽研，在鬼谷子研究的時代、作者、成書等外部問題上提出了個人的見解，成果彙集在鬼谷子研究一書中，現在又成鬼谷子集校集注，就是希望給學界提供一個理想的文本。這些對於進一步的深入研究，都有一定的價值。

在兩千多年之後來確定成書的時代問題，各部分的作者問題，自然困難很大，但也不是毫無線索可尋。古人著作中雖然往往摻雜弟子後學的著作於其中，甚至後人整理中將無關的他人之作（如傳、注、評語及内容相近之作、人物名稱上有聯繫之作等）也誤編其中，但古書的編輯、流傳也有一定的規律，非完全雜亂不可理。一般説來，作者所親著是在最前面，後面附以弟子之作、後學之作；如後來又搜集到作者本人的著作，或要將本來單行另編的原作者之作編到一起，也是接着前面的編於其後，而不會打亂已定的次序重編。湯炳正先生的楚辭成書之線索一文分析楚辭成書的過程，已證明了這一點。本經陰符七術一篇從用韻習慣上看，與捭闔等六篇相近，可能是鬼谷子本人的作品。戰國策秦策一言蘇秦「得太公陰符之謀，伏而誦之」。我以爲這即是指本經陰符而言。這是縱横家最早的一部著作，所以託名「太公」（姜太公，戰國時視爲兵家的祖師，而兵家講計謀、權變，所謂「兵不厭詐」，故初期縱横家也藉以立宗）。史書言蘇秦學於鬼谷子，大約同其讀太公陰符爲一回事。至於今本鬼谷子中的本經陰符七術是否即蘇秦所見太公陰符，還可以再研究，但現在一些學者只從其中一些詞語見於後來之道教著作而認爲它産生很遲（柳宗元已有晚書之説），尚難以成立。爲什麼就不是道教學者由本經陰符七術吸收了一些名目，或雙方都是由戰國時流傳的道家、神仙家論著中吸收了這些詞語，而一定是本經陰符七術取之於道教著作呢？鬼谷子一書中有不少來自道家學者的詞語、概念、範疇，這也是應該引起我們重視的。後人將它收入道藏也不是没有道理的。中經中説：「本經紀事者，紀道數，其變要在持樞、中經。」則不論怎樣，本經、持樞、中經是一個整體，爲同一人之作，應無可懷疑。

根據上面的分析，鬼谷子一書本來只本書前面的捭闔等六篇，後來，其弟子將自己的著作附於其後一起流傳，仍名爲鬼谷子。當時並没有明確的個人著作權意識，而只有學派即「家」的意識。弟子的學説本之于師，是對師説的闡説和發揚，附於其後是正常的。後人按以後的著述通例，一定要確定一個作者，而研究者又同樣用後代作品流傳的情況來衡量，定其「真」「僞」，也就難免齟齬而難合。本經等三篇應總名太公陰符（即使是擬托，也應作太公陰符），後人因其皆縱横家論權變陰謀策略之書，而附於其後，仍統名之爲鬼谷子。這是這一部書體例不純，思想上也不完全相統一的原因。

以上這些看法未必皆是，在新的材料發現之前，一切決定於書本身所反映的情況。好在富宏同志彙集此前各家校語與注説，讀者自己可以判斷。

富宏同志作鬼谷子集校集注成，要我寫序，寫出如上一些看法，與留意於此書者共商。

趙逵夫

二〇〇五年十二月十八日於天一山莊

# 前言

鬼谷子，現存縱横家惟一子書，最早著録於隋書經籍志。唐柳宗元云：「鬼谷子後出，險盩峭薄，恐其妄言亂世，難信，學者宜其不道。」又因其學説「佞人爲之，則便辭利口，傾危變詐，至於賊害忠信，覆邦亂家」，比較多地視之爲僞書，而淹没不彰。馬王堆漢墓帛書戰國縱横家書與郭店楚簡語叢四的相繼出土，引起人們對鬼谷子的重新審視。戰國縱横家書的性質類似戰國策和蘇子，其内容側重實踐的遊説辭；郭店簡語叢四在性質上類似鬼谷子，其内容主要側重遊説理論。帛書與楚簡的出土説明，戰國時期既有側重實踐的遊説辭，又有側重遊説的理論文章。既然如此，内容爲遊説辭令的蘇子與内容爲遊説理論的鬼谷子並存，符合戰國時期的實際情況。筆者近年來研讀此書，廣泛搜集有關資料，撰成鬼谷子集校集注，在總結前人研究成果的基礎上，提出一些個人的看法，以便於進一步地研究和利用。

# 一、鬼谷子的著作者

關於鬼谷子的著作者，隋書經籍志云：「鬼谷子三卷，皇甫謐注。鬼谷子，周世隱於鬼谷。鬼谷子三卷，樂一注。」橫秋閣本長孫無忌鬼谷子序云：「鬼谷子三卷，皇甫謐注。鬼谷子，楚人也，周世隱於鬼谷。」中興書目：「鬼谷子三卷，周時高士，無鄉里族姓名字，以其所隱自號鬼谷先生。」晁公武郡齋讀書志：「鬼谷子三卷，鬼谷先生撰。按戰國時隱居潁川陽城之鬼谷，因以自號。」鄭樵通志藝文略：「鬼谷子三卷，皇甫謐注。鬼谷先生，楚人也，生於周世，隱居鬼谷。」陳振孫直齋書録解題：「鬼谷子三卷，戰國時蘇秦、張儀所師事者，號鬼谷先生。」錢曾讀書敏求記：「陶弘景注鬼谷子三卷，鬼谷子，無鄉里族姓名字，戰國時隱居潁川陽城之鬼谷，因以爲號。」據以上各書所載，鬼谷子的著作者乃鬼谷先生。

古人著述往往不自署姓名，惟師師相傳，知其學出於某氏，遂題之以爲書名。考察這些古代典籍的作者與思想，其作者多不能簡單地歸結爲某一人，而需要作細緻的分析。

鬼谷子各篇篇目爲捭闔第一、反應第二、内揵第三、抵巇第四、飛箝第五、忤合第六、揣篇第七、摩篇第八、權篇第九、謀篇第十、決篇第十一、符言第十二、轉丸（一本作轉丸第十三）、胠亂（一本作胠亂第十四）、本經陰符七術、持樞與中經。

從内容上看，鬼谷子大致可分爲四個部分：鬼谷子前六篇爲第一部分。捭闔、反應、内揵、抵巇、飛箝至忤合，彼此之間相互稱引，自反應至忤合，均以捭闔爲立論基礎。反應篇即運用捭闔來達到「知彼知己」的目的，内揵强調在捭闔中「得情」的重要性，抵巇要求人們要善於運用捭闔來認識事物的「合」與「離」的規律，「飛」即開，「箝」即合，忤合側重言背合之忤，此二篇亦以捭闔爲理論之基。前六篇均建立在陰陽説的理論之上，言由陰陽而導出捭闔、反應、内揵、抵巇、飛箝、忤合等謀略和遊説之術。六篇從總體上看本於一個理論體系，彼此之間有着密不可分的聯繫，屬於一個整體。

揣篇、摩篇、權篇、謀篇、決篇等五篇在内容上亦相互關聯，是鬼谷子第二部分。揣篇提出「揣情」是「謀之大本也，而説之法」，摩篇闡明「内符」爲揣之主，此兩篇爲總論；權篇專門討論説辭，主要針對遊説而言；謀篇則專門討論謀略問題，決篇專論決斷，謀後須決斷，決亦爲謀之一環，與謀篇所論各有側重。此爲分論。然五篇，皆以揣情爲之基礎。第一部分以陰陽開闔爲立論基礎，捭闔篇爲總綱，第二部分以揣情爲立論基礎，揣篇爲總綱。此外，第一部分與第二部分在打探對方實情，亦即「知彼」方面，觀點也不同。第一部分關於如何「知彼」集中在反應篇中；第二部分則在摩篇。反應篇云：「故知之始己，自知而後知人也。」强調「己不先定，牧人不正」。此運用語言上的技巧，即説反辭，來達到「知彼」的目的；摩篇則側重對方心理方面。曰：「内符者，揣之主也。」「摩」的具體内容即为「微摩之，以其所欲，測而探之，内符必應」。内符，意即内心的真實想法。「摩」就是揣摩别人的内心，即强調從人的内心來達到瞭解對方的目的。總體而言，第一部分和第二部分的差異是明顯的。

第三部分符言篇無論在内容、结構，還是在文體上都很獨特，可以單獨視作一部分。第四部分包括本經陰符七術、持樞、中經三篇。因中經篇云：「本經紀事者紀道數，其變要在持樞、中經。」且篇題上没有「第幾」之序號，故爲一獨立部分。

下面，我們來討論鬼谷子各部分的著作者。

第一部分，捭闔等六篇所討論的遊説與謀略的問題，是先秦時期縱横學派的核心問題，其作者是一位縱横理論家無疑，鬼谷先生就是這樣的一位縱横理論家。捭闔等六篇爲鬼谷子一書之主體部分，故其作者應即鬼谷先生。

第二部分，揣篇等五篇亦討論遊説與謀略問題，並提出不同於捭闔等篇的主張，其作者亦當出於縱横學派，是一位戰國時期深諳縱横術的人。此人或即鬼谷先生的弟子。戰國中後期，許多遊説之士，憑遊説取悦于國君，思考探討遊説技巧或謀略原則成爲時代風氣。韓非子説難專門著文論述了這種遊説之難，吕氏春秋順説亦有專篇討論遊説即爲顯例。因此，揣等五篇或即此類遊説之士所作，而其真實姓名已不得而知。或即爲鬼谷先生的縱橫派弟子。

第三部分的符言又被收入管子中，其作者可能是與稷下有瓜葛的人物。故符言篇應屬於戰國中期偏早時期的作品。蘇秦曾師事鬼谷先生於齊，鬼谷先生或遊學稷下，故符言篇的作者亦疑鬼谷先生。其或爲鬼谷先生的格言語録。

第四部分本經陰符七術的作者疑爲鬼谷先生本人。鬼谷子第四部分中的持樞、中經，因有殘缺，故其作者很難確定。

總之，鬼谷子乃鬼谷先生及其弟子或後學所作，其主要内容爲鬼谷先生所親著。鬼谷子一書反映鬼谷先生的思想，是對戰國時期縱橫學派思想、理論的總結，是鬼谷先生及縱橫之士留給後人一筆十分寶貴的精神財富。

關於鬼谷子的活動年代。史記蘇秦列傳曰：「蘇秦者，東周雒陽人也。東事師於齊，而習之於鬼谷先生。」集解引風俗通義曰：「鬼谷先生，六國時縱橫家。」又張儀列傳曰：「始嘗與蘇秦俱事鬼谷先生學術，蘇秦自以爲不及張儀。」則鬼谷先生爲張儀、蘇秦之師，其活動年月早于張儀、蘇秦無疑義。由此，鬼谷先生爲戰國中期人。

文選郭景純遊仙詩李善注引鬼谷子序云：「周時有豪士，隱於鬼谷者，自號鬼谷子，言其自遠也。」唐馬總曰：「其書云：周時有豪士，隱者，居鬼谷。自號鬼谷先生，無鄉里族姓名。」中興書目：「（鬼谷子）周時高士，無鄉里族姓名字，以其所隱，自號鬼谷先生。」這些材料説明，鬼谷先生是一位隱士，但「無鄉里族姓名字」。鬼谷先生曾活動於齊。又據集解引徐廣曰：「潁川陽城有鬼谷，蓋是其人所居，因爲號。」知其又曾在陽城隱居。

簡言之，鬼谷先生，在齊地活動過，又曾隱居鬼谷，爲蘇秦、張儀之師。

蘇秦最初説燕是在燕易王二年（前三三一年）（范祥雍蘇秦合縱六國年代考信，中華文史論叢一九八五年第四輯），若以蘇秦此時年三十，則其出生約前三六〇年，以鬼谷子大蘇秦二十歲推算，則鬼谷子約生於前三八〇年。若蘇秦説燕時的歲數更大一些，鬼谷子比蘇秦不止大二十歲的話，則鬼谷子的生年將更早一些。張儀卒於前三一〇年，則蘇秦、張儀從學鬼谷子在此年之前。要之，鬼谷子的活動年代約爲前三九〇至前三一〇之間，大約與孟子、商鞅同時。

史記孫子吴起列傳：「孫臏與龐涓俱學兵法。」有人以爲孫臏與龐涓是向鬼谷子學的兵法。宋洪適盤洲文集中漢四種兵書序云：「始集孫、吴、穰苴、韜略之秘，裒爲四種兵書。……趙括之徒讀父書，卒召長平之敗。龐涓之淺嘗鬼谷，遂致馬陵之禍，可不鑒哉。」孫臏約前三九〇至前三二〇年在世（錢穆先秦諸子繫年），從時間上看，孫、龐向鬼谷先生學兵法也是有可能的。

歸有光諸子彙函卷八云：「尉繚子，魏人，司馬錯也。鬼谷高弟，隱夷，魏惠王聘，陳兵法二十四篇。」四庫全書總目亦云：（尉繚）「其人當六國時，不知其本末。或曰魏人，以天官篇有『梁惠王問』知之。或又曰齊人，鬼谷子之弟子。劉向別録又云繚爲商君學。未詳孰是也。」則鬼谷先生之弟子還有尉繚。尉繚，梁惠王時人，戰國中期軍事家，曾對梁惠王講論兵法，稱尉繚子。以尉繚子爲司馬錯則誤。又，戰國末期秦大臣名尉繚者，姓失傳，名繚。魏大梁人，入秦遊説，秦王政任爲國尉，亦稱尉繚。此非鬼谷弟子者。

馬端臨文獻通考經籍志有云陸龜蒙詩謂：「鬼谷先生，名詡。」宋人李昉太平廣記卷四引仙傳拾遺，其云：「鬼谷先生，晉平公時人，隱居鬼谷，因爲其號。先生姓王名栩，亦居青溪山中。」明人李傑道藏目録詳注云：「鬼谷先生，晉平公時人，姓王名詡，不知何許人，受道於老君。」嘉慶重修一統志亦曰：「鬼谷子，姓王名詡，楚人。嘗入雲夢山采藥得道。」鬼谷先生名王栩、王詡等，大抵道士或道教之徒所爲，不足憑。

應劭纂、張澍編風俗通姓氏篇云：「鬼谷氏，鬼谷先生，六國時縱横家。」張澍按：程子：「鬼谷子，姓劉，名務滋，鬼谷是其所居，非姓。鬼谷，一作歸谷。」（應劭、張澍編輯補注風俗通姓氏篇，叢書集成初編本，中華書局一九八五年版）其説出於子華子。姚振宗隋書經籍志考證云：「宋人僞子華子又謂鬼谷子姓劉名務滋，楚人。……不知其何所據。」今本子華子題晉人程本撰。程本之名見於孔子家語，子華子之名見於列子，本非一人。（紀昀四庫全書總目子部雜家類一，中華書局一九九七年版）呂氏春秋中貴生、誣徒、知度、審爲等篇皆引子華子言，則秦以前原有子華子書。至漢書藝文志已不見載，紀昀、錢穆等皆以爲劉向時已亡。「今本自宋南渡後始刊板於會稽。晁公武以其多用字説，指爲元豐後舉子所作。……迨能文之士，發憤著書，托其名于古人者」。（紀昀四庫全書總目子部雜家類一）據此，今本子華子確爲宋人僞作。既如此，鬼谷先生名爲「劉務滋」之説，蓋亦出於宋人僞託。不足信。

## 二、鬼谷子的篇卷

漢書藝文志未見著録鬼谷子。隋書經籍志著録「鬼谷子，三卷」。長孫無忌鬼谷子序亦云：「鬼谷子三卷。」中興書目、宋史藝文志、晁公武郡齋讀書志、鄭樵通志藝文略、馬端臨文獻通考經籍志、陳振孫直齋書録解題、錢曾讀書敏求記等，及今所見道藏本與清人秦恩復嘉慶十年刊本均載鬼谷子爲三卷本。四庫全書總目：「鬼谷子一卷。……然今本已佚其轉丸、胠篋二篇，惟存捭闔至符言十二篇。」由於卷之劃分因人而異，古今可以不同。故四庫全書總目所録鬼谷子本未録本經陰符七術、持樞、中經等篇。

舊唐書經籍志著録曰：「鬼谷子二卷，蘇秦撰。又三卷，樂臺撰。又三卷，尹知章注。」新唐書藝文志：「鬼谷子二卷，蘇秦。樂臺注鬼谷子三卷，尹知章注鬼谷子三卷。」

據隋書經籍志、長孫無忌鬼谷子序、新唐書藝文志，舊唐書經籍志載「樂臺撰」，當爲「樂臺注」。這裏新、舊唐志均載「鬼谷子二卷，蘇秦撰」。可見，唐代還有鬼谷子是二卷本的説法，其作者署名爲蘇秦。

史記蘇秦列傳司馬貞索隱云：「樂壹注鬼谷子書云：『蘇秦欲神秘其道，故假名鬼谷。』」若索隱所載不誤，則樂臺指出有一鬼谷子書，其爲蘇秦所著，蘇秦爲了「神秘其道」，假「鬼谷」之名而流傳。結合前文所引舊唐書經籍志、新唐書藝文志記載，二卷本鬼谷子作者乃蘇秦。故索隱所載「樂臺注鬼谷子」，應即舊唐書經籍志、新唐書藝文志所載之二卷本鬼谷子。由此可知，二卷本鬼谷子，樂臺曾爲其作過注，且樂臺還能分辨出其名乃蘇秦所假。

又蘇秦列傳「鬼谷先生」句張守節正義佚文云：「七録有蘇秦書，樂壹注云：『秦欲神秘其道，故假名鬼谷也。』」（張衍田史記正義佚文輯校，北京大學出版社一九八五年版）鬼谷子三卷，樂壹注。樂壹，字正，魯郡人。（張衍田校云：「見南化、野、高、贄異本。」張衍田史記正義佚文輯校）這句話給出了三個訊息：第一，「秦欲神秘其道，故假名鬼谷也」，此爲樂壹注蘇秦書所言之語，樂壹指出，蘇秦書的作者蘇秦，假名鬼谷子以神其道；第二，樂壹不僅爲蘇秦書作注，還曾注三卷本鬼谷子；第三，交代了樂壹的字和籍貫。

單就「秦欲神秘其道，故假名鬼谷也」而言，正義言樂壹注蘇秦書，而索隱言注鬼谷子。若二人所言均不誤，則二卷本鬼谷子原是七録中的蘇秦書。

需要補充的是，樂壹不僅給二卷本的鬼谷子（蘇秦書）作過注，也給三卷本的鬼谷子作注。除前引舊唐書經籍志、新唐書藝文志外，隋書經籍志亦曰：「鬼谷子三卷，樂一注。」唐馬總意林即云樂壹注鬼谷子五卷。其意應即包括這兩種鬼谷子，一爲二卷，一爲三卷，兩者相加正合五卷之數。

今隋書經籍志有鬼谷子，而蘇秦書不著録。考隋書經籍志的編輯體例，凡梁阮孝緒七録有，而隋書經籍志目録所無者，皆注曰「梁有某書，亡」。換言之，隋書經籍志没有注曰「梁有某書，亡」的，則書具存。蘇秦書雖不見於隋書經籍志，但隋書經籍志並未見有「梁有某書，亡」的字樣，可見，蘇秦書並未亡佚。然則，蘇秦書又歸何處？據馬端臨文獻通考「經籍考」載：鬼谷子三卷。並引晁公武郡齋讀書志云：「晁氏曰：鬼谷先生撰，……梁陶弘景注。隋志以爲蘇秦書，唐志以爲尹知章注，未知孰是。」

此處言及「隋志以爲蘇秦書」，説明南宋時期晁公武所見之隋書經籍志尚記有蘇秦書。若馬端臨所引晁氏言不誤，則隋書經籍志亦録有蘇秦書。這樣，七録中的蘇秦書，亦被隋書經籍志所繼承。

## 三、鬼谷子的流傳與成書

清代的秦恩復鬼谷子序曾云：「考説苑、史記注、文選注、意林、太平御覽諸書所引，或不見於今書，或文與今本差異。蓋自五季散亂之後，傳寫漸失其真，陶陰帝虎，訛脱相仍，不僅轉丸、胠篋也。」這就是説，鬼谷子各篇存在殘缺現象。從流傳的情況看，書在長期的流傳中，開頭與結尾部分因易與外物接觸，難免受損。經過仔細分析，今本鬼谷子的殘缺情況如下（道藏本内揵篇雖有四百多字的脱文，但嘉慶十年秦恩復刊本據錢遵王鈔本已補。這説明内揵篇的脱文是南宋以後才發生的，不得認爲是唐時殘缺。）：

捭闔、反應、内揵、抵巇、飛箝、忤合完整；

揣、摩、權、謀完整，決篇殘；

——以上第一組

符言完整；

轉丸、胠亂（一本作胠篋）兩篇已佚；

——以上第二組

本經陰符七術完整；

持樞殘；

中經似不殘。

——以上第三組

鬼谷子各部分的殘缺情況，如若作爲一個首尾完備的整體來看，似乎是十分淩亂的。但若把它分爲三組來看，則三組同時體現了兩個共同的規律：

一爲本組開頭的一組或一篇不殘，最後一篇或二篇殘。第一組，捭闔等六篇不殘，揣、摩、權、謀等不殘，最後一篇決篇殘；第二組，符言篇不殘，轉丸、胠亂兩篇已亡佚；第三組，本經陰符七術不殘；持樞殘。中經似不殘，但從篇中「本經紀事者紀道數，其變要在持樞、中經」看，本文的最後似有一段對「本經紀事者紀道數」這句加以解釋的話，對中經全文起結尾的作用。若此猜測無誤，則該篇也有殘缺，且缺的也是最後面的内容。

二爲每一組第一部分都可確定爲鬼谷先生的作品。如捭闔等六篇是鬼谷先生所作，符言爲鬼谷先生所作，本經陰符七術也爲鬼谷先生所作。每一組的第二部分，可以確定不是鬼谷先生所作，如第一組的揣等五篇，第三組中的持樞、中經兩篇。第二組的轉丸、胠亂兩篇，因今已亡佚，其作者具體如何不能確定。不過，胠亂一本作胠篋。胠篋又見莊子，乃莊子後學所作，據此，鬼谷子的胠篋也與莊子後學有着密切的聯繫。考慮到莊子後學基本生活於戰國中期偏晚，胠篋篇的作者也不大可能是鬼谷先生本人。這樣看來，第二組的最後一篇也可能不是鬼谷先生所作。

以上兩個規律正暗示鬼谷子的成書有三個系統與不同的纂輯者。

第一組的纂輯時間，當在先秦。其纂輯者當爲鬼谷先生弟子中縱横派一系。先秦諸子百家之流傳於今，大多爲其門弟子纂輯遺篇或其同一學派的後學補續舊説而成；且纂輯者或補續者往往又把自己的作品也附在後面。此乃古書成書之通例。前文已言捭闔等六篇爲鬼谷先生所作，揣等五篇爲鬼谷先生的縱横學派的弟子所作。其縱横學弟子把鬼谷先生的代表作捭闔等六篇提出來，並把自己學習縱横術的作品揣等五篇附在後面，成爲一個集子，以資流傳，這在當時的歷史條件下，是很有可能的。

第二組的纂輯時間應在戰國時期。其纂輯者疑爲鬼谷先生弟子中稷下道家學派一系。

此組包括符言、轉丸、胠亂三篇。纂輯者把鬼谷先生在稷下時期的作品(或即爲其講學之講義)收集起來,後面附上本人的作品,成爲一組,便於流傳。馬王堆帛書出土後,符言篇有與帛書文字共通之處,説明符言篇的内容帶有黄老道家思想的色彩。加之,胠亂也即胠篋,也與莊子後學有着密切的關聯。從學術傾向上説,符言與轉丸、胠亂兩篇是十分接近的。因此,纂輯者可能是一個理論上傾向於道家的鬼谷先生的弟子。纂輯人做這個工作,其時間應在戰國時期。

第三組的纂輯者疑是鬼谷先生的門人或弟子。纂輯時間也應在先秦時期。

這一組包括本經陰符七術、持樞和中經。雖然,中經篇有「本經紀事者紀道數,其變要在持樞、中經」的三篇關係的交代,似乎此三篇的作者爲同一人。但就内容言,中經的内容提出了「見形爲容」、「聞聲和音」、「解仇鬥郄」、「綴去」、「卻語」、「攝心」與「守義」七種方法,這些方法是針對「士」如何「制人」而不被別人所「制」而提出的,也可以稱爲「七術」。此制人與反制的「七術」,似是對「本經陰符七術」的模仿。以上兩點告訴我們,持樞、中經的作者可能與本經陰符七術的作者不爲同一個人。此作者可能是戰國時期的「士」,是位對鬼谷先生的學説相當熟悉的弟子或後學。纂輯者很可能將自己的著述與鬼谷先生的作品編在一起。編成時間也應在戰國時期。

總之，以上的三組作品，其編成時間均爲先秦時期，纂輯者可能皆爲鬼谷先生的弟子。他們在纂輯時均把鬼谷先生的作品放在前，把自己的作品或述師之作附在後面，以資流傳。早期纂成的三組作品成爲今本鬼谷子的三個源頭。它們在先秦時期應各自獨立流行，故而造成三組文章後面均有殘缺的局面。

鬼谷子即在此三組作品基礎上彙成一書。

今本鬼谷子標題上有一個特點，即前十四篇的標題均有「第幾」的序號，第三組作品，本經陰符七術、持樞、中經等篇則没有序號。這種情況説明，第一、第二組作品與第三組作品不是同時被編成書的。前兩組有序號，第三組無序號，暗示了今本鬼谷子的成書是第一、二兩組先被編成一書，然後又有人把第三組作品添加進去這樣兩個成書階段。西漢時期的劉向在整理典籍時常常給一些篇章加上序號，如經他校定的列子，其八篇的每一篇的題目下均標有序號，像「天瑞第一」、「黄帝第二」、「説符第八」等；又如戰國策中，也有「秦一」、「秦二」、「秦五」等。據此，今本的捭闔第一、反應第二等直到胠亂第十四等篇也有序號。因此，劉向整理過鬼谷子是有可能的。

到了西晉時期，鬼谷子已經有了定本。隋書經籍志載：「鬼谷子三卷，皇甫謐注。鬼谷子，周世隱于鬼谷。」

雖然皇甫謐注本已佚，我們不得見其原貌，但可以肯定一點的就是皇甫謐注本鬼谷子已有了「三卷」的劃分。今本題爲陶弘景注鬼谷子亦分爲三卷。可見，本經陰符等第三組作品最遲在皇甫謐時期即已被增補上去了。

綜上所述，鬼谷子的成書過程分爲三個階段，第一階段，捭闔等六篇作品與揣篇等五篇作品成一組，符言與轉丸、胠亂成一組，本經陰符七術、持樞、中經爲一組，三組作品分别流傳。此時，三組作品可能皆無名稱。第二階段，劉向把前兩組作品編輯在一起成爲一書，並取名鬼谷子，成鬼谷子最早的一個本子。第三階段，魏晉之際的皇甫謐時已可確定第三組作品也被增輯進鬼谷子，成爲三卷本，也是定本。總之，鬼谷子早在魏晉之際就完全成書了。

## 四、鬼谷子的版本

從現有的資料來看，鬼谷子傳世最早的文本爲唐初歐陽詢藝文類聚録鬼谷子文六條。唐貞元年間馬總意林所引。摘録鬼谷子要語九條，無注。現流傳下來的鬼谷子版本，主要有兩個系統：

一、道藏本系統。流傳最廣的爲正統道藏本。分上、中、下三卷。其中捭闔第一、反應第二、内揵第三、抵巇第四爲上卷；飛箝第五、忤合第六、揣篇第七、摩篇第八、權篇第九、謀篇第十、決篇第十一、符言第十二、轉丸、胠亂爲中卷；本經陰符七篇、持樞、中經爲下卷。分篇分段低一格作注，不引他説。篇目下雙行夾注注明篇旨，未著注者姓氏。後世出現的各種傳本，基本上是以道藏本爲祖本。道藏本的傳世版本較多，主要有：四部叢刊景印京師白雲觀藏正統道藏本、明嘉靖乙巳鈔本、明萬曆四年刊子彙本、明天啟五年武林張懋寀横秋閣刻本、清乾隆間鈔四庫全書本、清乾隆五十四年秦氏石研齋刻本等不下數十種。道藏本系統又可分爲四種類型：

甲，以道藏本、吉府本、乾隆本爲代表，全文録注，雙行夾注，除揣、摩、權、謀、決五篇篇題下無注外，其他各篇篇題下有注，亦爲雙行夾注。但胠亂、持樞篇題注下無「陶弘景曰」兩段文字（見下）。乾隆五十四年秦氏石研齋刻本，以孫淵如讀道藏于華陰岳廟時所録本爲祖本，亦屬道藏本系統。

乙，以横秋閣本、高氏本（高金體評點）、四庫全書本爲代表，全文無注，除謀、決兩篇篇題外，其他各篇篇題下有注，亦爲雙行夾註。且胠亂有「陶弘景曰：或有取莊周胠篋而充次第者。按：鬼谷之書崇尚計謀，祖述聖智，而莊周胠篋乃以聖人爲大盜之資，聖法爲桀、跖之失。亂天下者，聖人之由也。蓋欲縱聖棄智，驅一代於混茫之中，殊非此書之意。蓋無取焉。或曰轉丸、胠篋者，本經、中經是也」。持樞篇題注下有「陶弘景曰：此持樞之術，恨太簡促，暢理不盡。或編簡既爛，本不能全也」兩段文字。與前一類相比，多出揣、摩、權三篇題注，與胠亂、持樞篇題注下有「陶弘景曰」兩段文字，極具參考價值。

丙，以子彙本、緜眇閣本爲代表。收内篇十四篇，轉丸、胠亂二篇有目無文。全文無注，各篇篇題下亦無注。但胠亂、持樞篇題注下有「陶弘景曰」兩段文字。前有長孫無忌敘，並高似孫子略文。

丁，以吳氏本（吳勉學校刊本）、謝氏本（謝鏞刻本）爲代表。全文無注，附外篇。闕轉丸第十三、胠亂第十四兩篇。各篇篇題下亦無注。且胠亂、持樞篇題注下，無「陶弘景曰」兩段文字。前有鬼谷子序。

二、錢本系統。鬼谷子完整的傳本爲清錢遵王述古堂舊鈔本，此「乃據宋本傳録者」（徐鯤語）。該本較正統道藏本完整，後者單内揵篇脱正文及注文四百一十二字。秦恩復嘉慶十年刊本即以錢本爲底本。

其他重要的傳本有：（一）元末陶宗儀鬼谷子，節鈔鬼谷子，自捭闔至權篇。分三卷，無注。分段刪節，不標篇名。在説郛内。此本價值在於其是元本，年代較早。（二）明嘉靖乙巳鈔本，原是蘇州文氏舊藏本。正文頂格，注文低一格，以道藏本爲祖本。末有「嘉靖乙巳三月九日辛未録畢」一行。（三）明萬曆間刊方疑輯校鬼谷子，分内、外篇，無注。惟篇目下間引陶弘景注。内篇末附事略、鬼谷子書考。在十六子内，明萬曆間刊且且菴初箋十六子本。（四）明萬曆六年謝汝韶編鬼谷子校訂，收鬼谷子十三篇，雙行夾注。篇目下有注，採陶弘景注本。前有鬼谷子序，在二十家子書内，吉藩崇德書院刊本。（五）明萬曆間陸可教、李廷機編鬼谷子玄言評苑，録鬼谷子内篇全文，無注。篇名間有雙行簡注。加以圈點、眉批，雜引前人數家評語。在諸子玄言評苑内。明光裕堂刊本。（六）明天啟五年歸有光輯鬼谷子評點，此本題歸有光輯，文震孟參訂。節録捭闔、反應、内揵、抵巇、飛箝、揣摩六篇原文，雙行簡注，篇目多有説明，並加圈點。眉評引諸家雜説，不注出處。前有鬼谷子考略，於文字訓詁無有發明。在諸子彙函内。（七）清嘉慶九年姚文田撰鬼谷子古韻，此本節録鬼谷子文句之有韻者，將叶韻之字加以圈點，下注篇名或章名，依韻别類輯。在古音諧内。清道光二十五年歸安姚氏刊本。（八）清嘉慶十九年江有誥撰鬼谷子韻讀。節録捭闔、反應、内揵、抵巇、忤合、本經陰符六篇中之有韻文字，加以圓圈，並注韻部、音節及四聲。在音學十書先秦韻讀内。民國二十三年成都渭南嚴式誨重刻本。（九）民國十一年陳乃乾撰鬼谷子校記。以繆荃孫所藏校本爲底本，校于秦恩復石研齋刊本之上，分上、中、下三卷，標舉文句，附以校語。引繆荃孫、俞樾、勞權諸家校文，並自附按語。前有小敘。民國十三年古書流通處古書叢刊手稿景印本。(十)民國二十一年尹桐陽撰鬼谷子新釋,三卷。前有尹桐陽自敘、目録、附識,末附鬼谷子佚文一卷。目録篇首署常甯尹桐陽編,篇次同道藏本和嘉慶十年秦恩復本。把鬼谷子的内容分爲「經」與「釋」兩個部分,對字句作詳細的訓詁考證,所釋敢出己意,並指出其中的用韻。民國二十一年上海文明印刷所鉛印本。(十一)日安永三年皆川愿刻鬼谷子考閲,上、下二卷。加假名斷句,眉欄校訂文字、文義。前有安永甲午皆川愿刻鬼谷子序。首題唐尹知章注,與道藏本陶弘景注同。安永三年大阪嵩山堂刊本。另有清末民初王仁俊輯鬼谷子佚文一卷。此本所輯在經籍佚文内。

## 五、鬼谷子的注本

歷代書志關於鬼谷子的注本有:西晉皇甫謐注鬼谷子三卷,梁陶弘景注鬼谷子三卷,樂壹注鬼谷子三卷,唐尹知章注鬼谷子三卷。

皇甫謐注不見新、舊唐志,恐五代時即已佚,具體内容已難考其詳。唐初歐陽詢藝文類聚録鬼谷子文六條,注文兩條,或即爲皇甫謐注文。

新、舊唐志載有樂壹注鬼谷子三卷,是樂注北宋時尚存。太平御覽引鬼谷子注文六則與今本的注文不同。太平御覽（卷七七五）車部四「指南車」：「鬼谷子曰：『肅慎氏獻白雉于文王，還，恐迷路，問周公，作指南車以送之』。」秦恩復云：「今按全書無此文，疑是司南句下注文也。」（嘉慶十年刊本謀篇「司南」下之校語）高承事物紀原卷二所引：「樂壹注鬼谷子曰：肅慎還，周公恐其迷路，造指南車送之。」由此可推測，太平御覽所引之鬼谷子注文，恐是樂壹注。

鬼谷子抵巇有「物有自然，事有合離」。文選注引樂壹注曰：「自然，繼本名也。」今本注曰：「此言合離若乃自然之理。」今本注與文選注引樂壹注不同。可見，今本注非樂壹注。

尹知章注，見載於新、舊唐志。陳振孫書録解題卷十云：「隋志有皇甫謐、樂壹二家注，今本稱陶弘景注。」但今本是尹注還是陶注，學術史上存在爭論。

日人皆川願鬼谷子考閲注文内容與陶注同，卻署爲尹知章注。故使鬼谷子注文的撰者撲朔迷離。清人周廣業以爲今本爲尹注。其云：「案鬼谷録自隋志，有皇甫謐、樂壹注，各三卷。新、舊唐志無皇甫謐，而增尹知章注三卷，不聞陶也。陶注始見於晁氏讀書志。」又曰：「觀其注文，往往避唐諱，如以『人』爲『民』，『世』爲『代』，『治』爲『理』，『縲紲』作『縲絏』之類，而筆法又絕似管子注。是爲尹注無疑。」趙鐵寒於鬼谷子考辯中對周氏説作了補充：「秦刻本於同書之中，即另有兩處於原注下加秦氏附注曰：「別本引稱陶弘景曰。」既然有別本於某注中明白標出「陶弘景曰」，則未標之注，自不屬於弘景，其理甚明。」「又，錢遵王讀書敏求記，亦有陶注之反證。錢氏之言曰：陶弘景注鬼谷子三卷……其轉丸、胠篋今亡。貞白曰：『或云即本經、中經是也』。錢氏所舉之『貞白曰』，與秦恩復所見別本之『陶弘景曰』同例，自屬他人注鬼谷子所引之陶弘景語，與開首所謂「陶弘景注」者自相抵觸，不但不足證其爲陶注，適足反證其非陶注。」（大陸雜誌第十四卷第六期鬼谷子考辯下）

明楊慎横秋閣本鬼谷子有唐初長孫無忌鬼谷子序，稱鬼谷子三卷，陶弘景注。周廣業説陶注始見於晁氏讀書志，是乃失考。注中並未有故意避諱之現象，如外泄即不避世字。至於筆法絶似管子注一説，更不確。孫詒讓曰：「尹注管子今俱存，此書符言篇與管子九守篇文正同。……以彼校此書，挩譌甚夥，注皆沿誤妄説，假令果出尹手，豈得注管子而略不省勘乎？然則今本題陶注雖未可盡信，而非尹注則無疑義。」管子九守尹知章注今存，與鬼谷子符言注對照，多不同。如「熒惑」，管子注作「眩惑于物」解；鬼谷子注作「熒惑星」解。「周」，管子注作「謹密」，鬼谷子注作「遍知物理」。兩注文的文字數量也不一様。故今本鬼谷子注與管子注的作者並非一人。至於憑版本中有「陶弘景曰」來否認今本爲陶注，則是未考慮到版本流傳中的複雜情況。中興書目曰：「一本始末皆東晉陶弘景注；一本捭闔、反應、内揵、抵巇四篇不詳何人訓釋，中、下二卷與弘景注同。」（玉海引）則早在宋時，陶注即已殘缺不全。一些散佚陶注又被後人編進是不奇怪的。這是版本流傳中的問題，勿須多言。

大約到南宋末年時，僅陶弘景注流行。尹知章注似已遺佚。至清人錢曾讀書敏求記中，則仅存陶注。

陶弘景，南朝時丹陽秣陵人，字通明。初爲齊諸王侍讀，後隱居于句容句曲山，自號華陽隱居。因佐蕭衍奪齊帝位，建梁王朝，參與機密，時謂山中宰相。主張儒、釋、道三教合流。謚貞白先生。陶注是現存惟一舊注，往往借儒家觀點以爲説，以儒家立論，解説題旨，對鬼谷子的流傳起到很大作用。

陶注以外，民國初年通注鬼谷子的有尹桐陽、俞棪兩家。

尹桐陽，生於湖南常寧，清末民初人。曾任湖北大冶縣知事、河北大學兼民國大學教授。撰鬼谷子新釋三卷，是民國時期一部重要的鬼谷子注本。據新釋「自敍」稱，該書是作者于民國二十年七月完成。次年一月由上海文明印刷所刊，三月發行。今見國家圖書館、上海圖書館等古籍部。新釋以道藏本爲底本，分爲三卷，前有尹桐陽自敍、目録、附識，末附鬼谷子佚文一卷。篇次同道藏本和嘉慶十年秦恩復本。

俞棪，廣東番禺人，字誠之。清末民初人。撰鬼谷子新注，民國二十年上海商務印書館排印本。收入國學小叢書内。新注以嘉慶十年秦恩復校刊本爲底本，分章雙行夾注。前有撰者自序、清嘉慶十年秦恩復序、鬼谷先生事略、鬼谷子真僞考。末附附録，録歷代各家評語、篇目考、陳乃乾鬼谷子校記、乾隆辛丑周廣業跋、阮元跋。新注剌取秦、漢諸家學説，以資詮詁，尤其是引用與所注之句意能够相互發明的諸家之説。把鬼谷子放到戰國的時代環境和語境中，給句意的理解以極大的參考，是比較有特色的做法。除此之外，新注還校正錯簡、訛誤。雜引意林、太平御覽諸書，以做旁證。新注提供了戰國時代鬼谷子語境中的大量資料，提出不少真知灼見，值得我們重視。

需要説明的是，此課題乃從本人博士論文鬼谷子研究中生衍而出，自始至終接受博士導師趙逵夫先生的指導。

早在趙先生門下攻讀博士學位期間，趙先生就多次談及鬼谷子一書值得研究，其價值須重新認識。遂不揣鄙陋選鬼谷子一書作研究對象，從音韻學角度，結合出土文獻作辨僞工作，擴展至成書成篇過程、其人真僞及事跡，成博士論文鬼谷子研究。趙先生還多次啟發我作一些拓展，如下功夫做彙校集注，既能把相關資料搜集整理，填補鬼谷子研究領域的空白；又能對鬼谷子的研究作一下總結，爲自己今後的研究打下基礎。在導師的期待與鼓勵下，加之自己亦偶有心得，遂勉爲其難，畢業以後即着手整理。從擬定體例到確定底本，從審閲書稿到聯繫出版，整個過程都有趙先生的參與，最後趙先生欣然賜序，表現了他對學生的殷切期望和對後學的盡力提攜，這是我永遠不能忘記的。中華書局的馮寶志先生爲本書出版多有奉獻，在此深表感謝！

本書所集之校勘成果，主要包括秦恩復校、陳乃乾校記、蕭登福鬼谷子研究部分校勘成果，所集之「注」，主要包括鬼谷子陶弘景注、尹桐陽鬼谷子新釋、俞棪鬼谷子新注，選擇俞樾諸子平議補録、臺灣蕭登福先生鬼谷子研究、大陸鄭傑文先生鬼谷子奥義解説等部分觀點。校和注部分也都有些自己的淺見，以「按」的形式寫出，各家之説有所不同或某些地方需要疏説者，也寫於按語之中。

附録八種，以便讀者作進一步的研究與參考。這些資料皆爲數年來花了很大精力所搜集，有的雖然依據前人所提供的線索，但也糾正了一些錯誤，或有所補充。如第四部分，參考嚴靈峰先生周秦漢魏諸子知見書目，並做了修訂，補充了明楊慎鬼谷子評點（張懋寀校，明天啟五年張懋寀横秋閣刻本，在楊升庵先生評注先秦五子全書內）、明馮夢禎編鬼谷子（明萬曆三十年緜眇閣刻本，在先秦諸子合編十六種內）。其中明謝鏞編鬼谷子、尹桐陽鬼谷子新釋，嚴氏署「未見」，筆者核查原書，補充了版本上的特點。其他尚有：謝汝韶鬼谷子校訂署録「鬼谷子十三篇」，誤，應爲録「鬼谷子全文」；吴勉學校訂鬼谷子，署「首題漢黄石公撰」，查無「首題漢黄石公撰」字樣等。江有誥鬼谷子韻讀、陳乃乾鬼谷子校記爲原書移録。

附録第五部分所收梁嘉彬鬼谷子考一文，由臺灣蕭登福先生提供。

限於見聞，可能有一些重要的材料没有被採入，按語也会有不精確甚至謬誤之處，希望讀者指正，以便有機會修訂補充。

# 例言

一、本書各節均由鬼谷子原文、集注、校語三部分組成。

二、鬼谷子原文及陶弘景注，以嘉慶十年江都秦氏刻本（北京中國書店一九八五年景印）爲底本，簡稱「嘉慶本」；

參考採用鬼谷子的舊本及注本有：

（一）明正統道藏本（民國十四年上海涵芬樓景印），簡稱「道藏本」；

（二）明藍格傳鈔道藏本，簡稱「藍格本」；

（三）四部叢刊景印京師白雲觀藏正統道藏本，簡稱「四部叢刊本」；

（四）元陶宗儀説郛本（民國十六年上海商務印書館排印），簡稱「説郛本」；

（五）明萬曆四年刊子彙本，簡稱「子彙本」；

（六）明萬曆六年吉藩崇德書院刊本，簡稱「吉府本」；

（七）明嘉靖乙巳蘇州文氏鈔本，簡稱「嘉靖鈔本」；

（八）清文淵閣四庫全書景印本，簡稱「四庫本」；

（九）清乾隆五十四年江都秦氏石研齋刻本，簡稱「乾隆本」；

（十）民國八年上海掃葉山房百子全書石印本，簡稱「百子全書本」；

（十一）日本安永三年皆川願鬼谷子考閲，大阪嵩山堂刊本，簡稱「皆川本」。

採集前人及今人的校注、評點包括：

（一）梁陶弘景注；

（二）明焦竑、翁正春、朱之蕃鬼谷子品彙釋評，簡稱「品彙釋評本」；

（三）明歸有光鬼谷子評點，簡稱「諸子彙函本」；

（四）明高金體鬼谷子評點（明天啟間刻本），簡稱高氏本；

（五）清俞樾鬼谷子平議（中華書局一九五四年版）；

（六）清陳乃乾校記（鬼谷子四種，中國子學名著集成編印基金會排印本）；

（七）民國俞棪鬼谷子新注（民國二十年上海商務印書館排印本）；

（八）民國尹桐陽鬼谷子新釋（民國二十一年上海文明印刷所鉛印本）；

（九）（臺灣）蕭登福鬼谷子研究（文津出版社一九八四年版）；

（十）鄭傑文鬼谷子奥義解説（山東大學出版社一九九三年版）；

（十一）房立中鬼谷子全書（書目文獻出版社一九九三年版）。

還有個别不見上列諸書的，則隨文注明出處。

三、校改之字，衍文用（　）標出，脱文用［　］補出。可以確定爲誤字者予以改正，校改理由在校記中加以説明；有些異文不能斷定原文是否有誤，則只在校記中加以説明，原文不改。校記放在每篇之後；先集注，後集校。

四、清以前注文有明顯錯誤者，亦加以校改，其理由隨文用小字加以説明。無關文意理解者，不加改動，亦不出校記。

五、原文句子單位劃分，視文義及校、注、評之多寡有無而定；原文異讀處斷句，多從陶注，注文序號以陶注文爲單位，個别地方作了調整；

六、清以前各家注説、評論性文字，儘量多加羅列，以便參考；所引各家注説、評點，一般按時代先後排列；民國及當代的注説，擇善而從。

七、各家引文，一般均與原書作了覈對；

八、鄙見加「按」字綴於其後。

# 捭闔第一

陶弘景曰：捭，撥動也；闔，閉藏也。凡與人言之道，或撥動之令有言，示其同也；或閉藏之令自言，示其異也。○歸有光曰：捭音擺，開也，撥也，排而振之也。○尹桐陽曰：捭同闢，開也；闔，閉也。易繫辭：「闢户謂之乾，闔户謂之坤。」本篇三云門户，又云「捭闔者，天地之道」，因取「捭闔」二字以題篇。說者釋「捭」爲「撥動」誤。**按**：捭，開。說文：「捭，兩手擊也。」段注曰：「謂左右兩手横開旁擊也。」闔，閉也。禮記玉藻：「閏月，則闔門左扉，立於其中。」左傳定公八年：「築者闔門。」捭闔，即開闔。戰國縱横家遊說、謀略之術。尹知章鬼谷子序：「蘇秦、張儀往事之，受捭闔之術十有二章。」陶注云「撥動」，乃引伸就人事而言，尹釋就本義言，各有側重。

捭闔即開闔，乃謀略、遊説之根本法則。全篇旨在闡明捭闔原理及其可用於遊説，結構上由兩個部分組成：

前半部分言捭闔之原理。以聖人立論，依次言何謂捭闔、爲何可用捭闔及如何運用捭闔。何謂捭闔？捭闔即開闔，變化無窮，爲遊説之「道」；因人性各有差等，或賢或不肖，或智或愚，或勇或怯，與開闔暗合，故而可用；捭則需料對方之情，闔則示己誠心，此運用捭闔之原則。後半部分言捭闔用於遊説。依次言捭闔爲何可用於遊説及如何用之於遊説。口之開合與捭闔相似，捭即開即言，闔即閉即默，故捭闔可用之於遊説；對方口開則陽，口默則陰，自己或以陰結陽，或以陽求陰，如何因機而動，因時而應，即爲「説人之法」。

粵若稽古，聖人之在天地間也〔一〕，爲衆生之先〔二〕。觀陰陽之開闔以名①命物〔三〕，知存亡之門户〔四〕，籌策萬類②之終始，達人心之理，見變化之朕焉〔五〕，而守司其門户〔六〕。故聖人之在天下也，自古及③今，其道一也〔七〕。

【注】

〔一〕陶弘景曰：若，順；稽，考也。聖人在天地間，觀人設教，必順考古道而爲之。○尹桐陽曰：粵同汩，治也；若，善也；稽古，同天也。粵若稽古者，謂其善治之。同天，指聖人而言。書：「粵若稽古帝堯」，後漢書李固傳「君不稽古，無以承天」，李生秉真謂：「粵若」爲「語汝」，以

「粤若」爲「曰汝」借字者。○蕭登福曰：鬼谷子作「粤若」，尚書堯典作「曰若」，召誥作「越若」。三者一也。「粤若」當係語詞。稽，考也。按：鬼谷子依聖人立論。王世貞曰：「凡刑名遊説，諸家立説，必牽扯聖人以駭世。大率如此。」鬼谷子中，聖人乃宇宙萬物生成中的一環，天地的使者，萬物的主宰。抵巇云：「聖人者，天地之使也。」易乾文言：「聖人作而萬物覩。」同此。

〔二〕陶弘景曰：首出萬物，以前人用先知覺後知，先覺覺後覺，故爲衆生先。○高金體曰：一篇之提綱。○虞集曰：從上古聖人敍來，天地之理，不外陰陽。究之千變萬化，百物萬類之終始，只是陰陽之理。聖人先知先覺，不過明此教人，以爲衆生之先而已。俟人舉事剛柔開閉也，張之用皆不能外也。○尹桐陽曰：衆生謂衆民也。○俞樾曰：賈誼新書先醒篇曰：「……鋭然獨先達乎道理。故未治也，知所以治；未亂也，知所以亂；未安也，知所以安；未危也，知所以危。故昭然先寤乎所以存亡矣。故曰：先醒……」。此「爲衆生之先」之説也。**按**：衆生，謂有生命者。禮記祭義：「衆生必死，死必歸土。」俞曰「鋭然獨先達乎道理」，吉府本作「惠然獨先乃學道理矣」。

〔三〕陶弘景曰：陽開以生物，陰闔以成物。生成既著，須立名以命之也。○尹桐陽曰：陽開生物，陰闔成物，則萬物各正其性命，故云命物。○俞樾曰：左氏傳言：「名以制義。」申子曰「名自正也，事自定也。是以吾道者，自名而正之，隨事而定之也。」又申子佚文曰：「聖人貴名之正也。以其名聽之，以其名視之，以其名命之。」又賈子新書曰：「令名自宣，命物自定。如鑑之應，如衡之稱。」又管子心術上曰：「物固有形，形固有名。名當謂之聖人。」凡此均以名命物之義也。又按：易繫辭曰「一闔一闢謂之變」，此開闔之説也。**按**：以名命物，即命物以名。此彰聖人之首功。

〔四〕陶弘景曰：不忘亡者存，有其存者亡。能知吉凶之先見者，其唯知幾者乎？故曰：知存亡之門户也。○楊慎曰：聖人以道命物，守存背亡而爲之言。**按**：門户，途徑、關鍵。易繫辭上：「成性存存，道義之門。」疏：「謂易與道義爲門户也。」

〔五〕陶弘景曰：萬類之終，始人心之理，變化之朕，莫不朗然玄悟而無幽不測。故能籌策遠見焉。朕，迹也。○高金體曰：「老子『天地其猶橐龠乎』，理不外是。」**按**：籌策：原爲古代計算用具，此指謀劃。戰國策魏四：「大王已知魏之急而救不至者，是大王籌策之臣無任矣。」史記孫子傳：「孫子籌策龐涓明矣，然不能蚤救患于被刑。」朕，尹桐陽新釋作「眹」，誤。説文：「眹，目精也。……疑古以朕爲眹」。朕，形跡，預兆。莊子應帝王「體盡無窮，而遊無朕」、淮南子兵略「凡物有朕，唯道無朕」，可證。「玄悟」原作「元誤」，避康熙玄燁諱。今據改，下同。

〔六〕陶弘景曰：司，主守也。嘉慶本陶注脱此四字，今據道藏本增。門户，即上存亡之門户也。聖人既達物理之終始，知存亡之門户，故能守而司之，令其背亡而趣存也。○尹桐陽曰：司，主也。以上皆經。**按**：趣，趨向。尹桐陽另作一説，以爲自開頭至此皆「經」，以下皆「釋」。此不明文章結構之法，然亦對理解全文結構有啟發。自開頭至「見變化之眹焉，而守司其門户」乃總論，下分述之。類似今日作文「總——分」式。

〔七〕陶弘景曰：莫不背亡而趣存，故曰其道一也。○尹桐陽曰：故，詁也。謂詁釋上經之義，下所云云是管子、墨子皆有其體。○俞棪曰：易曰「一陰一陽之謂道」，又繫辭曰「化而裁之謂之變」，又曰「剛柔相推而生變化」；又荀子不苟篇曰：「誠心守仁則形，形則神，神則能化矣；誠心行義則理，理則明，明則能變矣；變化代興，謂之天德。」又孟子曰：「始條理者，智之事也；終條理者，聖之事也。」**按**：陶説局限於「存亡之門户」，此處之「道」，亦包括「籌策萬類之終始，達人心之理」。尹説不可取。

【校】

①道藏諸本無「名」字。②萬類，嘉慶本云：「一本作萬物」。③及，道藏本作「之」，百子全書本作「至」。

變化無窮，各有所歸〔一〕。或陰或陽，或柔或剛；或開或閉，或弛或張〔二〕。是故聖人一守司其門户，審察其所先後〔三〕①，度權量能，校其伎巧短長〔四〕。

【注】

〔一〕陶弘景曰：其道雖一，所行不同，故曰變化無窮。然有條而不紊，故曰各有所歸。○尹桐陽曰：各有所歸則不一歸。○俞棪曰：易繫辭曰：「往來不窮謂之通。」又曰：「變而通之以盡利。」意林録范子曰：「聖人之變，如水隨形。形平則平，形險則險。」按：歸，歸宿。管子曰：「異趣而同歸，古今一也。」尹云各有所歸，則不歸一，言千變萬化。

〔二〕陶弘景曰：此言象法各異，施教不同。○尹桐陽曰：承上文而明「各有所歸」之理。説文：弛，弓解也；張，施弓弦也。按：陶曰「象法」，乃「言象之法」。反應曰：「言有象，事有比。」

〔三〕陶弘景曰：政教雖殊，至於守司門户則一。故審察其所宜先者先行；所宜後者後行之也。○舒國裳曰：陰陽之開合，只是一理。聖人守司其門户，不過觀變化之宜；審其理之從違先後，以爲進退而已。理之外，非有加也。○尹桐陽曰：户、後，雙聲爲韻。按：言聖人守司其門户則一。

〔四〕陶弘景曰：權，謂權謀；能，謂才勞平校作「材」。能；伎巧，謂百工之役。言聖人之用人，必量度其謀能之優劣，校考其伎巧之長短，然後因材而任之也。○尹桐陽曰：校，比也；伎，説文作「技」，巧也。陽、剛，張、長爲韻。按：伎巧，才藝，工巧。老子：「人多伎巧，奇物滋起。」短長：優劣。

**【校】**

①意林引無「一」字、「所」字。陶注「至於守司門户則一」，則原有「一」字。

夫賢不肖、智愚、勇怯①有差，乃可捭，乃可闔；乃可進，乃可退；乃可賤，乃可貴，無爲以牧之〔一〕②。審定有無與③其實虛，隨其嗜欲以見其志意〔二〕。微排其所言而捭反之，以求其實，貴④得其指；闔而捭之，以求其利〔三〕。

**【注】**

〔一〕陶弘景曰：言賢不肖、智愚、勇怯，材性不同，各有差品。賢者可捭而同之，不肖者可闔而異之；智之與勇可進而貴之，愚之與怯可退而賤之。賢愚各當其分，股肱各陳乃乾校作「咸」。盡其力。但恭已無爲牧之而已矣。○楊慎曰：智愚、賢不肖有差者，虛實之衡先定也。乃可捭，乃可闔云者，始得開闔以查人之情實也。於是賢智進之、貴之，愚不肖退之、藏之，此無爲以牧之道也。○高金體曰：鑒空始能別妍蚩，衡平始能審輕重，無爲云者，不落方所也。○尹桐陽曰：牧，伺察也。方言十二：「貇牧，伺也；監牧，察也。」司、伺，一字耳。牧與下文意字韻。又，退、貴爲韻。**按**：差，差別。史記禮書：「長少有差。」無爲，道家術語，即順任自然。老子第二章：「是以聖人處無爲之事，行不言之教。」牧，治。

〔二〕陶弘景曰：言任賢之道，必審定其材術之有無，性行之虛實，然後隨其嗜欲而任之，以見其志意之真僞也。○孫季泉曰：見説當開合其説，審其有無虛實。此遊説之雄。○尹桐陽曰：實有而虛無也。無，虛爲韻。説文：意，志也。○俞棪曰：韓非子曰：「虛則知實之情，靜則知動者正。」此虛實之説也。按：審定：仔細考究而斷定。嗜，愛好。

〔三〕陶弘景曰：凡臣言事者，君則微排抑其所言，撥動而反難之，以求其實情；實情既得又自閉藏而撥動彼，以求其所言之利何如耳。○尹桐陽曰：微，隱行也；排，同扉。説文亦云：隱也。排與下文貴、指爲韻。半句與全句叶法也。又云：貴，歸也。論語「詠而饋」、「饋孔子豚」。「齊人饋女樂魯」。饋皆作歸。又曰：指，説文作「恉」，意也。自「聖人之在天下也」至此，皆言用人之法。按：指，通旨。此言運用捭闔之道，以求得實情，因而得利。尹説排與貴、指爲韻，囿于文義作解。

【校】

①「勇怯」後衍「仁義」二字，俞樾曰：「仁義二字與賢不肖、智愚、勇怯不一律，蓋衍文也。」並引陶注所據本無「仁義」二字爲證。陳乃乾鬼谷子校記亦云：「繆（荃孫）曰：仁義二字疑衍。與賢不肖、智愚、勇怯不同，注亦未及。」這裏從俞樾、繆荃孫、陳乃乾説，「仁義」二字刪。②自「夫賢不肖」至「無爲以牧之」，俞棪以爲錯簡，當在「其不中權衡度數，聖人因而自爲之慮」下，可參。③與，道

藏本、乾隆本、百子全書本作「以」。④（日）皆川願云：「貴，當作實。」俞樾云：「貴」字乃「實」字之誤。上云「以求其實」，此云「實得其指」，兩文相承。陶注但曰「實情既得」而不解「貴」字，其所據本未誤也。皆川願、俞樾説，誤。

或開而示之，或闔而閉之。開而示之者，同其情也；闔而閉之者，異其誠也〔一〕①。可與不可，審明其計謀，以原其同異〔二〕。離合有守，先從其志〔三〕②。即欲捭之貴周，即欲闔之貴密。周密之貴微，而與道相追〔四〕。

【注】

〔一〕陶弘景曰：開而同之，所以盡其情；闔而異之，所以知其誠也。○高金體曰：以道法御世法。○尹桐陽曰：情同則可開示之而不諱。又曰：實異則當闔閉之，而毋令人知。穀梁傳：「士造辟而言，詭辭而出。」范甯注：「詭辭者，不以實告人也。詭，即異耳；誠，實也。」情、誠爲韻。

按：言情同則開而示之，不以實告則閉而闔之。

〔二〕陶弘景曰：凡臣道藏本、乾隆本、皆川本作「有」。所言，有可有不可，必明審其計謀以原其同異。○俞樾云：此本作「明審其計謀」，故注云：「必明審其計謀，以原其同異」即依正文爲説也。上文「審察其所先後」，注云：「故審察其所宜先者先行，所宜後者後行之也。」又曰：「審定有無」，注云：「必審定材術之有無。」是注文皆依正文爲説。正文言「審察」，注亦言「審察」；正文言「審定」，注亦言「審定」。若此文是「審明」，注何以倒其文而爲「明審」乎？ ○尹桐陽曰：可同問，大開也。可，斥開言；不可，斥閉言。又曰：原，度也。飛箝篇曰「必先察同異」，察亦度耳。 ○俞樾曰：王通中説「同不害正，異不傷物」。此言善處同異之間也。 按：原，察。飛箝篇曰：「必先察同異。」然正文屢言「審察」、「審定」，此言「審明」，皆以「審」字打頭，正是其表達習慣。不應據注改正文。俞説誤。

〔三〕陶弘景曰：謂其計謀，雖離合不同，但能有所執守，則先從其志以盡之，以知成敗之歸也。 ○尹桐陽曰：離合，謂開閉守道也。從同揖，推也。志，指或同或異而言。 ○俞樾曰：韓詩外傳曰：「相觀而志合，必由其中。故同明相見，同音相聞，同志相從。」守者，中也。 ○蕭登福曰：離合指同異而言，計謀同則合，異則離。 按：守，待也。史記樂書：「弦匏笙簧，合守拊鼓。」正義：「守，待也……言弦匏笙簧皆待拊爲節。」此言是離是合須等待。先從其志以盡之，然後適時而動。

〔四〕陶弘景曰：言撥動之，貴其周遍；閉藏之，貴其隱密。而此二者，皆須微妙合於道之理，然後爲得也。 ○楊慎曰：妙旨。與道相追者，無端而不可尋。 ○馮叔吉曰：捭闔一篇，皆是爲説士立個話頭。蘇子之党，仰慶吊變，説匿情以據皺乘危，即是祖此。 ○高金體曰：無端無倪，不示眹兆。 ○尹桐陽曰：微同僟，精謹也。貴、追爲韻。自「闔而捭之」至此，皆言以捭闔治國之道。又曰：謀、意、志、密爲韻。○秦恩復曰：文選注引云：「即欲聞之貴密，密之貴微。」闔作聞，誤。「密之貴微」上脱「周」字。按：微，隱蔽，藏匿。左傳哀十六年：「白公奔山而縊，其徒微之。」注：「微，匿也。」尹説涉及全篇結構。

【校】

①自「或開而示之」至此，俞棪以爲錯簡，當在「捭之者，料其情也；闔之者，結其誠也」下。可參。

②審明其計謀：俞樾云：此本作「明審其計謀」。「可與不可，審明其計謀，以原其同異。離合有守，先從其志」：俞棪以爲錯簡，當在「隨其嗜欲以見其志意」下。僅供參考。

捭之者，料其情也；闔之者，結其誠也〔一〕①。皆②見其權衡輕重，乃爲之度數。聖人因而爲之慮〔二〕。其不中權衡度數，聖人因而自爲之慮〔三〕。

【注】

〔一〕陶弘景曰：料謂簡擇；結謂系束。情有真僞，故須簡擇；誠或無終，故須系束也。○尹桐陽曰：結同詰，糾察也。周禮大宰：「以詰邦國。」誠，實也。情、誠爲韻。

〔二〕陶弘景曰：權衡既陳，輕重自分。然後爲之度數，以制其輕重，輕重得所，「得所」前脱「輕重」二字。

道藏本、乾隆本、皆川本皆作「輕重因得所」，今據補。「因」與「得所」乙倒。因而爲設謀慮，使之遵行也。○楊道賓曰：凡刑名遊説，諸家立説，必牽扯聖人以駭世愚俗。諸子書大率類如此。（歸有光諸子彙函以爲王鳳洲曰）○尹桐陽曰：指治國言。皆，機也。説文作幾。管子書以「機要」爲「皆要」。乃，又也。又曰：聖人因進仕而爲之慮。抵巇篇曰：「時有可抵，則爲之謀。」慮、謀，義一也。○俞棪曰：荀子儒效篇曰：「凡知説有益於理者，爲之；無益於理者，舍之。夫是之謂中説。」○蕭登福曰：看到了對方的輕重，於是便替他制度了規則度數，聖人並依據他的才幹來替他謀慮，讓他的才華得以施展。**按**：權，稱錘；衡，稱杆；權衡，衡量。言聖人根據對方實際需要的輕重緩急來揣度他的所想，然後再順其所想而爲之設計。

〔三〕陶弘景曰：謂輕重不合於斤兩，長短不充於度數，便爲廢物，何所施哉？聖人因是自爲謀慮，更求其反陳乃乾校作「及」。也。○尹桐陽曰：亂世而退隱不仕是聖人之自爲慮者。抵巇篇曰：「世無可抵則隱而待時。」旨與此同。自「捭之者，料其情」至此，皆言聖人世治仕、世亂隱之理。○俞棪曰：按淮南子人間訓曰：「凡人之舉事，莫不先以其知規慮揣度而後敢以定謀。」又曰：「知所以自行而未知所以爲人行，其所論未之究者也。」自行者，自爲之慮也；爲人行者，因而爲之慮也。**按**：此言高明之人見機行事，進則爲他人設計，退則爲己設計。此乃縱橫學派之理論，爲後世所詬病者。尹説近是。

【校】

①自「即欲捭之貴周」至此，俞棪以爲錯簡。「此文原依古韻，應與上文相接」，當在「闔而捭之，以求其利」下。可參。　②皆，嘉靖鈔本作「既」。

故捭者，或捭而出之，或捭而内①之〔一〕。闔者，或闔而取之，或闔而去之〔二〕。捭闔者，天地之道〔三〕。捭闔者，以變動陰陽，四時開閉，以化萬物，縱横反出、反覆反忤，必由此矣〔四〕②。

【注】

〔一〕陶弘景曰：謂中權衡者，出而用之；其不中者，内而藏之也。　○尹桐陽曰：（捭而出之）上文所謂開而示之；（捭而内之）上文所謂料其情。納，入也。　○房立中曰：或開放，讓自己出去；或開放，使别人進來。　**按**：言或用捭能使對方開而情出，或用捭能讓對方開而使己方觀點被接納。只要讓對方開，而又能達到己方目的之方法，皆爲捭。

〔二〕陶弘景曰：誠者，闔而取之；不誠者，闔而去之。　○尹桐陽曰：（闔而取之）上文所謂結其誠；（闔而去之）上文所謂異其誠。　**按**：言闔或使己有所獲取，或使己順利躲避禍患。自己想要獲取的東西不爲人所知，並能在失敗之後成功逃脱，皆爲闔之法。

〔三〕陶弘景曰：闔户謂之坤，闢户謂之乾。故謂天地之道。○林希元曰：「天地之道」應前。首段聖人之觀陰陽，不過因天地自然之理而已。自古至今，其道一也。（歸有光諸子彙函作孫季泉曰）○尹桐陽曰：闢户謂之乾，闔户謂之坤，故云天地之道。闔、道爲韻。闔讀合，道讀丙，或若禫也。説文：丙讀若三年導服之導。儀禮士虞禮「記」：「中月而禫。」注：古文禫或爲導。

〔四〕陶弘景曰：陰陽變動，四時開閉，皆捭闔之道也。縱横謂廢起萬物，或開以起之，或闔而廢之。又曰：言捭闔之道，或反之令出於彼，或反之覆來於此，或反之於彼忤之於此，皆從捭闔而生。故曰：必由此也。○皆川願曰：縱横，即縱横説之縱横，非謂廢起也。見後忤合篇「可縱可横」語，可證也。○俞樾曰：「『反出反忤』四字，衍文也。此文當讀至『萬物』絶句。『四時開閉以化萬物。縱横反覆，必由此矣』，其文甚明。寫者衍『反出反忤』四字，陶氏遂於『横』字絶句。反出、反覆、反忤，並列爲三義，雖曲爲之説，不可通也。」○尹桐陽曰：合縱曰闔，連横反之則曰捭。故云：「縱横之反出。」出即趉，行也。史記蘇秦傳集解引風俗通義曰：「鬼谷先生，六國時縱横家，其言蓋由於此。」反應篇曰：「事有反而求覆者。」又曰：「以反求覆。」忤合篇曰：「必有反忤。」忤同伍，耦合也。「反」對「忤」言，謂不合耳。物、出、此爲韻。○蕭登福曰：陶弘景在「縱横」下斷句，將「縱横」二字屬上讀，今以「以化萬物縱横」一句不詞，故將「縱横」二字移於下句，與「反出」連讀。**按**：此依陰陽立論。陶説迂曲。陶注云：「或反之令出於彼，或反之覆來於此，或反之於彼忤之於此，皆從捭闔而生。」則陶所見本已有「反出、反覆、反忤」。俞説可參。

【校】

①内，道藏諸本作「納」。内、納，古通用。　②自「捭闔者，天地之道」至此，俞棪以爲錯簡，當在「自古及今，其道一也」下。其意此句意承「觀陰陽之開闔以名命物」而來，似有理。此斷以己意，然無版本依據，僅供參考。

捭闔者，道之大化，説之變也，必豫審其變化①〔一〕。吉凶大命繫焉〔二〕②。口者，心之門户也；心者，神之主也〔三〕。志意、喜欲、思慮、智謀，此皆由門户出入〔四〕。故關之以捭闔，制之以出入〔五〕。

【注】

〔一〕陶弘景曰：言事無開闔則大道不化，言説無變。故開閉者，所以化大道，變言説。事雖大，莫不成之於變化。故必豫審之。　○俞樾曰：道之化，説之變，相對成文。注云：「言事無開闔，則大道不化，言説無變。故開閉者，所以化大道，變言説。」注中「大」字乃陶氏加以足句，正文本無「大」字。猶言説之「言」，亦陶氏加以足句。正文本無「言」字也。正文「大」字即涉注文而衍。○尹桐陽曰：（前一）變，辯也。按：道之化，説之變：此句互文見義。言捭闔是道與遊説千變萬化的關鍵。豫，通預，事先有所準備。荀子大略：「先患慮患謂之豫，豫則禍不生。」俞説有理，今從之。

〔二〕陶弘景曰：「天命，謂聖人稟天命王天下，然此亦因變化而起。故曰：吉凶大命繫焉。」按：正文中無「天命」二字，當「大命」之誤。俞棪以爲此句有錯簡，應作：「捭闔者，道之大化，吉凶天命繫焉；説之變也，必豫審其變化。」俞棪説無據。

〔三〕陶弘景曰：心因口宣，故曰「口者，心之門户也」；神爲心用，故曰「心者，神之主」。○尹桐陽曰：主，住也；説文作侸。素問：宣明五氣，論心存神。故曰：「心者，神之住。」口、主與下文謀爲韻。謀，讀侮也（門内有洫）。詩綿叶附、後，「奏侮正月」；叶愈、後、口，「愈侮行葦」；叶鈎、鍭、樹、侮，例皆同此。説文：謀，古文從母聲，作呣。按：言思慮由心産生，而心中所想，又皆由口出。尹説繁瑣。

〔四〕陶弘景曰：凡此八者，皆往來於口中。故曰皆由門户出入也。○尹桐陽曰：謂其由口而出入。○俞棪曰：墨子經上曰：「循所聞而得，其意心也。」又曰：「執所言而意得見，心之辯也。」

〔五〕陶弘景曰：言上八者，若無開閉，事或不節。故闔之以捭闔者，所以制其出入。○尹桐陽曰：闔、入與下文陰爲韻。闔讀合也，自「捭闔者，天地之道」至此，所以釋經「觀陰陽之開闔以命物，知存亡之門户」二語。按：此言關鍵是掌握好開啟閉合的時機，控制口中言語的出入。尹分經、釋二部分，於義未合。

【校】

①化，字前衍「大」字。②此句道藏本、品彙釋評本、諸子彙函本、乾隆本脱。皆川本作「吉凶繫焉」。

捭之者，開也，言也，陽也；闔之者，閉也，默也，陰也〔一〕。陰陽其和，終始其義〔二〕。故言長生、安樂、富貴、尊榮、顯名①、愛好、財利、得意、喜欲，爲「陽」，曰始〔三〕。故言死亡、憂患、貧賤、苦辱、棄損、亡利、失意、有害、刑戮、誅罰，爲「陰」，曰終〔四〕。諸言法陽之類者，皆曰始，言善以始其事。諸言法陰之類者，皆曰終，言惡以終其謀〔五〕。

【注】

〔一〕陶弘景曰：開言于外，故曰陽也；閉情於内，故曰陰也。○尹桐陽曰：廣雅釋詁三：捭，開也。説文作闢。人必開口，乃能言，故捭又有言義耳。又曰，説文：闔，一曰閉也。○俞樾曰：易繫辭曰：「子曰：君子之道，或出或處，或默或語。二人同心，其利斷金。同心之言，其臭如蘭。」此捭闔之祖也。　按：俞棪以易繫辭爲捭闔之祖，恐未必。

〔二〕陶弘景曰：開閉有節，故陰陽和，先後合宜。故終始義。○楊慎曰：一陰一陽則道體現，一捭一闔則事機成。終始其義，終事始事，以捭闔之意行之。○康礪峰曰：陰陽終始分配立説。○尹桐陽曰：前漢書藝文志，陰陽家公檮生終始十四篇；鄒生終始五十六篇。蓋以始爲陽，陰爲終者。故陰陽書而以終始名之。和、義爲韻。按：和，調和。韓詩外傳三：「天施地化，陰陽和合。」「終始」或爲陰陽家言，若以此斷鬼谷子爲陰陽書，恐非。

〔三〕陶弘景曰：凡此皆欲人之生，故曰陽曰始。

〔四〕陶弘景曰：凡此皆欲人之死，故曰陰曰終。○高金體曰：以事機參印，顯明洞達。○黄鳳翔曰：此就人身上、心口、志意説起，見合德於陰陽。詞若依理，意多謬妄。（諸子彙函引作王敬所曰）○尹桐陽曰：「有害」連言，「有」字當同訧，辠也。

〔五〕陶弘景曰：謂言説者，有於陽言之，有於陰言之，聽者宜知其然也。○尹桐陽曰：其同基，謀也。其事猶云謀事。始、事、謀與下文試爲韻。自「捭之者，開也」至此，所以釋經「籌策萬類之終始」一語。○蕭登福曰：「言善以始其事，言惡以終其謀。」意謂以有利的一面，來勸誘對方，使他開始行動。以不利的一面，來阻止對方，使它終止行動。按：「善」言對方的優點或優勢的一面；「惡」言對方缺點或劣勢的一面。尹説可參。

【校】

①尊榮、顯名，一本作「榮顯、名譽」。嘉靖鈔本作「尊榮顯名譽」，「譽」當爲衍文。陳乃乾校記引繆小珊曰：「兩節皆四字句，名下脱二字。如以榮顯名譽爲句，則富貴尊三字不可解。」繆説以四字句讀，則名下似有脱字；若以二字句讀，似無脱字。

捭闔之道，以陰陽試之〔一〕。故與陽言者，依崇高；與陰言者，依卑小〔二〕。以下求小，以高求大〔三〕。由此言之，無所不出，無所不入，無所不可①〔四〕。可以説人，可以説家，可以説國，可以説天下〔五〕。爲小無内，爲大無外〔六〕。益損、去就、倍反，皆以陰陽御其事〔七〕。

【注】

〔一〕陶弘景曰：謂或撥動之，或閉藏之。以陰陽之言試之，則其情慕可知。○張周田曰：捭闔之道數，盡一篇大意。○尹桐陽曰：道，言也；試，用也。按：試，用。書堯典：「我其試哉！」

〔二〕陶弘景曰：謂與陽情言者，依崇高以引之；與陰情言者，依卑小以引之。○尹桐陽曰：此陽、陰，斥人性情而言。○俞樾曰：韓非難一曰：「凡對問者，有因問小大緩急而對也。所問高大而對以卑狹，則明主弗受也。」韓非之説蓋本鬼谷者。按：崇高、卑小，言人物品格高尚、低下。此將遊説物件的品格亦分爲陰陽。

〔三〕陶弘景曰：陰言卑小，故曰以下求小；陽言崇高，故曰以高求大。○尹桐陽曰：以，似也。云此者，所以喻其言之易入。小、大爲韻。小讀少而轉讀丿也。按：尹説迂曲。

〔四〕陶弘景曰：陰陽之理盡，小大之情得，故出入皆可。出入皆可，何所不可乎？此句百子全書本、皆川本誤爲正文。○尹桐陽曰：中經曰：言可行可。○俞棪曰：管子宙合篇曰：「可淺可深，可沈可浮，可曲可直，可言可默。此言指要功之謂也。」

〔五〕陶弘景曰：無所不可，故所説皆可也。○尹桐陽曰：家、下韻；人、國亦韻。國讀血也。説文閾，古文作闆，又⿸疒或，讀若溝洫之洫。莊子人間世：「死者以國量乎澤，若蕉。」國即蓋人血所生之艸名。量即荒艸淹地也。例皆同此。按：尹説可參。

〔六〕陶弘景曰：盡陰則無内，盡陽則無外。○尹桐陽曰：内、外爲韻。○俞棪曰：吕氏春秋下賢曰：「其大無外，其小無内。」高誘訓解曰：「道在大能大，故無復有外；在小能小，故無復有内。道所貴之也。」按：無，不論。詩魯頌泮水：「無小無大，從公於邁。」言不論所爲之事是大或小，均不能局限於本身，須辨證地對待。

〔七〕陶弘景曰：以道相成曰益，以事相賊曰損。義乖曰去，志同曰就。去而遂絶曰倍，去而覆闚來曰反。凡此不出陰陽之情。故曰：皆以陰陽御其事也。○尹桐陽曰：倍、反對言，則「反」字當同「聯」，合也。禮記樂記：「武王克殷反商。」易繫辭：「原始反終。」反皆與聯同，因有及義。説者以爲「及」之誤字，非。自「捭闔之道，以陰陽試之」至此，所以釋經「達人心之理」一語。**按**：倍，同背。墨子非儒：「倍本棄事而安怠傲。」反，同返。

【校】

①道藏诸本作「無所不言可」，言疑衍。

陽動而行，陰止而藏；陽動而出，陰隱①而入。陽還終陰，陰極反陽〔一〕。以陽動者，德相生也；以陰靜者，形相成也。以陽求陰，苞②以德也；以陰結陽，施以力也〔二〕。陰陽相求，由捭闔也〔三〕。此天地陰陽之道，而説人之法也〔四〕。爲萬事之先，是謂圓方之門户〔五〕。

【注】

〔一〕陶弘景曰：此言君臣「君臣」二字道藏诸本作「上下」。下同。相成，由陰陽相生也。○楊慎曰：陽開故其用乏，陰閉故其用多。形以動之，力以要之，皆其事也。○尹桐陽曰：行、藏與下文陽爲韻。又言，還，環也。自「陽動而行」至此，所以釋經「見變化之眹焉」一語。○俞棪曰：易繫辭上曰：「其靜也翕，其動也闢」。老子曰：「天門開闔，能無雌乎」。此陰陽動靜之理也。又按國語曰：「陽至而陰，陰至而陽……後則用陰，先則用陽。」此「陽還終陰，陰極反陽」

之説也。按：此亦承上「皆以陰陽御其事」而言。陶注僅就君臣而言，片面。下同。

〔二〕陶弘景曰：此言君以爵禄養臣，臣以股肱宣力。○高金體曰：欲旨合陰陽。○尹桐陽曰：形，刑也。生、成爲韻；德、力爲韻。按：形，通刑，刑罰。荀子成相：「衆人貳之，讒夫棄之，形是詰。」注：「形，當爲刑，無德化，唯刑戮是詰。」陰、陽對言，德、刑對舉。言以陰陽御刑德。

〔三〕陶弘景曰：君臣所以能相求者，陳乃乾校作「事」。由開閉而生也。

〔四〕陶弘景曰：言既體天地，象陰陽，故其法可以説人也。○錢福曰：説者得其術時，無所不可。當時遊説之徒，有一言悟意，立談而取卿相者，分明是得捭闔之道。（諸子彙函引作廖明河曰）○尹桐陽曰：闔、法爲韻。

〔五〕陶弘景曰：天圓地方，君臣之義也。理盡開閉，然後能生萬物，故爲萬事先。君臣之道，因此出入。故曰圓方之門户。圓，君也；方，臣也。六字道藏本、乾隆本、皆川本脱。○尹桐陽曰：先、圓，句中韻。自「以陽動者」至此，所以釋經「而守司其門户」一語。按：圓、方，指天地。淮南子本經：「戴圓履方，抱表懷繩。」

【校】

①隱，道藏諸本作「隨」；「陽還終陰」之「陰」字道藏諸本作「始」。②苞，陳乃乾校作「包」。

# 反應第二①

陶弘景曰：聽言之道，或有不合，必反以難之，彼因難而更思，必有以應也。

○尹桐陽曰：説文：「反，覆也。」爾雅：應，「當也。」不合者反覆而使之合，其終必歸於當，是謂反應。聖人審慎之至策耳。　**按**：反應，反覆之回應。言欲探對方實情，返諸對方，必有以應。

本篇言知人得情之法，結構上由三個部分所組成：

先言反應術之原理，事皆有反有覆，運用捭闔之理，反而求之，其應必出。次言如何用反應之術，首先要使對方「開」，行「以象動之」之「釣」術，具體爲用「比」作修辭手法，與「象」之象徵手法，變象比，則情可得。最後言用反應術之注意事項，即自知而後知人，己不先定，牧人不正。

**【校】**

①秦恩復曰：「太平御覽作反覆篇，據本文，當作反覆。」蕭登福云：「以文義觀之，實應作『反覆』。」陶

注云「必有以應也」，則陶注本作「反應」，道藏本、乾隆本皆作「反應」。

古之大化者，乃與無形俱生〔一〕。反以觀往，覆以驗來；反以知古，覆以知今；反以知彼，覆以知己〔二〕①。動靜虛實之理，不合於②今，反古而求之〔三〕。事有反而得覆者，聖人之意也〔四〕，不可不察〔五〕。

【注】

〔一〕陶弘景曰：大化者，謂古之聖人，以大道化物也。無形者，道也。動必由道，故曰無形俱生也。○陳後山曰：此段是一冒頭，曰口立説，必有所本。（諸子彙函引作王鳳洲曰）○尹桐陽曰：聖人以大道化物，因名聖人曰大化。捭闔篇曰：「捭闔者，道之大化。」本經陰符七篇曰：「造化者爲始。」造化者，亦謂大化。爲始，爲治也。又曰：無形，斥道言。按：大化者，指聖人。無形，即道。陳氏就文法立論，於義未申。

〔二〕陶弘景曰：言大化聖人，稽衆舍己，舉事重慎，反覆詳驗。欲以知來，先以觀往；欲以知今，先以考古；欲以知己，先度於彼。故能舉無遺策，動必成功。○高金體曰：如不徹古今，則理猶屬淺近。○尹桐陽曰：己與下文理、意爲韻。○俞棪曰：老子曰：「反者，道之動。」又曰：「萬物並作，吾以觀復」。此反覆之説之所由本也。又墨子引古語曰：「『謀而不得，則以往知來，以見知隱。』謀若此，可得而知矣。」此觀往驗來之義也。

〔三〕陶弘景曰：動靜由行止也，虛實由真僞也。其理不合於今，反求諸古者也。○尹桐陽曰：求同仇，合也。按：反同返，返回。此申言「反以知古，覆以知今」。

〔四〕陶弘景曰：事有不合反而求彼，翻得覆會於此，成此在於考彼，契今由於求古，斯聖人之意也。○尹桐陽曰：意，隱審也。○俞樾曰：呂氏春秋似順篇曰：「事多似倒而順，多似順而倒。有知順之爲倒，倒之爲順。『則可與言化矣。至長反短，至短反長，天之道也。』此所謂反而得復者也。」按：覆，回覆。言事有不合者，反而求之，必有回復。

〔五〕陶弘景曰：不審則失之於幾，故不可不察也。○尹桐陽曰：說文：「𠀀，反丂也。讀若訶。」此可字，當同𠀀。不可，謂其不反察覆審也。不可不察者，猶云：不反則不能得覆矣。察與上文求、覆爲韻。察讀肅也。

【校】

①己，嘉慶本訛爲「此」。道藏本陶注云「欲以知彼，先度於己」，則陶注本作「己」。下文云：「己反往，彼復來」，則「己」與「彼」對言。故作「己」是，今據改。②於，道藏諸本作「來」。

人言者，動也；己默者，靜也①。因其言，聽其辭〔一〕。言有不合者，反而求之，其應必出〔三〕。言有象，事有比，其②有象比，以觀其次〔三〕。象者象其事，比者比其辭也〔四〕。以無形求有聲〔五〕。其釣語合事，得人實也〔六〕。其③猶張罝網而取獸也。多張其會而司之，道合其事，彼自出之，此釣人之網也〔七〕。

【注】

〔一〕陶弘景曰：以靜觀動，則所見審；因言聽辭，則所得明。○廖明河曰：篇中議論，只是採取人之情理。雖不經，詞頗詳悉。按：因，根據，依靠。孟子離婁上：「爲高必因丘陵，爲下必因川澤。」廖說於義未申。

〔二〕陶弘景曰：謂言者或不合於理，未可即斥，但反而難之，使自求之，則契理之應，怡然自出也。○尹桐陽曰：求同仇，合也。應，當也。不合者，反而求其合，終必至於當，故云應必。爾雅釋詁：「應，當也。」詩下武：「應侯順德。」賚：「我應受之。」傳皆訓「當」。辭、必爲韻。必，讀弋也。○俞棪曰：韓非子揚權篇：「凡聽之道，以其所出，反以爲之入……彼自離之，吾因以知之。」又呂氏春秋審應篇曰：「以其出爲之入，以其言爲之名，取其實以責其名。」此均反應之術也。按：反：反面，返回。既可解爲從反面，也可解爲返回；既可解爲返回自己的立場，也可解爲返回到對方的立場。一切皆因當時的情況而作變化，不可拘泥作解。

〔三〕陶弘景曰：應理既出，故能言有象，事有比。前事既有象比，更當觀其次，令得自盡。象謂法象，比謂比例。　○尹桐陽曰：比同仿，相似也。與象義近。釋名：「事類相似謂之比。」齊語：「比校民之有道者。」注：「比方」。禮記少儀：「適有喪者曰比。」注：「猶比方。」儀禮聘禮「記」：「禽羞，俶獻，比。」注：「比，放也。」方、比，聲轉通用。次即恣，態也。比、次爲韻。○蕭登福曰：象，謂在言談時以某類事物來象徵所要談論的事物，使事理能更清晰。比，謂推比、推理。　按：象，韓非子解老曰：「人希見生象也，而得死象之骨，案其圖以想其生也，故諸人之所以意想者皆謂之『象』也。」言有象，即言語可以表達形象，並通過言語流布在外的資訊察知其意圖。故象，一曰形於外者，此就對方所言。言有象，即言語一旦説出來，訊息即流布於外；二曰：形象，此就己方而言。遊説時，爲了讓對方容易理解並接受自己的主張，可先設象，以通俗易懂的方式表達出來。此方式亦可謂之象徵。比，一曰比喻，打比方；二曰類比，以歷史上或現實中同類事理作類比。戰國策中的寓言故事即屬此類。鬼谷子立論僅就原則而言，針對實際情況，千變萬化，不可拘泥作解。

〔四〕羅大經曰：人情最深，溪谷不足以喻其險，川澤不足以喻其變。然象事比詞以求之，未有不瞭然灼照者，鬼谷子反應之言，蓋如此。　○尹桐陽曰：事、辭爲韻。　○俞棪曰：易繫辭曰：「象者，像也。」又曰：「夫象，聖人有以見天下之賾，而擬諸形容，象其物宜。是故謂之象。」又按：易曰：「比，輔也。」又韓非子揚權篇曰：「參伍比物，事之形也。參之以比物，伍之以合虛。根幹不革則動泄不失。」　按：前一個象、比，皆爲手法；後一個象、比，義同注〔三〕。

〔五〕陶弘景曰：理在玄微，故無形也。無言則不彰，故以無形求有聲。聲即言也，比謂比類也。

**按**：運用象、比手法遊説，能在無形之中得到對方的回應。象、比手法，皆不直説，其實情隱於背後，故曰無形。對方有應，則爲有聲。

〔六〕陶弘景曰：得魚在於投餌，得語在於發端。發端則語應，投餌則魚來。故「曰」釣「語」。語則事合。故曰「合事」。嘉慶本作「故釣語則事合。故曰合事」。道藏本、乾隆本皆作「故曰釣語。語則事合，故曰合事」。則嘉慶本「釣」字，前脱「曰」字，後脱「語」字。明試在於敷言，故曰得人實也。○樓昉曰：探索鈎取以得人實，而文字著句，困意當日，有許多苦心在。○趙廣漢曰：鈎距之法，深得其解。○俞樾曰：釣語謂人所隱藏不出之言，以術釣而出之，若孟子所稱「以言餂，以不言餂」，皆是也。○尹桐陽曰：以語言而取得人實，如釣之得魚。然故云釣語。説文：釣，釣魚也。權篇曰：「卻論者，釣幾也。」**按**：釣語，用作引誘的話。

〔七〕陶弘景曰：張網而司之，彼獸自得。道合其事，彼理自出。言理既彰，聖賢斯辨，雖欲自隱，其道無由。故曰釣人之網也。○高金體曰：言語設乎事機之會，必有合乎彼，彼自出而就之，此驅人之網也。○俞樾曰：此本云：「其釣語合事，得人實也。若張罝網而取獸也。」蓋謂釣取人之言語，合之其人之行事而得其實，猶之乎張罝網而取獸也。「若」字誤作「其」字，陶氏遂分釋之，而其義失矣。○尹桐陽曰：説文：罝，兔網也。網，説文作网。庖犧氏所結繩以田以漁者也。獸與下文道爲韻。多同哆，張口也。會，話也。説文：話，籀文作譮。會與下文出爲韻。司，伺也。合同拾，掇也。○俞樾曰：管子白心篇曰：「審而出者彼自來。」此釣人之術也。○蕭登福曰：俞氏（樾）殆未見嘉慶刊本，故以爲「其」字乃「若」字之誤。其實「其」下自有「猶」字，道藏本脱漏之。俞氏據道藏本以爲說，故有是誤。按：蕭說是。會，指野獸彙集之地。司，同伺，等待。多張其會而司之，言在野獸聚集的地方多下幾張網，然後等待。

【校】

①意林引鬼谷子曰：「人動我靜，人言我聽。」疑是此下脱文。②其，俞樾曰：其當作既。注云：「前事既有象比，更當觀其次。」是其所據本作「既有象比」。③「其」下，道藏諸本脱「猶」字。

常持其網驅之，其不言無比，乃爲之變〔一〕①。以象動之，以報其心，見其情，隨而牧之〔二〕。己反往，彼覆來，言有象比，因而定基〔三〕。重之襲之，反之覆之，萬事不失其辭〔四〕。聖人所誘愚智，事皆不疑〔五〕。故善反聽者，乃變鬼神以得其情〔六〕。其變當也，而牧之審也〔七〕。牧之不審，得情不明，得情不明，定基不審〔八〕。

【注】

〔一〕陶弘景曰：持釣人之網，驅令就職事也。或乖彼，遂不言無比，如此則爲之變。變常易網，更有以象道藏本作「勇」，乾隆本作「動」。之者矣。○尹桐陽曰：無比則彼情不能見。「網」與下文「象」爲韻。言、變亦爲韻。半句與全句叶法也。按：不言無比，乃爲之變：言對方沈默不言，或其言辭中没有用來作推理、類比的信息，則就要變化談論的方式。

〔二〕陶弘景曰：此言其變也。報，猶合也，謂更開法象以動之，既合其心，則其情可見，因隨其情慕而牧養之也。○高金體曰：其不言無比者，彼人猶不相應也。○俞樾曰：方言：「牧，察也。」此牧字當訓察，故下文曰：「其變當也，而牧之審也。」牧之不審，得情不明。陶注訓爲「牧養」，則與下義不合矣。下文又曰：「象而比之，以牧其辭。」牧其辭即察其辭也。注曰：「徐徐牧養，令其自言。」斯曲説也。○孫季泉曰：説出反應之機，意思大略俱盡，而格言清句聞見疊出。○尹桐陽曰：動，眮也。吳、楚謂瞋目顧視曰眮，例與法言「僮子」作「桐子」同。報同桴，引取也。牧，伺察也。牧與下文來、基、覆、辭、誘爲韻。○俞棪曰：管子白心篇曰：「知其象則索其形；緣其理則知其情；索其端則知其名。」又鄧析子曰：「見其象，致其形，循其理，正其名，得其端，知其情。若此，何往不復，何事不成。」又武韜發啟篇曰：「必見其陽，又見其陰，乃知其心；必見其外，又見其内，乃知其意；必見其疏，又見其親，乃知其情。」凡此疑均本鬼谷子學説者。惟荀子正名篇曰：「性之好、惡、喜、怒、哀、樂，謂之情。情然而心爲之擇，謂之慮。」荀子此說，蓋釋情慮之義也。　**按**：報，回答，應。管仲，春秋齊政治家、思想家。管子是自春秋至戰國推崇管仲學者的著作集。白心篇乃齊地黄老一派的著作，産生于戰國晚世。鄧析，春秋鄭人，嘗作竹刑，能操兩可之説，設無窮之辭。鄧析子，漢書藝文志列名家，二卷。錢穆以爲戰國晚世桓團辯者之徒所僞託。鄧析實僅有竹刑，未嘗别自著書。所論甚是。六韜亦後世僞託太公呂尚之作。白心、鄧析子、武韜雖未必均本鬼谷子學説，然先秦時期，各家作品間存在相互因襲徵引之現象，亦説明鬼谷子産生年代不晚於上述作品。

〔三〕陶弘景曰：己反往以求彼，彼必覆來而就職，則奇策必申。故言有象比，則口無擇言。故可以定邦家之基也。○尹桐陽曰：基，謀也。○鄭傑文曰：此言設表像以撥動對方，讓對方爲我們設置的表像而動，因而顯現出真情實意來。這時，我們就要順着他的真情實意繼續引下去，套下去，因而察知他的老底。　**按**：基，疑同機，謀也。尹説是。陶説牽强。鄭説可參。

〔四〕陶弘景曰：謂象比之言，既可以定基，然後重之襲之、反之覆之，皆謂再三詳審，不容謬妄。故能萬事允愜，無復失其辭也。○高金體曰：重之襲之、反之覆之，多變以求，牧之審也。○尹桐陽曰：即上文所謂「其應必者」，辭，治也，理也。○俞棪曰：徐幹中論曰：「反之覆之，鑽之核之。然後彼之所懷者竭。」　**按**：襲，重復，重疊。左傳哀十年：「事不再令，卜不襲吉。」中論所言或源於鬼谷子。

〔五〕陶弘景曰：聖人誘愚則閉藏以知其誠，誘智則撥動以盡其情。咸得其實，故事皆不疑也。○尹桐陽曰：所，户也；誘，進也。各安其業，樂其事也。不疑，謂不亂。按：此言反聽之法可用於任何人及事，都不會有差錯。

〔六〕陶弘景曰：言善反聽者，乃坐忘遺鑒，不思玄覽。故能變鬼神以得其情，洞幽微而冥會。夫鬼神本密，今則不能，故曰變也。○高金體曰：言語設乎事機之會，必有合乎彼。彼自出而應之，此驅人之綱也。其言無比者，彼人猶不相應也。於是設象以動之，所謂以陰結陽，施以力也。於是彼不得不見其情，而我乃得而牧之，此反往覆來之術也。○尹桐陽曰：本經陰符七篇曰：「反聽定志。」聽、情爲韻。○蕭登福曰：謂如鬼神之善變。按：變鬼神：意謂像鬼神一樣千變萬化。

〔七〕陶弘景曰：言既變而當理，然後牧之之道審也。○俞棪曰：淮南子氾論訓曰：「聖人者能陰能陽，能弱能强。隨時而動，静因資而立功。物動而知其反，事萌而察其變，化則爲之象，運則爲之應。是以終身行而無所困。故事有可行而不可言者，有可言而不可行者，有易爲而難成者，有難成而易敗者。所謂可行而不可言者，趨舍也；可言而不可行者，僞詐也。易爲而難成者，事也；難成而易敗者，名也。此四策者，聖人之所獨見而留意也。」此可與本節參閲。按：審：確定。莊子徐無鬼：「故水之守土也審，影之守人也審，物之守物也審。」言只要變化得當，即可隨意駕馭對方。

〔八〕陶弘景曰：情明在於審牧，故不審則不明。審基在於情明，故不明則不審。○尹桐陽曰：牧，伺察也。

【校】

①「網」下，陳乃乾校有「而」字。道藏諸本皆作「其言無比」，脱「不」字。陶注曰：「或乖彼，遂不言無比，如此則爲之變。」則陶注本原有「不」字。

變象比，必有反辭，以還聽之〔一〕。欲聞其聲反默，欲張反斂①，欲高反下，欲取反與〔二〕。欲開情者，象而比之，以牧其辭。同聲相呼，實理同歸〔三〕。

【注】

〔一〕陶弘景曰：謂言者於象比有變，必有反辭以難之，令其有言，道藏本作「先説」。我乃還靜以聽之。○尹桐陽曰：變同巒，日且昏時也。變象比者，謂其象比之昏而不明。上文言有象比之反詞。變，巒，亡亦聲近字矣。必同䀣，直視也。有，用也。辭與下文默爲韻。○俞棪曰：韓非子內儲篇曰：「倒言反事，以嘗所疑，則姦情得。」此反辭之義也。按：尹説不可取。必，必定，非作䀣。

〔二〕陶弘景曰：此言反聽之道，有以誘致之，故欲聞彼聲，我反靜默；欲彼開張，我反斂斂；欲彼高大，我反卑下；欲彼收取，我反施與。如此則物情可致，無能自隱也。○尹桐陽曰：説文新附：「瞼，目上下瞼也。」北史姚僧垣傳：「瞼垂覆目不得視。」老子：「將欲取之，必固與之。」下、與爲韻。○俞棪曰：老子曰：「將欲歙之，必固張之；將欲弱之，必固强之；將欲廢之，必固興之；將欲奪之，必固與之。是謂微明。」微明者，高下取與之道也。又按韓非子引周書曰：「將欲敗之，必姑輔之；將欲取之，必姑予之。」此鬼谷與老子學説之所由本也。又按荀子非十二子篇曰：「言而當知也，默而當亦知也。故知默由知言也。」此亦言默之學説也。

〔三〕陶弘景曰：欲開彼情，先設象比以動之，彼情既動，將欲生辭，徐徐牧養，令其自言。譬猶鶴鳴于陰，聲同必應，故能實理相歸也。○楊慎曰：雲中鵠鳴而庭鶴翔舞，知己之與爲同類也，故常能下之。○高金體曰：蛙鳴鼃應，類自相從。○尹桐陽曰：開同擘，摩也。一曰開即摒，直視也。牧，伺察也。歸同覺，注目視也。歸、窺亦雙聲矣，聲與上文情，半句與全句韻。比、歸亦爲韻。○俞棪曰：呂氏春秋召類篇曰：「類固相召，氣同則合，聲比則應。」又曰：「其智彌觕者，其所同彌觕；其智彌精者，其所同彌精。」此之謂實理同歸。○鄭傑文曰：象而比之，即在引辭中描繪事物形象，設置同類事物作比，以引發對方。

**按**：同聲相呼，實理同歸：意即聲音相同就會彼此呼應，看法一致就會走到一起。

或因此，或因彼，或以事上，或以牧下〔一〕。此聽真僞，知同異，得其情詐也〔二〕。動作言默，與此出入，喜怒由此以見其式〔三〕。皆以先定爲之法則〔四〕。以反求覆，觀其所託，故用此者〔五〕。己欲平静以聽其辭，察其事，論萬物，别雄雌①〔六〕。雖非其事，見微知類〔七〕。若探人而居其内，量其能射其意，符應不失，如螣蛇之所指，若羿之引矢〔八〕。

【校】

①歛，道藏諸本作「瞼」。

【注】

〔一〕陶弘景曰：謂所言之事，或因此發端，或因彼發端，其事有可以事上，可以牧下也。○尹桐陽曰：因同隱，占也。事，伺也；牧，察也。「下」與下文「詐」爲韻。

〔二〕陶弘景曰：謂真僞、同異、情詐，因此上事而知也。○王敬所曰：聽言以知情僞，凡事上使下皆然。非但可待以遊説資也。○俞棪曰：荀子正名篇曰：「然則何緣而以同異，曰緣天官。耳目鼻口心體也。凡同類同情者，其天官之意物也同。故比方之，疑似而通，是所以共其約名以相期也。」○尹桐陽曰：情，誠也。按：情，真誠；詐：假裝，僞裝。左傳宣十五年：「我無爾詐，爾無我虞。」「耳目鼻口心體也」，原爲注文，俞棪訛爲正文。

〔三〕陶弘景曰：謂動作言默莫不由情，與之出入。至於或喜或怒，亦由此情以見其式也。○楊道賓曰：韓子説難篇，大約與此同旨，而韓子詞意俱勝。此則骨而少肉耳。○尹桐陽曰：動作對言，作當同乍，止也。此斥反聽言。下「此」字同。默與下文式、則爲韻。**按**：式，法式。説文：「法也。」周禮天官大宰：「以九式均節財用。」

〔四〕陶弘景曰：謂上六者，皆以先定於情，然後法則可爲。○尹桐陽曰：先定，巽靜也。下文作平靜。説文：銑讀若選，巽先聲轉。爾雅：則，法也。○俞棪曰：韓詩外傳曰：「夫知者之於人也，未嘗求知而後能知也。觀容貌，察氣志，定取捨，而人情畢矣。詩曰：他人有心，予忖度之。」**按**：先定，言自己要先做好準備。與下文「知之始己」意同，亦預設下文，正所謂草蛇灰線者。

〔五〕陶弘景曰：反於彼者，所以求覆於此。因以觀彼情之所託，此謂信也。知人在於見情，故言用此也。○尹桐陽曰：謂用反聽貫下文言。**按**：託，依託。

〔六〕陶弘景曰：謂聽言之道，先自平靜，既得其辭，然後察其事，或論序萬物，或分別雄雌也。○高金體曰：此又居反聽之要。莊生曰：「無案人之所感，以求容與其心。」○尹桐陽曰：辭、事爲韻。○俞棪曰：呂氏春秋審分篇曰：「按其實而審其名，以求其情；聽其言而察其類，無使放悖。」此聽言之術也。**按**：此言聽言之道。聽言既有正聽，亦有反聽。高氏言此居反聽之要，於義亦合，正所謂環轉因化者。

〔七〕陶弘景曰：謂所言之事，雖非時要，然觀此可以知彼，故曰見微知類也。○俞樾曰：易象曰：「萬物睽而其事類也。」又象曰：「上天下澤，君子以同而異。」王弼明爻通變釋之云：「睽而知其類，異而知其通。」此言非事知類也。又按韓非說林篇曰：「聖人見微以知萌，見端以知末。」此之謂知類。又引古諺曰：「知淵中之魚者不祥。」「人將有大事，而我示之知微，我必危。」「知人之所以不言者，其罪大矣。」此則知類而善處之者也。**按**：見微知類，從事物的細微跡兆，認識其類別、實質和發展。

〔八〕陶弘景曰：聞其言則可知其情。故若探人而居其內，則情原必盡。故量能射意，萬無一失。若合符契。螣蛇所指，禍福不差。羿之引矢命處輒中。聽言察情，不異於此。故以相況也。○林希元曰：君子之得人情以理。此以陰陽變象，探索諸子之書，所以駁處不然。得言立論，多合人情，胡擯之於吾道之外耶。○廖明河曰：借喻高奇幻冥。○尹桐陽曰：內，猶家也。物、雌、類、內爲韻。又曰：說文：「符，信也。」漢志：以竹長六寸分而相合。孟子：「若合符節。」意、失爲韻。意，讀乙也。說文：肊，或從意聲，作臆。又曰：說文：螣，神蛇也。本經陰符七篇曰：「實意法螣蛇。」羿，說文作𢏚，云帝嚳射官，夏少康滅之。論語曰：「𢏚善射。」朱駿聲曰：「帝嚳射官者，楚辭天問：『𢏚焉彈日。』淮南書：『堯令羿射十日，中其九。』又稱其有功於天下，死爲宗布。人皆祀之者也，夏少康所滅者。左襄四傳：『昔有夏之方衰也，后羿自鉏遷于窮石，因夏民以代夏政。恃其射也，不修民事。』下又稱夷羿。注：夷羿之氏也，此論語『羿善射』，孟子『逢蒙學射於羿之羿』。夷羿好射，因以古羿爲名。許君合爲一人，非也。計帝嚳至夏后相，歷三百餘載，斷非年壽，若謂即堯時射官，所封國則亦無祖孫同名之理。」指、矢爲韻。

按：螣蛇，傳説中的神蛇。荀子勸學：「螣蛇無足而飛，梧鼠五技而窮。」注：爾雅云：「『螣，螣蛇。』郭璞云：『龍類，能興雲霧而遊其中也。』」螣蛇，想去哪即興雲霧而遊。螣蛇與青龍、白虎、朱雀、玄武、勾陳一起，用來預測禍福，乃六朝術士所爲。此言螣蛇指哪飛哪，非言禍福，陶説誤。羿：古之善射者。傳説有三：一即夏有窮國之國君，因夏民以代夏政。後不修民事，爲寒浞所殺。左傳襄四年云：「昔有夏之方衰也，后羿自鉏遷于窮石，因夏民以代夏政。恃其射也，不修民事。」二爲堯時射落九日之羿。楚辭天問云：「羿焉彃日。」淮南子本經訓：「堯之時，十日並出，焦禾稼，殺草木而民無所食。猰貐、鑿齒、九嬰、大風、封豨、脩蛇，皆爲民害。堯乃使羿誅鑿齒於疇華之野，殺九嬰於凶水之上，繳大風於青丘之澤，上射十日而下殺猰貐，斷脩蛇於洞庭，禽封豨於桑林。萬民皆喜。」三爲帝嚳的射官，説文解字云：「羿，帝嚳射官，夏少康滅之。」

【校】

①雄雌，陳乃乾校作「雌雄」。下注同。

故知之始己，自知而後知人也〔一〕。其相知也，若比目之魚；其見形也，若光之與影〔二〕①。其察言也不失，若磁石之取鍼，如舌之取燔骨〔三〕。其與人也微，其見情也疾〔四〕，如陰與陽，如圓與方〔五〕②。未見形，圓以道之；既見形，方以事之〔六〕。進退左右，以是司之〔七〕。己不先定，牧人不正〔八〕。事用不巧，是謂忘情失道〔九〕；己先審定以牧人③，策而無形容，莫見其門，是謂天神〔一〇〕。

【注】

〔一〕陶弘景曰：知人者智，自知者明。智從明生，明能生智，故欲知人，先須自知也。按：此重在「知己」，孫子兵法云：「知彼知己者，百戰不殆。」

〔二〕陶弘景曰：我能知彼，彼須我知，必兩得之。然後聖賢道合。故若比目之魚，聖賢合則理自彰，猶光生而影見也。○俞樾曰：「魚」字絶句，太平御覽引此文云：「其和也，若比目之魚。」「和」即「知」之異文，是古讀「魚」字絶句也。「見形」上當補「其」字，御覽所引又有曰：「其伺言也，若聲與響」，疑古本作「其相和也，若比目之魚；其伺言也，若聲之與響也；其見形也，若光之與景也。」御覽所引正合古本，但節去數虛字耳。此本有闕文，而「和」字又誤作「知」，陶注遂以「我能知己，彼須知我」解之矣。○尹桐陽曰：爾雅釋地：「東方有比目魚焉，不比不行其名。謂之鰈。」釋文：「鰈，本作鰨。」説文：「鰨，虚鰨也。」虚，説文作「鱋」，玉篇、廣韻謂即

「鰈」。史記作「鱸」，則虛鰑，乃一物而二名者。中經篇曰：「不可比目、合翼相須也。」○俞棪曰：荀子非相篇曰：「聖人者以己度者也，故以人度人，以情度情，以類度類，以説度功，以道觀盡，古今一度也，類不悖雖久同理。」此自知知人，察事知類之術也。又按：管子心術上曰：「人皆欲知而莫索之，其所以知彼也；其所以知此也。不修之此，焉能知彼。」又白心篇曰：「自知曰稽，知人曰濟。」　**按**：相，表示一方對另一方有所動作。史記鄒陽傳獄中上書：「人無不按劍相眄者。」相知，言要對對方實情想有所瞭解。嘉慶本、道藏本陶注均未見「聲之與響」，俞説恐誤。

〔三〕陶弘景曰：以聖察賢，復何所失。故若磁石之取鍼，舌之取燔骨也。○尹桐陽曰：磁石能吸鐵，因可用以取鍼。淮南説山：「慈石能引鐵，及其於銅則不行。」史記封禪書索隱引顧氏萬畢術云：「取雞血，雜磨針鐵，擣和磁石，棊頭，置局上，自相抵擊也。」磁、慈、礠一字耳。與管子所云磁石即長石異物。燔同鐇，宗廟火熟肉也。　**按**：鍼，「針」本字。呂氏春秋精通曰：「慈（磁）石召鐵，或引之也。」则戰國時人已知磁石吸鐵之特性。燔骨，烤得爛熟的骨頭。譚子化書：「嚼燔骨者，燋脣爛舌，不以爲痛，飲醇酎者，巇腸嘔胃，不以爲苦。」舌取燔骨，喻輕而易舉。

〔四〕陶弘景曰：聖賢相與，其道甚微，不移寸陰，見情甚疾。○俞棪曰：論語曰：「不知言，無以知人。」墨子非攻篇曰：「古者有語謀而不得，則以往知來，以見知隱。」又韓詩外傳曰：「客有見周公者，應之於門曰：『何以道旦也？』客曰：『在外即言外，在内即言内，入乎？將毋？』周公曰：『請入。』客曰：『立即言義，坐即言仁，坐乎？將毋？』周公曰：『請坐。』客曰：『疾言則翕翕，徐言則不聞，言乎？將毋？』周公：『唯唯，旦也踰。』明日，興師而誅管蔡。故客善以不言之説，周公善聽不言之説。若周公可謂能聽微言矣。故君子之告人也微，其救人之急也婉。」此之謂「與人也微，見情也疾。」○尹桐陽曰：疾與上文人、失爲韻。按：與人，指自己給對方的資訊。見情，指知見對方的實情。

〔五〕陶弘景曰：君臣之道，取類股肱比之一體，其來尚矣。故其相成也，如陰與陽；其相形也，猶圓與方。○尹桐陽曰：承上文而明「見情」之理。○蕭登福曰：此句謂與人相處，如陰與陽之相輔相成，如方與圓之互顯互現。○鄭傑文曰：像陰陽無處不在那樣可以對任何人和事運用它，而它又像畫圓畫方需用規和矩那樣在使用時應遵循着一定的規則。

按：陰與陽，圓與方，皆相對應。這裏當泛指一切事物。此言自知之後，實施遊説或進行計謀，可以得心應手。

〔六〕陶弘景曰：謂臣道藏本、乾隆本陶注無「臣」字。向晦入息，未見之時，君道藏諸本無「君」字。當以圓道導之，亦既出潛離隱，見形之後，即以才職任之。○袁了凡曰：意頗幻冥而文字不甚純正，觀者取節焉可也。○尹桐陽曰：道，言也。本經陰符七篇曰：「圓者，所以合語；方者，所以錯事。」事與下文右、司爲韻。按：道同導，引導。本經陰符七篇曰：「圓者，所以合語；

方者，所以錯事。」圓，説一些投合對方的話。方，按規矩行事。此言如果未見對方實情，則説一些投合對方的話，以引導他露出實情；如果已經得到對方實情，則按照己方已經設計好的對策去行事。

〔七〕陶弘景曰：此言用臣之道，或升進，或黜退，或貶左，或崇右。一準上圓方之理。故曰以是司之。○張東沙曰：總收疊下，精采有法。韓子多有此體，蓋祖此。○尹桐陽曰：是斥方圓言。

〔八〕陶弘景曰：方圓進退，己不先定，則于牧人之理，不得其正也。○尹桐陽曰：上云皆以先定爲之法則。正，真也。定、正爲韻。

〔九〕陶弘景曰：用事不巧，則操末續顛，圓鑿方枘，情道兩失。故曰忘情失道也。○尹桐陽曰：巧、道爲韻。**按**：此謂若未能做到己先定而倉促行事，則爲忘記規則違背規律。

〔一〇〕陶弘景曰：己能審定，以之牧人。至德潛暢，玄風遠扇，非形非容，無門無户。見形而不及道，日用而不知。故謂之天神也。○尹桐陽曰：策同臣，藏也。牧人策者，猶云察人隱也。潘尼懷退賦：「畏鹽車之嚴莢。」朱駿聲以「莢」即策字，指鞭而言。容與上文巧、道爲韻。容讀谷也。門、神爲韻。門讀民也。○俞棪曰：荀子儒效曰：「盡善挾洽謂之神。」**按**：言計策謀略不露形跡，對方找不到識破自己的任何縫隙，這是謀略最高的境界。陶説「玄風遠扇」，乃就其生活時代而言，非鬼谷子之意也。

【校】

①「其相知也，若比目之魚；其見形也，若光之與影」，太平御覽引作：「反覆篇云：『其和也，若比目魚；其司言也，若聲與響。』」②道藏諸本作：「如陰與陽，如陽與陰；如圓與方，如方與圓。」

③「己先審定以牧人」，諸本皆作「己審先定以牧人」。俞樾曰：「此本作『己先審定以牧人』，故注曰『己能審定，以之牧人也』。今作『己審先定者』，涉上文『己不先定』而誤。」按：捭闔云「審定有無與其實虛」，亦作「審定」。今據改。

# 内揵第三

陶弘景曰：揵者，持之令固也。言君臣之際，上下之交，必内情相得，然後結固而不離。

○歸有光曰：莊子内揵外揵，揵，關也，閉也。門限之木亦曰揵。又户鑰牡亦曰揵。

○俞樾曰：此篇名内楗。楗即鍵也。周官：司門掌授管鍵。司農注曰：「管謂籥也，鍵謂牡。」然則内楗者，謂納鍵于管中。陶氏解篇名曰「言上下之交，必内情相得，然後結固而不離。」殆非其旨。

○尹桐陽曰：内同枘，柱也。所以入於鑿者；揵即揵拒，門也。所以持門令固者。本篇曰：「内者，進説辭；揵者，揵所謀也。」則内謂入，揵謂持耳。

○蕭登福曰：揵同楗。揵即古代用以關門之木，引申爲關閉、結合。「内」在本文中的意思，是指以言辭入結於君。「揵」，是指向國君呈現計謀策略，以此來結交國君。「内」偏重於言辭技巧，「揵」偏重於計謀策略。

**按**：揵，閉塞、堵塞之開關。莊子庚桑楚：「夫外韄者不可繁而捉，將内揵；内揵者不可繆而捉，將外揵。」疏：「揵者，關閉之目。」揵、楗、鍵，義通。木塞謂之楗，金塞謂之鍵，手塞謂之揵也。

本篇言君臣之間的關係以及臣如何得君主之情而進説辭，結構上由兩個部分所組成：

首言君臣之間的複雜關係，「有遠而親，近而疏；就之不用，去之反求。日進前而不御，遙聞聲而相思」。次從正反兩個方面言臣如何得君主之情而進説辭，「不見其類而爲之者，見逆；不得其情而説之者，見非。得其情，乃制其術。」在得情基礎上，「或結以道德，或結以党友，或結以財貨，或結以采色」，合者，則拉近與君主的關係；不合者，不可施行，「乃揣切時宜，從便所爲，以求其變」，環轉因化，生生不已。

君臣上下之事，有遠而親，近而疏〔一〕，就之不用，去之反求〔二〕。日進前而不御，遙聞聲而相思〔三〕①。事皆有内揵，素結本始〔四〕。或結以道德，或結以党友，或結以財貨，或結以采色〔五〕。用其意，欲入則入，欲出則出；欲親則親，欲疏則疏；欲就則就，欲去則去；欲求則求，欲思則思〔六〕。若蚨母②之從其子也，出無間，入無朕③，獨往獨來，莫之能止〔七〕。

【注】

〔一〕陶弘景曰：道合則遠而親，情乖則近而疏。○錢福曰：君臣上下遇合之機，理最微妙，不

得其術將來親而愈疏，欲近而反遠，探情開說，豈易道哉。（歸有光諸子彙函引作王鳳洲曰）
○尹桐陽曰：「事」與下文「求」、「思」爲韻，求讀裘也。「疏」與下文「御」爲韻。　按：此言君臣關係，身遠反得到親近，身近反遭疏遠。

〔二〕陶弘景曰：非其意則就之而不用，順其事則去之反求。

〔三〕陶弘景曰：分違則日進前而不御，理契則遙聞聲而相思。　○王維禎曰：「日進前而不御，遙聞聲而相思。」劉勰文心雕龍有此語。劉勰，六朝時人，必用鬼谷語也。（諸子彙函引作「解大紳曰」）　○尹桐陽曰：「前」與下文「揵」爲韻，半句與全句叶法也。相，想也；思，通也。說文作丨。　○俞樾曰：鄧析子作「事有遠而親，近而疏，就而不用，去而反求。」又按：王弼周易略例下篇曰：「近而不相得者，志各有所存也。」此言近而疏者，其志迕也。又曰：「有應則雖遠而相得。」此言應則雖遠而親也。　**按**：御，用也。楚辭涉江：「腥臊並御。」王逸注曰：「御，用也。」

〔四〕陶弘景曰：言或有遠而相親，去之反求，聞聲而思者，皆有內合相持，素結其始。故曰皆有內揵，素結本始也。　○尹桐陽曰：內揵名篇以此。有，猶也。太玄干贊：「箝鍵挈挈。」司馬光曰：「箝者，緘束也。使不得移鍵者。固結使不得離，縱橫之術，說人求合者也。」鬼谷子有內⿰金虎、飛箝篇，則鍵或以⿰金虎爲之。」⿰金虎，說文作闞。敢、建雙聲耳。又曰：素，溯也。溯其相結之本原，各有不同。下文所云云是。　○俞樾曰：莊子庚桑楚篇曰：「夫外韄者不可繁而捉，將内揵；内韄者不可繆而捉，將外揵。外内韄者道德不能持，而況放道而行者乎。」許氏説文曰：「韄，佩刀系也。」李云：「縛也。」「内揵」之説，見於戰國諸子者，此義最爲顯明。又按呂氏春秋不廣篇曰：「以其所能，託其所不能。若舟之與車。」此言内揵之道者，若舟車之更相載也。若蹶與蛩蛩、距虚之互爲用也。按：素，平時；本始，本原，原始。此言源于平時的交結。

〔五〕陶弘景曰：結以道德，謂以道德結連於君。若帝之臣，名爲臣，其實爲師也。結以党友，謂以友道結連於君。王者之臣，名爲臣，其實爲友也。結以貨財，結以采色，謂若桀、紂之臣，費仲、惡來之類是也。○尹桐陽曰：所謂師臣、友臣、計臣、佞幸。「德」與上文「始」、下文「友」、「色」爲韻。○鄭傑文曰：采色，神采和容色。莊子人間世「采色不定，常人之所不違」之「采色」即此意。此指阿諛奉迎之態。按：采色，絢麗成章之顔色。孟子梁惠王上：「曰：爲肥甘不足於口與，輕煖不足於體與，抑爲采色不足視於目與？」此言滿足耳目視聽之好的女色、音樂、歌舞娛樂等。

〔六〕陶弘景曰：自入出以下八事，皆用臣之意，隨其所欲，故能固志於君，物莫能間也。○尹桐陽曰：意、出爲韻，意讀乙也。疏、去爲韻。○俞樾曰：國語引禮志曰：「將有請於人，必先有入焉。欲人之愛己也，必先愛人；欲人之從己也，必先從人。無德於人而求用於人，罪也。」此言内揵素結之道也。又按禮記表記篇曰：「厚於仁者薄於義，親而不尊；厚於義者薄於仁，尊而不親。」此言素結之道，以仁則親，以義則尊也。

〔七〕陶弘景曰：蚨母，螲蟷也。似蜘蛛，在穴中，有蓋。言蚨母養子，以蓋覆穴，出入往來，初無間朕，故物不能止之。今內揵之臣，委曲從君以自結固，無有間隙，亦由是也。○尹桐陽曰：説文：「蚨，青蚨。水蟲，可還錢。」淮南萬畢術、搜神記皆云「以蚨血塗錢出之，飛還」，即此所謂母從子者，陶隱居誤讀「蚨」爲爾雅王蚨蜴之「蚨」，因以螲蟷解之，疏陋甚矣。求、思、子、來、止爲韻。　○蕭登福曰：螲蟷長不足五分，色黑，頭胸部比腹部稍大。腹部有白色橫紋七條，尾端有大小紡績突起二對。巢營於土中，爲管狀，上有橢圓形之蓋，一端附著於巢，可啟閉，蓋與地面平齊，且被以苔蘚等，不易發現，時或開啟其蓋，伺小昆蟲入內而捕食之。

**按**：蚨母，説文：「蚨，青蚨。」搜神記卷十三：「〔青蚨〕生子必依草葉，大如蠶子。取其子，母即飛來，不以遠近。雖潛取其子，母必知處。以母血塗錢八十一文，以子血塗錢八十一文；每市物，或先用母錢，或先用子錢，皆復飛歸，輪轉無已。」太平御覽卷九百五十引淮南萬畢術有「青蚨還錢」之説，與上文同。尹説蚨母之從子，言青蚨母子相隨而不分離，可參。蕭説是。

【校】

①意林引作「或遥聞而相思，或進前而不御」。

②蚨，道藏本作「蚨」。

③朕，道藏本作「眹」。

內者，進説辭也；揵者，揵所謀也〔一〕。欲説者，務隱度；計事者，務循順〔二〕。陰慮可否，明言得失，以御其志〔三〕。方來應時，以合其謀〔四〕。詳思來揵，往應時當也①〔五〕。

【注】

〔一〕陶弘景曰：説辭既進，內結於君，故曰內者進説辭也，度情爲謀，君必持而不舍，故曰揵者，揵所謀也。○俞樾曰：內讀爲納，故曰「內者進説辭」，以進字釋內字也。注：謂説辭既進，內結於君。未得內字之義。○尹桐陽曰：辭，詞也。辭、謀爲韻。按：揵所謀，即謀所揵，計謀如何打通阻塞。陶説未妥。

〔二〕陶弘景曰：説而隱度，則其説必行；計而循順，則其計必用。○俞棪曰：呂氏春秋懷寵篇曰：「凡君子之説也，非苟辨也……必中理然後説。」又開春篇曰：「善説者，言盡理而得失利害定。」蓋言隱度其中理而後説也。按：隱，審度。書盤庚下：「嗚呼，邦伯師長，百執事之人，尚皆隱哉。」疏：「隱，謂隱審也。」隱度，即審時度勢。循順，依靠，順着。言欲遊説必須審時度勢，欲謀事必須依循事物産生、發展與變化的規律。

〔三〕陶弘景曰：謂隱慮可否，然後明言得失，以御君志也。按：言己暗中思慮成熟，知悉事之可否，然後再公開説出如何行事之得失，以御君之心志也。

〔四〕陶弘景曰：方謂道術，謂以道術來進，必應時宜，以合會君謀也。○俞棪曰：國語曰：「待其來者而正之，因時之宜而定之。」又曰：「方之時動則非順也。」又荀子天論篇曰：「望時而待之，孰與應時而使之。」又呂氏春秋不廣篇曰：「智者之舉事，必因時。」凡此皆應時之學説也。

**按**：言對方一旦有應，即合其謀。

〔五〕陶弘景曰：詳思，計慮來進於君，可以自固；然後往應時宜，必當君心也。○俞樾曰：國語引范蠡曰：「從時者，猶救火、追亡人也，蹶而趨之，唯恐弗及。」又説苑曰：「時乎，時乎，間不及謀；至時之極，間不容息。」此均時當之義也。又鶡冠子天則篇曰：「變而後可以見時。」此則時變之義也。

**按**：此言先須經過詳細周密的計謀，然後去應君，則無不當。

**【校】**

①俞樾曰：此二句，疑似戰國時人注釋之詞。此二句前言「方來應時，以合其謀」，後言「夫内有不合者，不可施行也」，前後相接。俞説有理。然此二句有陶注，則陶注本已有此語。

夫内有不合者，不可施行也〔一〕。乃揣切時宜，從便所爲，以求其變〔二〕。以變求内者，若管取揵〔三〕。言往者，先順辭也；説來者，以變言也①〔四〕。善變者，審知地勢，乃通於天；以化四時，使鬼神；合于陰陽，而牧人民〔五〕。見其謀事，知其志意〔六〕。事有不合者，有所未知也〔七〕。合而不結者，陽親而陰疏〔八〕。事有不合者，聖人不爲謀也②〔九〕。

【注】

〔一〕陶弘景曰：計慮不合於君，則不可施行也。　按：內，既指説辭，亦指計謀。陶説片面。

〔二〕陶弘景曰：前計既有不合，乃更揣量切摩當時所爲之便，以求所以變計也。○俞棪曰：韓非子曰：「世異則事異，事異則備變。」此求變之説也。○鄭傑文曰：從便所爲，指從便於實施出發。

〔三〕陶弘景曰：以管取揵，揵必離；以變求內，內必合。○俞棪曰：荀子儒效篇曰：「聖人者，道之管也。」　按：管，籥也，鑰匙；亦作門鎖。此既指門鎖，也包括鑰匙。左傳僖三十二年：「鄭人使我掌北門之管，若潛師以來，國可得也。」揵，通「楗」，門閂。若管取揵，言以鎖取代門閂。

〔四〕陶弘景曰：往事已著，故言之貴順辭；來事未形，故説之貴通變也。　按：先言往事，找到雙方共同關注之點；再轉言將來，以達到自己的目的。

〔五〕陶弘景曰：善變者，謂善識通變之理，審知地勢則天道可知。故曰：乃通於天。知天則四時順理而從化，故曰：以化四時。鬼神者，助陰陽以生物者也，道通天地，乃能使鬼神合德於陰陽也。既能知地通天，化四時、合陰陽，乃可以牧養人民。　按：此言善變之重要。善變須做到：知地勢、化四時、合陰陽。達於此，則可明天意、役鬼神、牧人民。

〔六〕陶弘景曰：其養人也，必見其謀事而知其志意也。

〔七〕陶弘景曰：謂知之即與合，未知即不與合也。

〔八〕陶弘景曰：或有離合而不結固者，謂以陽外相親、陰内相疏也。○鄭傑文曰：合而不結，謂君主表面上應和我們的決策，但内心裏卻不認可、不執行我們的決策。**按**：此言與對方心意雖能相合，但還不能深入地結交對方，是因爲對方表面上與自己親近，而内心卻不認同爲心腹。

〔九〕陶弘景曰：不合，謂圓鑿而方枘。故聖人不爲謀也。**按**：此言聖人謀與君深結於心。

**【校】**

①俞樾曰：此二句，疑似戰國時人注釋之詞。此二句有陶注，則陶注本已有此語。俞説無據。

②俞樾曰：此二句錯簡，當在「方來應時，以合其謀」之後。俞説可參。自「欲説者，務隱度」至此，道藏本脱正文及注文四百十二字。盧文弨曾據錢遵王鈔本以校補道藏本。

故遠而親者，有陰德也；近而疏者，志不合也〔一〕。就而不用者，策不得也；去而反求者，事中來也〔二〕。日進前而不御者，施不合也；遥聞聲而相思者，合於謀以待決事也〔三〕①。故曰：不見其類而爲②之者，見逆；不得其情而説之者，見非〔四〕。得③其情，乃制其術〔五〕。此用可出可入，可揵可開〔六〕。故聖人立事，以此先知而揵萬物〔七〕。

【注】

〔一〕陶弘景曰：陰德謂陰私相得之德也。○尹桐陽曰：陰，隱也。德與下文得、求、來、思、謀、事爲韻。○鄭傑文曰：陰德，暗中合於君心。按：陰德與「志不合」對言，故其言當爲志暗合。

〔二〕陶弘景曰：謂所言當時未合，事過始驗。故曰事中來也。○尹桐陽曰：來，利也。初不以爲利，而中利之，故云事中來。按：言親近時反而不被重用，是因爲對事情的預測及計策不被國君接受；離去反而求他回來，是因爲在中途他預測的事終於發生了。

〔三〕陶弘景曰：謂彼所行合於己謀，待之以決其事。故遥聞聲而相思也。○俞棪曰：淮南子人間訓曰：「物或遠之而近，或近之而遠，或説聽計當而身疏，或言不用、計不行而益親。」又曰：「或直於辭而害於事，或虧於耳以忤於心而合於實。」又王弼明卦適變通爻篇曰：「雖遠而可以動者，得其應也。」應者，陰德也。凡此均與鬼谷之義相合。又按王通中説言「（賈瓊問事人之道）子曰：遠而無介，就而無諂，汎乎利而諷之，無鬥其捷。」此則言處親疏遠近之道也。○鄭傑文曰：施不合，措施不合君意。

〔四〕陶弘景曰：言不得其情類而爲説者，「爲説者」，道藏本、乾隆本、皆川本作「説之者」。若北轅適楚，陳軫遊秦，所以見非逆也。○陳後山曰：歷歷應上，説得十分痛切。不見其類而説之一段，方發出所以然處，根源在此。（諸子彙函引作楊升庵曰）○尹桐陽曰：類、非與下文術、物爲韻。　○俞樾曰：孔叢子曰：「孔子曰：吾於予，取其言之近類也；於賜，取其言之切事也。近類則足以諭之，切事則足以懼之。」近類足諭則不逆，切事足懼則不非。此所謂得情制術也。按：類，同「理」。荀子王制「聽斷以類」。言若不能找到雙方的共通之處而倉促謀事，則必被排斥，得不到對方的實情而實施遊説，則必被否定。

〔五〕陶弘景曰：得其情則鴻遇長風，魚縱大壑，沛然莫之能御。故能制其術也。　○尹桐陽曰：制同逝，行也。　○俞樾曰：又按淮南子人間訓曰：「見本而知末，觀指而睹歸，執一而應萬，握要而治詳，謂之術。」又賈子新書曰：「道者所從接物也，其本者謂之虛，其末者謂之術。術也者，所以從制物也，動靜之數也。」

〔六〕陶弘景曰：此用者，謂用其情也，則出入自由，揵開任意也。　○楊慎曰：所謂善揵。○尹桐陽曰：揵以歫門，因有閉義。開與下文知爲韻。開讀攜也。説文：「玕讀若攜」。玕、開，皆從幵聲字耳。　○蕭登福曰：「此用」即「用此」之倒裝句法。「此」，指得其情而言。下之「此」字義同。　按：此用，言此法用之實踐，不必倒裝作解。蕭説非。

〔七〕陶弘景曰：言以得情立事，故能先知可否，萬品所以結固而不離者，皆由得情也。　○王敬所曰：收結聖人身上，亦是恣意説去。　○尹桐陽曰：物無所逃。　○蕭登福曰：揵萬物，謂使萬物歸附於己。　按：揵萬物，控制萬事萬物。

【校】①錢遵王本脱「待決事」三字。自「事有不合者，有所未知也」至此，亦見鄧析子無厚篇，文字略有差異。②爲，諸子彙函本、品彙釋評本、乾隆本作「説」。③「得」字上，一本有「必」字。

由夫道德、仁義、禮樂、忠信①、計謀〔一〕，先取詩書，混説損益，議論去就〔二〕②。欲合者用内，欲去者用外，外内者必明道數〔三〕。揣策來事，見疑決③之〔四〕。策無失計，立功建德〔五〕。

【注】

〔一〕陶弘景曰：由夫得情，故能行其道德仁義以下事也。○尹桐陽曰：由，循也。孫子書有計篇，前漢書藝文志道家太公謀八十一篇。謀與下文就、數爲韻。謀讀冒也。○俞棪曰：禮運曰：「聖人耐以天下爲一家，以中國爲一人者，非意之也，必知其情，辟於其義，明於其利，達於其患，然後能爲之。」此立事之術也。**按**：禮曲禮上：「道德仁義，非禮不成。」鄭玄注：「道者，通物之名；德者，得理之稱。」

〔二〕陶弘景曰：混，同也。謂先考詩書之言，以同己説，然後損益時事，議論去就也。○尹桐陽曰：説文：混，豐流也。混説者，謂百家衆流之説，即漢書藝文志所謂九流者。衆流不如詩書之醇粹，故云損益。書、益爲韻。益讀亦也。非者去之，是者就之。按：混，陶言時事；尹言諸子百家。或結合實踐，或考諸理論，各有側重，兩説皆通。

〔三〕陶弘景曰：内謂情内，外謂情外。得情自合，失情自去，此蓋理之常也。言善知内外者，必明識道術之數。○尹桐陽曰：合同拾，掇取也。用内，用納也。外即去耳。説文：「外，遠也。」呂覽：「有度則貪污之利外矣。」注：外，棄也。淮南精神：「外此其餘無足利也。」注：「外，猶除也。」遠、棄、除，皆有去義者。又曰：中經篇曰：「本經記事者紀道數。」然則道數者，斥本經陰符言耳。按：内，即納。外内，指去君或入君。道數，這裏指鬼谷學説。

〔四〕陶弘景曰：預揣來事，見疑能決也。○尹桐陽曰：揣同椯，箠也。策，説文亦云馬箠。訣，決也。○鄭傑文曰：揣策即揣測。按：揣，即揣測；策，計謀。禮記仲尼燕居：「田獵戎事失其策。」注：「策，謀也。」揣策當分言，先揣後策，然後決之。故下文云「策而無失計」。

〔五〕陶弘景曰：既能明道數，故策無失計。策無失計，乃立功建德也。○尹桐陽曰：内、外、訣、計爲韻，事、德亦爲韻。○俞棪曰：淮南子修務訓曰：「蘇援世事，分白黑利害，籌策得失，以觀禍福，設儀立度，可以爲法則，窮道本末，究事之情。」許慎注曰：「蘇，猶索；援，別也。」又説苑曰：「夫知者舉事也。滿則慮溢，平則慮險，安則慮危，曲則慮直。由重其豫，惟恐不及。是以百舉而不陷也。」鬼谷所謂揣策來事，亦謂其豫也。

【校】

①道藏諸本脱「忠信」二字。　②「議論去就」，道藏本、皆川本作「議去論就」。　③決，道藏本作「訣」。

治名①入産業，曰：揵而内合〔一〕。上暗不治，下亂不寤，揵而反之〔二〕。内自得而外不留，説而飛之〔三〕。若命自來，己迎而御之〔四〕；若欲去之，因危與之〔五〕。環轉因化，莫知②所爲，退爲大儀〔六〕。

【注】

〔一〕陶弘景曰：理君臣之名，使上下有序；入貢賦之業，使遠近無差。上下有序則職分明，遠近無差則徭役簡，如此則爲國之基日固。故曰揵而内合也。○尹桐陽曰：外民來歸謂之入。曰同汩，治也。不治之，反詞。入與下文合爲韻。又曰：内合以求進取。○蕭登福曰：入産業，謂釐定税收。揵而内合，謂能以謀略内合於君。○鄭傑文曰：治名，代指整頓朝綱；入産業，代指治理民衆。按：此言既能幫助國君處理好君臣之間的關係，又能助其治理民衆，才能合於君而結之。陶、鄭各有側重，並通。

〔二〕陶弘景曰：上暗不治其任，下亂不寤其萌。如此天下無邦，域中曠主。兼昧者，可行其事；侮亡者，由是而興。故曰揵而反之。　○尹桐陽曰：反之則外而除去其暗。亂、治、之爲韻。

按：言若國君昏昧，國家不得治理，臣民作亂，國君尚不悟而覺察，則計謀取代他。抵巇所謂「可抵而得」是也。

〔三〕陶弘景曰：言自賢之主，自以所行爲得，而外不留賢者之説。如此者，則爲作聲譽而飛揚之，以釣其歡心也。　○高金體曰：反之者，外合也。世主自得而不留於客，則飛揚遠譽以釣其心。　○尹桐陽曰：不，否也，謂不自得。不與下文之、來爲韻。又曰：是即鶡冠子所謂飛語者。留，同擂，引也。留説而飛之者，言於外，不自得之主；引説而飛揚之，使外亦能自得。與飛箝篇「鈎箝之辭，飛而箝之」，詞意略同。李令琛書史百家對：吕韋博識載摘懸市之文。鬼谷多才，爰仿飛籀之作。以籀爲留，借字耳。　○蕭登福曰：對於那些内心自以爲是而不能留意賢人之説的君主，我們只能先製造聲譽去頌揚他，以釣取他的歡心，觀察他的變化。

按：内自得，内心中自以爲得；外不留，别人進言，不被採納。飛，假意讚揚、稱頌。

〔四〕陶弘景曰：君心既善，己必自有命來。召己則迎而御之，以行其志也。　○高金體曰：己迎而御之，既來相迎，則御之以行。　○尹桐陽曰：自同臮，與也。爾雅作暨。來，賚也。御同訝，迎也。若君善己而有命，以賚與之，己則迎訝而受之，便行其志。御與下文去、與爲韻。　○鄭傑文曰：若命自來，謂如果君主有命令詔求我們去。　按：言若有令詔己，則迎而御之，以行己志也。

〔五〕陶弘景曰：翔而後集，意欲去之，因其將危與之辭矣。○高金體曰：因危與之者，因其自危而御之，爲危不施救也。○俞樾曰：危讀爲詭。古字詭與危通。漢書天文志：「司詭星出正西。」史記天官書，詭作危。淮南説林篇：「尺寸雖齊必有詭。」文子上德篇，詭作危，並其證也。文選幽通賦：「變化故而相詭兮。」曹大家注曰：「詭，反也。」淮南齊俗篇：「禮樂相詭，服制相反。」是詭與反同。「若欲去之，因危與之」，猶反應篇所謂「欲高反下，欲取反與也」。○尹桐陽曰：危與，高舉也。高舉，謂不仕。按：此言若欲去而言已將危君，君自放行。下文「環轉」是也。俞樾説亦可參。

〔六〕陶弘景曰：去就之際，反覆量宜，如圓環之轉，因彼變化。雖優者莫知其所爲，如是而退。可謂全身大儀，儀者，法也。○高金體曰：儀，刑也。爲物之典則。○尹桐陽曰：之，識也。莫之所爲，猶云莫識所爲。儀同獻，賢也。化、爲、儀爲韻。○俞棪曰：荀子非相篇曰：「凡説之難，以至高遇至卑，以至治接至亂，未可直至也。遠舉則病繆，近世則病傭。善者於是閒也，亦必遠舉而不繆，近世而不傭。與時遷徙，與世偃仰，緩急嬴絀，府然若渠匽檃栝之於己也。曲得所謂焉，然而不折傷。故君子之度己則以繩，接人則用枻（或曰枻當爲拽。韓愈云：枻者，檠枻也，正弓弩之器也）。度己以繩，故足以爲天下法則矣；接人用枻，故能寬容，因求以成天下之大事矣。故君子賢而能容衆，知而能容愚，博而能容淺，粹而能容雜，夫是之謂兼術。」荀子茲論，與本篇蓋互相發明者也。○蕭登福曰：總之，説服人君者，對於離去或就任，都須像圓環一樣旋轉不已，隨着時宜而變化，讓人不能知道他的作爲。如此可以説是能懂得全身而退的大法則了。**按**：此承上文如何全身而退而言。

【校】

①名，道藏本、俞棪新注、尹桐陽新釋皆作「民」。皆川本作「明」，誤。②尹桐陽鬼谷子新釋作「之」，誤。下注同。

# 抵巇第四①

陶弘景曰：抵，擊實也；巇，釁隙也。牆崩因隙，器壞因釁，方其釁隙而擊實之，則牆器不敗，若不可救，因而除之，更有所營置，人事亦猶是也。 ○歸有光曰：巇，音僖，山險也，間隙也。 ○于桐陽曰：文選賈誼鵩鳥賦：「乘流則逝兮，得坻則止。」抵字當同坻，堵塞之謂。 ○蕭登福曰：抵巇篇即在教我們如何去彌縫事情的縫隙，使事情免於潰敗。 ○鄭傑文曰：抵巇是一種或彌補縫隙、或從縫隙入手破壞某事物的處世術。按：巇，縫隙。抵巇即彌補縫隙。一說即抵陒，漢書杜業傳贊：「業因勢而抵陒。」服虔曰：「抵音紙，陒音羲。蘇秦書有此法。」顏師古注：「抵，擊也；陒，毀也。音詭。一說讀與戲同，許宜反，亦險也。言擊其危險之處。鬼谷有抵戲篇也。」言擊其危險之處，亦即乘人之危而攻擊之。則抵陒非抵巇也。

抵巇即彌補縫隙。本篇言彌補縫隙之原理與方法，結構上由兩個部分所組成：首言抵巇之理，「巇始有眹，可抵而塞，可抵而卻，可抵而息，可抵而匿，可抵而得。此謂抵巇之理也」。次言抵巇之法有二：「或抵而塞之」，「或抵而得之」。縫隙不大，尚可挽救，則抵而塞之；縫隙太大，已無法挽救，則抵而得之。善用此者，則無往而不勝。

【校】

①秦恩復曰：「巇」，太平御覽引作「攕」。

物有自然，事有合離〔一〕。有近而不可見，有①遠而可知。近而不可見者，不察其辭也，遠而可知者，反往以驗來也〔二〕。巇者，罅也。罅者，㵎也。㵎者，成大隙也〔三〕。巇始有朕，可抵而塞，可抵而卻，可抵而息，可抵而匿，可抵而得。此謂抵巇之理也〔四〕②。

【注】

〔一〕陶弘景曰：此言合離者，乃自然之理。○樂壹曰：自然，繼本名也。（文選卷二十五李善注引鬼谷子云）○羅大經曰：此是一篇冒頭開口，不如此便直突了。（諸子彙函引作康礪峰曰。按：归氏误引。羅大經爲宋人，康爲明人。當爲康引羅説。）按：自然：非人爲的，天然。此言人事合離像物自然而生一樣，非人力之所能爲。樂壹所云之「本」，即老子之

「道」。王安石臨川集六十八老子：「本者，出之自然，故不假乎人之力而萬物以生也。」

〔二〕陶弘景曰：察辭觀行則近情可見，反往驗來則遠事可知。古猶今也。故反考往古則可驗來今，故曰反往以驗來也。○俞樾曰：楊子法言曰：「君子之言，幽必驗乎明，遠必驗乎近，大必驗乎小，微必驗乎著。無驗而言之謂妄。」○鄭傑文曰：反往，考察事件的歷史成因、歷史過程。驗來，以歷史過程比證今天的發展，以掌握其規律。又曰：此段文字與下文不連屬，或反應篇文誤入此者。**按**：反往以驗來，言返回歷史，尋找歷史上同類事例的解決辦法，或經驗、或教訓，來比證今天。鄭疑此爲反應篇文，可參。捭闔、反應、内揵、抵巇、飛箝、忤合六篇之間，存在相互稱引現象。内揵：「内自得而外不留，説而飛之。」即「飛箝」之術。抵巇曰「察之以捭闔」，飛箝亦曰「其事用抵巇」，忤合曰：「必先謀慮計定，而後行之飛箝之術」等，皆可證此六篇原爲一個整體，而各有側重。

〔三〕陶弘景曰：隙大則崩毀將至，故宜有以抵之也。○張東沙曰：解「巇」之一字，反覆重復，如此詳明。○俞樾曰：古本巇、[山閒]二字，當皆不從山。文選蜀都賦：「劇談戲論。」劉逵注曰：「鬼谷先生書有抵戲篇。」是「巇」字古止作「戲」也。巇且不從山，[山閒]字從可知也。○尹桐陽曰：巇，説文作戲，兵也。此釋罅者，戲、罅疊韻通用耳。罅同[土虖]，坼也。下故以[山閒]釋之。又曰：[山閒]，説文作閒，隙也，從門中見月。罅、隙爲韻。[山閒]與上文見亦爲韻。**按**：此言事物皆會由小到大，若處理不善，後果不同。

〔四〕陶弘景曰：眹者，隙之將兆，謂其微也。自中成嘉慶本「中成」後涉陶注而衍一「隙」字。者，可抵而塞；自外來者，可抵而卻；自下生者，可抵而息；其萌微者，可抵而匿；都不可治嘉慶本「治」避順治諱而作「捄」。者，可抵而得。深知此五者，然後盡道藏本、乾隆本、四部叢刊本皆作「善」。抵巇之理也。○高金體曰：自中成者，可塞；自外來者，可卻；自下生者，可息；其萌微者，可匿；都不可治者，可得。○閔如霖曰：事起必有眹。其始之微，如一隙之可抵而塞也。細微不謹，至於不可爲力難矣。（諸子彙函引作王風洲曰）○尹桐陽曰：考工記函人曰：「視其朕，欲其直也。」戴慎補注：「舟之縫理曰朕。」故札續之縫，亦謂之朕。又說文「瞽」字下云：「目但有眹也。」周禮春官序官「瞽矇」注：「無目眹謂之瞽」。則誤作眹。朕、眹古今字耳。說文新附剮出「眹」字訓爲目精，謬矣。抵同坻，小渚也。小渚可以止水，因有堵塞之義。塞與息、得、理爲韻。按：鬼谷書依陰陽立論，此五者亦當如此。前四者總歸爲「塞」，避免事態進一步擴大；後一歸爲「得」，取而代之也。合而觀之，謂抵巇之理也。下文所謂「五帝之政，抵而塞之；三王之事，抵而得之」即此。然「塞」占其四，不得已才「得」之，此見「塞」之占主導。

【校】

①道藏諸本無「有」字。　②俞樾以爲此句錯簡，當在「抵巇隙，爲道術」之下。俞說出於己意，無版本依據。

事之危也，聖人知之，獨保其身①。因化説事，通達計謀，以識細微〔一〕。經起秋毫之末，揮之於太山之本〔二〕。其施外，兆萌牙蘖之謀，皆由抵巇。抵巇之隙②，爲道術用〔三〕。

【注】

〔一〕陶弘景曰：形而上者，謂之聖人。故危兆纔形，朗然先覺，既明且哲。故獨保其身也。因化説事，隨機逞術，通達計謀以經緯，識細微而預防之也。○尹桐陽曰：危、知爲韻。保同搯，引也。又曰：（因化説事），言與事皆因化也。識與上文事、謀爲韻，半句與全句叶法也。○俞棪曰：文選注引。按中庸曰：「國有道，其言足以興；國無道，其默足以容。」詩曰：「既明且哲，以保其身。」此言處危之道也。又禮記孔子閒居篇曰：「四方有敗，必先知之。」此之謂聖人知之也。又按：王弼明爻適變通爻曰：「避險尚遠，趨時貴近。」能知此者，故能獨保其用。○蕭登福曰：因，依也，順也。「因化説事」，意謂能隨順着事情的變化，而去進行説服的工作。

**按**：此言辨識縫隙的方法。言若出現危情，聖人知欲明哲保身。要根據變化來論事，熟悉運用計謀來辨識細微的縫隙。尹所説搯，即抽。

〔二〕陶弘景曰：漢高奮布衣以登皇極，殷湯由百里而取萬邦。經，始也，揮，發也。道藏諸本作「漢高祖以布衣登皇帝位，殷湯由百里而馭萬邦。經，始也；揮，動也。」與嘉慶本字句多有出入。○馮叔吉曰：上秋毫、太山用來恰妙。自古國家土崩之解，禍如丘山，其始不過一隙之微，使能抵之於早，識其細微而圖之，又何危亂之有。（諸子彙函引作楊升庵曰）○尹桐陽曰：總題上文名之曰「經」。下其「説」耳。言由小而成大，如湯以七十里，文王以百里而有天下。揮，奮也；本，顛也。末、本爲韻。本讀犮也。荀子榮辱：「儵鉢者，浮陽之魚也。」注：鉢蓋當爲鮍。」○俞棪曰：莊子齊物論曰：「天下莫大於秋毫之末，而太山爲小。」又韓詩外傳曰：「聞其末而達其本者，聖也。」按：經，常。書大禹謨：「與其殺不辜，寧失不經。」傳：「經，常。」揮，抛灑，甩出，這裏指撼動，毁。言事理常常是由細小的狀態而起，發展下去會撼動泰山的根基。尹單分説「經」爲文體，且還有「説」。於義未合。

〔三〕陶弘景曰：宫亂政施外兆萌牙櫱之時，智謀因此而起。蓋由善抵巇之理。故能不失其機。然則巇隙既發，乃可行道術。故曰：「巇隙爲道術用也。」○尹桐陽曰：外同㚇，治也。施外，猶云行治。莊子山木：「是故其行列不斥而外。」斥即逆亂也。外亦與㚇同。外與下文櫱、術爲韻。又曰：兆萌即衆氓，衆民之稱。牙，説文作「芽」，艸牙也。櫱，即蘖，伐木餘也。廣雅釋艸：芽，櫱也。櫱亦即蘖。説文：櫳之别體。道，治也。○俞棪曰：鶡冠子著希篇曰：「夫亂世者以麤智爲造意，以中險爲道，以利爲情。」陸佃注：「中險司巇也。」又天則篇曰：「見間則以奇相御人之情也。」陸佃注：間，巇隙也。方其揵閉，雖有奇計，安得而抵之哉？又按：楊子法言曰：「或問蒯通抵韓信，不能下。又狂之。」曰：「方遭信閉，如其抵。」曰：「巇可抵乎？」曰：「賢者司札，小人司巇，況拊揵乎？」若楊子雲者，蓋深明抵巇之理者也。其言小人者，偏見也。又按：漢書杜業傳贊曰：「業因勢而抵陒。」服虔曰：「抵音紙，陒音羲。蘇秦書有此法。」顔師古注：「抵，擊也。陒，毁也。陒音詭，一説讀與戲，司宜反，亦險也。言擊其危險之處。鬼谷有抵巇篇也。」又按：淮南子人間訓曰：「居智所爲，行智所之，事智所秉，動智所由，謂之道。」此之謂抵巇隙爲道術也。○蕭登福曰：那些辦理政治的人，不能内顧，只務外事，國家將混亂的徵兆已經呈現了，各種謀略因之而起，也都須由抵塞隙漏的方式來平息它。抵隙是運用道術來治國的一種技巧。**按**：兆萌，即微小的徵兆，喻事物出現微小的縫隙；牙蘖，即小芽，像剛出的小芽一樣，喻新的小計謀，小對策。言施策於外，要根據抵巇的原理，在事物處於萌芽狀態時，及時發現其罅隙，並想出新的小計謀來堵塞他。善於發現並抵塞小縫隙，是抵巇根本的方法。蕭依陶注立説，未盡其旨。

【校】

①太平御覽引「身」作「用」，道藏諸本，諸子彙函本、品彙釋評本皆作「用」。陶注云「故獨保其身也」，則陶所見本作「身」。②「隙」字前，道藏諸本無「之」字。

天下紛錯，士無明主①，公侯無道德，則小人讒賊；賢人不用，聖人竄匿，貪利詐僞者作；君臣相惑，土崩瓦解而相伐射；父子離散，乖亂反目，是謂萌芽②巇罅〔一〕。聖人見萌芽③巇罅，則抵之以法。世可以治則抵而塞之，不可治則抵而得之。或抵如此，或抵如彼。或抵反之，或抵覆之〔二〕。五帝之政，抵而塞之；三王之事，抵而得之〔三〕。諸侯相抵，不可勝數。當此之時，能抵爲右〔四〕。

【注】

〔一〕陶弘景曰：此謂亂政萌牙，爲國之巇罅，伐射謂相攻伐而激射也。○林希元曰：戰國之諸侯，地醜德齊，莫能相尚。就其抵者，不過少知審法自强而已，不足道也。○尹桐陽曰：分，紛也。錯同藉，艸不編，狼藉。漢書劉屈氂傳：「事籍籍如此。」注：「猶紛紛也。」籍與藉同。錯與下文作、射、罅爲韻。又曰：伐射，猶云伐取。萌，草芽也。德、賊、惑爲韻。散、亂，全句與半句韻也。**按**：紛錯，錯亂，雜亂。楚辭漢劉向九歎憂苦：「思餘俗之流風兮，心紛錯而不受。」作，起。乖，背離，不一致。反目，指不和。易小畜：「夫妻反目。」疏：「夫妻乖戾，故反目相視。」此言四種罅隙：天下混亂，士無明君，公侯等道德失範，有此罅隙，則必有小人讒言陷害忠良；賢人不用，聖人隱居躲避，有此罅隙，則貪圖利禄、弄虚作假之人必起；君臣彼此不信任，互相欺瞞，有此罅隙，國家必將土崩瓦解，人與人互相攻擊殘殺必將來臨；父子不同心，意見不一致，也爲罅隙，如果利用必能使之反目成仇。以上種種情況，皆可稱之爲「萌牙巇罅」。○尹

〔二〕陶弘景曰：如此謂抵而塞之，如彼謂抵而得之。反之謂助之爲理，覆之謂自取其國。

桐陽曰：則同塡，遏遮也。塡，抵之以法者，下文所云是。罅、法爲韻。得，説文作㝵，取也。如，塞也。廣雅釋詁三作絮。又曰：政教更新曰抵反，仍行故道曰抵覆。覆與上文治、塞、得爲韻。覆讀畐也。　**按**：此言抵巇的兩種方法，一爲縫隙可補，則抵而塞之；一爲縫隙不可補，則抵而代之。

〔三〕陶弘景曰：五帝之政，世猶可理，故曰抵而塞之，是以有禪讓之事。三王之事，世不可理，故曰抵而得之，是以有征伐之事。　○王敬所曰：塞之者，如救弊補偏之説，以五帝三王之事照之便明。　○尹桐陽曰：五帝之政，世猶可治，故抵而塞之。三王之時，世不可治，則當征誅以取其國。故曰抵而得之。　**按**：五帝有數説，易繫辭下以爲是伏羲、神農、黄帝、堯、舜；世本五帝譜、大戴禮記五帝德、史記五帝本紀皆以爲是黄帝、顓頊、帝嚳、堯、舜；帝王世紀以爲是少昊、顓頊（高陽）、高辛、堯、舜。周禮春官小宗伯：「兆五帝於四郊。」注曰太昊、炎帝、黄帝、少昊、顓頊爲五天帝。徐旭生曰：「先秦時代對於五帝的説法只有東西兩種。」東方五帝説同世本、大戴禮記、史記的説法；西方五帝説是少皞、太皞、黄帝、炎帝、舜。（中國古史的傳説時代，文物出版社一九八五年版）三王：夏禹、商湯、周文武等三代之王。亦謂禹、湯、文王。

〔四〕陶弘景曰：謂五伯時。右，由上也。　○尹桐陽曰：此即上文所謂抵卻、抵息、抵如此、抵如彼者，戰國時之合縱、連横是也。右，尊也，上也。時、右爲韻。　**按**：當此之時，意即當有罅隙之時。尹説牽强。

【校】

①紛，道藏諸本作「分」。士，原作「上」，勞權校作「土」，「土」乃「士」之誤。後文公侯、小人、賢人、聖人、貪利詐僞者云云，則此處亦對應爲人。今據改。②芽，道藏諸本、嘉慶本、陶注皆作「牙」。諸子彙函本、品彙釋評本作「芽」。下文作「萌芽巇罅」。依下文，當作「芽」。今據改。③芽，道藏本、乾隆本作「牙」。

自天地之合離、終始，必有巇隙，不可不察也〔一〕。察之以捭闔，能用此道，聖人也〔二〕。聖人者，天地之使也〔三〕。世無可抵，則深隱而待時；時有可抵，則爲之謀。此道可以上合①，可以檢下〔四〕。能因能循，爲天地守神〔五〕。

【注】

〔一〕陶弘景曰：合離謂否泰，言天地之道正觀，尚有否泰爲之巇隙，而況於人乎！故曰不可不察也。○尹桐陽曰：合離謂閉開，終始謂陰陽。○蕭登福曰：莊子則陽篇：「天地者，形之大者也。」列子湯問篇：「天地亦物也。」公孫龍子名實篇：「天地與其所産焉，物也。」天地爲「物」，「物」與「道」是相對的。在先秦諸子中，大都認爲天地雖然極廣大極精微，但仍然在「物」中，仍然屬於現象界，而不是「道」，不是本體。天地既是「物」，因此天地雖大，仍然會有「離」

「合」、「終」「始」。有「離」「合」、「終」「始」，即有巇隙可尋。按：天地，天地之間，此泛言世間。言世間萬事萬物皆有合、離與終、始。既如此，必有巇隙，不可不看到這一點。尹以「捭闔」之道作解，甚是。

〔二〕陶弘景曰：捭闔亦否泰也。體大道以經人事者，聖人也。○張周田曰：即天地之必有巇隙，因以明道，歸之聖人。○尹桐陽曰：離、始爲捭，合、終爲闔。按：此以「捭闔」御「抵巇」。鬼谷子反應、内揵、抵巇、飛箝、忤合均以捭闔篇立論。捭闔是總綱，此爲一例。

〔三〕陶弘景曰：後天而奉天時，故曰天地之使也。

〔四〕陶弘景曰：上合謂抵而塞之，助時爲治；檢下謂抵而得之，使來歸己也。○袁了凡曰：「時」之一字，用亦不偶。○尹桐陽曰：可同柯，柄也。時、謀與上文使爲韻。檢，斂也。合、檢，句中韻。○俞棪曰：論語曰：「甯武子，邦有道則知，邦無道則愚。其知可及也，其愚不可及也。」又曰：「用之則行，舍之則藏。」「危邦不入，亂邦不居。天下有道則見，無道則隱。」「邦有道，貧且賤焉，恥也；邦無道富且貴焉，恥也。」又荀子宥坐篇引孔子曰：「君子博學、深謀、修身、端行，以俟其時。」鬼谷此言，皆儒家之緒論也。○鄭傑文曰：檢，制也。孟子梁惠王上「狗彘食人食而不知檢」之「檢」即此意。又曰：檢下，即挾制下人。按：此言運用抵巇須等待時機。可同柯，尹曲解。俞棪以鬼谷亦言「隱」，而曰其爲「儒家之緒論」，不確。先秦時期存在諸子參與共同話題的討論並發表各自看法的現象，「隱」即爲其一。鬼谷從抵巇角度談「隱」，儒家從「無道」談「隱」，亦各自對「隱」發表議論，不可遽以爲鬼谷承儒學之餘緒也。亦正可證鬼谷子出於先秦時期，而非後世僞託也。檢，約束。

〔五〕陶弘景曰：言能因循此道，則大寶之位可居，故能爲天地守其神化秦恩復曰：（陶）注「神化」，鮑本作「神祀」。俞樾諸子平議補録亦作「神祀」。也。○俞樾曰：國語魯語曰：「山川之靈，足以紀綱天下者，其守爲神。社稷之守爲公侯。」故此云爲天地守神。注謂爲「天地守其神祀」，失之。○尹桐陽曰：神，重也；謂大寶。老子謂之神器。前漢書司馬遷傳：「道家以因循爲用。」師古曰：「任自然也。」愼子有因循篇。因、循、神爲韻。○蕭登福曰：能因襲遵循抵隙道理的人，便能居高位，替天地守神祀。**按**：因，鬼谷子重要概念，意即根據客觀實際，做出相應的行動。忤合云：「反覆相求，因事爲制。」謀篇曰：「愚者易蔽也，不肖者易懼也，貪者易誘也，是因事而裁之。」皆同此。循，因也。此言能根據具體情況，及時運用抵巇之術。「道家以因循爲用」，言道家守舊法而不加變更。尹以此爲説，不妥。蕭説未盡其意。

【校】

①「可以上合」前，原脱「此道」二字。今依勞權校改。

# 飛箝第五

陶弘景曰：飛，謂作聲譽以飛揚之；箝，謂牽持緘束令不得脱也。言取人之道，先作聲譽以飛揚之，彼必露情竭志而無隱，然後因其所好，牽持緘束，令不得轉移也。○歸有光曰：箝，劫束也，鎖頭也，籥也。籥音攝，箝也。○楊慎曰：飛箝之術，就言語上體任，更爲逼真。○尹桐陽曰：周禮典同：「微音韽。」注：「韽聲小不成也。讀爲飛鑽涅韽之韽。」疏以飛鉆，即鬼谷子飛箝。鶡冠子又謂之飛語，蓋取篇中「飛而箝之」、「鈎箝之語」二句以爲名者。則戰國及鄭君時，鬼谷書之盛行無疑。飛，揚也，謂聲譽爵禄之類。箝，説文作鉗，以鐵有所劫束也。集韻：「箝，或作箝。」則字或以箝爲之。○蕭登福曰：飛，是造作聲譽；箝，是箝制。飛箝，是運用言辭技巧，替對方造作聲譽，爲他宣傳，以此來赢取對方竭誠的感激，而後再以各種技巧來箝制他，使他爲我們所用。

**按**：飛箝，研究人之好惡，俟其竭情無隱，因而鉗持之。周禮春官典同：「微音韽。」唐賈公彦疏：「鬼谷子有飛鉗、揣摩之篇，皆言從（縱）横辨説之術。飛鉗者，言察是非語，飛而鉗持之。」「飛箝」即先「飛」後「箝」，用誇獎對方的手段，使他暴露實情，從而達到控制人的一種制人之術。本篇言飛箝原理、方法及在實際運用過程中針對不同對象需要注意的問題，結構上由三個部分所組成：先言飛箝原理，即「引鉤箝之辭，飛而箝之」。次言使用飛箝的方法，主要有：「或先征之而後重累；或先重以累而後毁之」；「或以重累爲毁，或以毁爲重累」；「或稱財貨、琦瑋、珠玉、璧帛、采色以事之」；「或量能立勢以鉤之」；「或伺候見㵎而箝之」等。最後言在具體實施過程中，須針對不同對象而行飛箝之術。文中列舉了「用之於天下」、「用之於人」兩種對象須注意之事項。

凡度權量能，所以徵遠來近〔一〕。立勢而制事，必先察同異①，别是非之語〔二〕，見内外之辭，知有無之數〔三〕，決安危之計，定親疏之事〔四〕。然後乃權量之，其有隱括，乃可徵，乃可求，乃可用〔五〕。

【注】

〔一〕陶弘景曰：凡度其權略，量其材能，爲作聲譽者，所以徵遠而來近也。謂賢者所在，或遠或近，以此徵來，若燕昭尊郭隗，即其事也。　○桑重第曰：此篇開篇凡制事必先度量之，亦是探取鈎索之法。文字錯落，可喜可喜。　○高金體曰：蘇季子所謂「揣摩成」者，即此術也。

○尹桐陽曰：捭闔篇曰：「度權量能，校其伎巧短長。」能與下文事、異、辭爲韻。又曰，徵，召也。

立論基礎。　按：此言欲「立勢而制事」，必先以度權量能、徵遠來近爲之基。揣情得實，乃鬼谷子運用「飛箝」術即以此爲基礎。非陶説若燕昭尊郭隗事也。桑説正得其意。

〔二〕陶弘景曰：言遠近既至，乃立賞罰之勢，制能否之事。事、勢既立，必先察黨與之同異，別言語之是非。　○尹桐陽曰：捭闔篇曰：「開而示之者，同其情也；闔而閉之者，異其誠也。」

○俞棪曰：易同人曰：「君子以類族辨物。」又禮記仲尼燕居篇曰：「辨説得其黨。」又韓詩外傳曰：「辯者別殊類，使不相害；序異端，使不相悖。輸公通意，揚其所謂，使人預知焉，不務相違也。是以辯者，不失其所守；不勝者，得其所求。故辯可觀也。」此立勢制事之道也。

○蕭登福曰：立勢，謂樹立權勢；制事，謂制定事物之規範制度。　按：勢，權勢，態勢。書君陳：「無依勢作威。」孫子計：「計利以聽，乃爲之勢，以佐其外。」

〔三〕陶弘景曰：外謂虛無，「虛無」道藏本、乾隆本作「浮虛」。內謂情實。有無謂道術能否。又必見其情僞之辭，知其能否之數也。　○尹桐陽曰：內揵篇曰：「欲合者用內，欲去者用外。」又曰：捭闔篇曰：「審定有無以其實虛。」　○俞棪曰：韓非備内篇曰：「遠聽而近視，以審内外之失。省同異之言，以知朋黨之分。偶參伍之驗，以責陳言之實。」此説與鬼谷完全相合。　按：尹説引内揵解内、外，捭闔解有、無，甚是。鬼谷子自捭闔、反應、内揵、抵巇、飛箝、忤合六篇，相互徵引，相互解説，連爲一體。此又一證。

〔四〕陶弘景曰：既察同異、别是非、見内外、知有無，然後與之決安危之計，定親疏之事，則賢不肖可知也。○尹桐陽曰：抵巇篇曰：「事之危也，聖人知之。」又曰：内揵篇曰：「君臣上下之事，有遠而親，近而疏。」

〔五〕陶弘景曰：權之所以知其輕重，量之所以知其長短。輕重既分，長短又形，乃施隱括以輔其曲直。如此，則徵之又可，求之亦可，用之亦可。○尹桐陽曰：權，所以量物。又曰：其有，己有也；隱，定也、決也。説文作「㥯括」，即銛斷也。説者以隱括釋之，誤矣。括與上文計爲韻。又曰：求，糾也。**按**：隱括，也作檃括、檃栝、檃桰。原指矯正竹木彎曲的工具。荀子性惡：「故枸木必將待檃栝烝矯然後直。」淮南子修務：「木直中繩，揉以爲輪，其曲中規，檃括之力。」這裏借指對同異、是非、内外、有無加以剪裁或修改。

【校】

①秦恩復云：「同異」下據注脱「之黨」二字，俞棪同。勞權校無「而」字。

引①鉤箝之辭，飛而箝之〔一〕；鉤箝之語，其説辭也，乍同乍異〔二〕。其不可善②者，或先征之而後重累〔三〕；或先重以③累而後毁之〔四〕。或以重累爲毁，或以毁爲重累〔五〕。其用或稱財貨、琦瑋、珠玉、璧帛④、采色以事之〔六〕，或量能立勢以鉤之〔七〕，或伺候見𡺲而箝之〔八〕，其事用抵巇〔九〕。

**【注】**

〔一〕陶弘景曰：鉤謂誘致其情，言人之材性，各有差品，故鉤箝之辭，亦有等級。故内感而得其情曰鉤；外譽而得其情曰飛。得情則箝持之，令不得脱移，故曰鉤箝。故曰飛箝。○王維禎曰：飛箝之術，就言語上體認，更爲迫切，詞氣亦甚漂灑。（諸子彙函引作楊慎曰）○尹桐陽曰：謂可用，或可引也。引即下文所謂可引而東西南北及反覆是。征、引爲韻。引讀朕也。周禮春官序官「瞽矇」注：「無目朕謂之瞽。」後漢書盧植傳注作：「目無眹曰瞽。」又曰：鉤，曲鉤也。鉤之則物不得脱，與鉗義相近。辭同辤，不受也，即下文所謂不可善者。趙廣漢善爲鉤距術，蓋出此。又曰：欲抑先揚，道家所貴。故鉤鉗之不受，則先飛揚之以動其心。下文所謂重累及毁是。○俞棪曰：意林引太公六韜曰：「辨言巧辭，善毁善譽者，名曰間諜飛言之士。」飛箝者，飛言以箝取之，使同於我也。**按**：鉤，誘致。注謂「人性差品」、「言辭等級」云云，是以其時觀念釋之，未爲妥當。然亦反證，其注爲陶弘景所作，非後世謂爲尹知章作也。漢書趙廣漢傳：「尤善爲鉤距，以得事情。鉤距者，設欲知馬價，則先問狗，已，問羊，又問牛，然後及馬。參伍其賈，以類相准，則知馬之貴賤不失實矣。」注引晉灼：「鉤，致；距，閉也。使對者無疑，若不問而自知，衆莫覺所由以閉，其術爲距也。」則鉤距意即反復調查。尹説趙廣漢善鉤距之法，源出鬼谷，甚是。俞棪曰「使同於我」，未爲恰當。

〔二〕陶弘景曰：謂説鉤箝之辭，或捭而同之，或闔而異之。故曰：乍同乍異也。○尹桐陽曰：捭之以同其情，闔之以異其誠。辭同詞，説也，言語也。辭、異爲韻。**按**：乍，忽然。孟子公孫丑上：「今人乍見孺子將入于井，皆有怵惕惻隱之心。」言飛箝之辭作爲説辭，根據情勢而要千變萬化。陶、尹皆以捭闔立説，甚是。

〔三〕陶弘景曰：不可善，謂鉤箝之辭所不能動。如此者，必先命徵召之；重累者，謂其人既至，然後狀其材道藏諸本、嘉靖鈔本「然後狀其材」後均衍「其人既至，然後都狀其材」十字。術所有，知其所能，人或因此從化也。○高金體曰：不可善者，言難動之人也。先征之而後重累者，先以嘉言召之而後以重累之事迫之，令必從也。○尹桐陽曰：善同蝙，搖動也。方言十二：搖，扇疾也。則扇固有搖義者。字以扇爲之。又曰：累，説文作絫，謂諈諉也。爾雅釋言：諈諉，累也。注：「以事相屬累爲諈諉。」孫炎注：「楚人曰諈，秦人曰諉。」累與下文毀爲韻。累讀纍也。○俞棪曰：中庸曰：「上焉者，雖善無徵，無徵不信。」又按：説文：「重，厚也。」段注：「厚，斯重也。引申之爲鄭重、重疊。」又楊倞注荀子：「重，多也。」又按：戰國策曰：「語曰：論不修心，議不累物。」又曰：「輟而棄之，怨而累之。」又俞樾古書疑義舉例曰：「禮記曲禮篇：『爲大夫累之。』按：累之猶解之。累、解本疊韻字，荀子富國篇：『則和調累解。』累、解二字同義。……緩言之曰累解，急言之曰累。」俞説是也。　○蕭登福曰：重累，謂累以重任，託以重任。

按：重累，即累之重，反復疊加。與「毀」相對。此指不斷擡高。呂氏春秋行論：「詩曰：將欲毀之，必重累之；將欲踣之，必高舉之。其此之謂乎？累矣而不毀，舉矣而不踣，其唯有道者乎？」注曰：「累之重，乃易毀也，踣破也；舉之高，乃易破也，以喻湣王驕亂甚，乃易破也。燕軍攻高亦易破，使田單序其名也。」言對以飛箝之語難以相誘的，可以徵召其來，不斷擡高他的名譽地位，使其名不副實，爲以後訾毀他作準備。陶説「人或因此從化也」，尹、俞、蕭諸説，均未得其旨。

〔四〕陶弘景曰：或有雖都狀其所有，猶未從化，然後就其材術短者，訾毀之。人(或)〔知〕勞權校「或」作「知」。今從之。過而從之，無不知化也⑥。　○高金體曰：先重累而後毀之者，益激之以從也。　○尹桐陽曰：毀，毇也。謂祿養。　○俞棪曰：説苑曰：「天將與之，必先苦之；天將毀之，必先累之。」此累、毀對舉之説也。　按：此補上句先「重累」之目的。陶説以「化」立論，未得其旨，下同。楊説不妥，尹説誤。

〔五〕陶弘景曰：或有狀其所有，其短自形，此以重累爲毀也；或有歷説其短，材術便著，此以毀爲重累也。爲其人難動，故或重累之，或訾毀之。所以驅誘之，令從化也。　○康礪峰曰：意開闔，詞清利，初學熟讀可發才思。　○尹桐陽曰：爲同賕，遂，予也。　按：康説乃就文法言之，於義未申。

〔六〕陶弘景曰：其用謂人能勞權校改「能」爲「既」。從化，將欲用之，必先知其性行好惡，動以財貨采色者，欲知其人貪廉也。○尹桐陽曰：稱，舉也，亦揚也。琦瑋，奇異也。後漢書仲長統傳：「琦賂寶貨。」注：「琦瑋也。」抱朴子曰：「片玉可以琦，奚必俟盈尺也。」白，同碧，石之青美者。采色，合音爲色。與單云色義同。朱駿聲曰：「木有文，人所採用。因爲五色之稱。」其説誤。事，使也。按：稱，舉。詩豳風七月：「躋彼公堂，稱彼兕觥。」琦瑋：美玉。采色：絢麗成章的顏色。孟子梁惠王上：「曰：爲肥甘不足於口與，輕煖不足於體與，抑爲采色不足視於目與？」尹對「白」作解，尹以道藏本爲底本，故有此説。

〔七〕陶弘景曰：量其能之優劣，然後立去就之勢，以鉤其情，以知其智謀也。○尹桐陽曰：立，位也。按：尹説未達意。

〔八〕陶弘景曰：謂伺彼行事，見其𡾰隙而箝持之，以知其勇怯也。○尹桐陽曰：説文：「候，伺望也。」本經陰符七篇曰：「聽之候之也。」按：伺候，觀察捕捉時機。陶説「伺彼行事，見其𡾰隙而箝持之」，意已説盡。「以知其勇怯」，形似蛇足，不合本意。

〔九〕陶弘景曰：謂此上事用抵巇之術而爲之。○尹桐陽曰：事用，功用也。言使之抵巇以立功。按：此處以抵巇之術行飛箝之事，妙合無垠。

【校】

①引，勞權校作「别」，藍格本亦作「别」。②善，嘉靖鈔本作「差」，訛。③秦恩復曰：以字疑

衍。上下文「重累」均連言，此不應分開。秦説是。　④帛，道藏諸本作「白」。

將欲用之①於天下，必度權量能，見天時之盛衰，制地形之廣狹，岨嶮之難易，人民貨財之多少，諸侯之交孰親孰疏，孰愛孰憎〔一〕。心意之慮懷，審其意，知其所好惡，乃就説其所重，以飛箝之辭，鉤其所好，（乃）以箝求之〔二〕②。

【注】

〔一〕陶弘景曰：「將用之於天下」，謂用飛箝之術，輔於帝王；「度權量能」，欲知帝王材能可輔成否，天時盛衰，地形廣狹，人民多少，又欲知天時、地利、人和合其泰否，諸侯之交，親疏愛憎，又欲知從否之衆寡。　○陳後山曰：「用之於天下」一段，大開逸思，而捭闔處鑿鑿有據。（諸子彙函引作舒國裳曰）　○高金體曰：説士長伎，盡於此矣。　○尹桐陽曰：將欲，大欲也。用之天下者，謂用飛箝之術以並天下也。又曰：制，裁也。　○俞棪曰：孫子軍爭篇曰：「不知諸侯之謀者，不能豫交。」交者，謀之所嚮也。　○蕭登福曰：岨通阻，嶮通險。岨嶮亦作阻嶮、阻險。列子楊朱篇云：「山川阻嶮，塗逕修遠。」岨嶮，意謂地勢阻難險峻。　**按**：此言飛箝之術必以知情爲基礎。此亦如反應篇所云：「得情不明，定基不審。」亦由此可知，反應所云「得情」也是飛箝術之基礎。

〔二〕陶弘景曰：既審其慮懷，又知其好惡，然後就其所最重者而説之；又以飛箝之辭，鉤其所好，既知其所好，乃箝而求之，所好不違，則何説而不行哉！○羅大經曰：此下又爲一段，寫來若斷若續，卒無斷續之跡。（諸子彙函引作孫季泉曰）○尹桐陽曰：疏、惡爲韻，憎、意與下文辭亦爲韻。憎讀宰也，説文：「繒，籀文。從宰省聲，作綷」。又曰：求，糾也。上文曰：「乃可求。」好、求爲韻。○俞棪曰：墨辯大取篇曰：「於事爲之中，而權其輕重之謂求，求爲是，非也。」　**按**：羅大經就文法立論，於義未申。此言行飛箝之術的原則：就其最重者説之。就對方眼前最關心的事情説起，才能鉤住對方。

【校】

①道藏本、乾隆本「之」下無「於」字。②道藏本、品彙釋評本、諸子彙函本、乾隆本「以」前無「乃」字。此句前已有「乃就説其所重」，這裏不應重復。今據改。俞棪新注自「心意之慮懷」，至「乃以箝求之」在「乍同乍異」下。此句，前云「將欲用之天下」，後云「用之於人」。若將此句移開，則上下文意貫通，皆秉「度權量能」而言，無涉「飛箝」也。若按俞棪説，將其移至「乍同乍異」下，則前言「鉤箝之辭，飛而箝之」、「鉤箝之語」，此亦云「以鉤箝之辭，鉤其所好，以箝求之」，語意也正相連。俞説有理。這裏仍承其舊。

用之於人，則量智能、權材力，料氣勢，爲之樞機。以①迎之隨之，以箝和之，以意宣②之，此飛箝之綴也〔一〕。用之③於人，則空往而實來，綴而不失，以究其辭。可箝而從，可箝而橫；可引而東，可引而西；可引而南，可引而北；可引而反，可引而覆〔二〕。雖覆能復，不失其度〔三〕。

【注】

〔一〕陶弘景曰：用之於人，謂用飛箝之術於諸侯之國道藏諸本無「之國」二字。也，量智能料氣勢者，亦欲知其智謀能否也，樞所以主門之動靜，機所以制弩之放發，言既知其諸侯智謀能否，然後立法鎮其動靜，制其放發，猶樞之於門，機之於弩，或先而迎之，或後而隨之，皆箝其情以和之，用其意以宣之，如此則諸侯之權可得而執，己之恩信道藏諸本「信」作「又」。可得而固，故曰飛箝之綴也，謂用飛箝之術連於人也。○高金體曰：綴者，連而相從也。○尹桐陽曰：於人，與人也。謂用飛箝之術，以合縱而連橫。又曰：權，量也。能、力爲韻。又曰：易繫辭：言行者，君子之樞機。樞機之發，榮辱之主也。機與上文勢爲韻。隨，同隓，飛也。又曰：箝之體有二：合之則和。又曰：意同啻，快也。宜所安也。宜與上文隨、和，下文綴爲韻。綴讀唾也，説文：「娺，讀若唾。」子華子孔子贈叶移輟，其例同此。又曰：説文：「𠄌，鉤，識也。」從反亅，讀若罬。此綴即「罬」字。與𠄌通。飛箝之綴者，猶云飛箝之鉤。○俞樾曰：王充論衡自紀篇曰：「以聖典而示小雅，以雅言而説丘野，不得所曉，無不逆者。故蘇秦精説於趙而李兑不説。商鞅以王説秦而孝公不用。夫不得心意所欲，雖盡堯舜之言，猶飲牛以酒，啖馬以脯也。故鴻麗深懿之言，關於大而不通於小，不得已而强聽，入胸者少。」此則用於人之説也。又按莊子人間世篇曰：「形莫若就，心莫若和。雖然，之二者有患。就不欲入，和不欲出。……彼且爲嬰兒，亦與之爲嬰兒；彼且爲無町畦，亦與之爲無町畦；彼且爲無崖亦與之爲無崖。達之，入於無疵。……」又曰：「汝不知夫養虎者乎，不敢以生物與之，爲其殺之之怒也；不敢以全物與之，爲其決之之怒也。時其飢飽，達其怒心，虎之與人異類而獨養己者，順也。故其殺者，逆也。」此和箝宜意，飛綴之術也。○蕭登福曰：「爲之樞機」，意謂隨時宜而運轉對方，支配對方。又曰：「飛箝之綴」，謂以飛箝之術連屬其心。**按**：綴，連而相從，高説是。尹説未盡意旨。

〔二〕陶弘景曰：「用之於人」，謂以飛箝之術任使人也。我但以聲譽飛揚之，故曰「空往」。彼則開心露情，歸附於己，故曰「實來」。既得其情，必綴而勿失，又令敷奏以言，以究其辭。如此則從横、東西、南北、反覆，惟在己之箝引，無思不服也。○舒芬曰：中間枝葉雖多，總是陰陽開闔之術，作事立説，皆本諸此。○高金體曰：變化猶移，無不如意。○尹桐陽曰：則，測也。謂用飛箝之術以測人。則與下文來、辭爲韻。又曰：静默以得人實。失，同逸，兔逃也。究，窮也。又曰：上文云：「乃可用。」引此申釋之。從，東韻。北、覆亦爲韻。**按**：尹釋

「則」爲「測」，誤。

〔三〕陶弘景曰：雖有覆，敗必復振；不失其節度，此飛箝之終也。○尹桐陽曰：言此者所以明覆復之義一，雖與唯同。

【校】

①「以」上，嘉靖鈔本有「飛」字。②宜，道藏本作「宜」。③道藏諸本無「之」字。

# 忤合第六

陶弘景曰：大道既隱，正道不得，坦然而行。故將合於此，必忤於彼。令其不疑，然後可行其意，若伊呂之去就是也。○樓坊曰：凡作事有忤有合，聖人之制事也，先審時度勢，凡所爲適與事會。故曰：「聖人先忤而後合。」衆人率意恣情，視天下事無不可行者哉。一舉手，便有挂礙，始似合而卒不可行，故曰「衆人先合而後忤」。忤合二字總是「謀慮計定，行之以飛箝之術」。○尹桐陽曰：忤，説文作「啎」，屰也。此忤合連文以題篇。字當同伍，亦謂合耳。與云遇合同。意如篇中所謂伊尹合湯，呂尚合文王是也。管子七臣七主：「不許則國失勢。」注：「許謂耦合也。」午、吾聲轉通用。○蕭登福曰：太平御覽卷四百六十二引作「午合篇」。忤、午音同。相背爲忤，相向爲合。忤合旨在説明，處天下紛擾，君臣際會之時的背向問題。良臣須擇主而事，然而既有所擇，便會有「忤」與「合」的問題發生。合於此者，一定忤於彼；反之亦然。君子必須善於處理去就之際，並必須以「飛箝」之術來尋找真正值得輔佐的君王。○房立中曰：忤，抵觸，背逆。莊子刻意：「無所於忤，虛之至之。」合，符合，不違背。荀子性惡：「合于文理，而歸於治。」忤合，在這裏是指以忤求合，先忤後合。淮南子人間：「故聖人先忤而後合，衆人先合而後忤。」樓昉引淮南子人間作解，甚是。

按：忤，牴觸，不順從。相背爲「忤」，相向爲「合」。忤合即趨向與背反之術。全篇結構上由三個部分所組成：

首言忤合之原理，「凡趨合倍反，計有適合。化轉環屬，各有形勢。反覆相求，因事爲制」，揭示「趨向」與「背反」。次言「趨向」與「背反」勢不兩立，「合於彼而離於此，計謀不兩忠」，兩者只能擇其一而行。最後言説士如何選擇君主與之共事。對那些「成於事而合於計謀」的君主，則「合」於他，「與之爲主」；反之，則「因事物之會，觀天時之宜」而「與之轉化」，「忤」於他而另擇高枝。做到這一「合」一「忤」，「乃可以進，乃可以退，乃可以縱，乃可以横」。

凡趨合倍反，計有適合。化轉環屬，各有形勢。反覆相求，因事爲制〔一〕。是以聖人居天地之間，立身、御世、施教、揚聲、明名也，必因事物之會，觀天時之宜，因知①所多所少，以此先知之，與之轉化〔二〕。

【注】

〔一〕陶弘景曰：言趨合倍反，雖參差不齊，然施之計謀，理乃適合也。又曰：言倍反之理，隨化而轉，如連環之屬。然其去就，各有形勢。或反或覆，理自相求，莫不因彼事情爲之立制也。

○高金體曰：四語吸盡通篇意義。○尹桐陽曰：説文：「倍，反也。」又曰：屬同趨，行也。勢、制爲韻。○俞棪曰：鄧析子曰：「因勢而發譽，則行等而名殊；人齊而得時，則力敵而功倍。其所以然者，乘勢之在外。」此化轉形勢之義也。按：倍，通背。戰國策趙策三：「天子弔，主人必將倍殯柩。」環，鬼谷子一概念。下文云「忤合之地而化轉之」，内揵云「環轉因化」，意均同。鶡冠子環流曰：「物極必反，命曰環流。」荀子王制曰：「始則終，終則始，若環之無端也。」淮南子主術訓：「智欲圓者，環復轉運，終始無端。」即此意。言客觀實際千變萬化，謀略須針對實際情況而制定。

〔二〕陶弘景曰：所多所少，謂政教所宜多所宜少也。既知多少所宜，然後爲之增減。故曰：以此先知，謂用倍反之理，知之也。轉化，謂轉變以從化也。○尹桐陽曰：世、會爲韻。宜、多、化爲韻。○俞棪曰：説苑曰：「謀有二端，上謀知命，其次知事。知命者，預見存亡禍福之原，早知盛衰廢興之始；防事之未萌，避難於無形。若此人者，居亂世則不害於其身；在乎太平之世，則必得天下之權。故知事者亦尚矣。見事而知得失成敗之分，而究其所終極，故無敗業廢功。」知命者，先知也；知事者，因知也。按：陶注以「政教」立論，解「轉化」爲「轉變以從化」，未盡合原文旨意。

世無常貴①，事無常師〔一〕。聖人無常與，無不與；無所聽，無不聽②〔二〕。成於事而合於計謀，與之爲主〔三〕。合於彼而離於此，計謀不兩忠，必有反忤〔四〕。反於（是）［此］③，忤於彼；忤于此，反於彼。其術也〔五〕。

【校】

①知，道藏本、嘉靖鈔本、四部叢刊本作「之」。陶注云「既知多少」，則作「之」訛。

【注】

〔一〕陶弘景曰：能仁爲貴，故無常貴；主善爲師，故無常師。○尹桐陽曰：貴、師爲韻。○俞棪曰：二句意林引。韓非子喻老篇曰：「事者爲也。爲生於時，知者無常事。」按：常，恒久。老子一章：「道，可道，非常道。」易繫辭上：「動靜有常，剛柔斷矣。」陶以「仁」、「善」爲説，與上文屢云「從化」，皆從儒家立場爲鬼谷子作説，此抑有借儒而宏縱横之學者乎？

〔二〕陶弘景曰：善必與道藏諸本作「爲」，下同。之，故無不與。無稽之言勿道藏諸本作「不」。聽，故無所聽。秦恩復曰：「無所聽」當作「無不聽」。○高金體曰：聖人常爲無不爲者，用；惟聽無不聽者，使。

○尹桐陽曰：承上文而明「事無常師」之旨。説文：「許，聽也。」所，即許，與單云「聽」義同。○俞棪曰：老子曰：「道常無爲而無不爲。」此其義所由本也。　**按**：此承上文「因事物之會，觀天時之宜，因知所多所少，以此先知之，與之轉化」而言，意爲聖人没有恒久不變的賜與，也不是没有賜與；没有什麽都聽，也没有什麽都不聽。

〔三〕陶弘景曰：於事必成，於謀必合。　如此者，與衆立之，推以爲主也。　○尹桐陽曰：承上文而明「世無常貴」之旨。　與，推也。　推之爲主者，指新受命之王言。　○俞棪曰：荀子正名篇曰：「計者，取所多；謀者，從所可。」　**按**：與，以。　禮記玉藻：「大夫有所往，必與公士爲賓也。」與之爲主，言欲成事，合謀，必以忤合爲主。　陶説「與衆立以爲主」，非是。

〔四〕陶弘景曰：合於彼必離於此，是其忠謀不得兩施也。　○尹桐陽曰：忠，得也。　周禮師氏：「掌國中失之事。」故書中爲得。　又曰：反，不合也。　忤同伍，謂耦合。　○俞棪曰：呂氏春秋權勳篇曰：「利不可兩，忠不可兼。」　**按**：言與此合必與彼離，所計謀不可能同時效忠於對立的雙方，必與其中一方相違背。　此揭示間諜處世之真理。

〔五〕陶弘景曰：既忠不兩施，故宜行反忤之術。　反忤者，意欲反合於此，必行忤於彼；忤者，設疑似之事，令昧者不知覺其事也。　○尹桐陽曰：即上文所謂不兩忠者。　「忤於彼」之「彼」，對「是」而言，字當同非。　荀子勸學：「匪交匪舒。」注：「當爲彼交」。　○俞棪曰：淮南子氾論訓曰：「忤而後合，謂之知權。」又曰：「聖人之言，先忤而後合。」又主術訓曰：「衆愚人之所見者寡，事可權者多。愚之所權者少。此愚者之所以多患也。物之可備智者盡備之；可權者盡權之。此智者之所以寡患也。故智者先忤而後合，愚者始樂而終於哀。」此反忤求合之義也。

按：尹以「彼」爲「是」之對言，故解爲「非」。亦通。

【校】

①尹桐陽曰：高似孫子略引「貴」作「責」，誤。陶注云「世無常貴」，則陶所見作「貴」。子略版本衆多，或作「貴」，或作「責」。尹説「責」誤，是。②道藏諸本作「聖人常爲無不爲，所聽無不聽。」③秦恩復曰：一本作「此」。「此」與「彼」對言，陶注亦言此，今據改。

用之於①天下，必量天下而與之；用之於國，必量國而與之；用之於家，必量家而與之；用之於身，必量身材能氣勢而與之。大小進退，其用一也〔一〕。必先謀慮計定，而後行之以飛箝之術〔二〕。

【注】

〔一〕陶弘景曰：用之者，謂用反忤之術；量者，謂量其事業有無；與，謂與之親。凡行忤者必稱其事業所有而親媚之，則暗主無從而覺。故得行其術也。所行之術，雖有大小進退之異，然而至於稱事揚親則一。故曰：其用一也。○尹桐陽曰：與同舉，行也。

〔二〕陶弘景曰：將行反忤之術，必須先定計謀，然後行之。又用飛箝之術以彌秦恩復曰：錢本無「彌」字，據道藏本增。縫之也。○尹桐陽曰：飛箝篇曰：「飛而箝之。」下、家、慮韻，勢、退、術亦韻。○俞樾曰：楊子法言曰：「君子……善其謀而後動。」**按**：此言先忤合以謀慮計定，然後可行飛箝術。忤合亦可爲飛箝之準備，二術各有側重，彼此相依。此爲兩篇之間密切關係之一證。

**【校】**

①道藏諸本無「於」字，下同。

古之善背向者，乃協四海，包諸侯，忤合之①地而化轉之，然後②求合〔一〕。故伊尹五就湯，五就桀，而不能有所明③，然後合於湯；呂尚④三就文王，三入殷，而不能有所明，然後合於文王〔二〕。此知天命之箝。故歸之不疑也⑤〔三〕。

**【注】**

〔一〕陶弘景曰：言古之深識背向之理者，乃合同四海，兼併諸侯，驅置忤合之地，然後設法變化而轉移之。衆心既從，乃求其真王而與之合也。○高金體曰：忤合天地者，觀天意之向背也。○尹桐陽曰：反背而忤，向也。説文：「背，反也。」背與倍同。又曰：協，合也。又曰：地，蹋。聲轉而同。婳，丸之孰也。地而者謂蹋，鞠丸之孰。化轉者，似之。因舉以爲喻。郭璞注「三倉」云：「毛丸可蹋戲者，曰鞠。」今謂之毬。前漢書藝文志「兵技巧」有蹴鞠二十五篇。○俞棪曰：孫子九變篇：「屈諸侯者以害，役諸侯者以業，趨諸侯者以利。」此化轉求合之道也。**按**：忤合之地而化轉之，尹讀爲「忤合之，地而化轉之」，又解「地」爲蹋。地、蹋聲轉，然未舉例證。不可信。

〔二〕陶弘景曰：伊尹、呂尚所以就桀、紂者，所以忤之令不疑。彼既不疑，然後得合于真主矣。○太平御覽引佚注云：伊尹、呂尚各以至知説聖王，因澤釣行其術策。○傅夏器曰：引古人爲證而詞涉傷雅。○楊道賓曰：伊尹、呂望事實雖真，卻以飛箝目之，是把古人説低了。○尹桐陽曰：事見孟子，前漢書張敞傳亦有此語。湯與下文王、明爲韻。又曰：史記齊太公世家：「或曰大公博聞，嘗事紂。紂無道，去之遊説諸侯，無所遇，而卒西歸周西伯。」莊子謂之「藏丈人」，馬敘倫以藏即姜。姜、藏疊韻耳。○蕭登福曰：孟子告子篇下：「五就湯，五就桀者，伊尹也。」竹書紀年夏桀十四年：「扁帥師伐岷山。」太平御覽卷一百三十五引竹書紀年：「後桀伐岷山，進女於桀二人，曰琬，曰琰。桀受二女，無子；刻其名于笤華之玉。笤是琬，華是琰。而棄其元妃於洛，曰末喜氏。末喜氏以與伊尹交，遂以間夏。」竹書紀年夏桀十七年：

商使伊尹來朝。竹書紀年夏桀二十年：伊尹歸於商，及汝鳩、汝方，會於北門。按：由上述之記載看來，伊尹于夏桀十七年入使于夏，於二十年歸商，在桀處達三、四年之久。而竹書紀年復云：「末喜氏以與伊尹交，遂以間夏。」則知伊尹之入夏，乃在爲湯行反間計。

**按**：伊尹，商湯臣，名摯。一説名伊，尹是官名。是湯妻陪嫁之臣。後佐湯伐夏桀。湯，商朝的建立者，又稱天乙、成湯。桀，夏代最後一位君主。古時暴君典型，與商紂並稱。呂尚，周初人，姜姓，呂氏，名尚，號爲太公望。相傳釣於渭濱，周文王出獵相遇，與語大悦，同載而歸，立爲師。武王即位，尊爲師尚父。輔佐武王滅殷，周朝既建，封于齊，爲齊國始祖。周文王，姓姬名昌。殷時諸侯，居於歧山之下。曾被紂囚於羑里。後獲釋，爲西方諸侯之長，稱西伯。爲武王滅商奠定基業。

〔三〕陶弘景曰：以天命係于殷湯、文王。故二臣歸二主，不疑也。○尹桐陽曰：天命箝繫于湯、文。

**【校】**

①之，楊氏本、高氏本作「天」。陶注云「忤合之地」，則作「之」是。②道藏諸本「然後」後有「以之」二字。③秦恩復曰：錢本無「桀」字，道藏本無「而不能有所明」六字。④尚，一本作「望」。⑤太平御覽引忤合篇曰：伊尹五就桀，五就湯，然後合於湯；呂尚三入殷朝，三就文王，

然後合於文王。此天知之至，歸之不疑。

非至聖①達奧，不能御世；非②勞心苦思，不能原事；不悉心見情，不能成名；材質不惠，不能用兵；忠實無真，不能知人。故忤合之道，己必自度材能知③睿，量長短遠近孰不如〔一〕。乃可以進，乃可以退，乃可以縱，乃可以横〔二〕。

【注】

〔一〕陶弘景曰：夫忤合之道，不能行於勝己而必用之於不我若，故知誰不如，然後行之也。○袁了凡曰：凡人制事，自當如此，非過計也。○俞樾曰：「惠，讀爲慧，古字通。」○尹桐陽曰：歸、疑、世爲韻。疑，説文作𠤕。「勞心苦思」蒙上「非至聖」言。原，度也。説文作瘬。思、事爲韻。又曰：情、名爲韻。又曰：惠，慧也。老子：「智惠出，有大僞。」計倪子：「惠種生聖，癡種生狂。」後漢書仲長統傳：「純樸已去，智惠已來。」惠皆與慧同。又曰：真、人與下文睿爲韻。○俞棪曰：韓非子解老曰：「思慮熟則得事理」，「得事理則必成功。」○蕭登福曰：至，極也。聖，謂睿智。達，通曉。奧，幽深。「非至聖達奧，不能御世」，意謂：如果不是極端聰明睿智，通曉幽深之事理，便不能治理天下國家。**按**：至聖：謂道德最高尚的人。禮中庸：「唯天下至聖，爲能聰明睿知，足以有臨也。」達，通達事理。

〔二〕陶弘景曰：既行忤合之道於不如己者，則進退縱橫，唯吾所欲耳。○尹桐陽曰：史記六國表：「謀詐用而縱橫短長之説起。」前漢書張湯傳：「邊通學短長。」應劭曰：「短長術興于六國時。長短其語，隱謬用相激怒也。」張晏曰：「蘇秦、張儀之謀，趨彼爲短，歸此爲長，戰國策名短長術。」即此所謂量長短者，如推通也。按：言行忤合術，乃可縱橫。

【校】

①道藏本、品彙釋評本、乾隆本、四部叢刊本「聖」下衍「人」字。②道藏本、四部叢刊本無「非」字，楊氏本、品彙釋評本、高氏本、嘉靖鈔本「非」作「不」。乾隆本據别本補「不」字。③知，勞權校改爲「智」。

# 揣篇第七①

陶弘景曰：揣者，測而探之也②。○桑重第曰：此篇之術，凡事皆可通行。就用兵論，尤爲確論。孫子審勢篇多與此暗合。○尹桐陽曰：史記蘇秦傳：「於是得周書陰符，伏而讀之。期年以出揣摩。」集解：駰案戰國策曰：「乃發書，陳篋數十，得大公陰符之謀，伏而讀之，簡練以爲揣摩。鬼谷子有揣、摩篇也。」索隱：「揣摩，鄒誕本作：揣靡。靡讀亦爲摩。王劭曰：揣情、摩意是鬼谷之二章名，非爲一篇也。」高誘曰：「揣，定也；摩，合也。定諸侯使讎其術，以成六國之從也。」江邃曰：「揣人主之情，摩而近之，其意當矣。」説文：揣，一曰捶之。又𨁊，讀若捶。則揣古有垂音。漢書藝文志：「兵權謀：娷一篇。」殆斥此揣篇言與？師古説誤。**按**：太平御覽卷四百六十二引作「揣情篇」。揣，説文：「揣，量也。」又曰：「度高曰揣。」左傳昭三十二年：「士彌牟營成周，計丈數，揣高卑，度厚薄。」杜注：「度高曰揣。」孟子告子下：「不揣其本，而齊其末。」陶説簡略，未盡題旨，桑説未及本義，尹説不可取。

本篇旨在説明何謂量權和揣情。全篇結構上由兩個部分所組成：

前半部分言何謂量權、揣情。量權即考量諸侯國綜合實力，涉及財貨、人口、貧富、天時、地理、人心向背、君臣關係、人才等；揣情，即測探對方内心隱秘實情。後半部分言量權、揣情運用於實踐。「故計國事者，則當審權量；説人主，則當審揣情」，謀慮必出於此。

【校】

①太平御覽引作揣情篇。②道藏本、品彙釋評本、乾隆本、嘉慶本無此語。今據橫秋閣本、高氏本、四庫全書本增。

古之善用天下者，必量天下之權而揣諸侯之情。量權不審，不知强弱輕重之稱；揣情不審，不知隱匿變化之動静〔一〕。何謂量權？曰：度于大小，謀於衆寡，稱貨財有無之數①，料人民多②少，饒乏有餘不足幾何〔二〕；辨地形之險易，孰利孰害；謀慮孰長孰短；揆③君臣之親疏，孰賢孰不肖；與賓客之智慧④，孰少孰多〔三〕；觀天時之禍福，孰吉孰凶；諸侯之交⑤，孰用孰不用；百姓之心，去就變化，孰安孰危，孰好孰憎，反側孰辯⑥。能知此者，是謂量權⑦〔四〕。

【注】

〔一〕按：量、權，衡量、比較。此言對天下或諸侯綜合實力的熟知與比較。下文有詳細論述。

〔二〕尹桐陽曰：饒，多也；乏同䎃，盛飛皃。乏有餘者，謂盛而有餘耳。例與説文𦈢讀䎃，同。足與下文易、慮、疏、多爲韻。足讀疋，古文亦以爲足字。奢，籀文從多，聲作奓。

〔三〕尹桐陽曰：易同侇，平也。利、害爲韻。又曰：肖與下文少爲韻。又曰：與，謂友朋、臣下，亦通稱之。　○鄭傑文曰：與，古通預。禮記王制：「六十不與戎服。」白虎通三軍引與作預。左傳隱公四年：「惡州吁而厚與焉。」後漢書清河王慶傳李注引作預。預，預先，此指預測。按：揆，測度、度量。詩鄘風定之方中：「揆之以日，作于楚室。」毛傳：「揆，度也。」與，通預，鄭説是。

〔四〕陶弘景曰：天下之情，必見於權也，善於量權，其情可得而知之；知其情而用之者，何適而不可哉。　○王愼中曰：此段如巒嶽層峰，奇怪峥嶸，有萬伏之勢。　○俞樾曰：（道藏本）權量當作量權。上文云：「古之善用天下者，必量天下之權而揣諸侯之情。」是權量二字，不平列。不當倒其文爲權量也。下文云「故計國事則當審權量，説人主則當審揣情」。權量亦當作量權，方與篇首相應。　○尹桐陽曰：吉、親韻，凶、用亦爲韻。又曰：心與上文親爲韻。心讀信也。説文：信，古文作訫。又曰：化、危爲韻。化讀畫也。谷梁桓六傳：「以其畫我。」公羊作「化」。又曰：鄰國民背其本國而歸我，曰反側。好與上文就爲韻。憎、能亦爲韻。憎讀宰也。○俞棪曰：易繫辭曰：「夫乾，天下之至健也，德行恒易以知險；夫坤，天下之至順也，德行恒簡以知阻。能説諸心，能研諸侯之慮。定天下之吉凶，成天下之亹亹者。」此權量揣情的學説之所由本也。又按史記索隱：高誘曰：揣，定也；摩，合也。定諸侯使讎其術以成六國之從也。江邃曰：揣人主之情，摩而近之。**按**：反側，反復無常。詩小雅何人斯：「作此好歌，以極反側。」楚辭屈原天問：「天命反側，何罰何佑。」王逸注「反側」曰：反側無常。

【校】

①「稱貨財有無之數」，道藏諸本作「稱貨財之有無」。自開頭至此，道藏本訛爲陶注。②「料人民多」，四字道藏本脱。③揆，道藏本脱。④智慧，道藏本作「知睿」。⑤交，道藏本作「親」。一本作「親疏」。⑥辯，道藏本作「便」。⑦量權，道藏諸本作「權量」。

揣情者，必以其甚喜之時，往而極其欲也，其有欲也，不能隱其情①；必以其甚懼之時，往而極其惡也，其有惡也，不能隱其情，情欲②必出③其變〔一〕。感動而不知其變者，乃且錯其人，勿與語而更問其④所親，知其所安〔二〕。夫情變於内者，形見於外。故常必以其見者，而知其隱者。此所以⑤謂測深（探）〔揣〕⑥情〔三〕。

【注】

〔一〕陶弘景曰：夫人之性，勞權校改作「情」。甚喜則所欲著；甚懼則所惡彰。故因其彰著而往極之，惡欲既極，則其情不隱；是以情欲因喜懼之變而生秦恩復曰：「生」當作「出」。道藏本、乾隆本作「失」。也。○孫烶曰：意屬若心，而文實平易。此是易人所難處。○申時行曰：揣情二字，亦是前篇之意，無人推原；反此亦是縱橫家説出，然曲盡人情之妙。○尹桐陽曰：喜欲懼惡皆在七情之中，故舉以爲言。又曰：失同觀，見也。○俞棪曰：荀子正名篇曰：「欲者，情之應也；以所欲以爲可得而求之，情之所必不免也。」此欲之時義也。又韓非子引申子曰：「其無欲，見人司之；其有欲，見人餌之。」此言司餌其欲以揣之也。又按管子權修篇曰：「審其所好，惡其長短，可知也。」　按：尹依道藏本，釋「失」，可參。

〔二〕陶弘景曰：雖因喜懼之時，以欲惡感動而尚不知其變，如此者，乃且置其人，無與之語。徐徐更問斯人之所親，則其情欲所安可知也。○俞樾曰：（出，道藏本作失）失字無義，疑當作知。知字闕壞，僅存右旁矢字，因誤爲失矣。下文曰「感動而不知其變者」即承此文而言。陶氏作注時已誤作失，乃曲爲之説曰「情欲因喜懼而失」，于文義殊未安也。○尹桐陽曰：且，暫也。錯，置也。變、安韻，人、親亦韻。○俞棪曰：莊子人間世曰：「采色不定，常人之所不違，因案人之所感，以求容與其心……將執而不化，外合而內不訾……」又曰：「若能入遊其樊而無感其名，入則鳴，不入則止。無門無毒，一宅而寓於不得已則幾矣。」莊子此説，蓋亦縱横家之遺風也。**按**：錯通措，措置。論語爲政：「舉直錯諸枉，則民服。」

〔三〕陶弘景曰：夫情貌不差，内變者必外見，故常以其外見而知其内隱；觀色而知情者，必用此道。此所謂測深揣情也。○尹桐陽曰：内、外爲韻。又曰：摩篇曰：「測而探之。」○俞棪曰：王充論衡曰：「文王官人法曰：『推其往行以揆其來言，聽其來言以省其往行；觀其陽以省其陰，察其内以揆其外。』是故詐善没節者可知，飾僞無情者可辨，質誠居善者可得，含忠守節者可見也。」此之謂測深揣情。**按**：見，通現，顯露。廣韻：「見，露也。」廣雅釋詁四：「見，示也。」

【校】

①秦恩復曰：二句文選注引上有藏形二字，似誤。②情欲，嘉靖鈔本上有「不能隱」三字，疑衍。③出，道藏本、品彙釋評本、嘉靖鈔本、乾隆本作「失」。④其，道藏本脱。⑤以，道藏本無。⑥探，道藏本、品彙釋評本、乾隆本、百子全書本作「揣」。陶注亦作「揣」。文選注引「測深揣情」亦作「揣」。勞權校作「揣」，今據改。

故計國事者①，則當審權量；説人主，則當審揣情；謀慮情欲必出於此②〔一〕。乃可貴，乃可賤；乃可重，乃可輕；乃可利，乃可害；乃可成，乃可敗。其數一也〔二〕。故雖有先王之道、聖智之謀，非揣情，隱匿無可③索之。此謀之大④本也，而説之法也〔三〕。

【注】

〔一〕陶弘景曰：審權量則國事可計，審揣情則人主可説。至於謀慮情欲皆揣而後行。故曰謀慮情欲必出於此也。

〔二〕陶弘景曰：言審於揣術，則貴賤成敗，惟己所制，無非揣術所爲。故曰其數一也。○胡時化曰：眉山蘇氏權勢十篇中多與此合，皆祖此説。故蘇氏之學，君子譏其不軌於正。○尹桐陽曰：此、貴、利、害爲韻；道、謀爲韻，謀讀冒也。○俞棪曰：俞樾古書疑義舉例古書發端之詞例曰：乃者，承上之詞也。而古人或用以發端。堯典「乃名羲和」是也。又引周官小司徒：「乃頒比法於六鄉之大夫，乃會萬民之卒伍而用之，乃均土地以稽其人民而周知其數，乃經土地而井牧其田野，乃分地域而辨其守。」皆以乃字領之，俞義甚顯。鬼谷此説亦其例也。

**按**：廣雅釋言：「數，術也。」

〔三〕陶弘景曰：先王之道，聖智之謀，雖宏曠元妙，若不兼揣情之術，則彼之隱匿從何而索之？然則揣情者，誠謀之大道藏本無「大」字。本而説之法則也。○俞樾曰：大字衍文也。謀之本、説之法，相對爲文。不當有大字。本與大上半相似，每易致誤。漢書董仲舒傳：「元者，辭之所謂大也。」漢紀武帝紀：大作本，是其證也。此文本字誤作大，校者旁注本字，傳寫因作大本矣。注但曰「揣情者乃成謀之本」而無大字，是其所據本未衍。○尹桐陽曰：索，求也。匿、索、法爲韻，法讀去也。○俞棪曰：王弼明爻通變篇曰：「見情者獲，直往則違。」此謀本之法也。

【校】

①麫權校無「者」字。②太平御覽卷四百三十六引揣情篇云：「説王公君長，則審情以説王公，避所短，從所長。」今本無。③道藏本「可」作「所」。④麫權校引繆荃孫曰：「大」因注而衍。

常有事于人，人莫能先，先事而生①，此最難爲〔一〕。故曰揣情最難守司，言必時其謀慮〔二〕。故觀蜎飛蠕動，無不有利害，可以生事。美②生事者，幾之勢也〔三〕。此揣情飾言成文章，而後論之也〔四〕。

【注】

〔一〕陶弘景曰：挾揣情之術者，必包獨見之明，故有事於人，人莫能先也。又能窮幾應變，道藏本「應變」二字作「盡變」。故先事而生，自非體元極妙，則莫能爲此矣。故曰此最難爲也。○俞樾曰：據注云：「故有事於人，人莫能先也，又能窮幾盡變，故先事而至。」是其所據本未奪。

○尹桐陽曰：莫、先合音爲⿱宀高，說文：「⿱宀高，宀。宀，不見也。」謂人情多隱而不見。一曰先同鐉，所以鉤門户樞也。人莫先者，猶云人情不易鉤取也。說文：毨，讀若選，其例同此。先與下文難爲韻。難讀謹也。又曰：此同⿱非手，積也，至此者，猶云至多，字亦與嘖同。易繫辭：「聖人有以見天下之嘖。」爲同窺，小視也。例與說文⿱爲鬲讀媯同。文選神女賦：「若流波之將瀾。」注：「流波，目視皃。」波即爲亦窺借字。○俞樾曰：中庸曰：「凡事預則立，不預則廢。言前定則不跲，事前定則不困，行前定則不疚，道前定則不窮。」又韓非子解老曰：「先物行，先理動之謂前識。前識者無緣而妄意度也。」此先事之說也。又說苑曰：「謀先事則昌，事先謀則亡。」君子事以生謀，故謀先爲尚也。 **按**：事，作，從事於。論語顏淵：「回雖不敏，請事斯語矣。」商君書農戰：「事商賈，爲技藝。」此處言對人行揣術，別人沒有能與之爭先；對他人欲行揣術則先有預測；這是行揣術最難做到的。

〔二〕陶弘景曰：人情險於山川，難於知天。今欲揣度而守司之，不亦難乎！故曰揣情最難守司，謀慮出於人情，必當知其時節。此其所以爲最難也。○尹桐陽曰：司，伺也。必同謐，無聲也。捭闔篇曰：「而守司其門户。」必與下文謀、事爲韻。又曰：時同數，刺探也。

〔三〕陶弘景曰：蜎飛蠕動，微蟲耳，亦猶懷利害之心。故順之則喜說，逆之則勃怒，況於人乎，況於鬼神乎，是以利害者，理所不能無順逆者，事之所必行，然則順之招利，逆之致害，理之常也。故觀此可以成生事之美，生事者，必審幾微之勢。故曰生事者幾之勢也。 ○高金體曰：

審蜎蠕之利害，乃可以圖吾建立之事。變生事者，變而成之也。幾者，利害之間也。○尹桐陽曰：即上文所云事至此者。蜎同翾，小飛也。蠕，説文作蝡，動也。害與下文勢爲韻。又曰：美同媺，司也。周禮大司徒：一曰媺宫室。夫媺惡而無禮者。師氏掌以媺詔王。説文皆以媄爲之。幾，微也；勢，重也。○俞棪曰：淮南子人間訓曰：「聖人者，常從事於無形之外，而不留思盡慮於成事之内。是故患禍弗能傷也。」生事者，事未形而動其幾也。故曰幾之勢也。又韓詩外傳曰：「蝖飛蠕動，各樂其性。」韓説本此。○四部精華本注曰：蜎飛，蜎，音涓，謂昆蟲飛舞之貌。蠕動，蠕，音儒，謂昆蟲微動之貌。按：蜎，通翾，飛翔。説文通訓定聲乾部：「蜎，叚借爲翾。」論衡齊世：「昆蟲、草木、金石、珠玉，蜎飛蠕動，跂行喙息，無有異者，此形不異也。」幾，幾微，事物微小的徵兆。

〔四〕陶弘景曰：言既揣知其情，然後修飾言語以導之，故説辭必使成文章而後可論也。○尹桐陽曰：此同咨，量也。揣，度也。情飾，謂誠僞。飾與下文之爲韻。又曰：言成，言行也。摩篇曰：行者，成也。文，摩也。章同商，度也。摩度者，即摩揣也。論，知也。○俞棪曰：孟子曰：「君子志于道也，不成章不達。」此亦本義也。按：文章，文辭，説辭。史記儒林傳序公孫弘奏：「文章爾雅，訓詞深厚。」

【校】

①「人莫能先，先事而生」，道藏本、乾隆本作「人莫能先事而至」。俞樾曰：「人莫」下奪「能先」二字。

是。

②俞樾曰：美當作變。言蜎飛蠕動之蟲，無不有利害，可以生事變也。變、美形近而誤。決篇「危而美名者」，秦氏校本曰：「美，一本作變。」即其例矣。注曰「可以成生事之美」，是其所據本已誤。

# 摩篇第八①

陶弘景曰：摩者，順而撫之也。摩得其情，則順而撫之以成其事②。○尹桐陽曰：鶡冠子武靈王篇：「寡人聞飛語流傳曰：『百戰百勝，非善之善者也；不戰而勝，善之善者也。』願聞其解。」蓋由此篇「主兵日勝」、「常戰於不爭」語而推出者。○中井積德曰：摩在揣度之後，如以手摩弄之也。既能曉通彼人之情懷，而以我之言動摇上下之，以導入於吾囊中也。或揚之，或抑之，皆有激發，即所謂摩也。（見史記會注考證卷六十九蘇秦列傳注引）○蕭登福曰：摩，廣雅釋詁一：「摩，順也。」國策秦策一：「簡練以爲揣摩。」注云：「摩，合也。」摩爲「順」爲「合」，意謂以事情去順合於所欲説服之君長。**按**：摩，切磋，研究。説文：「摩，研也。」段注曰：「學記曰：相觀而善之謂摩。」尹説未及題旨，陶、蕭説未盡其意，中井説是。

本篇把「摩」視爲「揣」之「術」。全篇結構上由兩個部分所組成：

先言何謂摩。「摩者，揣之術也。内符者，揣之主也」，善用「摩」者，「主事日成而人不知，主兵日勝而人不畏也」；次言如何摩，方法有「有以平，有以正，有以喜，有以怒，有以名，有以行，有以廉，有以信，有以利，有以卑」。

【校】

①太平御覽引作「摩意篇」。②道藏本、品彙釋評本、乾隆本、嘉慶本無此語。今據横秋閣本、高氏本、四庫全書本增。

摩者，揣之術①也。内符者，揣之主也〔一〕。用之有道，其道必隱〔二〕。微②摩之，以其所欲，測而探之，内符必應。其所③應也，必有爲之〔三〕。故微而去之，是謂塞窌、匿端、隱貌、逃情，而人不知，故能成其事而無患〔四〕。摩之在此，符應在彼，從而用之④，事無不可〔五〕。

【注】

〔一〕陶弘景曰：謂揣知其情，然後以其所欲切道藏本無「切」字。摩之，故摩爲揣之術。内符者，謂情欲動于内而符驗見於外。揣者見外，符而知内情。故内符爲揣之主也。○錢福曰：開口便説出正意，此段是頭腦，下方轉折變換，文勢又是一折。○俞樾曰：此本作「摩者，揣之術也」。傳寫奪「者揣」二字，又涉下句「內符」而誤「術」爲「符」耳。注曰：「謂揣知其情，然後以其所欲摩之，故摩爲揣之術。」是其所據本正作「摩者，揣之術也。」當據以訂正。太平御覽引此文云「摩者，揣之也」，則又奪「術」字。○尹桐陽曰：情在於內，摩之可得，則彼情如符信然，故云內符。內符者，猶云內符也。墨子書者多作也。符與下文主爲韻。又曰：言摩爲揣之主，則揣後於摩矣。揣與下文摩半句與全句韻。揣讀朶也。易頤：「觀我朶頤。」荀本朶作揣。○俞棪曰：學記曰：「相觀而善之謂摩。」摩者，由外而合於內者也。○四部精華引注曰：摩，揣摩也。符，合也。謂外揣摩而內符合也。○蕭登福曰：「摩」爲揣術的一種。「揣」與「摩」的差別在於：揣知實情稱爲「揣」；揣知實情後，以對方所期盼的事情去順合他，誘動他，讓他付諸行動，稱爲「摩」。所以陶弘景於「其道必隱」下注云：「揣者所以度其情慕，摩者所以動其內符。」　**按**：此言摩是揣術之一種，揣的主要目的就是得悉對方內心的實情。韓非子説難：「凡説之難，非吾知之，有以説之之難也；又非吾辯之，能明吾意之難也；又非吾敢橫失，而能盡之難也。凡説之難，在知所説之心。」摩者，揣知所説之心也。「摩之符也」句，義不能通。管子輕重篇也下有內字，謂摩之符也內。內符者，揣之主也。於義較通。俞樾説是。

〔二〕陶弘景曰：揣者所以度其情慕，摩者所以動其內符。用揣摩者，必先定其理。故曰用之有道。然則以情度情，情本潛密，故曰其道必隱也。○尹桐陽曰：必，祕也。　**按**：鬼谷子立論强調「陰」謀。此處「隱」亦遵循陰也。

〔三〕陶弘景曰：言既揣知其情所趨向，然後以其所欲微切摩之，得所欲而情必動；又測而探之，如此則内符必應。内符既應，必欲爲其所爲也。○陳後山曰：揣摩以探測人情，如探囊取物，一一符應。○尹桐陽曰：言摩非可粗率而爲。説文：微，隱行也。欲與上文道爲韻。探、應爲韻。又曰：承上内符必應而言。又曰：有，猶也，爲同囮；率鳥者，繫生鳥以來之，名曰囮。例與譌言詩作訛言同。故，使用也。故與下文去爲韻。按：説文：微，隱行也。左傳哀十六年曰：「白公其徒微之。」杜注曰：「微，匿也。」此言摩之術，須暗中進行，根據對方的喜好願望，測而探之，對方内心實情必然有所流露。一旦有應，則加以利用。

〔四〕陶弘景曰：君既欲爲事必可成，然後從之；臣事貴于無成有終，故微而去之爾。若己不同于此，計令功歸於君，如此可謂塞窌、匿端、隱貌、逃情。情逃而窌塞，則人何從而知之。人既不知，所以息其僭秦恩復曰：「僭」字疑作「譖」。妬，故能成事而勞權校改「而」爲「亦」。無患也。○康礪峰曰：摩人者貴符應，摩於人者貴隱遯。○高金體曰：微而去之者，隱而讓所爲於君也。○尹桐陽曰：窌、端，皆所以藏物者。説文：「窌，窖也。」端，即篅，判竹圜以盛穀也。端、患爲韻。四部精華注曰：窌，音教，與窖同，地藏也。塞窌匿端謂塞其所藏而隱匿其端，不使人見也。蕭登福曰：窌同窖，穴地藏物謂之窖。「塞窌匿端，隱貌逃情」，意謂泯除跡象，藏匿形貌；讓人無端緒可尋，無形貌可求。按：此言逃之法。僭，差錯。詩小雅鼓鍾：「以雅以南，以籥不僭。」孔穎達疏：「此三者皆不僭差。」妬，嫉妒。僭、妬當分別作解。蕭説是。

〔五〕陶弘景曰：此摩甚微，彼應勞權校改「應」爲「符」。自著。觀者但覩其著而不見其微，如此用之，功專在彼，故事無不可也。○尹桐陽曰：彼、可爲韻。

【校】

①太平御覽引無「衍」字。道藏諸本作「摩之符也」。②秦恩復曰：別本「微」字接前「隱」字爲句。③道藏本、乾隆本、百子全書本無「所」字。④道藏本、乾隆本、百子全書本作「符之在彼，從而應之」。

古之善摩者，如操鉤①而臨深淵，餌而投之，必得魚焉②。故曰主事日成而人不知，主兵日勝而人不畏也〔一〕。聖人謀之于陰，故曰神；成之于陽，故曰明〔二〕。所謂主事日成者，積德也，而民安之不知其所以利；積善也③，而民道之不知其所以然，而天下比之神明也〔三〕。主兵日勝者，常戰於不爭④不費，而民不知所以服，不知所以畏，而天下比之神明〔四〕。

【注】

〔一〕陶弘景曰：釣者露餌而藏鉤，故魚不見鉤而可得；賢者顯功而隱摩，故人不知摩而自服。故曰主事日成而人不知也；兵勝由於善摩，摩隱則無從而畏，故曰主兵日勝而人不畏也。○樓昉曰：設餌得魚之喻尤真。○尹桐陽曰：餌，魚食也。又曰：成與上文魚韻，勝與下文陰韻。成讀午，勝讀任也。説文：成，古文作「㡴」。按：人不畏，言士兵相信統帥的謀略而不懼怕敵人。

〔二〕陶弘景曰：潛謀陰密，日用不知，若神道之不測。故曰神也。功成事遂，煥然彰著，故曰明也。○閔如霖曰：陰陽之説，只是神機陰蹶，不可比方，不可測度。條陳曲折，痛切詳盡，如繫風捕影，令人頭眩無從。（諸子彙函引作張東沙曰）○高金體曰：神明二字，解得透。○尹桐陽曰：陽、明爲韻。○俞棪曰：管子輕重篇曰：「女華者，桀之所愛也，湯事之以千金；曲逆者，桀之所善也，湯事之以千金。内則有女華之陰，外則有曲逆之陽。陰陽之議合而得成其天子。此湯之陰謀也。」又鶡冠子泰録曰：「神明者，積精微全粹之所成也。」按：神明，謂無所不知，如神之明。韓非子内儲上：「周主下令索其杖，吏求之數日不能得，周主私使人求之，不移日而得之。……吏乃皆悚懼其所，以君爲神明。」淮南子兵略：「見人所不見謂之明，知人之所不知謂之神，神明者，先勝者也。」

〔三〕陶弘景曰：聖人者，體神道而設教，參天地而施化，韜光晦跡，藏用顯仁。故人安德而不知其所以利，從道而不知其所以然，故比之神明也。　○尹桐陽曰：道，由也。符言篇曰：「神明而況。」況即竝，謂比耳。安、善、然爲韻。

〔四〕陶弘景曰：善戰者，絶禍於心胸，禁邪於未萌。故以不爭爲戰，師旅不起。故國用不費，至德潛暢，玄風遐扇，功成事就，百姓皆得自然。故不知所以服，不知所以畏，比之於神明也。　○尹桐陽曰：費、畏爲韻。　○俞棪曰：韓非子内儲篇曰：「叁疑廢置之事，明主絶之於内，而施之於外。資其輕者，輔其弱者，此謂廟攻。叁伍既用於内，觀德又行於内，則敵僞得。」廟攻者，戰於不爭也。　**按**：不爭不費，謂不必爭鬥，没有花費。孫子謀攻篇曰：「不戰而屈人之兵，善之善者也。」

**【校】**

①鉤，勞權校作「鈞」。　②太平御覽引「焉」作「矣」。　③也，錢遵王藏本作「智」。　④爭，下勞權校補「國」字。

其①摩者，有以平，有以正，有以喜，有以怒，有以名，有以行，有以廉，有以信，有以利，有以卑〔一〕。平者，靜也；正者，宜②也；喜者，悅也；怒者，動也；名者，發也；行者，成也。廉者，潔也；信者，期③也；利者，求也；卑者，諂也〔二〕。故聖人所以④獨用者，衆人皆有之。然無成功者，其用之非也〔三〕。

【注】

〔一〕陶弘景曰：凡此十者，皆摩之所由而發。言人之材性參差，事務變化，故摩者亦消息盈虚，因幾而動之。○陳後山曰：「此詳摩之之術，下段復明其義，錯綜條陳，轉折有力，妙甚。」○尹桐陽曰：平、正爲韻；名、行爲韻，行讀形也。廉、信爲韻，信讀心也；利、卑爲韻，利讀麗也。○俞棪曰：莊子人間世曰：「凡事若小若大，寡不道以懽成。」又曰：莊子人間世曰：「凡交近則必相靡以信。」按：俞棪釋「信」是。

〔二〕陶弘景曰：名貴發揚，故曰發也；行貴成功，故曰成也。○尹桐陽曰：靜同竫，亭安也，與平義近。又曰：周禮典同：「正聲緩。」注：「謂上下直正。」又曰：説文：「喜，樂也。」與悦義近。又曰：權篇曰：「怒者妄動而不治也。」又曰：名發於外，故云發。又曰：成同町，田踐處曰町。詩東山：「町疃鹿場。」傳：「町，鹿跡也。行有跡可尋者。」揣篇曰：「言成文章。」言成者，謂言行耳。又曰：説文：「鎌下云：一曰廉潔也。」又曰：詩黄鳥：「不可與明。」箋：「明，信也。」權篇曰：「成義者，明之也；明之者，符驗也。」成即誠，明即信耳。又曰：利，和也；求同仇，合也；合、和義近耳。又曰：卑者，常諂諛人。故曰諂。説文：「讇，諛也。或作諂。」○俞棪曰：許氏説文：「卑，賤也。」昔甯戚以謳歌説齊，百里奚以五羊之皮説秦，皆以卑賤進。一本作諂，誤也。

茲校正。**按**：謟，通韜，隱藏，隱瞞。晏子春秋内篇問下：「不謟過，不責得。」此言卑下是爲了韜光隱晦。尹説不妥，俞樾説未及其旨。

〔三〕陶弘景曰：言上十事，聖人獨用以爲摩而能成功立事，然衆人莫不有之。所以用之，非其道，故不能成功也。○王鳳洲曰：聖人所獨用一段，忽生一意，尤見離奇。○尹桐陽曰：用、功爲韻。

【校】

①別本無「其」字。②道藏諸本「宜」作「直」。③道藏諸本「期」作「明」。④道藏本「聖」下無「人」字，道藏諸本「所」下無「以」字。

故謀莫難於周密，説莫難於悉聽，事莫難於必成①。此三者，唯聖人②然後能任③之〔一〕。故謀必欲周密，必擇其所與通者説也，故曰或結而無隙也〔二〕。夫事成必合於數，故曰道數與時相偶者也④〔三〕。

【注】

〔一〕陶弘景曰：謀不周密則失機而害成，説不悉聽則違理而生疑，事不必成則止簣而中廢，皆有所難。勞權校「皆有所難」前補「三者」二字。能任之而無疑者，其唯聖人乎？○太平御覽引佚注曰：「摩不失其情，故能建功。」○楊道賓曰：説破衆人之無，成功見摩，非聖人不能用真，不易之論也。○尹桐陽曰：然後，如何也，貫下文言。密、能韻，聽、成亦韻。**按**：任，抱，負擔。詩大雅生民：「是任是負。」毛傳：「任，猶抱也。」國語齊語：「負任儋何。」韋昭注：「任，抱也。」此言計謀最難是周密，遊説最難是讓對方全部聽取己方的意見，做事最難是讓所做之事一定能成功。此三者，只有聖人才能够做得到。尹説未及其旨。

〔二〕陶弘景曰：爲通者説謀，彼必虚受；秦恩復曰：注「受」字，別本作「更」。如受石秦恩復曰：一本「如受石」作「如運石」。勞權校改「受」爲「運」，「石」下補「而」字。投水，開流而納泉，如此則何隙而可得。故曰結而無隙也。○高金體曰：子房之與劉季，可謂通矣。○尹桐陽曰：所同許，聽也；所與通者，猶云聽與通者；或，有也。有結無隙，則其聽堅而交固。謀篇曰：「計謀之用，公不如私，私不如結，結而無隙者也。」所、隙爲韻。○俞棪曰：易繫辭曰：「君不密則失臣，臣不密則失身，幾事不密則害成。」○蕭登福曰：所與通者，謂情感能與我們相溝通者。**按**：陶注「虚受」之「受」字，別本作更。古文更爲受。盧文弨云：儀禮燕禮：「更爵。」大射儀同。左傳昭二十九年傳：以更豕韋之後。史記更作受。周禮巾車：「歲時受讀。」杜子春曰：「受當爲更。」韓非子説難：「夫事以密成，語以泄敗。」又亡征：「淺薄而易見，漏泄而無藏，不能周密而通群臣之語者，可亡也，」皆此意也。

〔三〕陶弘景曰：夫謀成，必先考合於術數，故道、數、時三者相偶合，然後事可成而功可立也。○高金體曰：「道、數、時，正上三者所冀。」○尹桐陽曰：數，偶爲韻。○俞樾曰：孫子勢篇曰：「治亂，數也。」又管子七法曰：「剛柔也，輕重也，大小也，實虛也，遠近也，多少也，謂之計數。」又按霸言曰：「知者善謀，不如當時。」又曰：「聖人能輔時，不能遠時。」又王弼明卦通變通爻曰：「雖險而可以處者，得其時也。」○蕭登福曰：廣雅釋言：數，術也。此處指説人之技巧或方法而言。按：數，技術。孟子告子曰：「今夫奕之爲數，小數也。」此指遊説技術。蕭説是。

【校】

①太平御覽引「悉聽」作「悉行」。鄧析子轉辭篇曰：「謀莫難於必聽，事莫難於必成。」②唯聖人，三字道藏本、乾隆本、百子全書本脱。陶注云「其唯聖人乎」，則陶所見本已有此三字。③任，道藏本、乾隆本、百子全書本脱。④自「夫事成必合於數」至此，俞棪以爲此錯簡，位置當在「故謀必欲周密」前。俞棪説出於己意，無版本依據。

説者①聽必合於情，故曰情合者聽②〔一〕。故物歸類，抱薪趨火，燥者先燃；平地注水，濕者先濡。此物類相應③，於勢譬猶是也。此言内符之應外摩也如是〔二〕。故曰摩之以其類焉，有不相應者，乃摩之以其欲，焉有不聽者，故曰獨行之道④〔三〕。夫幾者不晚，成而不拘，久而化成⑤〔四〕。

【注】

〔一〕陶弘景曰：進説而能令聽者，其唯情合者乎。○尹桐陽曰：情、聽爲韻。○俞棪曰：韓詩外傳曰：「相觀而志合，必由其中。故同明相見，同音相聞，同志相從。」按：情合者聽，謂只有内情切合者才會聽取。

〔二〕陶弘景曰：言内符之應外摩，得類則應。譬猶水流就濕，火行就燥也。○鄒守益曰：火性燥，故就燥；水性濕，故就濕，其性合也。事成必合於數，説聽必合於情，亦是此理。一喻極佳。（諸子彙函引作楊慎曰）○尹桐陽曰：濡同濘，潤也。火燃水濡，間句韻。濡讀耎也。又曰：應，合也；於，在也；也同亦。○俞棪曰：易繫辭引孔子曰：「同聲相應，同氣相求。水流濕，火就燥，雲從龍，風從虎，聖人作而萬物覩。本乎天者親上，本乎地者親下，則各從其類也。」又按傳曰：「善其音而類者應焉。」又曰：「馬鳴而馬應之，牛鳴而牛應之，非知也，其勢然也。」又荀子曰：「君子挈其辨而同焉者，合矣；善其言而類焉者，應矣。故馬鳴而馬應之，非知也，其勢然也。」凡此均與鬼谷之説互相發明。

〔三〕陶弘景曰：善於摩者，其唯聖人乎！故曰獨行之道也。○尹桐陽曰：事類己者。又曰：

焉，安也。應與下文道爲韻。道讀禫也。又曰：上文云隱微摩之以其所欲。欲與下文抱爲韻。聽與下文成爲韻。○俞棪曰：王弼明卦通變通爻曰：「觀變動者存乎應。」又云：「雖後而敢爲之先者，應其始也。」此言應之要也。又按：俞樾古書疑義舉例句首「焉」字例曰：凡經傳用焉字……亦有在句首者，禮記鄉飲酒義：「焉知其能和樂而不流也，焉知其能弟長而無遺也，焉知其能安燕而不亂也。」劉氏台拱曰：「三焉皆當下屬語詞，猶於是也。」　**按**：獨行與前文獨用意通，僅聖人可用，故言獨行。

〔四〕陶弘景曰：見幾而作，何晚之有，功成不居，何拘之有，久行此二者，可以化天下。○高金體曰：不晚者，見之早也；不抱者，讓之深也。○俞樾曰：抱當爲保。釋名釋姿容曰：「抱，保也，相親保也。」是抱與保義通。詩楚茨篇：「神保是饗。」箋云：「保，居也。」思齊篇：「無射亦保。」箋云：「保，猶居也。」然則成而不保，猶云成而不居。注云功成不拘，何抱之有。不拘即不居之誤。○尹桐陽曰：故同胡，何也。有應有聽則不獨。又曰：見幾而作，何晚之有。又曰：功成而不居。○俞棪曰：今文尚書皋陶謨曰：禹曰：「惟幾惟康。」「惟時惟幾」。又易繫辭曰：「唯深也，故能通天下之志；唯幾也，故能成天下之務。」韓康伯注曰：「極未形之理則曰深，適動微之會則曰幾。」此言幾動甚微，善適而不晚也。　**按**：幾，事物的微小迹兆。易繫辭下：「君子見幾而作，不俟終日。」

【校】

①俞樾曰：「者」，衍字。上云「夫事成必合於數」與此句正相對成文。②别本「聽」前有「必」字。自「説者聽必合於情」至此，俞棪以爲錯簡，當在「唯聖人然後能任之」後。此出己意，無版本依據。鄧析子轉辭篇曰：「成必合於數，聽必合於情。」③意林引作「此類相應也」。④自「故曰摩之以其類」至此，俞棪以爲錯簡，當在「故聖人所獨用者」前。⑤道藏諸本「拘」作「抱」。自「夫幾者不晚」至此，俞棪以爲錯簡，當在「其用之非也」下。此出己意，無版本依據。

# 權篇第九①

陶弘景曰：權者，反覆進卻以居當也②。○尹桐陽曰：篇中所記臚舉言詞種類而解釋之，則權字當同譞。説文：「譞，慧也。」謂言之慧也。例與説文還讀讙同。前漢書藝文志道家：大公言七十一篇。此權是其類也。若以爲權謀之權，則失之。○蕭登福曰：禮記月令：「正權概。」鄭玄注云：「稱錘曰權。」權本來是稱的附屬品，然而稱與錘是一體的，稱必須有錘才能量東西，因此權字也引伸爲權衡輕重，或衡量事物。此篇的權字，即是指權衡或衡量而言，和揣篇「量權」的權字作權勢解，是不同的。權篇旨在告訴我們，在進行説服工作時，我們必須將所要使用的言談技巧，與所要説服的對象，加以謹慎權衡選擇。

**按**：權，衡量，比較。呂氏春秋舉難：「且人固難全，權而用其長者，當舉也。」與揣篇「量權」目的不同。量權，即「量天下之權」，總言之，對各國實情與國際局勢作宏觀把握，爲謀劃國家戰略，制定基本國策提供參照。本篇之權，範圍僅限於遊説，主要是衡量對象的特點，選擇不同的言辭。蕭説揣篇「量權」的權字作權勢解，不確。

本篇是關於遊説的專論。全篇結構上由三個部分所組成：先言何謂遊説，有何種説辭。文中提出遊説即「説者，説之也；説之者，資之也」，從己方看，遊説就是爲了説服對方；從對方看，你要説服他必須要對他有所幫助，他才會聽。並列舉了飾言、利辭、輕論、難言、佞言、諛言、平言、戚言、靜言等説辭，指出這些説辭的特點或價值。次言進獻説辭的方法，有「言其有利者，從其所長也」；「言其有害者，避其所短也」等。最後言進獻説辭的原則，須針對不同對象，施以不同的言辭。

【校】

①太平御覽引作量權篇。　②道藏本、品彙釋評本、乾隆本、嘉慶本皆無此語。今據横秋閣本、高氏本、四庫全書本增。

説者①，説之也；説之者，資之也〔一〕。　飾言者，假之也，假之者，益損也〔二〕；應對者，利辭也，利辭者，輕論②也〔三〕；成義者，明之也，明之者，符（騐）〔驗〕③也〔四〕。言或反覆，欲相卻也④。　難言者，卻論也，卻論者，釣幾也〔五〕。

【注】

〔一〕陶弘景曰：説者，説之於彼人也；説之者，所以資於彼人也。資，取也。　○袁宗道曰：此説屬意匠心，確有識見，非漫然下筆者。　○尹桐陽曰：上説謂言説，下説謂喜悦。　按：此言從己方看，遊説就是爲了説服對方；從對方看，你要説服他必須要對他有所幫助，他才會聽你的。尹曰説同喜悦，於義未合。

〔二〕陶弘景曰：説者所以文飾言語，但假借以求人於彼，非事要也；亦既假之須有損益。故曰假之者，損益也。　○尹桐陽曰：假同誐，嘉善也。詩：「假以溢我。」説文引作誐。又曰：本經陰符七篇曰：「益之損之，皆爲之辭。」爲即假耳。損與下文論爲韻。　按：此言修飾言辭，即需借助前人或對方言辭；借助時要加損益，不能照搬。

〔三〕陶弘景曰：謂彼有所問，卒應而對之，但便利辭也。辭務便利，故所論之事，自然勞權校補「易言」二字。利辭，非至言也。　○尹桐陽曰：應，和也。與利義近。呂覽召類：「聲比則應。」淮南原道：「不爲先倡，感而應之。」注皆訓和。　按：應對，對答。論語子張：「子夏之門人小子，當灑掃應對進退，則可矣。」韓非子説疑：「進退不肅，應對不恭者斬於前。」利，便利；輕，快速。銀雀山漢墓竹簡孫臏兵法十陣：「從役有數，令之爲屬枇，必輕必利。」此言對答時要用簡便的言辭快速作答。

〔四〕陶弘景曰：覈實事務以成義理者，欲明其真僞也；真僞既明則符（騐）〔驗〕自著。故曰明之者符（騐）〔驗〕也。○尹桐陽曰：成同誠，信也；義，議也；明即盟，亦信也。摩篇曰：「信者，明也。」又曰：說文：「符，信也。」驗，馬名。此符驗聯用。以驗爲譣，借字耳。淮南修務：「故有符於中。」注：「符，驗也。」即譣也。○俞棪曰：王充論衡曰：「凡論事者，違實不引效驗，雖甘義繁詞，衆不見信。」此言符驗之必要也。**按**：成義，成義理的言辭。此言成義理的言辭必須要讓對方明白某個道理，若使對方明白某個道理，又必須要舉事實加以驗證。陶、尹說於義未合，俞棪說是。

〔五〕陶弘景曰：言或不合反覆相難，所以卻論前事也。卻論者，必理精而事明，幾微可得而盡矣，故曰卻論者釣幾也。求其深隱曰釣也。○王維禎曰：自是一種奇偉雄博，難以盡言，筆不盡評，須以己之精神相貫，乃可以得其機略之所在。○尹桐陽曰：難同謰，說文：「謰，謱也。」支離牽引之謂。卻，隙也。言多必失，有隙爲人所尋，故曰卻論。又曰：中經曰：卻語者，察伺短也。有短而爲人所伺，故曰釣幾。○俞棪曰：韓詩外傳曰：「夫繁文以相假，飾詞以相悖，數譬以相移，外人之身，使不得反其意，則論便然後害生也。夫不疏其指而弗知謂之隱，外意外身謂之諱，幾廉倚跌謂之移，指緣謬辭謂之苟。四者所不爲也。」繁文者，飾言也；數譬者，成義也；外身外義者，卻論也。**按**：此言雙方互相論難時，突然退言前事，對方缺陷必露，然後抓住它們，再行辯駁。如莊子與惠子辯與濠梁之上矣。

【校】

①説者，道藏本、嘉靖鈔本、百子全書本作「説之者」，衍「之」字。②論，嘉靖鈔本脱。③驗，道藏本、乾隆本、百子全書本作「驗」。今據改。下注同。④「言或反覆，欲相卻也」八字，錢遵王手鈔本脱，道藏本、乾隆本在注中。秦恩復據道藏本、陶弘景注增。今依秦校。

佞言者，諂而干①忠〔一〕；諛言者，博而干智〔二〕；平言者，決而干勇〔三〕；戚言者，權而干信〔四〕；靜言者，反而干勝〔五〕。先意承②欲者，諂也；繁稱文辭者，博也；縱舍不疑③者，決也；策選進謀者，權也；（他）〔先〕④分不足以⑤窒非者，反也〔六〕。

【注】

〔一〕陶弘景曰：諂者，先意承欲以求忠名，故曰諂而干忠。○乾隆本秦恩復云：于字應是干字之訛。爾雅釋言曰：「干，求也。」玩注自明。下四節及注並同。○俞樾曰：于當讀作爲。古字通用。儀禮士冠禮：「宜之于假。」鄭注曰：「于，猶爲也。」又聘禮記：「賄，在聘于賄。」注曰：「于讀曰爲。」並其證也。諂而于忠即諂而爲忠，下文並同。○尹桐陽曰：説文：「佞，巧讇高材也。」于，如也。下諸于字同。忠與下文勇爲韻。○俞棪曰：王充論衡曰：「人主好辨，佞人言利；人主好文，佞人辭麗，心合意同。偶當人主，説而不見其非。此之謂諂也。」

「佞人不毁人，如毁人……佞人求利，故不毁人……以計求便，以數取利，利則便得。妬人共事，然後危人。其危人也，非毁之；而其害人也，非泊之。譽而危之，故人不知；厚而害之，故人不疑。是故佞人危而不怨，害人之敗而不仇，隱情匿意爲之功也。」 **按**：佞言：奸巧諂諛，花言巧語。謟，即諂，巴結奉承。干忠：求得忠誠之名。此言用奸巧的言辭巴結對象，以求得忠誠之名。秦説是。俞樾説與陶注不符。

〔二〕陶弘景曰：博者繁稱文辭以求智名，故曰博而干智。 ○尹桐陽曰：説文：「諛，諂也。」 ○俞棪曰：莊子漁父曰：「莫之顧而進之謂佞，希意道言謂之諂，不擇是非而言謂之諛。」此三者之别也。 **按**：諛，恭維，用不實之辭奉承人。荀子修身：「以不善先人者謂之諂，以不善和人者謂之諛。」此言博引文辭奉承對象，以求得智者之名。

〔三〕陶弘景曰：決者，縱舍不疑以求勇名，故曰決而干勇。 ○尹桐陽曰：平同諞，便巧言也。例與説文諞讀苹同。決，説文云：「行流也。」與勇相似。 ○蕭登福曰：言談時言辭果斷，以平鋪直陳的方式來求得勇決之名，稱爲平言。 ○鄭傑文曰：平言，成事之言。平，爾雅釋詁：「成也。」 **按**：各家解釋「平言」，意皆不同。平言即直截了當的言。此言用直截了當的言辭來説，以敢於直言而求得勇者的名聲。蕭説近是。

〔四〕陶弘景曰：戚者憂也。謂象憂戚而陳言也。權者策選進謀，以求信名，故曰權而干信。 ○尹桐陽曰：戚同諓，善言也。權即諼，詐也。與信相反。前漢書藝文志：「則上詐諼而棄其信。」權與下文反、半爲韻。　**按**：戚言，憂戚的樣子，説出的悲戚的話。權而干信，根據形勢權且裝出憂戚的樣子，説出悲傷的話，以博得對方的同情，從而贏得對方的信任。

〔五〕陶弘景曰：靜言者，謂象清淨而陳言；反者，他分不足以窒非，以求勝名。故曰反而干勝。○閔如霖曰：五言之害，自是實理，愈深愈緒，機辨不窮。○尹桐陽曰：靜同訮，諍語，訮訮也。符言作開開。反與緩同。○俞棪曰：堯典曰：「靜言庸違。」蔡沈集傳：「靜則能言，用則違背也。」　**按**：靜同靖，謀議。尚書堯典曰：「靜言庸違。」僞孔傳：「靜，謀。」反，自己理由不足反而責備他人的不足。此言有謀略的話，是自知自己不足反而責備他人的不足，以求得辯駁的勝利。

〔六〕陶弘景曰：己實不足，不自知而内訟，而反攻人之過，窒他爲非，如此者反也。○尹桐陽曰：策，挾也；選，數也。策選者，謂挾其數術。權與下文反、關爲韻。又曰：縱舍，放舒也。宜，安止也。決與下文非爲韻，全句與半句叶也。又曰：分，奮也，非同騑，驂旁。馬窒騑，則馬不行。反與緩同。○俞棪曰：孟子曰：「詖辭知其所蔽，淫辭知其所陷，邪辭知其所離，遁辭知其所窮。」孟子知言之説，與此説可以互相發明。　**按**：先意承欲，謂先預測到對方的欲望，然後順着其欲望去説；先分不足以窒非，謂自己理由不足而反攻人之過，致他爲非。

【校】

①道藏本、品彙釋評本、乾隆本「干」作「于」。　②承，道藏本、百子全書本訛作「成」。　③疑，

道藏本、嘉靖鈔本作「宜」。　④他，道藏本、品彙釋評本、乾隆本、百子全書本均作「先」。今據改。
⑤以，道藏本、品彙釋評本、百子全書本作「而」。

故口者，機①關也，所以關②閉情意也；耳目者，心之佐助也，所以窺覸③姦邪〔一〕。故曰参調而應，利道而動〔二〕。故繁④言而不亂，翺翔而不迷，變易而不危者，覩⑤要得理〔三〕。故無目者，不可以示以五色；無耳者，不可告以五音〔四〕。故不可以往者，無所開之也；不可以來者，無所受之也。物有不通者，聖人⑥故不事也〔五〕。古人有言曰：「口可以食，不可以言。」「言」者⑦，有諱忌也；「衆口爍金」，言有曲故也〔六〕。

【注】

〔一〕陶弘景曰：口者所以發言語，故曰機關也；情意宣否在於機關，故曰所以開閉情意也；耳目者所以助心通理，故曰心之佐助也；心得耳目即能窺見間隙，見彼姦邪，故曰窺覸姦邪也。○高似孫曰：口耳一段，文勢曲折之妙，超脱不凡。○俞樾曰：此本作窺閒姦邪。閒當讀爲見，窺閒即窺見也。後人因閒爲見之叚借，旁識見字，傳寫不知而並存之，遂作閒見矣。禮記祭義篇：「見閒以俠甒。」王氏引之曰：「古見閒同聲，故借見爲閒，後人因閒爲見之叚借，旁識見字，傳寫不知而並存之，遂成『見閒以俠甒』。」説詳經義述聞通説，與此正可互證。

○尹桐陽曰：幾同機；間，隙也；助、邪爲韻。　○蕭登福曰：覵或作瞷，孟子離婁下：「吾將覵良人之所之。」十三經注疏儀禮士昏禮鄭玄注引孟子覵作見。孔疏引孟子作瞷。廣雅釋詁一：「覵，視也。」……覵作視解，今由陶注「窺見間隙，見彼姦邪」而言，竊疑陶弘景所見之本原作「窺間，見姦邪」。　**按**：覵，同瞷。窺視。廣雅釋詁一：「覵，視也。」王念孫疏證：「覵之言間也。」

〔二〕陶弘景曰：耳目心三者調和而相應，則動必成功，吉無不利，其所以無不利者，則以順道而動，故曰參調而應，利道而動也。　○尹桐陽曰：參，三也。斥心耳目而言；應，和也；道，言也；利道即上文所謂利辭。應、動爲韻。　應讀雍也；文子守朴亦叶應、動；易蒙彖傳叶蒙、中、應、功；比象傳：叶從、中、應、窮；未濟彖傳叶中、終、應。例皆同此。　○俞樾曰：韓非八經：「參言以知其誠，易視以改其澤。……舉往以悉其前，即邇以知其內，疏置以知其外，握明以問所闇，詭使以絶黷，泄倒言以嘗所疑，論反以得陰姦。……舉錯以觀姦動，……卑適以觀直諂。」此之謂參調而應，利道而動。　○蕭登福曰：參調而應，當謂口，一也；耳，二也；目，三也；三者調和而相應。此承上文而來，上文言「口者，機關也，所以關閉情意也；耳目者，心之佐助也，所以窺覵姦邪。」故知此處之三者，當指口、耳、目而言，且下文「繁言而不亂」指口而言，「無目者不可示以五色，無耳者不可告以五音」指耳目而言。故知「參調而應」當指口、耳、目三者；以耳目觀察，而以口開閉情意。　陶氏以「耳、目、心」三者當之，非矣。　**按**：參，此指口、耳、目並列爲三；應，應和。易乾文言：「同聲相應，同氣相求。」道，引導。左傳僖公二十六年：「臧孫見子玉，而道之伐齊、宋，以其不臣也。」釋文：「道音導。」楚辭離騷：「乘騏驥以馳騁兮，來吾道夫先路。」此言口、耳、目三者調和相應，向有利於自己的方向而動。蕭説是。

〔三〕陶弘景曰：苟能覩要得理，便可曲成不失。故雖繁言紛葩而不亂，翺翔越道而不迷，變易改當而不危也。○黄道開曰：此等關鍵，須自開悟，全靠人點人引不得。○俞樾曰：危讀爲詭。與内揵篇危與之危同。言變易而不詭譎也。○尹桐陽曰：繫言，翩言也，猶云飛語。説文：「瓛讀若鬲。」又「鬷，讀若鬲。」鬲，轂聲轉。言、亂爲韻。又曰易、危爲韻。○俞棪曰：韓非八經：「言會衆端，必揆之以地，謀之以天，驗之以物，參之以人。四徵者符，乃可以觀矣。」又孔叢子曰：「孔子曰：君子以理爲尚，博而不要，非所察也；繁辭富説，非所聽也。唯知者不失理。」又淮南子人間訓曰：「説者之論，誠得其數，則無所用多矣。夫車之所以能轉千里者，以其要在三寸之轄；夫勸人而弗能使也，禁人而弗能止也，其所由者非理也。」由此諸家之説足以明觀要得理之義矣。按：危，讀若詭。這裏從俞樾説。詭，欺詐。孫子兵法計：「兵者，詭道也。」此言要善於在各種複雜的言辭中，辨别出要理；反過來，一旦抓住中心要理，便不會被各種言辭所迷惑。陶説未盡其旨。

〔四〕陶弘景曰：五色爲有目者施，故無目者不可得而示；五音爲有耳者作，故無耳者，不可得而告。此二者爲下文分也。○尹桐陽曰：理、色、耳爲韻。

〔五〕陶弘景曰：此不可以往説於彼者，爲彼暗滯，無所可開也；彼所以不來説於此者，爲此淺局無所可受也。夫淺局之與暗滯，常閉塞而不通，故聖人不事也。○虞集曰：文勢排用疊下，如長江大河汪汪不住。至介蟲之捍也數句，又轉爲波流滐廻，備極妙觀。○尹桐陽曰：所同許，聽也；開，即並，相從也。所開謂聽從，所受謂聽受，故言也。故不事者，謂言當止而不事。來、事與下文忌韻；受與下文曲亦韻。○俞棪曰：論語曰：「可與言而不與之言，失人；不可與言而與之言，失言。知者不失人，亦不失言。」又曰：「言未及之而言謂之躁，言及之而不言謂之隱，未見顔色而言謂之瞽。」又按傳曰：「智者不爲非其事。」又淮南子曰：「交畫不暢，連環不解，物有不通者，聖人不爭也。」此言物有不通者，智者不爲也。又按徐幹中論貴言篇曰：「君子之與人言也，使辭足以達其知慮之所至，事足以合其性情之所安。弗過其任而强牽制也，苟過其任而强牽制，則將昏瞀委滯，而遂疑君子以爲欺我也。不則曰無聞知矣，非故也。明偏而示之以幽，弗能照也；聽寡而告之以微，弗能察也，斯所資於造化者也。」徐氏此論尤深切著明。**按**：此言如果不往去遊説，就不會打開對方的心扉而瞭解實情；如果不讓他人前來遊説，就不會得到對方的想法。雙方訊息不通，聖人是不會亂做的。虞説未及意旨。

〔六〕陶弘景曰：口食可以肥百體，故可食也；口言或有招百殃，故不可以言也。言者觸忌諱，故曰有忌諱也。金爲堅物，衆口能爍之，則以衆口有私曲故也。故曰言有曲故也。○馮叔吉曰：讀此段，以人情按之，無一不真。果是筆頭上盡出千形萬象。○俞樾曰：「者」字衍。

口可以食，不可以言，言有諱忌也，乃引古人之言而釋之。衆口鑠金，言有曲故也。亦引古人之言而釋之。兩云言有，文義一律。陶注曰：「言者觸忌諱，故曰有忌諱也」，是其所據本已衍者字矣。○尹桐陽曰：國語泠州鳩曰：「衆心成城，衆口鑠金。」賈逵曰：「鑠，銷也。衆口所惡，金爲之銷亡。」曲，虚也。衆心展轉是非多虚而不實，故云有曲。子華子陽城胥渠問：「曲言者，假以指喻也。」○俞棪曰：禮緇衣曰：「子曰：君子溺于口……在其所褻也……口費而煩，易出難悔，易以溺人。」又兑命曰：「惟口起羞。」此言言不可不慎也。又論語曰：「君子名之，必可言也。言之必可行也。君子于其言，無所苟而已矣。」又曰：「其言之不怍，則爲之也難。」又子貢曰：「君子一言以爲知，一言以爲不知。言不可不慎也。」又大學曾子傳曰：「言悖而出者，亦悖而入。」此謂言有諱忌也。又按鄧析子曰：「非所宜言，勿言；非所宜爲，勿爲，以避其危；非所宜取，勿取，以避其咎；非所宜爭，勿爭，以避其聲。一聲而非，駟馬勿追；一言而急，駟馬不及。」此聖人所不事者也。故曰口可以食，不可以言也。**按**：此言古人有句話説：口可以用來吃飯，但不能隨便説話。説話要有所顧忌。諺語曰「衆口鑠金」，就是因爲人們在説話時懷有私心而難免歪曲事實的緣故。

【校】

①機，道藏本訛作「幾」。　②關，道藏本、百子全書本脱，道藏本注曰：「所以關閉情意」，則原有

「關」字。嘉慶本正文及注均作「開閉」。藝文類聚、太平御覽卷三百六十七引、説郛本、藍格本作「開」。「關」與「開」，形近而誤。勞權校補「關」亦作「開」。下注同。③窺，説郛本作「闚」。「覗」，道藏本、説郛本、百子全書本、乾隆本作「間見」二字。④繫，道藏本、百子全書本作「繫」。⑤覩，道藏本、説郛本、品彙釋評本、乾隆本、百子全書本作「觀」。⑥「聖人」二字，道藏本、乾隆本、百子全書本無，疑衍。⑦此處脱一「言」字。道藏本、乾隆本、百子全書本有「言」字，陶注亦曰「言者觸忌諱」，今據補。

人之情，出言則欲聽，舉事①則欲成〔一〕。是故智者不用其所短，而用愚人之所長；不②用其所拙，而用愚人之所工③，故不困也〔二〕。言其有利者，從其所長也；言其有害者，避其所短也〔三〕。故介蟲之捍④也，必以堅厚；螫蟲之動也，必以毒螫。故禽獸知⑤用其長，而談者亦知其用而用也⑥〔四〕。

【注】

〔一〕陶弘景曰：可聽在於合彼，可成在於順理。此爲下起端也。○尹桐陽曰：情、聽、成爲韻。○俞樾曰：荀子非相篇曰：「君子必辯。凡人莫不好言其所善，而君子爲尤甚焉。是以小人辯言險，君子辯言仁。」

〔二〕陶弘景曰：智者之短，不勝愚人之長；智者之拙，不勝愚人之工。道藏本、乾隆本「愚人之長」下有「故用愚人之長也」，「愚人之工」下有「故用愚人之工也」。常能棄此拙短而用彼工長，故不困也。○高金體曰：用愚人之所長，故悦；用愚人之所工，故通。反用之，則必拂其情，而我乃窮。○俞棪曰：鄧析子曰：「夫人情，發言欲勝，舉事欲成。故明者不以其短疾人之長，不以其拙病人之工。」言與此合。又荀子大略篇曰：「無用吾之所短遇人之所長，故塞而避所短，移而從所仕。」楊倞注：「事與仕同。事所能也。」又莊子外物篇曰：「雖有至知，萬人謀之。」又淮南子修務訓曰：「智者之所短，不若愚者之所修；賢者之所不足，不若衆人之有餘。」皆此義也。

〔三〕陶弘景曰：人能從利之所長，避害之所短，故出言必見聽，舉事必成功也。○太平御覽引注曰：「人辭説條通理達，即敍述從其長者，以昭其德，人言壅滯，即避其短，稱宣其善，以顯其行。言説之樞機，事物之志務者也。」○俞棪曰：墨子經上曰：「利所得而喜也，害所得而惡也。」又墨辯大取曰：「利之中取大，害之中取小，利之中取大，非不得已也；害之中取小，不得已也。」此言利害抉擇自有其道也。

〔四〕陶弘景曰：言介蟲之捍也，入堅厚以自藏，螫蟲之動也，行毒螫以自衛，此用其所長，故能自勉於害，至於他鳥獸，莫不知用其長，以自保全。談者感此，亦知其所用而用也。○太平御覽引注云：「蟲以甲自覆障，而言説者不知其長。」○高金體曰：用其用者，審愚人之用，我從而用之。○尹桐陽曰：説文：螫，蟲行毒也。史記律書：「怒則毒螫加。」淮南説山：「貞蟲之動以毒螫。」動與下文用，螫與下文五、怒爲韻。又曰：之同識，知也。按：太平御覽引作「介蟲之捍，必以甲而後動；螫蟲之動，必先螫毒。故禽獸知其所長而談者，不知用也」。

【校】

①一本脱「事」字。②一本「不」字前有「智者」二字。嘉靖鈔本有「知者」二字。③意林引「工」作「巧」。④捍，道藏本訛作「悍」。⑤知，道藏本、嘉靖鈔本、百子全書本作「之」。⑥亦，道藏本、嘉靖鈔本、乾隆本、百子全書本無，且「其用」作「用其」。

故曰辭言有①五：曰病、曰恐②、曰憂、曰怒、曰喜〔一〕。病者③，感衰氣而不神也；恐者，腸絶而無主也；憂者，閉塞而不泄也；怒者，妄動而不治也。喜者，宣散而無要也〔二〕。此五者，精則用之，利則行之〔三〕。故與智者言，依於博；與博④者言，依於辨⑤；與辨者言，依於要；與貴者言，依於勢；與富者言，依于高；與貧者言，依於利；與賤者言，依於謙；與勇者言，依於敢；與愚⑥者言，依於鋭。此其術⑦也，而人常反之〔四〕。

【注】

〔一〕陶弘景曰：五者有一，必失中和而不平暢。○尹桐陽曰：辭同辤，不受也。謂有言而人不聽之。○俞棪曰：說文：「辭，訟也，從𤔔辛，猶理辜也。」後漢周紆傳：「善爲辭案條教。」又易繫辭曰：「辭也者，各指其所之。」荀子正名曰：「辭也者，兼異實之名，以論一意也。」按：辭同辤，說文：「辤，不受也。」馬王堆漢墓帛書十六經五正：「黄帝於是辤其國大夫，上于博望之山。」尹說是。

〔二〕陶弘景曰：病者恍惚，故氣衰而言不神也；恐者内動，故腸絶而言無主也；憂者快悒，故閉塞而言不泄也；怒者鬱勃，故妄動而言不治也；喜者摇蕩，故宣散而言無要也。○尹桐陽曰：腸同惕，思也，痛也。絶，極也。憂，說文作𢝊，愁也。摩篇曰：「怒者動也。」宣同愃。方言二：「愃，快也。」注：「今江東人呼快爲愃。」○俞棪曰：易繫辭曰：「將欲叛者，其辭慚；中心疑者，其辭枝；吉人之辭寡；躁人之辭多；誣善之人，其辭游；失其守者，其辭屈。」此六辭者，五病之變也。又大學曾子傳：「身有所忿懥，則不得其正；有所恐懼則不得其正；有所好樂則不得其正；有所憂患則不得其正。」鬼谷之說本此。又荀子臣道篇：「因其懼也而改其過；因其憂也而辨其故；因其喜也而入其道；因其怒也而除其怨，曲得所謂焉。」此均儒家學說之本義也。又按左氏傳曰：「臾駢曰：目動而言肆，懼我也。」又魚府曰：「……右師視速而言疾，有異志焉……」。又國語載：「柯陵之會，單襄公見晉厲公視遠步高。晉郤錡見，其語犯；郤犨見，其語迂；郤至見，其語伐；齊國佐見，其語盡。」「單子曰：目以處義，足以步目。今晉侯視遠而足高，目不在體而足不步目，其心必異矣。……郤伯之語犯，叔迂，季伐。犯則陵人，迂則誣人，伐則掩人，有是寵也，而益之以三怨，其誰能忍之。雖齊國子亦將與焉。立於淫亂之國，而好盡言，以招人過，怨之本也。」然則犯、迂、誣、盡四者，亦辭之病也，不可不察也。○蕭登福曰：所以言辭中有五種弊病，我們須要加以提防：一是病，二是恐，三是憂，四是怒，五是喜。所謂「病」是指氣勢不足，言辭恍惚，不能使言論有精神。所謂「恐」，是指内心震懼，腸斷而語無倫次。所謂「憂」，是指言辭閉塞，無法暢通。所謂「怒」，是指情緒激昂，妄加行動，不能好好的處理言辭。所謂「喜」，是指情緒歡暢，心意流散，無法把握住言談的重點。○鄭傑文曰：所以説，説辯中的忌辭有五種，即病言、恐言、憂言、怒言、喜言。病言，就像病人氣力不足那樣没有神氣。恐言，就像人害怕得斷了腸子那樣没有主見。憂言，就像人愁思不通那樣不暢達。怒言，就像人怒火攻心胡撞亂動那樣没有條理。喜言，就像人得意忘形不知所爲那樣没有要點。**按**：宣，疏散。左傳昭元年：「於是乎節宣其氣。」又：「宣汾、洮」。對病、恐、憂、怒、喜五種言辭，各家説法不同。病辭，讓人聽了感到氣餒而没有精神；恐辭，讓人聽了害怕而失去主見；憂辭，讓人聽了心情鬱悶而不願與人交流；怒辭，讓人聽了因憤怒衝動導致不可收拾的後果；喜辭，讓人聽了心意疏散而失去主見。此五者是就言辭結果而言，非就特點而言也。

〔三〕陶弘景曰：此五者既失其平常，故用之在精，而行之在利。其不勞權校補「不」字。精利則廢而止之也。○尹桐陽曰：精同情，人之陰氣有欲者也。病、怨、憂、怒、喜，均爲人之情欲。故云情則用之。〇俞棪曰：中庸曰：「或安而行之，或利而行之，或勉强而行之。」

按：言此五者只有精通才能使用，只有有利才可實行。

〔四〕陶弘景曰：此量宜發言，言之術也。不達者反之，則逆理而不免於害也。〇林希元曰：戰國策士朝扣秦關，暮遊燕壁。其探機同情，慷慨談説人主之前，或布衣而卿相，或郊迎而先驅，其所以開説者，分明有權在也。〇尹桐陽曰：過，果也。勢、利、鋭、術爲韻，謙、敢亦爲韻。

足以相稱。〇俞棪曰：徐幹中論覈辯曰：「辯之言，必約以至。不煩而論，疾徐應節；不犯禮教，足以相稱。樂盡人之辭，善致人之志，使論者各盡得其願，而與之得解。其稱也無其名，其理也不獨顯。若此，則可謂辯。」中論又曰：「辯之爲言别也，爲其善分别事類而明處之也。」若是則與辯者言，必依于要可知矣。又曰：孟子曰：「説大人則藐之，勿視其巍巍然。」此亦與貴者言之術也。又曰：太平御覽引量權篇云：「言有通者，從其所長；言有塞者，從其所短。」注云：人辭説，條通理達，即敍述從其長者，以昭其德。人言壅滯，即避其短，稱宜其善以顯其行。言説之樞機，事物之志務者也。」今按全篇無此文，附録於此。按：此又見鄧析子轉辭篇，而文字小異：「夫言之術，與智者言，依於博；與博者言，依於辯；與辯者言，依于安；與貴者言，依於勢；與富者言，依於豪；與貧者言，依於利；與勇者言，依於敢；與愚者言，依於説；此言之術也。」

【校】

①辭言，百子全書本作「言辭」。有，道藏诸本無。

②恐，道藏本、百子全書本訛作「怨」。下「恐」

字同。③「病者」二字前，道藏諸本有「故曰」二字。④博，道藏本、嘉靖鈔本、百子全書本訛作「拙」。⑤辨，嘉靖鈔本作「辯」。下「辨」字同。⑥愚，道藏本作「過」，别本作「通」。⑦術，太平御覽引作「説」。

是故與智者言，將以此①明之；與不智者言，將以此教之，而甚②難爲也〔一〕。故言多類，事多變。故終日言，不失其類而事③不亂〔二〕。終日不④變而不失其主〔三〕。故智貴不（忘）〔妄〕⑤〔四〕。聽貴聰，智貴明，辭貴奇〔五〕。

【注】

〔一〕陶弘景曰：與智者語，將以明斯術；與不智者語，將以此術教之。然人迷日「日」字下，道藏本衍「因」字。久，教之不易，故難爲也。○尹桐陽曰：明，勉也；甚同諶，誠也。難，謹也。謂誠謹爲之而不變。○俞棪曰：韓非喻老曰：「知者不以言談教。」爲其難喻也。

〔二〕陶弘景曰：言者條流舛雜，故多類也；事則隨時而化，故多變也。若言不失類，則事亦不亂也。○尹桐陽曰：變、亂爲韻。○俞棪曰：荀子大略篇曰：「多言而類聖人也。」**按**：言有類謂上所言之言辭種類。此言言辭有不同的種類，事情千變萬化。只要根據實際情況，選擇不同種類的言辭去説，事情就不會朝着不利於自己的方面變化。

〔三〕陶弘景曰：不亂故不變，不變故存主有常。

〔四〕陶弘景曰：能令有常而不變者，智之用也；故其智可貴而不（忘）〔妄〕也。按：此謂智貴不妄動。

〔五〕陶弘景曰：聽聰則真僞不亂，知明則可否自分，辭奇則是非有詮。道藏本、乾隆本作「證」。三者能行則功成事立。故須貴也。○黄鳳翔曰：結知者身上去，立意便高。權術非知者不能用也。○尹桐陽曰：妄、明爲韻。○俞棪曰：鄧析子曰：「談者，别殊類，使不相害；序異端，使不相亂；諭志通意，非務相乖也。若飾詞以相亂，匿詞以相移，非古之辯也。」又按：墨子小取篇曰：「夫辯者，將以明是非之分，審治亂之紀，明同異之處，察名實之理。處利害，決嫌疑焉。摹略萬物之然，論求群言之比。以名舉實，以辭抒意，以説出故，以類取，以類予，有諸己不非諸人，無諸己不求諸人……」此則墨家名學之類的學説與鬼谷之説固極相關聯者也。

【校】

①以此，道藏本、乾隆本、百子全書本乙倒作「此以」，下同。②而甚，二字百子全書本作「然人」。③而事，二字道藏本、乾隆本、百子全書本作「故事」，嘉靖鈔本作「故此」。④不，俞樾以爲衍，曰：此本作「終日變而不失其主」，與上文「終日言不失其類」相對。注云：「不亂故不變」，是其所據本已衍「不」字。⑤忘，道藏本、品彙釋評本、嘉靖鈔本、乾隆本、百子全書本作「妄」。今據改，下注同。

# 謀篇第十①

尹桐陽曰：前漢書藝文志：道家，大公二百三十七篇，謀八十一篇，言七十一篇，兵八十五篇。鶡冠子近迭篇曰：「退師謀言，弟子愈恐。」此謀是其類也。

本篇是關於謀略的專論。全篇結構上由四個部分所組成：先言計謀產生的前提，即「審得其情」，「度材量能，揣情者，亦事之司南」。次言計謀應因人而生，列舉如何針對仁人、勇士、智者、愚者、不肖者、貪者等不同的對象設計計謀。再次言公開不如隱蔽、循常理不如出奇計等計謀方法。最後言計謀的原則，隱匿于陰。謀之于陰而勿讓人知，則謀可成，此即所謂「陰」謀。這裏對「陰謀」一詞作了理論上的闡釋，十分可貴。

【校】

①太平御覽引作謀慮篇。

凡謀有道①，必得其所因，以求其情〔一〕。審得其情，乃立三儀。三儀者：曰上，曰中，曰下，參以立焉②，以生奇③。奇不知其所壅④，始于古之所從〔二〕。故鄭人之取玉也，載⑤司南之車，爲其不惑也。夫度材量能，揣情者，亦事之司南也〔三〕。

【注】

〔一〕陶弘景曰：得其所因，則其情可求；見情而謀，則事無不濟。○尹桐陽曰：凡，衆也。

**按**：道，規律。

〔二〕陶弘景曰：言審情之術，必立上智、中才、下愚。三者參以驗之，然後奇計可得而生，奇計既生，莫不通達，故不知其所壅蔽。然此奇計，非自今也，乃始於古之順道而動者，蓋從於順也。○太平御覽引佚注曰：三儀，有上有下有中。○袁宗道曰：三儀之法是篇中主意，看鬼谷子十篇，議論大略俱是，揣摹探索神口陰譎之語，須以意細玩之，方能悟其機關。○尹桐陽曰：儀，度也，謀也。三儀者，若後世之云三計三策然。儀、奇爲韻。老子曰：「以奇用兵。」尹文子大道下釋之曰：「奇者，權術是也。」以權術用兵，萬物所不能敵。○俞棪曰：説文：「擁，襃也。襃，褢也。」又説文：從，隨行也。詩齊風：「並驅從兩肩。」曾傳曰：「從，逐也，亦隨也。」釋詁曰：「從，自也。」其引申之義也。又左傳：「使亂大從。」王肅曰：「從，順也。」

**按**：儀，法度，準則。參，參驗，比照。荀子解蔽：「參稽治亂而通其度。」楊倞注：「參，驗也。」韓非子顯學：「無参驗而必示之者，愚也。」此言審得其情後，設計上、中、下三種計策。然後比較三種計策，確定所需要的哪一種，奇計就産生了。奇計産生後無往而不勝。這種計謀的方法始于古人的實踐。

〔三〕葉重第曰：司南車一段，立個意思，以起議論。文之絶佳者。○俞樾曰：和璞出於荆山。見意林引抱朴子：「鄭在荆北，故取玉必載司南之車。」韓非子曰：「先王立司南以端朝夕。」又曰：太平御覽引鬼谷子曰：肅慎氏獻白雉于文王，還，恐迷路，問周公。作指南車以送之。今按全書無此文，疑是「司南」句下注文也。按此爲樂壹注文，見高承事物紀原九引樂壹注。

**按**：司南，即指南針，古代用來測方向的儀器。韓非子有度：「故先王立司南以端朝夕。」注曰：「司南即指南車也，以喻國之正法。」意林：「指南車見周官，亦見鬼谷子先生作。」俞樾説是。

**【校】**

①道藏诸本「凡謀有道」四字前衍「爲人」二字。　②太平御覽引作「乃立三儀：曰上、中、下。曰糸以立焉」。　③奇，嘉靖鈔本作「計」。　④壅，道藏本、乾隆本、百子全書本作「擁」。下注同。

⑤「載」字前，藝文類聚有「必」字，宋書禮志同。

故同情而①相親者，其俱成者也；同欲而相疏者，其偏害②者也〔一〕。同惡而相親者，其俱害者也；同惡而相疏者，偏③害者也〔二〕。故相益則親，相損則疏。其數行④也，此所以察異同之分⑤也〔三〕。故牆壞於其⑥隙，木毁於其節，斯蓋其分也〔四〕。故變生⑦事，事生謀，謀生計，計生議，議生説，説生進，進生退，退生制。因以制於事，故百事一道而百度一數也〔五〕。

【注】

〔一〕陶弘景曰：同情，謂欲共謀立事，事若俱成，後必相親。若乃一成一害，後必相疏，理之常也。○俞樾曰：偏害當作偏成。下文云：「同惡而相親者，其俱害也；同惡而相疏者，偏害者也。」彼上言「俱害」，故下言「偏害」，然則此上言「俱成」，下宜言「偏成」矣。今作「偏害」，即涉下文而誤。○俞棪曰：莊子寓言曰：「與己同，則應；不與己同，則反。同於己爲是之，異於己爲非之。」又六韜文師曰：「君子情同而親合，親合而事生之情也。」又淮南兵略訓曰：「同利相死，同情相成，同欲相助。」皆此義也。按：此言有共同情欲、目的之雙方若相互親近，使雙方都能成功；有共同情欲、目的之雙方若相互疏遠，其中一方必受傷害。韓非子奸劫弑臣：「凡人之大體，取舍同者則相是也，取舍異者則相非也。」此「同情而相親者」意也。

〔二〕陶弘景曰：同惡，謂同爲彼所惡。後若俱害，情必相親，若乃一全一害，後勞權校改作「情」。必相疏，亦理之常也。○俞棪曰：荀子不苟篇曰：「凡人之患，偏傷之也。見其可欲也，則不慮其可惡也者；見其可利也，則不顧其可害也者。是以動則必陷，爲則必辱，是偏傷之患也。」又鶡冠子著希篇曰：「夫亂世者，以粗智爲造意，以中險爲道，以利爲情，若不相與同惡，則不能相親。相與同惡，則有相憎。」又學問篇曰：「所謂仁者，同好者也；所謂義者，同惡者也，所謂忠者，久愈親者也。所謂信者，無二嚮者也。」　**按**：言有共同憎惡的雙方若相互親近，則對雙方都有傷害；有共同憎惡的雙方若相互疏遠，則對其中的一方必有傷害。

〔三〕陶弘景曰：異同之分，用此而察。○尹桐陽曰：數行猶云常事。此同咨，謀也。飛箝曰：「必先察同異。」爾雅：「類，善也。」類一，猶云善始，所謂先事豫防者。○俞樾曰：荀子法行篇曰：「曾子曰：無内人之疏而外人之親。」韓詩外傳作：「無内疏而外親。」王弼周易略例下曰：「同救以相親，同辟以相疏。」救辟者，益損之道也。　**按**：數，術也。孟子告子上：「今夫弈之爲數，小數也。」

〔四〕陶弘景曰：牆木壞毁，由於隙、節，況人事之變生於異同，故曰斯蓋其分也。○王愼中曰：牆壞二句引來有天然湊巧，以下便正説一番，文氣更足。○尹桐陽曰：斯同基，先也；蓋，合也；分，⿰巾嗇也，指隙節言。隙節之見，先謀合而塞之，則無壞毁之憂。凡事皆然。○俞樾曰：淮南子人間訓曰：「夫牆之壞也於隙，劍之折也必有齒。聖人見之蚤，故萬物莫能傷。」

〔五〕陶弘景曰：言事有根本，各有從來，譬之卉木，因根而有枝條花葉，故因變隙，然後生於事業。事業者，必須計謀成；秦恩復曰：「成」字疑衍。計謀者，必須議説；議説者，必有當否。故須進退之。

既有黜陟，須别勞權校改作「制」字。事以爲法，而百事百度，何莫由斯而至。故其道數一也。○太平御覽引佚注曰：會同異曰儀；決是非曰説。○尹桐陽曰：進同侔，理也，退上下通也。説文作丨。計、説、退、制爲韻。道、數爲韻，數讀曰也。○俞棪曰：孫子計篇曰：「計利以聽，乃爲之勢，以佐其外。勢者，因利而制權也。」又説苑曰：「道逆時反，而後權謀生焉。」○蕭登福曰：數通術，法也，道也。一道、一數，義同。百事一道，百度一數相對成文，意謂各種事物、各種制度，其根本道理，都是相同的。**按**：蕭説是。

【校】

①「而」字後，道藏本、乾隆本、百子全書本衍「俱」字。②偏害，二字勞權改作「偏成」。③「偏」字前，别本有「其」字。④「數行」後，勞權校補「一」字。⑤「分」字下，道藏本、乾隆本、百子全書本有「類一」二字，疑衍。⑥其，意林引作「有」。⑦「生」字後，道藏本、品彙釋評本、嘉靖鈔本、乾隆本衍「於」字。

夫仁人輕貨，不可誘以利，可使出費；勇士輕難，不可懼以患，可使據危；智者達于數，明於理，不可欺以不①誠，可示以道理，可使立功，是三才也〔一〕。故愚者易蔽也，不肖者易懼也，貪者易誘也，是②因事而裁之〔二〕。故爲强者，積於弱也；爲直者，積于曲也③；

有餘者，積於不足也。此其道術行也〔三〕。

【注】

〔一〕陶弘景曰：使輕貨者出費，則費可全；使輕難者據危，則危可安；使達數者立功，則功可成。總三才而用之，可以光耀千里，豈徒十二乘而已。○陳後山曰：此段不惟文思濕潤有餘，而把幾樣人來相形，極爲透徹，當爲古今名言。○高金體曰：妙用如立水爲冰，清詞如吹雲作雪。○尹桐陽曰：利、費爲韻，難、患爲韻，誠同情，僞也；理、才爲韻。○俞棪曰：鶡冠子道端篇曰：「臨貨分財使仁，犯患應難使勇，受言結辭使辨，慮事定計使智。」又曰：「仁之功，善與不爭。勇之功，下不怨上。辨士之功，釋怨解難。智士之功，事至而治，難至而應。」荀子大略篇曰：「知者明于事，達於數，不可以不誠事也。故曰君子難説，説不以道，不説也。」

按：費，費用。墨子貴義：「吾取飾車食馬之費與繡衣之財以畜士。」三才，三種使用人才的方法。

〔二〕陶弘景曰：以此三術馭彼三短，可以立事立功也。謀者因事興慮，宜知而裁之。故曰因事裁之。○尹桐陽曰：誘、事、裁爲韻。

〔三〕陶弘景曰：柔弱勝於剛强，故積弱可以爲强大；直若曲，故積曲可以爲直；少則可以（勞權校無「可以」二字。）得衆，故積不足可以爲有餘，然則以弱爲强，以曲爲直，以不足爲有餘。斯道術之所行，故曰道術行也。　○尹桐陽曰：言富强均由於謀。餘、足與上文懼爲韻。足讀疋也。　○俞樾曰：韓非喻老篇曰：「有形之類，大必起於小；行久之物，族必起於少。故曰天下之難事，必作於易；天下之大事，必作於細。是以欲制物者於其細也，故曰圖難於其易也，爲大於其細也。」

【校】

①不，道藏諸本脱。　②是，勞權校下補「謂」字。　③道藏諸本脱「爲直者，積于曲也」一句。

故外親而内疏者，説内；内親而外疏者，説外〔一〕。故因其疑以變之，因其見以然之，因其説以要之，因其勢以成之，因其惡以權之，因其患以斥之〔二〕。摩而恐之，高而動之，微而證①之，符而應之，擁②而塞之，亂而惑之，是謂計謀〔三〕。

【注】

〔一〕陶弘景曰：外陽相親而内實疏者，説内以除其内疏也；内實相親而外陽疏者，説外以除其外疏也。　○尹桐陽曰：内、外爲韻。　○俞樾曰：鄧析子曰：「夫合事有不合者，知與未知也；合而不結者，陽親而陰疏。」鶡冠子學問篇曰：「彼心爲主，則内將使外。内無巧驗，近則不及，遠則不言。」

〔二〕陶弘景曰：若内外無親而懷疑者，則因其疑以變化之；彼或因變而有所見，則因其所見以然之。既然見彼或有可否之説，則因其説以要結之；可否既形，便有去就之勢，則因其勢以成就之。去就既成，或有惡患，則因其惡也，爲權量之；因其患也，爲斥除之。○虞集曰：此正詳其術，看他連下數個因字，又機其法動。○尹桐陽曰：變，辨也；然，明也；權，歡也。變、見、然、權、患爲韻；成、斥亦爲韻；成讀午也。○俞棪曰：慎子曰：「天道因爲大，……因也者，因人之情也……用人之自爲，不用人之爲我，則莫不可得而用矣。此謂之因。」鶡冠子學問篇曰：「見變而命之，因其所爲而定之；若心無形靈辭，雖搏捆，不知所之。」又呂氏春秋報更篇曰：「善説者，陳其勢，言其方，見人之急也，若自在危厄之中。」又曰：「善説者，若巧士，因人之力以自爲力，因其來而與來，因其往而與往。不設形象，與生俱長……順風而呼，聲不加疾也；際高而望，目不加明也，所因便也。」又曰：左氏傳引「史佚有言曰：因重而撫之。」此因勢而成之説也。又曰：淮南子説林訓曰：「兕虎在於後，隨侯之珠在於前，弗及掇者，先避患而後就利也。」按：要，和也。詩鄭風蘀兮：「叔兮伯兮，倡予要女。」陳奐傳疏：「要，亦和也。」要之即和之。

〔三〕陶弘景曰：患惡既除，或恃勝而驕者，便切摩以恐懼之，高危以感動之。雖恐動之，尚不知變者，則微有所引，秦恩復曰：錢本無「引」字，據道藏本增。據以證之，爲設符驗以應之也。雖爲設引據符驗，尚不知變者，此則惑深不可救也；便擁而塞之，亂而惑之，因抵而得之，如此者，可以爲計謀之用也。○羅大經曰：計謀一段，機關深入一截。○俞樾曰：正本作證。故注曰：「雖恐動之，尚不知變者，則微有所引，據以證之。」是陶氏所據本作證，不作正也。俗書每以證字代證字。故證誤爲正。○尹桐陽曰：順勢而行，其計易售；摩同靡，無也。史記蘇秦傳：「期年以出揣摩。」鄒誕本作揣靡。恐，空也。人喜無爲説以空虛，則必信。動，厚也。高、厚義近。又曰：微同顓，謹莊皃。正，直也；符，信也；應，合也，和也。史記太史公自序：「封禪之符罕用。」集解：徐廣曰：「符罕，一云答應。」應與上文恐、動爲韻。應讀雍也。又曰：擁同邕。説文：「邕，四方有水自邕成池者。」字亦作壅。淮南主術：「業貫萬世而不壅。」注：「壅，塞也。」又曰：説文：「惑，亂也。」惑、謀與上文塞爲韻。○蕭登福曰：擁，叚借爲壅。「擁而塞之，亂而惑之」即是抵巇篇「(世)不可治，則抵而得之」。趁其敗亂，加以壅塞、迷惑，進而取代之。**按**：此言計謀之法。上列各法乃並列關係。孫子計篇曰：「利而誘之，亂而取之，實而備之，强而避之，怒而撓之，卑而驕之，佚而勞之，親而離之。」可證。陶注以爲所列各法非並列關係，乃一線貫串，環環相扣。亦通。

**【校】**

①證，道藏本、品彙釋評本、乾隆本、百子全書本訛作「正」。 ②秦恩復曰：「擁」，疑作「壅」，

注同。

計謀之用，公不如私，私不如結，結（比）①而無隙者也〔一〕。正不如奇，奇流而不止者也〔二〕。故説人主者，必與之言奇；説人臣者，必與之言私〔三〕。其身内，其言外者疏；其身外，其言深者危〔四〕。無以人之②所不欲而强之於人，無以人之所不知而教之於人〔五〕。人之有好也，學而順之；人之有惡也，避而諱之。故陰道而陽取之〔六〕。

【注】

〔一〕陶弘景曰：公者揚于王庭，名爲聚訟，莫執其咎，其事難成；私者不出門庭，慎密無失，其功可立。故曰公不如私。雖復潛謀，不如與彼要結。二人同心，物莫之間，欲求其隙，其可得乎？○尹桐陽曰：摩篇曰：「故謀必欲周密，必擇其所與通者説也。」故曰或結而無隙也。**按**：公，公開；私，私下；結，締結緊密關係。此言計謀時要隱秘，公開計謀，不如少數人私下計謀，私下計謀，不如當事雙方二人單獨計謀。

〔二〕陶弘景曰：正者循理守常，難以速進；奇者反經合義，因事機發。故正不如奇，奇計一行，則流通而不知止。故曰奇流而不止也。○尹桐陽曰：上云奇不知其所擁始，擁與終同。奇流而不止，何終始之有。○俞棪曰：呂氏春秋貴卒篇曰：「力貴突，智貴卒，得之同則速爲上；勝之同則濕爲下。」此言智捷應猝，機變不窮，故貴卒也；智捷者，善出奇以應猝者也；善出奇以應猝，則機變不窮。故曰奇流而不止者也。

〔三〕陶弘景曰：與人主言奇，則非常之功可立；與人臣言私，則保身之道可全。○尹桐陽曰：奇可立功，私以保身。○俞棪曰：管子禁藏篇曰：「視其陰所憎，厚其貨賂，得情可深，身内情外，其國可知。」

〔四〕陶弘景曰：身在内而言外泄者，必見疏也；身居外而言深切者，必見危也。○樓昉曰：此段卻是韓非説難發出所未有之議論。○俞樾曰：説文夕部：「外，遠也。」其身内，其言外，謂其身雖居密邇，而其言反涉疏遠也。下云「其身外，其言深者危」，謂其身雖在疏遠，而其言反甚深切也。一見疏，一見危，職此之故，注云：身在内而言外泄，未達「外」字之義。○尹桐陽曰：疏、危雙聲爲韻，疏讀疋也。列子力命：「跪食惡肉謂疏食耳。」○蕭登福曰：交深而言淺，則見疏；交淺而言深，則身危。按：此言身處其内，而所言集於外，因失知己則疏；身處其外，而擅言其内，則身危。

〔五〕陶弘景曰：謂其事雖近，彼所不欲，莫强與之，將生恨怒也；教人當以所知，今反以人所不知者教之，猶以暗除暗，豈爲益哉。○尹桐陽曰：近，己也。詩崧高：「往近王舅。」説文作迡。論語：「己所不欲。」知同伎，合也。○俞棪曰：老子曰：「人之所教，我亦教之。」是教以所知，不教以所不知也。管子經言篇曰：「毋與不可，毋强不能，毋告不知。」中庸引孔子曰：「施諸己而不欲，亦勿施於人。」其義均近。又淮南子説林訓曰：「求物必於近之者。」此則自其正義言也。　按：尹釋近，依道藏本。

〔六〕陶弘景曰：學順人之所好，避諱人之所惡，但陰自爲之，非彼所逆，彼必感悦，明言以報之。故曰陰道而陽取之也。　○尹桐陽曰：學，效也。道同逃，去也。陰以爲非，而陽佯取之，則不至招小人之怨憾。　○俞棪曰：國策任章引周書曰：「將欲敗之，必姑輔之；將欲取之，必姑與之。」此謂陰道而陽取之也。　按：韓非子二柄：「故越王好勇而民多輕死，楚靈王好細腰而國中多餓人，齊桓公妒外而好内，故豎刁自宫以治内，桓公好味，易牙蒸其子首而進之，燕子噲好賢，故子之明不受國。」此「人之有好也，學而順之」之謂也。

【校】

①「比」字衍。道藏本、品彙釋評本、乾隆本、百子全書本無，今從道藏本删。　②别本「人」字作「身」。「之」字後道藏本、品彙釋評本、乾隆本、百子全書本衍「近」字。俞樾曰：「近」字衍文，蓋即「所」字之誤而衍者，兩字並從斤，故致誤也。注云：謂其事雖近，彼所不欲，則其所據本已衍矣。

故去之者從①之，從之者乘之〔一〕。貌者，不美又不惡，故至情託焉〔二〕。可知者，可用也；不可知者，謀者所不用也〔三〕。故曰事貴制人，而不貴見制於人。制人者，握權也；見制於人者，制命也〔四〕。故聖人之道陰，愚人之道陽〔五〕。智者事易，而不智者事難。以此觀之，亡不可以爲存②，而危不可以爲安。然而無爲而貴智矣〔六〕。

【注】

〔一〕陶弘景曰：將欲去之，必先聽從，令極其過惡，過惡既極，便可以法乘之，故曰從之者乘之也。○袁宗道曰：一篇俱處變換，隨段生意權術，密奇之談，淺深詳略，無不畢備。然具關機闔張，怪怪奇奇，似不可與莊語，讀者取節焉可也。○尹桐陽曰：乘，履也，縱之以極其惡，便履滅之，則去之之願償。縱、乘爲韻，乘讀宋也。按：此爲計謀，鄭莊公與共叔段事是也。尹説是。

〔二〕陶弘景曰：貌者謂察人之貌，以知其情也；謂其人中和平淡，見善不美，見惡不非，如此者，可以至情託之。故曰至情託焉。○尹桐陽曰：惡故，惡苦也。管子小匡：「辨其功苦。」注：「苦，謂濫惡。」情，誠也。貌而不美又不惡故，則無甚喜甚惡之事，和平中正之人也。故曰至誠之所託。故、託爲韻。○俞棪曰：大學曾子傳曰：「誠於中，形於外。」又曰：「人之視己，如見其肺肝。」故以至情託焉爲必要也。○蕭登福曰：託，寄寓也。意謂不爲外物所動，見善不美，見惡不非，如此之人才能將真感情寄託他。「至情託焉」，即「真情寓焉」。按：此言無論美、惡皆不見於臉上之人，可寄託實情於他。

〔三〕陶弘景曰：謂彼情寬，密可令知者，可爲用謀。故曰可知者，可用也。其人不寬，密不可令知者，謀者不爲用謀也。故曰不可知者，謀者所不用也。○尹桐陽曰：可同柯，柄也。知即伎，與也。可知謂與以柄，下所謂握權。○俞棪曰：禮運曰：「用人之知去其詐。」此用其可知者也。又按王通中説曰：「多言不可與遠謀，多動不可與久處。」此言擇謀之術也。

〔四〕陶弘景曰：制命者言命爲人所制也。○尹桐陽曰：語見中經。事作道，制命作失命。○俞棪曰：荀子王霸篇曰：「善擇者，制人；不善擇者，人制之。」又按管子七臣七主引記曰：「無實則無勢，失轡則馬焉制。」此制人之術也。

〔五〕陶弘景曰：聖人之道，内陽而外陰；愚人之道，内陰而外陽。○尹桐陽曰：陰者深藏，陽則淺露。○俞棪曰：管子侈靡篇曰：「衆而約實，取而言讓，行陰而言陽，利人之有禍，言人之無患。」此均陰道也。

〔六〕陶弘景曰：智者寬恕，故易事；愚者勞權校改作「不智」。猜忌，故難事。然而不智者，必有危亡之禍。以其難事，故賢者莫得申其計畫，則亡者遂亡，危者遂危。欲求安存，不亦難乎。今欲存其亡，安其危，則他莫能爲，惟勞權校無「惟」字。智者可矣。故曰無爲而貴智矣。○高金體曰：貴於中正，而不貴于忠信仁義，反以合之。○尹桐陽曰：難、觀、安爲韻。○俞棪曰：國語曰：「王孫雒曰：危事不可以爲安，死事不可以爲生，則無爲貴智矣。」本文「然而無爲而貴智」疑有衍誤。**按**：事，作事、從事。商君書農戰：「事商賈，爲技藝。」此言智者作事容易，不智者則難。由此觀之，雖然消失的東西已不能使之再存，而已有之危險也不能轉爲安全，但是在此過程中，順應規律、重視智慧仍是十分必要的。

【校】

①從，道藏諸本作「縱」。下文及注並同。　②「爲存」、「爲安」二「爲」字，一本皆作「反」。

智用於衆人之所不能知，而能用於衆人之所不能見〔一〕。既用，見可，否①擇事而爲之，所以自爲也；見不可，擇事而爲之，所以爲人也〔二〕。故先王之道陰。言有之曰：「天地之化，在高與深，聖人之制②道，在隱與匿。」非獨忠信仁義也，中正而已矣〔三〕。道理達於此之義③，則可與語〔四〕。由能得此，則可以④轂遠近之誘⑤〔五〕。

【注】

〔一〕陶弘景曰：衆人所不能知，衆人所不能見，智下勞權校補「者」字。獨能用之，所以貴於智也。○尹桐陽曰：知，見也。呂覽：「自知，知於顔色。」○俞棪曰：鄧析子曰：「聖人……視昭昭，知冥冥，推未運，睹未然。故神而不可見，幽而不可見。」此言能用智者也。

〔二〕陶弘景曰：亦既用智，先己而後人。所見可否，擇事爲之，將此自爲；所見不可，擇事而爲之，將此爲人，亦猶伯樂教所親相駑駘，教所憎相千里下勞權校補「馬」字。也。○尹桐陽曰：既，盡也。見既用者，謂見能盡見而不遺。見事可而人能爲之。否，不也。不擇事而爲之所以養己之安，故曰自爲。爲與上文可爲韻。謂見事不可爲。事不可爲而智者必擇事之急難而力爲之，則惠澤加於民，故曰爲人。本經陰符七篇曰：「物有不可者，聖人不爲辭也。」辭即辤，謂不止也。」○俞棪曰：韓非觀行篇曰：「因可勢求易道，故用力寡而功名立。」此以可勢而自爲之説也。又引管子曰：「見其可説之有證，見其不可惡之無形。」又詭使篇曰：「先爲人而後自爲，類名號言，汎愛天下，謂之聖。」○蕭登福曰：事或有利於人而害於身者，智者不避其害而爲之，此所謂「見不可，擇事而爲之，所以爲人也。」按：可與不可、智與事、自爲與爲人，皆相對而言。智藏于陰，事顯于陽。此言使用智謀時，儘量作到保密，能隱則隱，不使之因受到智謀指導來做事而使智謀外露，此即爲了自我保護；若不能隱，則索性公開自己的智謀，用之來作事，即向主子顯示自己這樣做，旨在於他。

〔三〕陶弘景曰：言先王之道貴于陰，密尋古遺言，證有此理，曰：「天地之化，唯在高深，聖人之道，唯在隱匿。」所隱者中正，自然合道，非專在忠信仁義也。故曰非獨忠信仁義也。○尹桐陽曰：鶡冠子武靈王：「陰經之法。」陸佃以爲黄帝之書，陰言是其類也。化、匿、義、已，間句讀。○俞棪曰：莊子在宥篇曰：「匿而不可不爲者，事也；粗而不可不陳者，法也；遠而不可不居者，義也；親而不可不廣者，仁也；節而不可不積者，禮也；中而不可不高者，德也；一而不可不易者，道也。」又易同人曰：「文明以健，中正而應。君子正也，唯君子爲能通天下之志。」又觀曰：「順而巽中正……以觀天下。」又晉象曰：「受茲介福以中正也。」又離曰：「柔麗乎中正，故亨。」鬼谷中正之説本此。

〔四〕陶弘景曰：言謀者曉達道理，能於此義，達暢則可與語，至而言極也。○尹桐陽曰：達於中正。義同議。則，法也。議以中正爲法則，可與之言是非。

〔五〕陶弘景曰：穀，養也。若能得此道之義，則可居大寶之位，養遠近之人，誘於仁壽勞權校改作「義」字。之域也。○俞樾曰：穀，當讀爲轂。爾雅釋詁：「轂，盡也。」史記秦始皇紀：「雖監門之養，不轂於此。」索隱曰：「轂，音學，謂盡也。」轂遠近之義，即盡遠近之義。作轂者，古字通耳。陶注曰：「穀，養也。養遠近之人，誘于仁壽之域也。」此未達叚借之旨。正文言遠近之義，不言遠近之人，訓轂爲養，豈可通乎。○尹桐陽曰：由，行也，謂行能歸於中正。穀，禄也，謂可與官而使之治民。之，是也；義，儀也；言遠近皆以爲儀。義與上文言爲韻，義讀獻也。○俞棪曰：孟子曰：「羿之教人射，必志於彀，學者亦必志於彀。」爾雅：彀，善也。亦釋弓滿也。疑穀爲彀之誤。**按**：穀，活着。詩王風大車：「穀則異室，死則同穴。」此言能懂得這個道理的，則可駕馭來自各方面的誘惑。

【校】

①秦恩復曰：「否」字疑衍。俞樾曰：此以「見可」、「見不可」相對爲文，不當云「見可否」也。「否」，衍

字。秦、俞「否」字上讀，訛。尹桐陽新釋「否」字下讀，今從之。下注同。　②秦恩復曰：「制」字疑衍。　③「此之義」，別本作「此義者」。道藏本作「此義之」，嘉靖鈔本作「此之義之」。　④以，道藏本、乾隆本、百子全書本作「與」。　⑤誘，道藏本、嘉靖鈔本、乾隆本、百子全書本作「義」。

# 決篇第十一

尹桐陽曰：荀子：「仲尼是天下之大決也。」注：「謂斷決之大也。」淮南時則：「審決獄。」注：「決，斷也。」説文：「以抉爲之。」

本篇有殘缺，從現存的文字來看，主要講如何作決斷的，是關於決斷的專論。如何做到善於決斷？篇中提出「善誘」的方法。只有揣知各方面的情形，才能「斷其可否」。可見「決」亦以「揣情」爲前提條件與立論之基礎。殘存部分爲一個整體：言有疑托於決，不善用決則事必有失，善用決則萬事之機。

凡決物，必託①於疑者，善其用福，惡其有患〔一〕。善②至於誘也，終無惑偏③〔二〕。有利焉，去其利則不受也，奇之所託〔三〕。若有利於善者，隱託於惡，則不受矣，致疏遠〔四〕。故其有使失利者，有使離害者，此事之失〔五〕。

【注】

〔一〕陶弘景曰：有疑然後決，故曰必託於疑者。凡人之情，用福則善，有患則惡。福患之理未明，疑之所由生。故曰善其用福，惡其有患。○尹桐陽曰：物，事也。托，度也。疑與下文福、惑爲韻。○俞棪曰：蒯徹曰：「知者，決之斷也；疑者，事之害也；審毫氂之小計，遺天下之大數。智誠知之，決弗敢行者，百事之禍也。」國語曰：「拘之以利，結之以信，示之以武。」管子禁藏篇曰：「善者，圉之以害，牽之以利。」又曰：「凡人之情，見利莫能勿就，見害莫能勿避。」就或避者，即決之果也。按：此言有疑托於決，善用決則得福，不善用決則招禍。

〔二〕陶弘景曰：然善於決疑者，必誘得其情，乃能斷其可否也。懷疑曰惑，不正曰偏，決者能無惑偏，行者乃有通濟，然後福利生焉。○楊慎曰：見難決之意。○俞樾曰：此言天下禍福之來，皆先有以誘之，能終不爲其惑，乃可以言決矣。○尹桐陽曰：誘同瘤，息肉也，害之顯著者。例與説文「㨨，或作𢭏」同。誘與下文受爲韻。誘讀秀也。又曰：偏同便，親信也，謂人之致親信必因有利。子華子：「晏子問黨，固寵而侍便。」

〔三〕陶弘景曰：若乃去其福利，則疑者不更道藏本、乾隆本、勞權校皆作「受」。其決，更使下道藏本、乾隆本脱十三字。託意於奇也。趨異變常曰奇。○尹桐陽曰：受，聽也。奇，同踦，棄也。承上不受而言。○蕭登福曰：事情原是有利，突然轉爲不利，則一般人便不會接受；此時便必須寄託於奇謀，以奇謀來轉化它。按：奇，與「正」相對，意謂出人意外，變幻莫測。老子：「以正治國，以奇用兵。」此言決斷要帶來利益，決斷不能帶來利益，人們就不能接受它。而每次決斷都要帶來利益，就必須寄託於決斷的變幻莫測，做到出人意外。蕭説未盡題旨。

〔四〕陶弘景曰：謂疑者本其利，善而決者隱其利；善之情反託之於惡，則不受其決，更致疏遠矣。○尹桐陽曰：若，擇也。善於下文遠爲韻。廣雅釋詁一：「隱，度也。」與託意同。又曰：不受則致疏遠。○俞棪曰：莊子山木篇曰：「夫以利合者，迫窮禍患害相棄也。」韓非内儲篇曰：「事起而有所利，其尸主之；有所害，必反察之。……國害則省其利，臣害則察其反者。」此決物之道也。又莊子徐無鬼篇曰：「愛之則親，利之則至，譽之則勸，致其所惡則散。」墨辯經上曰：「義，利也。利所得而喜也，害所得而惡也。」**按**：此言決斷要完滿，不能留有漏洞。如果作的決斷從總的方面來看是有利的，但其中蘊藏着不利的一面，則此決斷就不會被人們所接受，反而導致關係疏遠。

〔五〕陶弘景曰：言上之二者，或去利託於惡，疑者既不更其決，則所行罔能通濟，故有失利，罹害之敗焉。凡此，皆決事之失也。○尹桐陽曰：此同咨，謀也，決也。利、害爲韻。○俞棪曰：荀子不苟篇曰：「欲惡取捨之權，見其可欲也，則必前後慮其可惡也者；見其可利也，則必前後慮其可害也者，而兼權之，熟計之。」淮南子人間訓曰：「衆人皆知利利而病病，唯聖人知病之爲利，知利之爲病。」又引孔子讀易至損益未嘗不憤然而歎曰：「益損者，其王者之事歟！」事或欲以利之，適足以害之；或欲害之，乃反以利之。利害之反，禍福之門户，不可不察也。**按**：

此言決事之失的兩種情况：或失利，或罹害。

【校】

①「凡決物」三字前，道藏本、嘉靖鈔本、乾隆本、百子全書本衍「爲人」二字。託，道藏本、嘉靖鈔本、乾隆本、百子全書本作「托」。②善，道藏本、嘉靖鈔本、乾隆本、百子全書本訛作「害」。③俞樾曰：陶注斷「終無惑」三字屬下節，則「害至於誘也」句，文意未足，雖曲爲之説而不可通。俞樾説是。

聖人所以能成其事者，有五：有以陽德之者，有以陰賊之者，有以信誠之者，有以蔽匿之者，有以平素之者〔一〕。陽勵於一言，陰勵於二言，平素、樞機以用。四者，微而施之〔二〕。於是度之往事，驗之來事，參之平素，可則決之〔三〕。王公大人之事也①，危而美②名者，可則決之〔四〕；不用費力而易成者，可則決之〔五〕；用力犯勤苦，然不得已而爲之者，可則決之〔六〕；去患者，可則決之；從福者，可則決之〔七〕。

【注】

〔一〕陶弘景曰：聖人善變通，窮物理，凡所決事，期於必成。事成理著者，以陽德決之；情隱言僞者，以陰賊決之；道誠志直者，以信誠決之，姦小禍微者，以蔽匿決之；循常守故者，以平素決之。 ○尹桐陽曰：謀篇曰：「聖人之制道，在隱與匿。」即此所謂蔽匿也。平素，偏索也。德、賊韻。五、誠、匿、素亦韻。誠讀午也。 ○俞棪曰：淮南子人間訓曰：「物或損之而益，或益之而損。」又曰：「事或奪之而反與之，或與之而反取之。」此之謂陽德陰賊。又淮南子人間訓引君子曰：「美言可以市尊，美行可以加人。」此之謂信誠。又莊子漁父篇曰：「析交離親謂之賊，稱譽詐僞以敗惡人謂之慝。」又淮南子詮言訓曰：「平者，道之素也；虛者，道之舍也。」鶡冠子學問曰：「道德者，操行所以爲素也。」陸佃注云：「素如獻素之素，道德操行之本，故曰素。」 ○蕭登福曰：陽德，謂明施恩德，使之感激；陰賊，謂陰加賊害，以抑其長；信誠，謂待之以誠信，使其不疑；蔽匿，謂隱蔽實情，不使之知；平素，謂待之以常道，使其嫺習。

**按**：陶、蕭説皆通，要在於善決。

〔二〕陶弘景曰：勵，勉也。陽爲君道，故所言必勵於一。一，無爲也。陰爲臣道，故所言必勵於二。二，有爲也。君道無爲，故以平素爲主；臣道有爲，故以樞機爲用。言一也，二也，平素也，樞機也，四者其所施爲，必精微而契妙，然後事行而理不壅（道藏本、乾隆本作「難」）矣。 ○尹桐陽曰：天一地二，言，道也。一言謂天道，二言謂地道。四者，謂陽德、陰賊、信誠、蔽匿也。微同儆，謹也。機、四爲韻。 ○俞棪曰：賈誼曰：「虛者，言其精微也，平素而無設施也。」 ○蕭登福曰：勵，勉也。一言，謂言辭須專誠不二；二言，謂言辭疑惑難明。陽貴在明施以德，故言辭須專誠不二；陰重在蔽匿賊害，故須使之疑惑難明。　**按**：勵，勉勵，這裏意謂追求。一言，前後一致的話；二言，前後不一，真假難辨的話。

〔三〕陶弘景曰：君臣既有定分，然後度往驗來，參以平素，計其是非，於理既可，則爲決之。○俞棪曰：莊子天下篇曰：「以参爲驗，以稽爲決。」荀子大略篇曰：「是非疑則度之以遠事，驗之以近物，参之以平心。」

〔四〕陶弘景曰：危，由高也。事高而名美者，則爲決之。　○尹桐陽曰：則，即也。事雖危而名美，其事尚可行。　○俞棪曰：王公大人，四字連稱，數見墨子尚賢篇，此戰國時人之通語也。

〔五〕陶弘景曰：所謂惠而不費，故爲決之。　○尹桐陽曰：成與上文名爲韻。

〔六〕陶弘景曰：所謂知之，無可奈何，安之若命，故爲決之。　○尹桐陽曰：犯，侵也，指攻伐言。

〔七〕陶弘景曰：去患、從福之人，理之大順，故爲決之。　○俞棪曰：韓非外儲曰：「勢不足以化，則除之。」又曰：「賞之、譽之不勸，罰之、毁之不畏。四者加焉不變，則其除之。」又曰：「子夏曰：善持勢，早絶奸之萌。」此均去患正亂之義也。　**按**：去患，除去禍患；從福，招致福佑。

【校】

①王公，二字道藏本、乾隆本、百子全書本乙倒作「公王」，誤。俞樾曰：此七字衍文，陶注亦不及，是其本無此七字。　②美，一本訛作「變」。

故夫決情定疑，萬事之基①，以正治亂②，決成敗，難爲者〔一〕。故先王乃用蓍龜者，以自決也③〔二〕。

【注】

〔一〕陶弘景曰：治亂以之正，成敗以之決。失之毫釐，差之千里，樞機之發，榮辱之主，故曰難爲。○俞棪曰：國語引申包胥曰：「……不勇，則不能斷疑以發大計。」荀子議兵篇曰：「智莫大乎棄疑，行莫大乎無過，事莫大乎無悔。事至無悔而止矣，成不可必也。」又解蔽篇曰：「凡觀物有疑，中心不定則外物不清，吾慮不清，則未可定然否也……以疑決疑，決必不當。」此言決之要也。

〔二〕陶弘景曰：夫以先王之聖智，無所不通，猶用蓍龜以自決，況自斯以下而可以專己自信，不博謀於通識者哉。○尹桐陽曰：福、疑、治、龜韻，決、機、敗亦韻。○俞棪曰：箕子洪範曰：「汝則有大疑，謀及乃心，謀及卿士，謀及庶人，謀及卜筮。」此卜筮之說之始也。王充論衡引孔子曰：「蓍者，耆也；龜者，舊也。狐疑之事，當問耆舊蓍龜，未可取神也，取其名耳。」又曰：「武王伐紂，卜筮大凶。太公推蓍蹈龜，曰：枯骨死草，何能知吉凶乎？」仲任達識，陳義甚高，誠爲卓解。

【校】

①基，道藏本、乾隆本、百子全書本作「機」。②治亂，道藏本、乾隆本、百子全書本乙倒作「亂治」。③太平御覽卷七百二十八作「以正亂治，夫決誠爲難者也，先生乃用蓍龜以助自決也」。

# 符言第十二

陶弘景曰：發言必驗，有若符契，故曰符言。○楊慎曰：符言者，揣摩之所歸也，捭闔之所守也，千聖之所宗也，如符然，故曰符言。○尹桐陽曰：符同莩，葭中白皮。符言，猶管子所謂內言人主所當執守者，其文與管子九守篇略同。○俞棪曰：管子九守篇內主位、主明、主聽、主賞、主問、主因、主周、主參、督名各章均與此篇各章，大致從同。余疑此文故係齊史記所載太公兵權謀之遺説，而爲齊學者如蘇子及管子均掇載之也。**按**：符，即內符。情在於內，外摩之，則彼情如符信然，故云內符。符言即內符之言，人主所當執守於內者，則可防被摩而情出外也。全篇結構上由九個部分所組成：分別爲：主位、主明、主德、主賞、主問、主因、主周、主恭、主名。與管子九守篇各章大致相同。

安徐正靜，其被節（先）〔無不〕肉①〔一〕。善與而不靜②，虛心平意以待傾損〔二〕。右③主位〔三〕。

【注】

〔一〕陶弘景曰：被，及也；肉，肥也，謂饒裕也。言人若居位能安徐正靜，則所及之節度無不饒裕也。○尹桐陽曰：被節爲制也；肉，肥也，饒裕之義。○高金體曰：節難割也，肉易裁也。被節無不肉，難割者皆易裁也。按：被，施及，加於……之上。玉篇衣部：「被，及也。」廣雅釋詁二：「被，加也。」書堯典：「光被四表。」荀子不苟：「去亂而被之以治。」被節無不肉，意謂骨節之上無不有肉加於其上。此言居位者須安徐正靜，就像骨節必須有肉加於其上一樣，才能活動，發揮作用。高説雖就肉與骨節關係立論，但未達旨意。陶、尹説不可取。

〔二〕陶弘景曰：言人君善與事接而不安靜者，但虛心平意以待之，傾損之期必至矣。○高金體曰：不靜者，不偏靜也。○尹桐陽曰：善，同顥，倨視人也。與，舉也。善與者，謂倨傲以舉事也。又曰：虛同軀，衺也。廣雅作戲。本經陰符七篇曰：「故辭不煩而心不虛，志不亂而意不邪。」虛、邪對文耳。平意，偏意也。例與權篇以諞言爲平言同。待同時。○俞棪曰：管子勢篇曰：「安徐正靜」，「其所處者，柔安靜樂，行德而不爭，以待天下之濆作也。」（尹注：濆，動亂也。韋注周語曰：待猶備也。）又宋本六韜文韜大禮篇曰：「安徐而靜，柔節先定，善與而不爭，虛心平志，待物以正。」管子九守篇亦作「柔節先定」。「其被節無不肉」，義極晦，疑有訛誤。又按老子曰：「孰能濁以靜之徐清，孰能安以久動之徐生。保此道者，不欲盈。」又韓非楊權篇曰：「虛而待之，彼自以之。」此安徐正靜，虛心平志之説也。按：此亦從敵對雙方而言，己靜，同時亦要使對方不靜。言在位者，要善於給予或放縱對方，使之不能安靜；自己則坐觀其變，以待其傾損。謀篇曰：「故去之者從之，從之者乘之。」即其意。

〔三〕陶弘景曰：主於位者，安徐正靜而已。○尹桐陽曰：有，右也。言右所記者，爲人主居位之法。六韜大禮篇、管子九守篇皆有。○俞樾曰：管子九守篇均作「右主位」，「有」字誤，以下均同。

【校】

①先肉，二字道藏本、乾隆本、百子全書本作「無不肉」。今據改。李學勤曰：「先肉」應作「先定」，說見古文獻叢論。②靜，六韜大禮篇作「爭」。③右，道藏本、乾隆本、百子全書本作「有」。下同。

目貴明，耳貴聰，心貴智①〔一〕。以天下之目視者，則無不見；以天下之耳聽者，則無不聞；以天下之心思②慮者，則無不知〔二〕。輻輳並進，則明不可塞〔三〕。右主明〔四〕。

【注】

〔一〕陶弘景曰：目明則視無不見，耳聰則聽無不聞，心智則思無不通。此三者無壅，則何措而非當也。○尹桐陽曰：權篇曰：「聽貴聰，智貴明。」

〔二〕陶弘景曰：昔在帝堯，聰明文思光宅天下，蓋用此道也。

〔三〕陶弘景曰：夫聖人不自用其聰明思慮而任之天下，故明者，爲之視；聰者，爲之聽；智者，爲之謀。若雲從龍，風從虎，沛然而莫之能禦。輻輳並進，則道藏本、乾隆本作「不」。亦宜乎。若日月之照臨，其可塞哉，故曰明不可塞也。○尹桐陽曰：説文：「輻，輪轑也。」老子：「三十輻共一轂。」漢書劉向傳：「衆輻湊於前。」文選吴都賦：「果布輻溢而常然。」○俞棪曰：韓詩外傳曰：「獨視不若與衆視之明也；獨聽不若與衆聽之聰也；獨慮不若與衆慮之工也。故明主使賢臣，輻輳並進，所以通中正而致隱居之士。詩曰：『先民有言，詢於蒭蕘。』」此其釋義甚明。

**按**：輻，又稱輻條，車輪中連接轂和輞的直條。輳，車輪上的輻條向轂聚集。玉篇：「輳，輻輳也。」淮南子主術：「夫人主之聽治也，清明而不暗，虚心而弱志，是故群臣輻輳並進，無賢愚不肖，莫不盡其能。」此言目、耳、心同時並用，遍視、廣聞、全慮，則君必英明。俞棪説是。

〔四〕陶弘景曰：主於明者以天下之目視也。○尹桐陽曰：六韜大禮、管子九守皆有。○俞棪曰：管子九守篇「主明」與此章同，六弢文禮篇「主明」一節亦大致相同。惟「見」、「聞」、「智」下均有「也」，又「明不可塞」作「明不蔽矣。」又按：箕子洪範曰：「貌曰恭，言曰從，視曰明，聽曰聰，思曰睿。恭作肅，從作乂，明作哲，聰作謀，睿作聖。」此主明之説所由本也。

【校】

①智，鄧析子轉辭作「公」。　②心，鄧析子轉辭作「智」。思，道藏本、乾隆本、百子全書本「無」。

德①之術曰：勿堅而拒之〔一〕。許之則防守，拒之則閉塞〔二〕。高山仰之可極，深淵度之可測，神明之[位]德②術正靜，其莫之極〔三〕。右主德〔四〕。

【注】

〔一〕陶弘景曰：崇德之術，在於恢弘博納，山不讓塵，故能成其高，海不辭流，故能成其深。聖人不拒衆，故能成其大。故曰勿堅而拒之也。　○俞樾曰：堅乃望字之誤。疑叚朢爲望，形與堅似，因誤爲堅也。管子九守篇作「勿望而距，勿望而許。」可據以訂正，句上亦應有「勿望而許之」五字，宜據管子補。　○尹桐陽曰：堅同掔，牛很不從引也。**按**：此言成德之術，當須海納百川。一説德乃聽字形近而誤，此句言聽之術，亦通。

〔二〕陶弘景曰：言許而容之，衆必歸而防守；拒而逆之，衆必違而閉塞。歸而防守，則危可安，違而閉塞，則通更壅。夫崇德者，安可以不宏納哉。　○尹桐陽曰：許，聽也，從也。防，有也。廣雅作方。從德之引而與合，則內有守而不爲物移。閉猶止也。塞同蹇，實也，安也。後漢書郅壽傳注引鄭注：書考靈曜：「道德純備謂之塞；寬容覆載謂之安。」　○俞棪曰：説苑曰：

「夫政者，無迎而拒，無望而許。」其語本此。　按：陶説是。

〔三〕陶弘景曰：高莫過山，猶可極；深莫過淵，猶可測。若乃神明之「位」，德術正靜，迎之不見其前，隨之不見其後，其可測量哉。　○尹桐陽曰：神明之位即主位也。主位者，安徐正靜，主德而天下比之神明，因云神明之位。塞、極、測爲韻。　○俞棪曰：六弢文禮篇主聽曰：「勿妄而許，勿逆而拒。許之則失守，拒之則閉塞。高山仰之，不可極也；深淵度之，不可測也。神明之德，正靜其極。」又管子九守篇曰：「聽之術，勿望而距，勿望而許。」餘同六弢文。

按：神明，謂無所不知。淮南子兵略：「見人之所不見謂之明，知人之所不知謂之神，神明者先勝者也。」尹説「神明之位即主位也」，是。此言主位者，德正而靜，則無所不能。

〔四〕陶弘景曰：主於德者，在於含弘而勿距也。

【校】

①德，管子九守作「聽」。下同。②德，道藏本、乾隆本、百子全書本作「位」字。下注道藏本、乾隆本作「神明之位，德術正靜」。依注補「位」字。

用賞貴信，用刑貴正〔一〕。賞賜貴信，必驗耳目之所聞見，其所不聞見者，莫不闇化矣〔二〕。誠暢於天下神明，而況姦者干君〔三〕。右主賞〔四〕。

【注】

〔一〕陶弘景曰：賞信，則立功之士致命捐生；刑正，則更道藏本、乾隆本作「受」。戮之人没齒無怨。　○尹桐陽曰：刑、正半句韻。　**按**：此言使用賞賜貴守信諾，使用刑罰貴能公正。

〔二〕陶弘景曰：言施恩行賞，耳目所聞見，則能驗察不謬，動必當功，如此，則信在言前，雖不聞見者，莫不闇化也。　○俞樾曰：此本作「用賞貴信，用刑貴必。刑賞信必，驗於耳目之所見聞者，莫不闇化矣」。管子九守篇作「用賞者貴誠，用刑者貴必。刑賞信必於耳目之所見，則其所不見，莫不闇化矣」。是其證也。　○尹桐陽曰：驗、闇，句中韻。聞與下文君韻。

**按**：此言賞賜貴守信，一定要以自己親眼所見親耳所聞爲依據。這樣做，那些自己没有親見親聞的事，也因欲取信於君而暗自轉化。

〔三〕陶弘景曰：言每賞必信，則至誠暢於天下，神明保之如赤子，天禄不傾如泰山，又況不逞之徒，而欲奮其姦謀，干於君位者哉。此猶腐肉之齒，利劍鋒接，必無事矣。　○尹桐陽曰：暢，通也。暢與下文明、況爲韻。又曰：況同竝，比也。言天下以神明比之。干，扞也，衛也。言姦者闇化而爲君之扞衛。詩兔罝：「公侯干誠。」後漢書龐參傳作「扞城」。　○俞棪曰：管子九守篇主賞曰：「用賞貴誠，用刑貴必。刑賞信必於耳目之所見，則其所不見，莫不闇化矣。誠暢乎天地，通於神明，見姦僞也。」戴望校正「見字當爲況」。又六弢賞罰曰：「凡用賞者貴信，用罰者貴必。賞信罰必於耳目之所聞見，則所不聞見者，莫不陰化矣。夫誠暢於天地，通於神明，而況於人乎？」又按康誥曰：「敬明乃罰。」此正刑之説也。又禮緇衣曰：「上不可褻刑而輕爵。」此言賞刑之不可忽也。**按**：干君，冒犯君主。商君書定分：「故吏不敢以非法遇民，民不敢犯法以干法官也。」此言每賞必信，則誠信暢行於天下，達到神明境地，那些想以奸邪的手段求得獎賞的人，則被感化。

〔四〕陶弘景曰：主於賞者，貴於信也。

一曰天之，二曰地之，三曰人之〔一〕。四方上下，左右前後，熒惑①之處安在〔二〕。右主問〔三〕。

**【注】**

〔一〕陶弘景曰：天有逆順之紀，地有孤虛之位，人有通塞之分。有天下者，宜皆知之。○尹桐陽曰：天、地、人，三才之道，深遠幽邃。故必問於賢者而後知之。○俞棪曰：管子房玄齡注曰：「言三才之道，幽邃深遠，必問於賢者而後行之。」**按**：下文云四方上下，左右前後，則天之即「上下」、地之爲「四方」、人之曰「左右前後」。此言善問，徵詢意見，既考慮天時、地利，也要廣泛聽取身邊之人的看法。

〔二〕陶弘景曰：夫四方上下，左右前後，有陰陽向背之宜。有國從事者，不可不知。又熒惑，天之法星，所居災眚吉凶尤著。故曰雖有明天子，必察熒惑之所在，故亦須知之。○俞樾曰：此以人事言，非言天象也。注云「熒熇，天之法星，所居災眚吉凶尤著」，失其旨矣。○尹桐陽曰：此凡皆有逆順之宜，故須問之。又曰：法星所在之處，亦必求而知之。論衡：「熒惑，天罰也。」廣雅釋天：「熒惑，謂之罰星，或謂之執法。」○俞棪曰：管子房注曰：「凡此皆有逆順之宜，故須問之。」又云：「又須知法星所在也。」又按韓非內儲篇曰：「挾智而問，則不智者至，深智一物，衆隱皆變。」此主問之道也。戴望管子校正：「熒惑，猶眩惑也。」逸周書史記篇曰：「熒惑不治。」趙策曰：「蘇秦熒惑諸侯。」或作營惑。史記吳王濞傳：「黿錯熒惑天下。」淮南王傳：「熒惑百姓。」漢書均作營惑。○蕭登福曰：熒惑，或作熒熇；火星之異名。史記天官書：「（熒惑）出則有兵，入則兵散。以其捨命國熒惑。熒惑爲勃亂、殘賊、疾喪、饑兵。」張守節正義云：「天官占云：熒惑爲執法之星，其行無常，以其捨命國，爲殘賊、爲疾、爲喪、爲饑、爲兵。」熒惑所在有災，故有國者須察之。

**按**：熒惑，迷惑。戴望管子校正說是。此言廣泛徵求各方意見，就不會被迷惑。陶、蕭以星占爲據，非。

〔三〕陶弘景曰：主於問者，須辨三才之道。

**【校】**

①惑，道藏本、乾隆本作「熇」。

心爲九竅之治，君爲五官之長〔一〕。爲善者，君與之賞；爲非者，君與之罰〔二〕。君因其所以求①，因與之，則不勞〔三〕。聖人用之，故能賞②之，因之循理，固能久長③〔四〕。右主因〔五〕。

【注】

〔一〕陶弘景曰：九竅運，爲心之所使；五官動作，君之所命。○尹桐陽曰：治同始，長也。○俞棪曰：管子作「心不爲九竅，九竅治；君不爲五官，五官治。」按：九竅，耳、目、鼻孔各二，口一，下兩排泄孔，共九數。莊子齊物論：「百骸、九竅、六藏，賅而存焉。」成玄英疏曰：「九竅，謂眼、耳、鼻、舌、口及下二漏也。」五官：有三種說法：（一）爲人身五官。荀子天論以耳、目、口、鼻、形爲五官；針灸甲乙經五藏六府以爲鼻、目、口、舌、耳爲五官。（二）五行之官。左傳昭二十九年：「故有五行之官，是謂五官。……木正曰句芒，火正曰祝融，金正曰蓐收，水正曰玄冥，土正曰後土。」（三）五種官職。相傳殷制以司徒、司馬、司空、司士、司寇典司五衆爲五官。說見禮曲禮下。周代以冢宰、司徒、宗伯、司馬、司寇、司空爲六官，去冢宰爲五官。見周禮春官小宗伯。此處當指五種官職而言，泛指百官。

〔二〕陶弘景曰：賞善罰非，爲政之大經也。○尹桐陽曰：管子與作予。賞與上文長爲韻。○俞棪曰：鄧析子曰：「爲善者，君與之賞；爲惡者，君與之罰。因其所來而報之，循其所以進而答之。聖人因之，故能用之。因之循理，故能長久。」文意約略相同，足資參證。

〔三〕陶弘景曰：與者，應彼所求；求者，得應而悦。四字道藏本、乾隆本作「應而無得」。應求則取施不妄，得應則行之無怠，循性而動，何勞之有。 ○尹桐陽曰：求、勞爲韻，勞讀牢也。 ○俞樾曰：韓非外儲曰：「因事之理，則不勞而成。」管子作「君因其所以來，因而予之」。求字，管子九距作來，誤也，見小稱。 ○蕭登福曰：因，依也，循也，順也。管子心術篇上：「因也者，舍己而以物爲法者也。」「君因其所以求，因與之，則不勞」，意謂國君如能依據臣下所行的而施以賞罰，則賞罰完全由對方之行爲而決定，自己無須費神，因此便不會過分勞苦了。 按：蕭説是。

〔四〕陶弘景曰：因求而與，勞權校改作「應」。悦莫大焉。雖無玉帛勸同賞矣，然因逆理，禍莫速焉。因之循理，故能長久。 ○尹桐陽曰：用同庸，功也。周禮司勳：「民功曰庸。」又曰：固能，管子作故能。故、固聲轉通用。子華子：「北宮意問故能久長而不蔽。」 ○俞棪曰：因、掌二字據管子改正。又按韓非楊權篇曰：「因而任之，使自事之；因而予之，彼將自舉之；正與處之，使皆自定之。」「因其所爲，各以自成。」 按：因之循理，意謂根據賞罰的原則。

〔五〕陶弘景曰：主於因者，貴於循理。 ○尹桐陽曰：論語曰：「因民之所利而利之。」太史公自序：「因者，君之綱也。」皆此所謂主因者。

【校】①「所以」前，道藏本、乾隆本、百子全書本衍「政之」二字。求，管子、鄧析子作「來」。②賞，管子作「掌」。③固，嘉靖鈔本作「故」。鄧析子亦作「故」。故、固古字通。戰國策東周策：「齊重故有周而已取齊。」史記周本紀「故」作「固」。久長，二字管子、鄧析子作「長久」。下注中，「故」字道藏本、乾隆本作「固」。

人主不可不周。人主不周，則群臣生亂〔一〕。家于其無常也①，内外不通，安知所開〔二〕。開閉不善②，不見原也〔三〕。右主周〔四〕。

【注】

〔一〕陶弘景曰：周謂徧知物理，於理不周，故羣臣亂也。○尹桐陽曰：周，徧也。生同眚，目病生翳也。○俞樾曰：管子勢篇曰：「善周者，明不能見也。」「善明者，周不能蔽也。」房注曰：「周謂謹密也。」**按**：陶說是。俞樾引房注作謹密解，亦通。

〔二〕陶弘景曰：家猶業也。羣臣既亂，故所業者無常，而内外閉塞；觸途多礙，何如知所開乎。○尹桐陽曰：禮：「諸侯曰國，大夫曰家。」于，以也。常同曭，直視也。家與下文所，半句與全句韻。知，見也。所同許，聽也，謂無見又無聞也。○俞樾曰：開，一本作聞。管子作

「怨」。房注曰：「内外不通，則事不泄，故無怨。」又按曰：韓非曰：「其事不當，下考其常。」常，常理也。　○蕭登福曰：家，居也（説見説文解字）。「家于無常」，猶處於無常也。

按：其，指代群臣。家，落户安居。史記陸賈傳：「以好畤田地善，可以家焉。」這裏指使群臣安分。荀子修身：「趣舍無定，謂之無常。」國語晉语：「國亂民擾，大夫無常，不可失也。」此言管理群臣之無常，使之安分。如果内外資訊不通，怎知如何進行。

〔三〕陶弘景曰：開閉即捭闔也，既不用捭闔之理，故不見爲善之源也。　○尹桐陽曰：開同訮，諍語，訮訮也。閉謂君拒止之而不受。見同覵，面見也。原即謜，徐語也。不見原者，謂無面語人君不善之事。善、原爲韻。　○俞樾曰：王引之曰：「管子作關閈不開，閈當作閉。」又管子作「關閈不開，善否無原。」房注曰：「既不聞其關閈，故善之與不善，不得知其原。」

按：原，本原。禮記孔子閒居：「必達于禮樂之原。」尹説非是。

〔四〕陶弘景曰：主於周者，在於徧知物理。

【校】

①「家于其無常也」，管子作「寂乎其無端也」。　②陳乃乾按：「開」當作「關」，「善」上脱「開」字。

一曰長目，二曰飛耳，三曰樹明〔一〕。明知①千里之外，隱微之中，是謂洞天下姦，莫不闇變[更]②〔二〕。右主恭③〔三〕。

【注】

〔一〕陶弘景曰：用天下之目視，故曰長目；用天下之耳聽，故曰飛耳；用天下之心慮，故曰樹明。○高金體曰：長目、飛耳語更奇也。○尹桐陽曰：樹同燭，庭燎大燭也。例與說文鼓讀若屬同。明與下文更爲韻。按：陶說是。尹以樹同燭，非。

〔二〕陶弘景曰：言用天下之心慮，則無不知。故千里之外，隱微之中，莫不玄覽。既察隱微，故爲姦之徒，絕邪於心胸。故曰莫不闇變更改也。○尹桐陽曰：中，得也。洞同迥，達也。中、洞爲韻。又曰：言姦隱變而爲善。○俞棪曰：管子九守主參篇「千里」句上有「明知」二字。管子下二句爲：「曰動姦，姦動則變更矣。」房注曰：「姦在隱微，其理將動；姦既動矣，自然變更。」又按韓非內儲曰：「數見久待而不任，姦則鹿散。使人問他，則不鬻私。」此義發鬼谷所未道，可以參證。按：陶說是。尹說中爲得，洞同迥，非是。

〔三〕陶弘景曰：主於恭者，在於聰明文思。○尹桐陽曰：恭同窮，極也。長、飛、樹，皆有極遠義者，管子九守作主參，參，三也，指目、耳、明言。○蕭登福：以文義觀之，則「主恭」當爲「主參」之誤，謂參用衆言，以衆人爲我們之耳、目。按：恭，肅敬。說文：「恭，肅也。」書皋陶謨：「願而恭。」禮記曲禮上：「是以君子恭敬撙節。」孔穎達疏引何胤：「在貌爲恭，在心爲敬。」此言君主如何使天下肅靜。尹、蕭以恭爲參，非是。

【校】

①明知，二字道藏本、乾隆本、百子全書本脱。②「更」字脱。道藏本、乾隆本、百子全書本有「更」字。陶注亦云「變更改」，則其所見本已有「更」字。今據補。③恭，管子作「參」。

循名而爲，實安而完〔一〕。名實相生，反相爲情〔二〕。故曰：名當則生於實，實生於理，理生於名實之德，德生於和，和生於當〔三〕。右主名①〔四〕。

【注】

〔一〕陶弘景曰：實既副名，所以安全。○尹桐陽曰：爲，謂也。墨子經上：「謂移舉加。」公孫龍子名實論：「審其名實，慎其所謂。」又曰：「循名則實不誤，故安而完。」○俞棪曰：管子九守督名作「修名而督實，按實而定名」。**按**：此言「循名」之重要。尹釋「循名則實不誤，故安而完」，正合題旨。

〔二〕陶弘景曰：循名而爲實，因實而生名。名實不虧則情在其中矣。○尹桐陽曰：反謂不相生。墨子耕柱篇曰：「生有反。」又曰：爲情，僞誠也。呂覽審分：「按其實而審其名，以求其情。」○俞棪曰：管子此句下有「名實當則治，不當則亂。」又按反字讀爲還反之反。説文：「還，復也。」○蕭登福曰：反相爲情，意謂名實二者，互以對方爲情實，爲其内涵。**按**：情，此謂事物之本性。孟子滕文公上：「夫物之不齊，物之情也。」此言名實互生，各爲對方之本性。

〔三〕陶弘景曰：名當自生於實，實立自生於理。又曰：無理不當，則名實之德自生也。又曰：有德必和，能和自當。○尹桐陽曰：德，得也。○俞棪曰：（實生於理）管子此句以下作：「名生於實，實生於德，德生於理，理生於智，智生於當。」**按**：德，相得。逸周書官人：「小施而好德。」大戴禮記文王官人德作得。德、和、當，均指名與實相副的程度。

〔四〕陶弘景曰：主於名者，在於稱實。

【校】

①管子作「右督名」。

# 轉丸第十三、胠亂第十四

二篇皆亡

佚注曰：或有取莊周胠篋而充次第者。按：鬼谷之書，崇尚計謀，祖述聖智，而莊周胠篋乃以聖人爲大盜之資，聖法爲桀、跖之失。亂天下者，聖人之由也。蓋欲縱聖棄智，驅一代於混茫之中，殊非此書之意，蓋無取焉。或曰轉丸、胠篋者，本經、中經是也。

○秦恩復曰：唐趙蕤長短經反經篇引鬼谷子曰：「將爲胠篋探囊發匱之盜，爲之守備，則必攝緘縢，固扃鐍，此代俗之所謂智也。然而巨盜至，則負匱、揭篋，擔囊而趨，唯恐緘縢扃鐍之不固也。然則向之所謂智者，有不爲盜積者乎？其所謂聖者，有不爲大盜守者乎？何以知其然耶？昔者齊國鄰邑相望，雞狗之音相聞，網罟之所布，耒耨之所刺，方二千餘里，闔四境之内，所以立宗廟社稷、治邑屋州閭鄉里者，曷常不法聖人哉？然而田成子一朝殺齊君而盜其國，所盜者豈獨其國耶？並與聖智之法而盜之。故田成子有乎盜賊之名，而身處堯、舜之安，小國不敢非，大國不敢誅，十二代而有齊國。則是不乃竊齊國並與其聖智之法，以守其盜賊之身乎？跖之徒問於跖曰：『盜亦有道乎？』跖曰：『何適而無有道耶？夫妄意室中之藏，聖也；入先，勇也；出後，義也；知可否，智也；分均，仁也。五者不備而能成大盜者，天下未之有也。』由是觀之，善人不得聖人之道不立，盜跖不得聖人之道不行。天下之善人少，而不善人多。則聖人之利天下也少，而害天下也多矣。」其文與莊子小異，即注所云，或有取莊周胠篋而充次第者也。竊疑鬼谷篇目既經陶弘景刪定，不應唐世尚有此篇。趙蕤生於開元，與尹知章同時，可爲是尹非陶之證。録之以俟博考。

尹桐陽曰：忤合篇曰：「地而化轉之。」地，蹋也，而即𢬵，丸之埶也。轉丸之名篇，蓋以此。劉勰文心雕龍曰：「戰國爭雄，辯士雲湧，從横參謀，長短角勢，轉丸騁其巧辭，飛鉗伏其精術。」則轉丸在梁時，猶未亡矣。

**按**：横秋閣本、高氏本、四庫全書本「佚注」作「陶弘景曰」。陶弘景與劉勰同時，劉勰在梁時尚讀過轉丸，則陶弘景不會没有見到過此篇。此處注曰「或有取莊周胠篋而充次第者」，知此注語非陶也。孫詒讓曰：「按陶注，晁公武讀書志始著録云：『唐志以爲尹知章注，未知孰是。』周廣業跋謂：『注，筆法絶似管子注，當是尹注。』孫志祖讀書脞録説同。今案校，殆非也。尹注管子今俱存，此書符言篇與管子七法篇文正同。詳俞氏讀書餘録。以彼校此書，挩譌甚夥，注皆沿誤妄説，叚令果出尹手，豈得注管子而略不省勘乎？然則今本題陶注雖未可盡信，而非尹注則無疑義。」孫説是。此注爲佚注，或與太平御覽所引佚注同類。

# 本經陰符七術

陶弘景曰：陰符者，私志於内，物應於外，若合符契，故曰陰符。由本以經末，故曰本經。○尹桐陽曰：經，常也，法也。本書有中經，此故云本經耳。秦策：「得大公陰符之謀，伏而讀之。」史記蘇秦傳索隱云：「陰符是大公兵法，謂陰謀之在其列。」鶡冠子武靈王篇曰：「陰經之法，謂陰符耳。」○蕭登福曰：文中分七個小標題來論述遊説者内在涵養上所須具備的一些條件，偏重在内心的修鍊與精神力的運用上，顯然與前十二篇偏重在遊説技巧者有别。七術之篇目依次如下：盛神法五龍、養志法靈龜、實意法騰蛇、分威法伏熊、散勢法鷙鳥、轉圓法猛獸、損兑法靈蓍。前面盛神、養志、實意三篇，旨在説明如何去充實意志，涵養精神。後半的分威、散勢、轉圓、損兑諸篇，是告訴我們如何將内在的心神去處理外在的事物。七術共分兩個不同的層次，一是屬於内練，一是屬於運用。

**按**：經，義理、法則。書大禹謨：「與其殺不辜，寧失不經。」陰符，古書，相傳爲太公兵法。六韜陰符篇曰：「武王問太公曰：引兵深入諸侯之地，三軍卒有緩急，或利或害，吾將以近通遠，從中應外，以給三軍之用，爲之奈何？」太公曰：「主與將有陰符，凡八等：有大勝克敵之符，長一尺；破軍擒將之符，長九寸。」本經陰符七術非言兵法，故非是陰符。戰國策秦策載蘇秦所讀之陰符當是縱横家著作，或即是本經陰符七術。太平御覽卷二百七十一引周書陰符曰：「凡治國有三常：一曰君以舉賢爲常；二曰官以任賢爲常；三曰士以敬賢爲常。夫然雖百代可知也。」然則名陰符者，亦多矣。

本經陰符七術，是關於計謀的七篇專論，「計謀者，存亡之樞機」，而要計謀能成，必須要「慮深遠」，所謂「慮深遠則計謀成」，而「慮深遠」必須要求「心安靜」。此實意篇主旨。心如何能安靜？須心通，「養志則心通矣」，此養志篇主旨也。養志謂何？心與氣不相一也，心與氣合一，只有在「道」中，因此「養神之所，歸諸道」。此盛神篇意也。神之伏，則靜固志意，可分他人之威也，此分威篇旨也。神之動，則「知其計謀」，此散勢篇旨也。計謀無窮，然轉圓可得，此轉圓篇旨。果斷敢決，「而後爲之謀」，此損兑旨意。七者均圍繞計謀這個中心而論述，爲計謀之專論。

全篇結構上由七個部分所組成：盛神法五龍、養志法靈龜、實意法螣蛇、分威法伏熊、散勢法鷙鳥、轉圓法猛獸、損兑法靈蓍。依據其内容，可分爲三組：第一組以神、氣、心爲核心，對神與氣、心與氣、心與神三者之間的關係作理論上的探討，形成盛神、養志、實意三篇；第二組專論神之作用，先言神之覆，次言神之使，對神之伏、神之動對人内心的影響，以及引起的一系列後果作了闡釋，形成分威、散勢兩篇；第三組專論計謀與決斷，計謀無窮，然轉圓可得；決斷關乎安危，故損兑可用，形成轉圓、損兑兩篇。七術乃對縱横學説進行理論上的構建，十分寶貴。

## 盛神法五龍〔一〕。

【注】

〔一〕陶弘景曰：五龍，五行之龍也，龍則變化無窮，神則陰陽不測，故盛神之道法五龍也。○高金體曰：龍變化，神不測，故法之。○尹桐陽曰：五龍者，五行之龍。説文：「戊，中宫也。象六甲五龍相拘絞也。」水經注引遯甲開山圖曰：「五龍見教，天皇被迹。」榮氏注云：「五龍，治在五方，爲五行神。」文選郭景純遊仙詩：「奇齡邁五龍，千歲方嬰孩。」○俞棪曰：淮南子精神訓曰：「耳目清、聽視達，謂之明，五藏能屬於心而無乖，則教志勝而行不僻矣。教志勝而行之不僻，則精神盛而氣不散。精神盛而氣不散則理，理則均，均則通，通則神，神則以視無不見，以聽無不聞也，以爲無不成也。」　按：法，效法。商君書更法：「治世不一道，便國不必法古。」五龍，上古主要有兩説：（一）古史相傳遠古部落酋長名。唐司馬貞補史記三皇紀：「自人皇以後，有五龍氏。」又見文選漢王文考（延壽）魯靈光殿賦注引春秋命曆序。（二）古代方士傳説神仙名。文選郭景純遊仙詩：「奇齡邁五龍，千歲方嬰孩。」注引遯甲開山圖榮氏解，謂五龍爲木、火、金、水、土之仙。

盛神中有五氣，神爲之長，心爲之舍，德爲之大①，養神之所歸諸道〔一〕。道者天地之始，一其紀也，物之所造，天之所生，包宏無形，化氣，先天地而成，莫見其形，莫知其名，謂之神靈②〔二〕。故道者，神明之源。一其化端，是以德養五氣，心能得一，乃有其術〔三〕。術者，心氣之道所由舍者，神③乃爲之使〔四〕。九竅十二舍者，氣之門户，心之總攝也④。生受於天，謂之真人，真人者與天爲一〔五〕。

【注】

〔一〕陶弘景曰：五氣，五藏之氣也。謂精、神、魂、魄、志道藏本、乾隆本作「神、魂、魄、精、志」。也。神居四者之中，故爲之長；心能含容，故爲之舍；德能制御道藏本、乾隆本作「邪」。故爲之大，然則養神之所宜，歸之於道也。○尹桐陽曰：氣一、神二、心三、德四、道五也。五與下文舍爲韻。又曰：下文云神其長也。長與下文養爲韻。又曰：舍，涂也。墨子非命上：「心涂之辟。」又稱心術。子華子北宮意問：「神氣舍心。」又曰：「夫心者，五六之主也，精神之舍也。」靈樞大惑論：「目者，心使也；心者，神之舍也。」又曰：下文云德養五氣，德，説文作悳，外得於人，內得於己也。人與仁同。諸，同者。　**按**：五氣，指心、肝、脾、肺、腎等五臟之氣。周禮天官疾醫：「參之以九藏之動。」鄭玄注：「正藏五，又有胃、膀胱、大腸、小腸。」賈公彦疏：「正藏五者，謂五藏：肺、心、肝、脾、腎，並氣之所藏。」

〔二〕陶弘景曰：無名，天地之始，故曰：道者天地之始也。道始所生者一，故曰：一其紀也。言天道混成，陰陽陶鑄，萬物以之造化，天地以之生成，包容宏厚，莫見其形，至於化育之氣，乃先天地而成，不可以狀貌詰，不可以名字尋，妙萬物而爲言，是以謂之神靈也。○尹桐陽曰：紀，基也。說文「一」下云：「惟初太極，道立於一，造分天地，化成萬物。」始、紀爲韻。又曰：造，成也。造與上文道爲韻。生與下文形、名、靈亦爲韻。○俞棪曰：老子曰：「有物混成，先天地生。寂兮寥兮，獨立而不改，周行而不殆，可以爲天下母。」又按：韓非主道曰：「道者，萬物之始，是非之紀也……虛靜以待令，令名自命也，令事自定也。」「有言者自爲名，有事者自爲形。」　**按**：詩經鄭風終南：「有紀有堂。」毛傳：「紀，基也。」基，開始。詩周頌昊天有成命：「夙夜基命宥密。」國語晉語九：「基於其身，以克服其所。」韋昭注：「基，始也。」一其紀，謂一是它的開始。造，創建。尚書康誥：「用肇造我區夏。」禮記玉藻：「大夫不得造車馬。」

〔三〕陶弘景曰：神明稟道而生，故曰：道者神明之源也。化端不一，則有時不化，故曰：一其化端也。循理有成，謂之德五氣；各能循理，則成功可致。故曰：德養五氣也。一者，無爲而自然者也。心能無爲，其術自生。故曰：心能得一，乃有其術也。○高金體曰：德能制五氣之邪，故成人形，否則異類將乘之。○俞樾曰：德、得古通用。德養五氣即得養五氣也。其下云「五氣得養，務在舍神」，可證。注曰：「循理有成，謂之德五氣；各能循理，則成功可致。故曰：得養五氣也。」斯曲説矣。○尹桐陽曰：端，説文作耑，物初生之題也。源、端爲韻。又曰：五氣，五藏之氣。謂神、魂、魄、意、志也。氣、術爲韻。○俞棪曰：易繫辭曰：「化而裁之，存乎變；推而行之，存乎通；神而明之，存乎其人。」所謂道者，化推而變通之也，神明之源，蓋謂是也。又按韓詩外傳曰：「凡治氣養心之術……莫慎一好。好一則摶，摶則精，精則神，神則化。是以君子務結心乎一也。」又云：「智慮潛深則一之以易諒。」此言養氣之術，必源於一也。又呂氏春秋論人曰：「無以害其天則知精，知精則知神，知神之謂得一。凡彼萬形得一而後成，故知一則應物變化，闊大淵深不可測也。德行昭美比於日月，不可息也。」此之謂心能得一，乃有其術。論語曰：「女以予爲多學而識之者歟……非也。予一以貫之。」尸子分篇曰：「審一之經，百事乃成；審一之紀，百事乃理。」按：得，通德。孟子告子上曰：「爲宮室之美，妻妾之奉，所識窮乏者得我與？」俞樾説是。

〔四〕陶弘景曰：心氣合自然之道，乃能生術。術者，道之由舍，則神乃爲之使。○高金體曰：道者，天地萬物皆父之，故必能舍道則百靈鹹役，術之宗也。○尹桐陽曰：説文：「術，邑中道也。」上云心爲之舍，舍即涂，亦道耳。管子書有心術篇，心與下文十、攝爲韻。由舍謂由涂也。上文云心爲之舍。春秋繁露：「循天之道，心氣之君也。」舍與下文户爲韻。又曰：乃，君也。上文「氣，神爲之長」，此故云神。君，墨子經上爲存也。素問靈兰秘典論：「心者，君主之官。」宣明五氣篇：「心存神。」 ○俞樾曰：韓非楊權曰：「虛心以爲道舍。」 按：道，同導。楚辭屈原離騷：「來吾道夫先路。」

〔五〕陶弘景曰：十二舍者，謂目見色、耳聞聲、鼻臭香、口知味、身覺觸、意思事、根境互相停舍。舍有十二，故曰：十二舍也。氣候由之出入，故曰：氣之門户也。唯心之所操舍，故曰心之總攝也。凡此皆受之於天，不虧其素，故曰真人。真人者，體同於天。故曰與天爲一也。 ○尹桐陽曰：九竅者，謂陽竅七，陰竅二也。周禮疾醫：「兩之以九竅之變。」管子心術上：「心術者，無爲而制竅者也。」十同協，和也。說文：協，古文從十聲作叶。又曰：二舍，二道也，指陰陽言。攝，合也。又曰：天、人、一爲韻。 ○俞樾曰：易繫辭曰：「窮神知化，德之盛也。」神化歸身者，窮神以知化也。 ○蕭登福曰：眼、耳、鼻、舌、身、意爲六根；色、聲、香、味、觸、法爲六塵。佛家將六根六塵合稱爲十二處或十二入。陶弘景既以佛家十二入釋鬼谷子之十二舍，則殆當時十二入或譯作十二舍也。 按：舍，說文：「市居曰舍。」段玉裁注：「此市字非買賣所之，謂賓客所之也。」此處指止息之處。本經陰符曰：「故靜固志意，神歸其舍，則威覆盛矣。」下文曰：「氣之門户。」則此十二舍，則是「氣」之十二處止息之所。周禮以爲有九藏，周禮天官疾醫：「參之以九藏之動。」鄭玄注：「正藏五，又有胃、膀胱、大腸、小腸。」素問靈蘭秘典論除上述九藏外，又加上膽、膻中、三焦三藏，共十二官，稱十二藏。十二舍，即十二藏。陶、蕭説，非是。真人，道家稱存養本性的得道之人。莊子大宗師：「且有真人而後有真知。何謂真人？古之真人，不逆寡，不雄成，不謨士。」

【校】

①大，道藏本、乾隆本、百子全書本訛作「人」。②靈，俞棪以爲誤，改作「明」字。曰：「鬼谷書無稱神靈者，下文接稱神明，足證其誤。」俞説可參。③一本無「神」字。④自「九竅十二舍」至此十五字，俞棪以爲此十五字疑晉人注文。

內修練①而知之，謂之聖人，聖人者，以類知之〔一〕。故人與一生②，出於物化②〔二〕。知類在竅，有所疑惑，通於心術，心無其③術，必有不通〔三〕。其通也，五氣得養，務在舍神，此謂之④化〔四〕。化有五氣者，志也、思也、神也、德也，神其一長也。靜和者養氣，氣⑤得其和，四者不衰，四邊威勢，無不爲存而舍之，是謂神化。歸於身，謂之真人⑥〔五〕。真人者，同天而合道，執一而養産萬類，懷天心，施德養，無爲以包志慮思意，而行威勢者也。士者通達之。神盛乃能養志〔六〕。

【注】

〔一〕陶弘景曰：内修練，謂假學而知者也。然聖人雖聖，猶假學而知；假學即非自然，故曰以類知之也。○尹桐陽曰：内同芮，芮芮，草生貌。真人之知，由於自然，因云芮，以狀之。内與下文類、物爲韻。又曰：聖人假學而知，故曰類知。○俞棪曰：荀子解蔽曰：「人生而有知，知而有志。志也者，藏也。……心生而有知，知而有異，異也者，同時兼知之，兩也。」「心枝則無知，傾則不精，貳則疑惑。」「類不可兩也，故知者擇一而壹焉。」又按荀子非相曰：「不先慮，不早謀，發之而當，成文而類，居錯遷徙，應變不窮，是聖人之辯者也；先慮之，早謀之，斯須之言而足聽，文而致實，博而黨正，是士君子之辯者也；聽其言，則辭辨而無統；用其身，則多詐而無功。上不足以順明王，下不足以和齊百姓，然而口舌之於噡唯則節，足以爲奇偉偃卻之屬，夫是之謂姦人之雄。」又按：易繫辭曰：「聖人有以見天下之動，而觀其會通。」會通者，類也。

〔二〕陶弘景曰：言人相與生在天地之間，得其一耳。但既出之後，隨物而化，故有不同也。○尹桐陽曰：生謂衆物。又曰：一，皆也；化物，謂天地。○蕭登福曰：「人與生」三字，陶注作「人相與生」解，竊疑當作「人與萬物」解。「生」爲含靈之屬，此指萬物。「物化」一詞，莊子齊物論成玄英疏云：「物理之變化也。」林希逸莊子口義云：「此謂萬物變化之理。」按：此言人與一同生，故能物化。尹、蕭説，非。

〔三〕陶弘景曰：竅，謂孔竅也。言知事類在於九竅，然九竅之所疑，必與術相通。若乃心無其術，術必不通也。○高金體曰：術多則愈塞，故曰術必有不通。○尹桐陽曰：必，閟也。○俞棪曰：韓非解老曰：「思慮靜，故德不去；孔竅虛，則和氣日入。」按：竅，即九竅。心，心臟，古人認爲心臟是人的思維器官。此言人憑感官而知事類，感官不能直接感識的，則需要借助思維。故思維須有一定的方法，若無，則思路堵塞，無法認識事類。

〔四〕陶弘景曰：心術能通，五氣自養。然養五氣者，務令神來歸舍，神既來舍，自然隨理而化也。○尹桐陽曰：上文云德養五氣。又曰：神來歸舍，隨理而化。○俞棪曰：中庸曰：「曲能有誠，誠則形，形則著，著則明，明則動，動則變，變則化。唯天下至誠爲能化。」「至誠之道，可以前知。」「禍福將至。善，必先知之；不善，必先知之。」按：五氣，肺、心、肝、脾、腎五臟的外徵。周禮天官疾醫：「以五氣、五聲、五色眡其死生。」

〔五〕陶弘景曰：言能化者，在於全五氣；神其一長者，言能齊一志思而君長之，神既一長故能靜和而養氣，氣既養，德必和焉。四者謂志、思、神、德也。是四者能不衰，則四邊威勢，無有不爲常存而舍之，則神道變化，自歸於身。神化歸身，可謂真人也。○尹桐陽曰：氣一、志二、思三、神四、德五也。者，同也。墨子者多作也。又曰：志、德韻；思、神亦韻。思讀囟也。又曰：氣與下文衰勢爲韻。又曰：和與下文爲、化韻。又曰：衰，説文作瘃，減也。又曰：四邊，四方也。勢，説文作埶，穜也。埶植用力最勢，因以爲氣勢。易象傳「地勢坤」虞注：「勢，力也。」韓非子八説：「勢者，勝衆之資也。」爲，行也。又曰：身、真爲韻。　○俞樾曰：易繫辭曰：「窮神知化，德之盛也。」神化歸身者，窮神以知化也。　按：化有五氣，即五氣之化。此言五氣之變化，産生不同效果，或志、或思、或神、或德。而神乃最佳效果。五氣之融和合一，則志、思、神、德四者均有效果。五氣混行五臟之内，此謂神化，歸諸肉體，便成真人。

〔六〕陶弘景曰：一者，無爲也。言真人養産萬類，懷抱天心，施德養育，皆以無爲爲之。故曰執一而養産萬類。至於志意思慮運行，威勢莫非自然循理而動，故曰無爲以包也。然通達此道，其唯善爲士者乎！既能盛神，然後乃可養志也。　○高金體曰：浩然克塞兩間，正是此數勢，一語括出。　○尹桐陽曰：上文云「真人者與天爲一」。又曰：産，生也。類，物也。類與下文勢、達爲韻。又曰：上文云「德養五氣」。又曰：士蓋壬字誤。上文作聖。説文：「聖，通也。」意、志爲韻。　○俞樾曰：尸子分篇曰：「執一以靜，令名自正，令事自定。」韓非子楊權曰：「聖人執一以使名自命，令事自定。」中庸曰：「誠者，不勉而中，不思而得，從容中道，聖人也。」又按中庸曰：「高明配天。」高者，天之道也。又言：「今夫天，斯昭昭之多，及其無窮也，日月星辰系焉，萬物覆焉。」無窮者，天道運行之紀也。　按：執一，執道，堅守無爲。荀子堯問：「執一無失。」士疑爲聖字殘。尹説可參。

【校】

①練，道藏本、乾隆本、百子全書本作「鍊」。「内修練」前，道藏本、嘉靖鈔本、乾隆本、百子全書本衍

「而知之者」四字。②一生，二字道藏本、乾隆本、百子全書本作「生一」，嘉靖鈔本作「生，生一」。俞棪以爲「人與一生，出於物化」錯簡，當在「真人者，與天爲一」句下。③心無其，三字道藏本、乾隆本、百子全書本脱。④謂之，道藏本、乾隆本、百子全書本乙倒作「之謂」。⑤氣，道藏本、乾隆本、百子全書本作「養氣」，嘉靖鈔本作「若氣」。⑥自「化有五氣者」至此，俞棪以爲錯簡，當在「故人與一生，出於物化」之後。俞棪説無版本依據。

## 養志法靈龜

陶弘景曰：志者察是非，龜能知吉凶，故曰養志法靈龜。○高金體曰：「志察理，龜察事，故法之。妙理微言。」○尹桐陽曰：禮記禮運：「而有志焉。」注：「志爲識。」古文龜與下文志、思、使爲韻。○蕭登福曰：朱熹四書集注云：「心之所之爲志。」心裏所企盼達到的，稱爲「志」。「志」與「欲」都是心裏的願望。

養志者，心氣之思不達也〔一〕。有所欲，志存而思之。志者，欲之使也。欲多①則心散，心散則志衰，志衰則思不達〔二〕。故心氣一，則欲不徨②；欲不徨，則志意不衰；志意不衰，則思理達矣〔三〕。理達則和通，和通則亂氣不煩③於胸中〔四〕。故内以養志④，外以知人。養志則心通矣，知人則職分⑤明矣〔五〕。

【注】

〔一〕陶弘景曰：言以心氣不達，故須養志以求通也。○尹桐陽曰：毛詩序：「在心爲志。」孟子：「夫志，氣之帥也。」子華子北宮意問：「志之所造謂之思。」○俞棪曰：孟子曰：「志，氣之帥也；氣，體之充也。夫志至焉，氣次焉。故曰持其志，無暴其氣。……志一則動氣，氣一則動志……我知言，我善養吾浩然之氣……其爲氣也，至大至剛，以直養而無害，則塞於天地之間……行有不慊於心則餒矣。」按：古人認爲心臟是思維器官。心氣之思不達，意謂思路不暢。

〔二〕陶弘景曰：此明縱欲者，不能養氣志，故所思不達者也。○尹桐陽曰：衰、達爲韻。按：此言思路不暢是緣於多欲。

〔三〕陶弘景曰：此明寡欲者，能養其志，故思理達矣。○高金體曰：楊子演玄，必曰泊如；張衡思玄，亦曰晏如。故知欲多者理淺，情淡者志深，思鬱則害乘於心，理達則和通於氣，故莊生逍遥，列子御風，皆理達之驗也。○尹桐陽曰：偟同㞷，妄生也。說文：「㞷讀若皇。」皇、㞷聲轉。

〔四〕陶弘景曰：和通則莫不調暢，故亂氣自消。○尹桐陽曰：煩，擾也。通、中爲韻。

〔五〕陶弘景曰：心通則一身泰，職明則天下平。○尹桐陽曰：任人皆當其才。通、明爲韻。明讀蒙也。易注齊人謂萌曰蒙。書洪範叶恭、從、明、聰、容。文子微明叶明、聰，從公。三略上叶明、聰、忠，例皆同此。按：職分，職責。

【校】

①「多」字後，道藏本、嘉靖鈔本、乾隆本衍「志」字。②徨，道藏本、乾隆本、百子全書本作「偟」。下同。③煩，一本作「暴」。④志，道藏本、乾隆本、百子全書本訛作「氣」。⑤職分，道藏本、嘉靖鈔本、乾隆本、百子全書本乙倒作「分職」。

將欲用之於人，必先知其養氣志，知人氣盛衰，而養其志氣①，察其所安，以知其所能〔一〕。志不養，則心氣不固；心氣不固，則思慮不達；思慮不達，則志意不實；志意不實，則應對不猛；應對不猛，則志失②而心氣虛；志失而心氣虛，則喪其神矣〔二〕。神喪則髣髴，髣髴則參會不一〔三〕。養志之始，務在安己。己安則志意實堅，志意實堅則威勢不分，神明常固守，乃能分之〔四〕。

【注】

〔一〕陶弘景曰：將欲用之於人，謂以養志之術用人也。養志則氣盛，不養則氣衰。盛衰既形，則其所安所能可知矣。然則善於養志者，其唯寡欲乎。○尹桐陽曰：其，己也。説文：丌讀與記同。詩揚之水「彼其之子」箋「其」或作記。志與下文能爲韻。

〔二〕陶弘景曰：此明喪神始於志不養也。○尹桐陽曰：猛，敏也。神與下文一爲韻。○俞棪曰：韓詩外傳：「孔子曰：好辯論而畏懼，教之以勇。」畏懼者，失志心虚，教以勇，所以養其氣志也。**按**：猛，兇猛，勇猛。此意謂快速，果斷。

〔三〕陶弘景曰：髣髴，不精明之貌；參會，謂志、心、神三者之交會也。神不精明則多違錯，故參會不得其一也。○高金體曰：參會不一者，紛紜酬酢不見至一之理。○尹桐陽曰：説文：「仿，相似也。」「髴，若似也。」髣、仿，别體字。字林作仿佛。云：見不審。參會謂糝雜也。**按**：髣髴，好像。楚辭遠遊：「時髣髴以遥見兮，精晈晈以往來。」洪興祖補曰：「説文云：髣髴，見不諟也。」參，即三。

〔四〕陶弘景曰：安者謂寡欲而心安也。威勢既不分散，神明常來固守。如此則威積而勢震「則」下五字道藏本、乾隆本訛作「威精分勢震動」。物也。上「分」，謂散亡也，下「分」，謂我有其威，而能動彼，故曰：乃能分之也。○楊慎曰：分之以應物。○尹桐陽曰：始、己爲韻。能，熊屬。下文曰：分威法伏熊。○俞棪曰：韓詩外傳：「孔子曰：夫談説之術，齊莊以立之，端誠以處之，堅强以待之，辟稱以喻之，分以明之，歡忻芬芳以送之，賨之珍之貴之神之，如是，則説恒無不行矣。夫是之謂能貴其所貴。若夫無類之説，不形之行，不贊之辭，君子慎之。詩曰：無易由言，無曰苟矣。」齊莊者，養志也；端誠者，安己也；堅强者，實堅也；分明者，分也；歡忻芬芳者，神明所守也。孟子曰：「充實之謂美。充實而有光輝之謂大。」論語曰：「君子不重則不威，學則不固。」又按呂氏春秋具備曰：「説與治之務莫若誠，……説與治不誠，其動人心不神。」

**按**：陶説是。

【校】

①志氣，二字道藏本、乾隆本、百子全書本乙倒作「氣志」。「養其氣志」，俞棪曰：疑似衍文。

②志失，二字道藏本、乾隆本、百子全書本乙倒作「失志」。

## 實意法螣蛇

陶弘景曰：意有委曲，蛇能屈伸，故實意者，法螣蛇也。○高金體曰：意委曲，蛇屈伸，故法之。實猶誠也。○尹桐陽曰：説文：「螣，神蛇也。」荀子勸學：「螣蛇無足而飛。」**按**：螣蛇，傳説中一種能飛的神蛇。説文：「螣，神蛇也。」爾雅釋魚：「螣，螣蛇。」郭璞注：「龍類也，能興雲霧而遊其中。」

實意者，氣之慮也〔一〕。心欲安靜，慮欲深遠。心安靜則神策生①，慮深遠則計謀成。神策生則志不可亂，計謀成則功不可間〔二〕。意慮定則心遂安，心遂安則所行不錯②，神自得矣，得則凝③〔三〕。識氣寄，姦邪④而倚之，詐謀而惑之，言無由心矣〔四〕。故信心術，守真一而不化，待人意慮之交會，聽之候[之]⑤也〔五〕。

【注】

〔一〕陶弘景曰：意實則氣平，氣平則慮審。故曰：實意者氣之慮也。○尹桐陽曰：禮記王制：「意論輕重之序。」注：「意，思念也。」慮，說文云：「謀，思也。」慮、意義近耳。

〔二〕陶弘景曰：智不可亂，故能成其計謀；功不可間，故能寧其邦國。○高金體曰：意慮虛則神來，神來者實，實則神氣常明，如日居午，如月在空，物不得而蔽之。○尹桐陽曰：靜與下文榮、成、定爲韻。遠與下文亂、間、安爲韻。又曰：榮同熒，屋下鐙燭之光也。○俞棪曰：鄧析子曰：「心欲安靜，慮欲深遠。心安靜則心策生，慮深遠則計謀成。」「心不欲躁，慮不欲淺。心躁則精神滑；慮淺則百事傾。」其言與鬼谷子合。大學曰：「知止而後有定，定而後能靜，靜而後能安，安而後能慮，慮而後能得。」按文子曰：「神者，智之淵，神清則智明；智者，心之府。智公則心平。」此言殆本於鬼谷子歟？

〔三〕陶弘景曰：心安則無爲而順理，不思而玄覽。故心之所行不錯，神自得之。得則無不成矣。凝者，成也。○尹桐陽曰：遂同悇，深也。錯，差也。錯與下文寄、倚爲韻。錯讀差耳。楚辭憫上：「心懷兮隔錯。」注：「失其性也。」以錯爲差，借字者。又曰：凝，定也。得與下文惑爲韻。○俞棪曰：韓非解老篇曰：「積德而後神静，神静而後和多，和多而後計得。」又按：荀子議兵篇曰：「得之則凝。」唐楊倞注云：「凝，定也。」又莊子逍遥遊：「其神凝，使物不疵癘。」達生曰：「用志不分，乃凝於神。」又中庸曰：「苟不至德至道，不凝焉。」凝者，定也。又按王通中説曰：「凝滯者，知之蠹也。」凝字解作成，陶注不可信也。**按**：神自得，得則凝，意謂精神自主，則精力就能集中。

〔四〕陶弘景曰：寄謂客寄。言識氣非真，但客寄耳。故姦邪得而倚之，詐謀得而惑之，如此則言皆胸臆，無復由心矣。○高金體曰：識者，虚妄之見。識氣易眩，如螢光爝火，飛柯遊螟皆得隱之。○尹桐陽曰：寄同奇，不正也。又曰：言不由心則虚僞。心與下文一爲韻。心讀信也。説文：「信，古文作訫。」○蕭登福曰：識謂器識，氣謂心氣。「言無由心」，意謂言不由衷。**按**：識，記住。論語述而：「默而識之，學而不厭，誨人不倦，何有於我哉？」文選宋玉神女賦：「寐而夢之，寤不自識。」李善注：「如有可記識也。」識氣寄意謂心裏有惦記的東西。此句言心有所惦記，就不能專心一意，奸邪就有了依託的地方，就可能被對方的詐謀所迷惑。這裏仍是强調「心齋」。言無由心，蕭説是。

〔五〕陶弘景曰：言心術誠明而不虧，真一守固而不化，然後待人接物，彼必輸誠盡意，智者慮能，明者獻策，上下同心，故能謀慮交會也。用天下之耳聽，故物候可知矣。○尹桐陽曰：術與下文會、機爲韻。候，伺望也。飛箝篇曰：「或伺候，見㵎而箝之。」○俞棪曰：蒯徹説韓信曰：「聽者，事之候也，計者，事之機也。聽過計失而能久安者，鮮矣。」莊子漁父篇曰：「真在内者，神動於外。」**按**：此言要相信淨心的方法，守住真氣而不使之外流，安神靜心，待人精力高度集中，就可以聽任等待事物的任何變化了。

【校】

①神策生，三字道藏諸本作「神明榮」。下同。鄧析子轉辭篇作「神策生」。②「心遂安則所行不錯」，道藏本、乾隆本、百子全書本有脱文，作「則其所行不錯」。③「神自得矣，得則凝」，道藏本、乾隆本、百子全書本作「神者得則凝」。④此處「姦邪」與下文「詐謀」，道藏本、乾隆本、百子全書本均作「姦邪得」、「詐謀得」。觀陶注，則原文疑有「得」字。⑤候，道藏本、乾隆本、百子全書本均作「候之」。今據補。

計謀者，存亡之樞機。慮不會，則聽不審矣，候之不得。計謀失矣，則意無所信，虛而無實〔一〕。故計謀之慮，務在實意，實意必從心術始①〔二〕。無爲而求安靜五臟，和通六腑，精神魂魄固守不動，乃能内視，反聽，定志。慮②之太虛，待神往來〔三〕。以觀天地開闢，知萬物所造化，見陰陽之終始，原人事之政理，不出户而知天下，不窺牖而見天道，不見而命，不行而至〔四〕。是謂道知，以通神明，應於無方，而神宿矣〔五〕。

【注】

〔一〕陶弘景曰：計得則存，計失則亡。故曰：計謀者存亡之樞機。慮不合物，則聽者不爲己聽，故聽不審矣。聽既不審，候豈得哉！乖候而謀，非失而何，計既失矣，意何所信，惟有虚僞，無復誠實也。○尹桐陽曰：謀與下文得爲韻。又曰：無所信則詐。失、信、實爲韻。○俞棪曰：韓非解老篇曰：「體道則其智深，其智深則其會遠，其會遠，衆人莫能見其極。」按：慮不會，言意慮不交會。聽、候皆承上「聽之候之」而來。此言計謀與實意之間的關係。計謀失則意虚，欲使計謀得，則必須實意。

〔二〕陶弘景曰：實意則計謀得，故曰務在實意；實意由於心安，故曰必在心術始也。

〔三〕陶弘景曰：言欲求安心之道，必先寂澹無爲。如此則五臟安静，六腑和通，精神魂魄各守所司，澹然不動則可以内視無形，反聽無聲，志慮宅道藏本、乾隆本作「定」。太虚，至神明千萬往來歸於己也。○尹桐陽曰：爲，僞也。無僞即上文所謂實意，而與如同。求，即虯，龍子有角者，螣蛇是其類也。詩桑扈：「兕觵其觩。」説文觓下引作觓。心、肝、脾、肺、腎曰五臟。臟，説文作藏。與裝通用。謂其有所裝裹耳。韓詩外傳曰：「何謂五藏？精藏于腎，神藏於心，魂藏於肝，魄藏於肺，志藏於脾。此之謂五藏也。」則臟字以藏爲之。腑，説文作府。白虎通：「性情六府，謂大腸、小腸、胃、膀胱、三焦、膽也。」府者，爲五藏宮府也。後漢書馬融傳注引韓詩外傳曰：「何謂六府？喉咽者，量腸之府也；胃者，五穀之府也；大腸者，轉輸之府也；小腸者，受成之府也；膽者，積精之府也；膀胱者，湊液之府也。」白虎通數三焦，韓詩外傳數喉咽，二書説異，餘均從同。子華子北宮意問：「六腑化穀，津液布陽。」又曰：魄與下文虛爲韻，動與上文通爲韻。又曰：（内視即）察人隱微。又曰：反應篇曰：「古善反聽者，乃變鬼神以得其情。」又曰：「皆以先定爲之法則。」志與下文來爲韻。又曰：是即上文所謂法螣蛇者。思，通也，説文作丨。待同㟪，飛盛貌。螣蛇能飛，故云待神往來耳。○俞棪曰：莊子天下篇曰：「獨與天地精神往來而不傲倪萬物。」又中庸曰：「至誠無息，不息則久，久則徵，徵則悠遠，悠遠則博厚，博厚則高明。」「如此，不見而章，不動而變，無爲而成。」易繫辭曰：「神以知來，知以藏往。」此待神往來之説也。○鄭傑文曰：内視，古代養生術語，即通過意念而自己窺見自己體内臟、腑、經絡的一種方法。反聽，運用意念而聽到體内之音的一種方法。按：内視，即以心視。莊子列御寇：「賊莫大乎德有心，而心有睫。及其有睫也而内視，内視而敗也。」俞樾諸子平議十九莊子平議：「内視者，非謂收視反聽也。謂不以目視而以心視也，後世儒者，執一理以斷天下事，近乎心有睫矣。」反聽與内視並列，此亦指用心去聽。董仲舒春秋繁露同類相動：「故聰明聖神，内視反聽，言爲明聖；内視反聽，故獨明聖者，知其本心皆在此耳。」越絶書：「范蠡内視若盲，反聽若聾。」鄭説非。

〔四〕陶弘景曰：唯神也，寂然不動，感而遂通天下之，故能知於不知，見於不見，豈待出户窺牖，然後知見哉！同於道藏本、乾隆本作「固以」。不見而命，不行而至也。○尹桐陽曰：捭闔篇曰：「陰陽其和，終始其義。」闔、化爲韻。化韻盡也。又曰：理與上文始爲韻。又曰：老子有其語，户、下爲韻。又曰：命，明也。命、至爲韻。○俞棪曰：易繫辭曰：「夫易，聖人之所以極深而研幾也。唯深也，故能通天下之志；唯幾也，故能成天下之務，唯神也，故不疾而速，不行而至。」鬼谷此説，蓋深得易理焉。韓詩外傳曰：「昔者，不出户而知天下，不窺牖而見天道，非目能視乎千里之前，非耳能聞乎千里之外，以己之情量之也。」此之謂不見不行也。又按徐幹中論虚道篇曰：「君子……務鑒於人以觀得失，故視不過垣牆之裏，而見邦國之表；聽不過閾槷之内，而聞千里之外。因人也，人之耳目盡爲我用，則我之聰明無敵於天下矣。是謂人一之，我萬之，人塞之，我通之。」韓非喻老篇曰：「空竅者，神明之户牖也；耳目竭於聲色，精神竭於外貌，故中無主。中無主，則禍福雖如丘山，無從識之。故曰：不出於户，可以知天下；不窺於牖，可以知天道。此言神明之離其實也。」又曰：「智周乎遠，則所遺在近，是以聖人無常行也。能並智，故曰不行而知；能並視，故曰不見而明。隨時以舉事，因資而立功。用萬物之能而獲利其土，故曰不爲而成。」又按呂氏春秋君守曰：「不出者，所以出之也；不爲者，所以爲之也。」此呂氏之釋義也。

〔五〕陶弘景曰：道，無思也，無爲也。然則道知者，豈用知而知哉！以其無知，故能通神明，應於無方而神來舍矣。宿猶舍也。○尹桐陽曰：道與下文宿爲韻。明、方爲韻。宿同憂，和也。爾雅作優。説文：覀讀若三年導服之導，其例同此。按：無爲而知，是謂道知。達到道知狀態，即能與神明相通而無所不能，神亦來宿於此矣。

【校】

①「故計謀之慮，務在實意，實意必從心術始」一段，道藏本、乾隆本、百子全書本均誤作注文，且脱此句下「實意則計謀得，故曰務在實意；實意由於心安」十八字注文。②慮，道藏本、乾隆本、百子全書本作「思」。

## 分威法伏熊

陶弘景曰：精虚動物謂之威，發近震遠謂之分。熊之搏擊，必先伏而後動。故分威法伏熊也。○高金體曰：伏者，藏也，静也。静藏者，明以乘彼暗，無物不可得而攫也。物皆有威，不可相犯。我乘其暗，則其威勢忽然分散。譬如鷇卵在彼盲手，我從攫之，無不得者。故善伏熊之法，萬物雖有威勢，莫不分散如彼盲者也。○尹桐陽曰：分，奮也。熊之博擊，必先伏而後動。分威，故法之。○俞棪曰：

武韜文伐曰：「親其所愛，以分其威。一人兩心，其中必衰。廷無忠臣，社稷必危。」又管子禁藏曰：「視其所愛，以分其威。一人兩心，其内必衰也。」房注曰：「令敵國之所愛者，各權則其威分；威分則每人各懷二心；心二則力不齊，故内衰也。」韓非外儲曰：「馬驚於出彘，而造父不能禁制者，非轡筴之嚴不足也，威分於出彘也。」此謂彘令馬畏，故曰威分也。　按：分威，散發威勢。本篇言散發己方威勢。下文「散勢」則言分散對方威勢。鬼谷之學，以陰陽兩方立論，不可片面作解。楊慎、俞棪解爲分散對方威勢，非是。尹説奮己之勢，近是。

分威者，神之覆也〔一〕。故靜意固志①，神歸其舍，則威覆盛矣〔二〕。威覆盛，則内實堅；内實堅，則莫當；莫當，則能以分人之威，而動其勢，如其天〔三〕。以實取虛，以有取無，若以鎰稱銖②〔四〕。故動者必隨，唱者必和，撓其一指，觀其餘次，動變見形，無能間者〔五〕。審於唱和，以間見間，動變明而威可分也〔六〕。將欲動變，必先養志伏意以視間〔七〕。知其固實者，自養也；讓己者，養人也。故神存兵亡，乃爲之形勢〔八〕。

【注】

〔一〕陶弘景曰：覆，猶衣被也。神明衣被，然後其威道藏本、乾隆本作「職」。可分也。○尹桐陽曰：神藏於内，乃有威以奮於外。覆與下文意爲韻。○俞棪曰：呂氏春秋本生曰：「精通乎天地，神覆乎宇宙。」此之謂神之覆也。按：覆，意即伏。左傳桓公十二年：「楚人坐其北門而覆山下，大敗之。」杜預注：「覆，設伏兵而待之。」吳子治兵：「常令有餘，備敵覆我。」此言威勢散發，必須要神伏於其中。

〔二〕陶弘景曰：言致神之道，必須靜意固志，自歸其舍，則神之威覆隆盛矣。舍者，志意之宅也。○尹桐陽曰：上文云心爲之舍。舍、盛爲韻。盛讀午也。説文：「成，古文從午，聲作戚」○俞棪曰：俞樾古書疑義舉例曰：「故者，承上之詞，而古人亦或用以發端。」又按荀子不苟篇曰：「君子……未施而親，不怒而威……」。又儒效篇：「勇則速威。」又議兵篇：「禮者，……威行之道也。」

〔三〕陶弘景曰：外威既盛，則内志堅實，表裏相副，誰敢當之。「之」字與下文「物不能當」，道藏本、乾隆本衍。物不能當，則我之威分矣，威分勢動，則物皆肅然，畏敬其人若天也。「勢」字、「敬」字道藏本、乾隆本脱。○尹桐陽曰：堅與下文天爲韻。威如天之可畏，威、勢半句韻。○俞棪曰：韓非八經曰：「喜見則德償，怒見則威分。」中庸曰：「發强剛毅，足以有執也，齊莊中正，足以有敬也。」「雖善不尊，不尊不信。」又按韓詩外傳引子張謂子夏曰：「子亦聞夫子之議論耶？徐言闇闇，威儀翼翼；後言先默，得之推讓。巍巍乎，蕩蕩乎，道有歸也。」巍巍、翼翼，威覆之盛也。楊子法言曰：「貌重則有威」，「貌輕則招辱。」　按：如，從，隨也。說文：「如，從隨也。」左傳宣公十二年：「有律以如己也。」杜預注：「如，從也。」孔穎達疏：「釋詁云：『如，往也。』往是相從之義，故訓爲從也。」列子力命：「胥如志也。」殷敬順釋文：「如，隨也。」如其天，意謂隨其本性，順其自然。

〔四〕陶弘景曰：言威勢既盛，人物肅然，是我實有而彼虛無，故能以我實取彼虛，以我有取彼無，其取之也，動必相應，猶稱銖以成鎰也，二十四銖爲兩，二十四兩以上六字道藏本、乾隆本脫。爲鎰也。　○尹桐陽曰：儀禮注：「滿手曰溢。」小爾雅廣量：「一手之盛謂之溢。」稱，量也。珠，蚌之陰精，若以鎰稱珠，喻其不差。鎰者，溢，別體字。虛、無爲韻。　○俞棪曰：韓詩外傳引「子夏曰：與人以實，雖疏必密，與人以虛，雖戚必疏。夫實之於實，如膠如漆；虛之於虛，如薄冰之見晝日。」　按：以鎰稱銖，用重錘稱量輕物，比喻以重馭輕，輕而易得。

〔五〕陶弘景曰：言威分勢震，靡道藏本、乾隆本脫。物猶風，故能動必有隨，唱必有和。但撓其指，以名呼之，則羣物畢至，然徐徐以次觀其餘，衆循道藏本、乾隆本作「猶」。性安之，各令得所。於是風以動之，變以化之，猶泥之在鈞，羣器之形，自見如此，則天下樂推而不厭，誰能間之也。　○尹桐陽曰：隨、和爲韻。撓同驍，健也。指，說文作恉，意也。觀，嬛也。次同恣，態也。指、次爲韻。又曰：形與上文珠爲韻。珠讀袾也。說文：袾讀詩「靜女其袾」之「袾」。魏文帝志

注：「尚書盧毓議祀厲殊事云」，厲殊謂厲祭耳。又曰：無同模，法也。説文：無或説規，模字。能，熊屬，足似鹿間，即倜，武貌。間者，猶云倜。著，謂猛著也。即上文所謂分威法伏熊者。○俞樾曰：孟子曰：「至誠而不動者，未之有也；不誠，未有能動者也。」又中庸曰：「誠則形，形則著，著則明，明則動，動則變，變則化。唯天下至誠爲能化。」此動變之理也。

〔六〕陶弘景曰：言審識唱和之理，故能有間，必知我；既知間，故能見間，而既見間，即莫能間，「故能見間」至此，道藏本、乾隆本作：「亦既見間，即能間。」脱文較多。故能明於動變而威可分也。○尹桐陽曰：間皆同倜，唱、明及間、變均句中韻。○俞樾曰：楊子法言曰：「自後者，人先之；自下者，人高之。」此能讓己者也。

〔七〕陶弘景曰：既能養志伏意，視知道藏本、乾隆本作「之」。其間，則變動之術可成矣。○尹桐陽曰：視，效也；間同倜。視間即上所謂法伏熊。變、間爲韻。

〔八〕陶弘景曰：謂自知志意固實者，此可以自養也；能行禮讓於己者，乃可以養人也。如此則神存於內，兵亡於外，乃可爲之形勢也。○尹桐陽曰：知同駃，强健也。自即垍，堅也。人同仁。上文曰神乃爲之，爲即存耳。乃同仍，再也。神存則威自分，而無須再用兵之形勢。前漢書藝文志：兵家有兵形勢。亡與上文養爲韻。**按**：尹説是。

【校】

①「靜意固志」，道藏本、乾隆本、百子全書本訛作「靜固志意」。②銖，道藏本訛作「珠」。下

注同。

## 散勢法鷙鳥

陶弘景曰：勢散而後物服。猶鳥擊禽獲，故散勢法鷙鳥也。○高金體曰：伏熊之法，既分其威，必急擊之，其勢乃散。若少不擊，使得知備，則其威乃振，不可復擊。故鷙鳥之翔，一伏一擊，不攖其所備，不失其所不備。○尹桐陽曰：說文：「鷙，擊殺鳥也。」禮記儒行：「鷙蟲攫搏，不程勇者。」按：散勢，分散對方的威勢。

散勢者，神之使也〔一〕。用之，必循間而動〔二〕。威肅內盛，推間而行之，則勢散〔三〕。夫散勢者，心虛志溢〔四〕。意衰威失①，精神不專，其言外而多變〔五〕。故觀其志意爲度數，乃以揣說圖事，盡圓方，齊短長②〔六〕。無間則不散勢③，［散勢］者④，待間而動，動而⑤勢分矣〔七〕。故善思間者，必內精五氣，外視虛實，動而不失分散之實〔八〕。動則隨其志意，知其計謀〔九〕。勢者，利害之決，權變之威⑥；勢敗者，不以神肅察也。〔一〇〕

【注】

〔一〕陶弘景曰：勢由神發，故勢者神之使也。　○尹桐陽曰：使，説文作「䰯」，列也。香氣酷烈之稱。　○俞棪曰：徐幹中論貴言曰：「君子將與人語……必先度其心志，本其器量，視其鋭氣，察其墮衰。然後唱焉，以觀其和；導焉，以觀其隨。隨和之徵，發乎音聲，形乎視聽，著乎顔色，動乎身體，然後可以發口而步遠，功察而治微。於是乎闓張以致之，因來以進之，審諭以明之，雜稱以廣之，立準以正之，疏煩以理之。疾而勿迫，徐而勿失，雜而勿結，放而勿逸。欲其自得之也，故大禹善治水，而君子善導人。導人必因其性，治水必因其勢，是以功無敗而言無棄也。」**按**：使，支使、出使，此處意爲出。管子樞言：「天以時使，地以材使，人以德使。」上文「分威」乃神之伏，此言「散勢」乃神之出，正相對文。

〔二〕陶弘景曰：無間則勢不行，故用之必循間而動。　○尹桐陽曰：循，同揗，摩也。間，僩也。循間者，即上文所謂法鷙鳥。用、動爲韻。　○俞棪曰：荀子强國篇曰：「得間則散。」楊倞注曰：「間，隙也。」

〔三〕陶弘景曰：言威勢内盛行之，又因間而發，則其勢自然而布散矣。道藏本、乾隆本「威勢」作「威敬」，「散」字前無「布」字。　○尹桐陽曰：禮記玉藻：「色容厲肅。」注：「肅，威也。」肅與上文鳥韻。半句與全句叶法也。　○俞棪曰：論語曰：「君子……威而不猛」，「君子正其衣冠，尊其瞻視，儼然人望而畏之，不亦威而不猛乎。」

〔四〕陶弘景曰：心虛則物無不包，志溢則事無不決，所以能散其勢。○尹桐陽曰：者、溢爲韻。溢讀亦也。○俞樾曰：莊子人間世篇曰：「仲尼曰：若一志，無聽之以耳，而聽之以心；無聽之以心，而聽之以氣。聽止於耳，心止于符。氣也者，虛而待物者也，唯道集虛。虛者，心齋也。」

〔五〕陶弘景曰：志意衰微而失勢，精神挫衂而不專，則言疏外而多譎變也。○尹桐陽曰：説文：「意，志也。」意失威勢，則不溢。勢與下文外爲韻。專，説文作嫥，壹也。外，發也。多變，多亂也。專、變爲韻。

〔六〕陶弘景曰：知其志意隆替，然後爲之度數。度數既立，乃復揣而説之。其圖事也，必盡圓方之理，齊短長之用也。○尹桐陽曰：覼同齇，揮角貌。意與下文事爲韻。數與下文短爲韻。方、長爲韻，全句與半句叶也。

〔七〕陶弘景曰：散不得間，則勢不行。故散勢者，待間而動，動而得間，勢自分矣。○尹桐陽曰：無同模，法也。則、不合音爲鵙，鷲鳥之一種。例與夫不合音爲鴂同。待同庤，儲置屋下也。分，奮也。○俞樾曰：國語優施以枯菀説里克，使殺太子申生而立奚齊。里克不忍，旦而見平鄭，告之。「平鄭曰：『子謂何？』曰：『吾對以中立。』平鄭曰：『惜也，不如曰：不信以疏之，亦固太子以攜之，多爲之故以變其志，志少疏乃可閒也。今子曰中立，況固其謀。彼有成矣，難以得閒。』」平鄭之言，所謂散勢之術，卻語之方也。按陸佃注鶡冠子曰：「間，巇隙也。」

按：俞樾引文中平鄭即丕鄭。

〔八〕陶弘景曰：五氣内精，然後可以外察虚實之理。不失則[間]「間」字脱，據道藏本、乾隆本補。必可知，其有間，故能不失分散之實也。○尹桐陽曰：思同偲，强力也。思、間猶云强猛。實、失爲韻，全句與半句叶也。

〔九〕陶弘景曰：計謀者，志意之所成。故隨其志意，必知其計謀也。○尹桐陽曰：隨同䜔，壯也。説文嬬讀若隓，是其證。知即馶，謂强健也，一曰隨。説文作隓，飛也。即上文所謂志溢者，意、謀爲韻。

〔一〇〕陶弘景曰：神不肅察，所以勢敗秦恩復曰：「敗」字疑「散」字。也。○尹桐陽曰：察，殺也。決、威、敗、察爲韻。

【校】

①「意衰威失」四字，道藏本、乾隆本、百子全書本訛作「意失威勢」。②短長，二字道藏本、乾隆本、百子全書本訛作「長短」。③間，道藏本、乾隆本、嘉靖鈔本、百子全書本脱。④散勢，二字脱，據道藏本補。⑤而，道藏本、乾隆本、百子全書本脱。⑥此句俞樾以爲錯簡，當在「散勢者，神之使也」句後。

# 轉圓法猛獸

陶弘景曰：言聖智之不窮，若轉圓之無止。轉圓之無止，猶獸威無盡，故轉圓法猛獸也。○高金體曰：猛獸之威無盡，猶轉圓之勢無止。聖人心語順物，莫得而窮之，蓋猶是也。○秦恩復曰：孫季逑云疑即「轉丸」。○尹桐陽曰：猛獸之威無盡無止，轉圓故以之爲法。○蕭登福曰：吾人以智慧去處理外物時，須要隨物轉化，周圓完密，所以稱爲轉圓。按：轉圓，即轉圜。原指轉動圓體的器物，此喻便易迅速。漢書卷六十七梅福傳：「昔高祖納善若不及，從諫若轉圜。」注：「轉圜，言其順也。」猛獸捕食，亦便易迅速也。故轉圓法猛獸。

轉圓者，無窮之計也。無窮者，必有聖人之心，以原不測之智①而通心術〔一〕。而神道混沌爲一，以變論萬②類，説義無窮〔二〕。智略計謀，各有形容：或圓或方，或陰或陽，或吉或凶，事類不同〔三〕。故聖人懷此③用，轉圓而求其合〔四〕。故與④造化者爲始，動作無不包大道，以觀神明之域〔五〕。

【注】

〔一〕陶弘景曰：聖心若鏡，物感斯應。故不測之智可原，心術之要可通也。○尹桐陽曰：計與下文術、萬、説爲韻。原，源也。按：此言計謀若像圓形器物不停轉動一樣源源不斷産生出來，必須要有聖人一樣的心胸。然後才能推原不測之智，通於心術。

〔二〕陶弘景曰：既以聖心原不測，通心術，故雖神道混沌如（道藏本、乾隆本作「妙」）。物，杳冥而能論萬類之變，説無窮之義也。○俞樾曰：禮記禮運篇：「大夫死宗廟，謂之變。」鄭注曰：「變，當爲辯。」儀禮鄉飲酒禮：「衆賓辯有脯醢。」燕禮：「大夫辯受酬。」鄭注並曰：「今文辯皆作徧。」是變、辯、徧，古字通用。此云「變論萬類」，即徧論萬類也。以爲萬類之變，失其旨也。○尹桐陽曰：神、變也；道，猶也，若也。爾雅釋宫：「猷，道也。」道、猶義一耳，字亦同撢。撢，説文云「取」也。混沌即渾沌，猛獸之一種。史記五帝紀正義引神異經云：「崑崙西有獸焉，其狀如犬，長毛，四足，似羆而無爪。有目而不見，行不開，有兩耳而不聞。有人知性，有腹無五藏，有頸直短，食徑過。人有德行而往抵之，有兇惡而行依凴之。名渾沌。」上文云轉圓法猛獸，此故舉渾沌以爲言。廣雅釋訓：「渾渾，轉也。」則渾沌亦有圓轉義者。又曰：爲，如也；論同睔，大目也。論萬，猶云大萬，即鉅萬也。數之大者。又曰：義與議同；類，法也，象也；説同敚，取也。議取法於猛獸，則議圓而不至於窮。下文故云「圓者所以合語」。○俞棪曰：荀子儒效篇曰：「其言有類，其行有禮，其舉事無悔，其恃險，應變曲當，與時遷徙，與世偃仰。千舉萬變，其道一也。是大儒之稽也。」又性惡篇曰：「多言則文而類，終日議其所以，言之千舉萬變，其統類一也，是聖人之知也。」按：老子曰：「道生一，一生二，二生三，三生萬物。」此言神道爲一，由一而變萬類，説義無窮。俞樾説，迂曲。

〔三〕陶弘景曰：事至，然後謀興；謀興，然後事濟。事無常准，故形容不同。圓者運而無窮，方者止而有分。陰則潛謀未兆，陽則功用斯(動)[彰]。「動」字訛，道藏本、乾隆本作「彰」。今據改。吉則福至，凶則禍來。凡此事皆反覆，「覆」字道藏本、乾隆本奪。故曰事類不同也。○尹桐陽曰：容與上文窮爲韻。方、陽爲韻。凶、同與下文用爲韻。

〔四〕陶弘景曰：此謂所謀「圓方」以下六事，既有不同，或多乖謬。故聖人懷道藏本、乾隆本作「法」。轉圓之思，以求順通合也。○尹桐陽曰：懷，思也。此同咨，謀也。合，説文作匌，周匝之意。

〔五〕陶弘景曰：聖人體道以爲用。其動也，神其隨也。天故與造化其初，以上五字道藏本、乾隆本訛作「興造教化其功」。動作先(含)[合]「含」字道藏本、乾隆本作「合」。今據改。大道之理，以稽神明之域。神道不違，然後發號施令也。○尹桐陽曰：謀能興國。興與上文合爲韻，興讀歆也。爾雅：「廞，興也。」説文：「廞，讀若歆。」其例同此。又曰：造同浩，大也。造化猶云大化。反應篇以大化爲聖人之稱。爲始，爲治也。治與下文域爲韻。又曰：觀司趯，行。趯，趮也。按：與，隨。淮南子地形：「蛤蟹珠龜，與月盛衰。」高誘注：「與猶隨也。」國語齊語：「桓公知天下諸侯多與己也，故又大施忠焉。」造化即大化，尹説反應篇以大化爲聖人之稱，是。此言要以跟隨聖人爲開始，則所行無不合大道，且通神明之域。

【校】

①原，一本作「厚」。「智」字後，道藏本、嘉靖鈔本、乾隆本、百子全書本衍「以不測之智」五字。②「萬」字後，道藏本、乾隆本、百子全書本衍「義」字，嘉靖鈔本衍「象」字。③「此」字下，道藏本、乾隆本、百子全書本有「之」字。④與，道藏本、乾隆本、百子全書本訛作「興」。下注同。

天地無極，人事無窮，各以成其類，見其計謀，必知其吉凶成敗之所終〔一〕。轉圓者，或轉而吉，或轉而凶，聖人以道先知存亡，乃知轉圓而從方〔二〕。圓者，所以合語；方者，所以錯事。轉化者，所以觀計謀；接物者，所以觀進退之意〔三〕。皆見其會，乃爲要結以接其説也〔四〕。

【注】

〔一〕陶弘景曰：天地則獨長且久，故無極；人事則吉凶相生，故無窮。天地以日月不過陵谷，不遷爲成人事，以長保元亨，考終厥命爲成。故見其事之成否，則知其計謀之得失。知其計謀之得失，此句道藏本、乾隆本奪。則吉凶成敗之所終，皆可知也。○尹桐陽曰：極、深爲韻。凶、終與上文窮爲韻。○俞棪曰：易孔子曰：「知至至之，可與幾也；知終終之，可與存義也。」又按：書蔡仲之命曰：「愼厥初，愼厥終，終以不困。」

〔二〕陶弘景曰：言吉凶無常准，故取類轉圓。然唯聖人坐忘遺鑒，體同乎道。故能先知存亡之所在，乃後轉圓而從其方，棄凶而趨道藏本、乾隆本作「從」。吉，方謂吉道藏本、乾隆本作「存亡」。之所在也。○俞棪曰：淮南子人間訓曰：「或譽人而適足以敗之；或毀人而反以成之。」「事或爲之，適足以敗之；或備之，適足以致之。」必知成敗之數，乃能轉吉轉凶也。又按：中庸曰：「至誠之道，可以前知……禍福將至，善必先知之，不善必先知之。」此先知存亡之説也。又賈子新書曰：「先王見終始之變，知存亡之由，是以牧之以道。」又曰：「善爲天下者，因禍而爲福，轉敗而爲功。」皆此義也。

〔三〕陶弘景曰：圓者，通變不窮，故能合彼此之語；方者，分位斯定，故可以錯有爲之事；轉化者，改禍爲福，故可以觀計謀之得失；接物者，順通人情，故可以觀進退［之意］「進退」下，奪「之意」二字，據道藏本、乾隆本補。是非之事也。○尹桐陽曰：反應篇曰：「未見形圓以道之，既形方以事之。」觀字，皆同趯，行也。意，禮也。説文：「禮，古文從乙聲，作礼。」乙、意聲轉通用。莊子徐無鬼：「抱德煬和以順天下，此謂真人。於蟻棄知，於魚得計，於羊棄意。」於，如也。知即伎，敵也。蟻，性好鬥，因云棄知。意字亦同禮，羊類。知禮，道家因取棄禮以爲言。意與上文事、謀爲韻。○俞棪曰：淮南子人間訓曰：「或爭利而反强之，或聽從而反止之。」「或明禮義，推道理而不行，或解構妄言而反當。」此則極合語錯事之能事也。按：圓與轉化者對應，方與接物者對應。圓能轉化，故能合言語，觀計謀；方能接物，故能處事物，觀進退。

〔四〕陶弘景曰：謂上四者，必見其會通以上四字，道藏本、乾隆本奪「其」、「通」二字。之變，然後總其綱要以結之，則情僞之説，可接引而盡矣。○尹桐陽曰：會，快也。進退得其所則快。説文：「噲讀若快。」會、快聲轉。會與下文説爲韻。按：會，交會。尹説非。

## 損兑法靈蓍

陶弘景曰：老子曰：「塞其兑。」河上公曰：「兑，目也。」莊子曰：「心有眼。」然則兑者，謂以心眼察理也。損者，謂減損他慮，專以心察也。兑能知得失，蓍能知休咎，故損兑法靈蓍也。○高金體曰：損者，減也；兑者，言也。靈蓍不言，而爲是非之決；聖人不言，而爲是非之准。○俞樾曰：老子曰：「塞其兑。」河上公注：「兑，目也。」陶氏即用以説此「兑」字，而又引莊子「心有眼」之説，謂兑者，以心眼察理；損者，減損他慮，專以心察，其説迂曲，殆不可從。據下文曰「益之損之，皆爲之辭」，疑此文亦當作損益。揲蓍求數，有多有少，故曰損兑法靈蓍也。下文曰：兑者，知之也；損者，行之也。兑亦當作益，知貴乎博，爲學日益之事，故曰益者，知之也。行貴乎約，爲道曰損之事，故曰損者，行之也。若作兑字，義皆不可通矣。○尹桐陽曰：損同運，行也。兑即駾，馬行疾來貌。下文云「兑者，知之也」，知即駮耳。養與下文決、敗、察韻。○俞樾曰：陶注引老子「塞其兑」，以心眼釋兑，謂「兑者以心眼察理也」。陶説非也。兑者，説也，詳見下文拙注。○蕭登福曰：兑是悦的意思。釋名釋天説：「兑，説也。物皆備足，皆喜悦也。」**按**：兑，直。詩大雅皇矣：「松柏斯兑。」損兑即減損行事直來直去，缺少變化。老子曰：「故堅强者，死之徒；柔弱者，生之徒。」「弱者，道之用」，「天下之至柔，馳騁天下之至堅」。著，著草，故損直趨曲法靈著也。上文「盛神」、「養志」、「實意」、「分威」、「散勢」、「轉圓」，語法結構皆爲動賓式（動詞加名詞），則「損兑」也應照此理解。「兑」爲名詞。又，分威與散勢相對，轉圓與損直也相對。諸説皆非是。

損兑者，機危之決也〔一〕。事有適然，物有成敗，機①危之動，不可不察〔二〕。故聖人以無爲待有德，言察辭合於事〔三〕。兑者，知之也；損者，行之也〔四〕。損之説之，物有不可者，聖人不爲之②辭〔五〕。故智者不以言失人之言，故辭不煩而心不虚，志不亂而意不邪〔六〕。當其難易而後爲之謀，因③自然之道以爲實〔七〕。圓者不行，方者不止，是謂大功。益之損之，皆爲之辭〔八〕。用分威散勢之權，以見其兑威、其機危，乃爲之決〔九〕。故善損兑者，譬若決水於千仞之堤，轉圓石於萬仞之谿。而能行此者，形勢不得不然也④〔一〇〕。

【注】

〔一〕陶弘景曰：幾危之兆，動理以上三字，道藏本、乾隆本乙倒，作「理兆動」。之微，非心眼莫能察見，故曰「損兑者，機危之決也」。　○尹桐陽曰：說文：「幾，微也。」幾危即幾微。後漢書陳寵傳：「而計幾微之故。」考工記輪人：「欲其微至也。」司農注：「微至，或作危至。」　○俞棪曰：易曰：「損益盈虛，與時偕行。」彖曰：「損：損下益上，其道上行。」王弼注曰：「損之爲道，損下益上，損剛益柔也。」又彖曰「損剛益柔有時」，「故曰損者，行也，蓋上行也」。又易彖曰：「兑，說也。剛中而柔外，說以利貞，是以順天而應乎人，說以先民，民忘其勞；說以犯難，民忘其死。」象曰麗：「澤兑，君子以朋友講習。」故曰兑者口說也。又按：易繫辭曰：「損，德之修也。」「損以遠害。」此謂幾危之決也。又說卦言「兑爲口」，「巽者，入也，入而後說之，故受之以兑。兑者，說也。說而後散之，故受之以渙」。此言幾危既決，然後入而說之也，所謂損兑法靈蓍也。又按易繫辭曰：「幾者，動之微，吉凶之先見者也。」荀子解蔽篇引道經曰：「人心之危，道心之微。」解蔽篇又曰：「危微之幾，惟明君子，而後能知之。」管子侈靡篇曰：「陽者進謀，幾者應感。」房注曰：「顯明其事者，欲進而爲謀，幾理之動，惟應所感也。」　**按**：此言對細小微妙現象的判斷，不能直接草率。

〔二〕陶弘景曰：適然者，有時而然也。物之成敗，有時而然。機危之動，自微至著，若非情識遠深，知機玄覽，則不能知於未兆，察於未形，使風濤潛駭，危機密發，然後河海之量堙爲窮流，一簣之積疊成山嶽。不謀其始，雖悔何(之)〔追〕，「追」字道藏本、乾隆本訛作「之」。故曰不可不察也。○尹桐陽曰：適然，易難也。詩斯干「載衣之裼」，説文引作褅。説文：「然，或從𤎅聲，作𤎅。」文選劇秦美新：「褅除仲尼之篇籍。」注：「𤎅，古然字。」適與下文危，半句韻。又曰：危，微也。○俞樾曰：淮南子繆稱引曰：「易曰：即鹿無虞，惟入於林中，君子幾，不如舍，往吝。」許注曰：「幾，終也。」　按：適然，偶然。莊子秋水：「當桀紂而天下無通人，非知失也。時勢適然。」韓非子顯學：「故有術之君，不隨適然之善，而行必然之道。」陶説是，尹説非。

〔三〕陶弘景曰：夫聖人者，勤於求賢，密於任使，故端拱無爲以待有德之士，士之至也，必敷奏以言，故曰言察辭也。又當明試以功，故曰合於事也。○尹桐陽曰：有與下文辭、事爲韻。又曰：德同直，正見也。合同伋，急行也。史記商君傳：「持矛而操闟戟者。」索隱：「闟，亦作鈒。」同及，合聲轉。

〔四〕陶弘景曰：用其心(服)〔眼〕，「服」字訛，道藏本、乾隆本作「眼」。今據改。故能知之；減損他慮，故能行之。○尹桐陽曰：自此至聖人不爲辭，所以明合於事之旨。知同駛，强健也。損，運也。莊子山木：「無受天損易；無受人益難。」損易即運移，益難即阸難耳。○俞樾曰：易說卦：「兌以說之。」「說言乎兌」，「兌者，說也。」又韓康伯注雜卦：「兌見而巽伏也。」又言：「兌貴顯說。」則兌者，說也。又按說文：「兌，說也。」段注曰：「說者，今之悦字，借爲閱。閱同穴。」易大雅：「行道兌也。」傳曰：「兌成蹊也，松柏斯兌。」此爲引伸之義。下文「以見其兌威」，此「兌」字則宜作隙穴之義。**按**：諸說皆非是。

〔五〕陶弘景曰：言減損之，說及其所說之物，理有不可，聖人不生辭以論之也。○尹桐陽曰：說，上文作兌。聖人能扶危定傾也。辤同辭，止也。○蕭登福曰：全句意謂：處理事情時，或損之以求事功，或兌之以察其言辭；至於不可以損兌二法加以解決的，則聖人便不肯多費言辭去解說它。**按**：蕭說是。

〔六〕陶弘景曰：智者聽輿人之訟，採蒭蕘之言，雖復辯周萬物不自說也。故不以己能言而棄人之言，既用衆言，故辭當而不煩。還任衆心，故心誠而不僞。心誠言當，志意豈復亂邪哉。○尹桐陽曰：守默，靜也。（失人之言）即上文聽言察辭者。失同矉，視也。辭，詞也。虛同魅，衺也，廣雅作戲。符言篇曰：「虛心平意。」謂衺心與偏意耳。煩、亂韻，虛、邪亦韻。**按**：輿人之訟，語出左傳僖公二十八年，蒭蕘之言，語出詩經大雅板「先民有言，詢於蒭蕘。」失人之言，棄人之言。陶說是。

〔七〕陶弘景曰：夫事變而後謀生，改常而後計起。故必當其難易之際，然後爲之計謀。失自然之道，則事廢而功虧。故必因自然之道，以爲用謀之實也。○尹桐陽曰：當同矘，直視也。

易、爲爲韻。爲讀規也。説文：𢿱讀若嫣。又曰：（謀自然之道以爲實）即上文所謂失人之言者。謀，媒也，所以誘人言語之物。文選射雉賦：「睨驍媒之變態。」徐爰曰：「媒者，少養雉子，至長狎人。能招引野雉，因名爲媒。」道，言也。　按：尹説迂曲。

〔八〕陶弘景曰：夫謀之妙者，必能轉禍爲福，因敗成功，沮道藏本、乾隆本作「追」。彼而成我也。彼用圓者，謀令不行；彼用方者，謀令不止。然則圓行方止，理之常也。吾謀既發，彼不得守其常，豈非大功哉！　至於謀之損益，皆爲生辭，以論其得失也。○尹桐陽曰：使圓不行，使方不止，則有轉移，固有之能，因云大功。止與下文辭爲韻。爲同譌，僞言也。僞言爲知者，所不聽。辭即辤，不受也。權篇曰：「飾言者，假之也；假之者，益損也。」假、僞義同耳。

〔九〕陶弘景曰：（兑）［夫］「兑」字訛，道藏本、乾隆本作「夫」。今據改。所以能分威散勢者，心眼之由也。心眼既明，機危之威可知之矣。既知之，然後能決之也。○尹桐陽曰：兑與下文決爲韻。又曰：威同畏，視高貌。上文云「損兑者，幾危之決也」。　按：用分威、散勢之術，可見其直行的威力與其隱微，於是作出決斷。

〔一〇〕陶弘景曰：言善損慮以專心眼者，見事審，得理明，意決而不疑，志雄而不滯。其猶決水轉石，誰能當御哉。　○尹桐陽曰：堤、谿與上文危爲韻。史記太史公自序：「繆權於幽。」正義：「言呂尚稠繆于幽權之策。謂六韜、三略、陰符、七術之屬也。」蓋指七法而言。

【校】

①機，道藏諸本作「幾」。下注同。　②之，道藏本、乾隆本、百子全書本脱，下注同。　③因，道藏諸本脱。　④「而能行此者，形勢不得不然也」一句，道藏本、乾隆本、百子全書本脱。

# 持樞

陶弘景曰：樞者，居中以運外，處近而制遠，主於轉動者也。故天之北辰，謂之天樞；門之運轉者，謂之户樞。然則持樞者，執運動①之柄以制物者也②。○尹桐陽曰：説文：「樞，户樞也。所以主運轉者。」中經篇曰：「其變要在持樞、中經。」

**按**：持樞即言抓住關鍵。陶弘景曰：「此持樞之術，恨太簡促，暢理不盡，或簡篇脱爛，本不能全故也。」此篇殘缺，陶説是。其主旨與結構無法得見，殘留部分言人君治國要遵從天道，順任自然規律，不可違背。

【校】

①執，道藏本、乾隆本脱。運動，二字道藏本、乾隆本乙倒。　②此下楊氏本、高氏本、四庫全書本又曰：「陶弘景曰：此持樞之術，恨太簡促，暢理不盡，或編篇既爛，本不能全也。」

持樞，謂春生、夏長、秋收、冬藏，天之正也〔一〕。不可干而逆之，逆之者，雖成必敗〔二〕。

故人君亦有天樞，生、養、成、藏，亦復不可①干而逆之，逆之者②，雖盛必衰〔三〕。此天道，人君之大綱也〔四〕。

【注】

〔一〕陶弘景曰：言春夏秋冬四時運行，不爲而自然也，不爲而自然，所以爲正也。○尹桐陽曰：正同政。　按：此言做到春生、夏長、秋收、冬藏，順其自然，即抓住了爲政治國的關鍵。

〔二〕陶弘景曰：言理所必有物之自然，静而順之，則四時行焉，萬物生焉。若乃干其時令，逆其氣候，成者猶敗，況未成者乎？元亮曰：「含氣之類，順之必悦，逆之必怒，況天爲萬物之尊而逆之乎。」○尹桐陽曰：干，犯也。　按：元亮，晉陶潛的字。

〔三〕陶弘景曰：言人君法天以運動，故曰亦有天樞。然其生養成藏，天道之行也。人事之正，亦復不別耳。又曰：言干天之行，逆人之正，所謂倒置之。故曰逆非衰而何。道藏本、乾隆本「故」字脱，「逆」字訛作「道」，「衰」字訛作「義」。○尹桐陽曰：人君法天而運動，故云亦有天樞。養、長聲轉，秋時萬物皆成。故又云成。又曰：別猶背也。　按：尹説別，乃依道藏本。

〔四〕陶弘景曰：此持樞之術，恨太簡促，暢理不盡，或簡篇脱爛，本不能全故也。　按：意林引鬼谷子佚文曰：「以德養民，猶草木之得時；以仁化仁，猶天生草木以雨潤澤之。」此篇殘缺，陶說是。

【校】

①可，道藏本、嘉靖鈔本、乾隆本、百子全書本訛作「别」。

②者，道藏本、乾隆本、百子全書本脱。

# 中經

陶弘景曰：謂由中以經外，發於心本，以彌縫於物者也，故曰中經。○高金體曰：中者，心也。經者，經也。事有經有緯。士飾言進辭，要在濟物，此中經之意也。下「見形」等七事，中經之數。○尹桐陽曰：淮南王安有内書、外書，又有中篇。中經者，當爲對内、外經以立名。本書有本經。本即笨，謂内經耳，其捭闔至胠亂十四篇，古殆名曰外經與？**按**：莊子分内篇、外篇、雜篇。韓非子有内、外儲説，鬼谷子有本經、中經。尹説可取。

本經篇有七術，集中討論計謀問題，是謀略專論；中經則集中討論士處於時世變異之時，如何振窮趨急，轉危爲安，救亡使存之七術。全篇由八個部分所組成：先言士之社會責任，士不僅要承擔救拘執、能言、施德等社會責任，還要自保，並提出完成上述責任須掌握見形爲容、聞聲知音、解仇鬬郄、綴去、卻語、攝心、守義等七術；以下分言七術。

中經，謂振窮趨①急，施之能言厚德之人。救拘②執，窮者不忘恩也〔一〕。能言者，儔善博惠〔二〕。施德（人）③者，依道〔三〕。而救拘執者，養使小人〔四〕。蓋士遭④世異時危⑤，或當因免填坑，或當伐害能言，或當破德爲雄，或當抑拘成罪，或當戚戚自善，或當敗敗自立〔五〕。故道貴制人，不貴制於人也。制人者握權，制於人者失命〔六〕。是以見形爲容，象體爲貌，聞聲知⑥音，解仇鬬郄，綴去，卻語，攝心，守義〔七〕。本經記事者，紀道數，其變要在持樞、中經〔八〕。

【注】

〔一〕陶弘景曰：振，起也；趨，向也。物有窮急，當振趨而向護之，及其施之，必在能言之士，厚德之人。若能救彼拘執，則窮者懷德，「德」字道藏本、乾隆本脱。終不忘恩也。○尹桐陽曰：振，救也。趨急猶云緩急。人與下文思爲韻。執，謂拘執。恩，惠也。○俞棪曰：管子五輔篇曰：「養長老，慈幼孤，恤鰥寡，問疾病，弔禍喪。此謂匡其急。衣凍寒，食饑渴，匡貧窶，賑罷露，資乏絶，此謂賑其窮。」又説苑曰：「饑渴得食，誰能不喜。賑窮救急，何患無有。」

按：此言中經能救助陷入困境或有急難的人。只有能言善變，德行深厚的人才能施之。救人於困境之中，那些被解救的人，不會忘記你的恩德。

〔二〕陶弘景曰：儔，類也。謂能言之士，解紛救難，不失善人之類，而能博行恩惠也。○尹桐陽曰：儔同讎，譍也。儔善者，謂其善於譍對也。説文：「儔，讀若疇。」壽、讎聲轉通用。

按：此言能言善辯之士，多行善事，廣施恩惠。

〔三〕陶弘景曰：言施德之人，動能循理，道藏本、乾隆本訛作「勤能修理」。所爲不失道也。○尹桐陽曰：即上文所謂厚德者。

〔四〕陶弘景曰：言小人在拘執而能救養之，則小人可得而使也。○尹桐陽曰：禮記檀弓：「而妻妾執。」注：「執，拘也。」養，利也，猶恩也。養與下文坑爲韻。○俞棪曰：王通中説言曰：「薛收善接小人，遠而不疏，近而不狎，頽如也。」此言善養使小人者也。

〔五〕陶弘景曰：填坑，謂時道藏本、乾隆本作「將」。有兵難，轉死溝壑，士或有所因，而能免斯禍者；伐害能言，謂小人之道長，讒人罔極，故能言之士，多被殘害；破德爲雄，謂毁文德，崇兵戰；抑拘成罪，謂賢人不辜，横被縲絏；戚戚自善，謂天下蕩蕩，無復紀綱，而賢者守死善道，貞心不渝，所謂歲寒然後知松柏之後彫，風雨如晦，雞鳴不已者也；敗敗自立，謂天未悔過，道藏本、乾隆本作「禍」。危敗相仍，君子窮而必通，終能自立，若管敬仲者也。○尹桐陽曰：因免，抑免也，抑而不用，曰因免填坑。慎，浚也，謂謹直之人。又曰：如桀殺關龍逢，紂殺王子比干，是伐害殺害也。言與下文善爲韻。又曰：爲，剥也，雄，英俊之稱。又曰：抑拘，謂抑抑自守之人。後漢書仲長統傳：「得拘絜而失才能。」注：「謂自拘束而絜其身者，即隱逸之人也。」成同朾，撞也。罪，捕魚竹網成罪。猶云離於罪網耳。罪與下文立爲韻。立讀位也。又曰：戚同慼，憂也。論語：「小人長戚戚。」自善，謂其自修而不摇。又曰：敗同聲，因突出也。敗敗自立者，若管仲是。

按：害，妒忌。史記屈原列傳：「上官大夫與之同列，爭寵而心害其能。」此言士在亂世之中的六種處境：有的僅免一死，有的成爲善於加害妒忌的能言善辯之士，有的棄德而成爲一世雄主，有的被拘成爲罪人，有的明哲保身，有的在危敗的形勢中謀得自立。

〔六〕陶弘景曰：貴有術而制人，不貴無術而爲人所制也。○尹桐陽曰：人與下文命爲韻。不保其生，語見謀篇。

〔七〕陶弘景曰：此總其目，下别序之。

〔八〕陶弘景曰：此總言本經、持樞、中經之義。言本經紀事，但紀道數而已。至於權變之要，乃在持樞、中經也。○尹桐陽曰：説文：「史，記事者也。」然則本經者，乃爲周時史官記事之書。鬼谷因取而詳解之。道數，治法也。本經陰符七篇，更益以持樞、中經，共爲九篇。前漢書藝文志：「儒家有周法九篇。」班固自注：「法天地，立百官。」其斥此書言與？内揵篇曰：「外内者，必明道數。」又曰：變要，謂治要。説文：「䜌，一曰治也。」變與䜌同，亂之借字。前漢書曹參傳：「其治要用黄老術。」　按：此言本經陰符七術與持樞、中經三者之間的關係。

【校】

①趨，道藏本作「趍」。下注同。　②拘，道藏諸本作「物」。　③「人」字衍，依道藏本、乾隆本、

百子全書本刪。④遭，道藏本、乾隆本、百子全書本作「當」。⑤危，道藏本、乾隆本、百子全書本脱。⑥知，道藏本、嘉靖鈔本、乾隆本、百子全書本作「和」。下同。

見形爲容、象體爲貌者，謂爻爲之生①也〔一〕。可以影響形容，象貌而得之也〔二〕。有守之人，目不視非，耳不聽邪，言必詩書，行不淫僻，以道爲形，以德②爲容，貌莊色溫，不可象貌而得之。如是，隱情塞郄而去之〔三〕。

【注】

〔一〕陶弘景曰：見彼形，象彼體，即知其容貌者，謂用爻卦占卜「卜」字道藏本、乾隆本脱。而知之也。　○俞樾曰：爻乃交字之誤。交讀曰狡，爲讀曰僞。竝古通用字也。此言狡僞之主，其中無守，故可以象貌得之，若有守之人，不可象貌而得矣。陶注未達叚借之旨，乃謂用卦爻占而知之，殊誤。　○尹桐陽曰：爻爲之生，猶云動蕩之眚，斥無守者言也。易繫辭傳：「道有變動，故曰爻。」墨子經上云「爲」有六義，「蕩」其一耳。字蓋與披通用。容、貌爲韻。容讀谷，貌讀廟也。說文：「容從谷聲。」公羊桓二傳：「納於大廟。」注：「廟之爲言皃也。」思想儀皃而事之。釋名釋宮：「室，廟皃也。先祖形皃所在也。」　○俞棪曰：徐幹中論引孔子曰：「唯君子，然後貴其言，貴其色。」荀卿曰：「色從，然後可與言道之致。」又按：淮南子繆稱訓曰：「說之所不至者，容貌至焉；容貌之所不至者，感忽至焉。」許注曰：「説之粗，不如容貌」精微之入人深也。易曰：「繫辭焉，以斷其吉凶，是故謂之爻。」　按：爻，周易中組成卦的符號。分陽爻和陰爻。爻有爻位，亦曰爻數。以爻之位次表明事物之位置關係。亦有爻象，即陰陽兩爻所象之事物。易繫辭：「六爻之動，三極之道也。」此言用爻位、象之理，從事物的表像推究實質。形、象分別爲爻之位與象。

〔二〕陶弘景曰：謂彼人之無守，故可以影響（及）〔形容象〕「及」字訛，道藏諸本作「形容象」，今據改。貌，占而得之。

〔三〕陶弘景曰：有守之人，動皆正直，舉無淫僻，浸昌浸盛，以上四字，道藏本、乾隆本、百子全書本作「厥後昌盛」。暉光日新，雖有辯士之舌，無從而發，故隱情、塞郄、閉藏而去之。　○尹桐陽曰：邪、書爲韻。形與下文情爲韻。情隱而不可見。塞，止也。郄同臄，舌也。有守之人，情隱難見，非辯士所能動，故宜止舌而急去。鶡冠子度萬：「無欲之君，不可與舉。」陸佃注云：「昔有鬼谷著書，以爲馳騁諸侯，陽開陰閉，必因其好惡憂樂而捭闔之。然至於無好者，蓋不得而説也。若然多欲之君，乃縱横之家，欲以售術。而鶡冠言道末流乃至此，不亦卑乎。」其云「無好者，不得而説」，即此所云「塞郄而去」之意也。郄、去爲韻。　○俞樾曰：説苑曰：「是以賢人閉其智，塞其能，待得其人，然後合。故言無不聽，行無見疑。」閉智塞能者，隱情塞郄也。蓋待其人，然後合也。本文「去」字疑爲「待」之誤。若有守之人，非辯士所能撼，則伊尹、太公不合于湯與文王矣。此非鬼谷之意甚明。熟讀全書固知智者之説「因化説事，通達計謀。」必無窘於「有守之人」之理。陶解既因其誤，遂使後人誤以爲鬼谷之學邪僻而不軌，於正豈不冤哉！又按劉向説苑曾引鬼谷之言甚精辨，今本鬼谷無此文，知劉固見鬼谷全書者。此其徵引必本鬼谷可知。吾人試按其言「文信侯李斯，天下所謂賢也。爲國計，揣微躬隱，所謂無過策也」。其言直爲揣情之論，與鬼谷同，符若合一契。吾故以説苑正今本之誤。自謂其不謬也。

**按**：有守，有操守。書洪範：「凡厥庶民，有猷、有爲、有守，汝則念之。」此言有操守之人，養身正性，不爲外物所動，不可憑外在現象而揣其内情。如果遇到有守之人，則隱匿塞隙而去。

【校】

①生，道藏本、乾隆本、百子全書本作「主」。②德，道藏本、乾隆本、百子全書本訛作「聽」。

聞聲知①音者，謂聲氣不同，恩愛②不接。故商、角不二合，徵、羽不相配，能爲四聲主者，其唯宫乎〔一〕。故音不和則悲③，是以聲散、傷、醜、害者，言必逆於耳也〔二〕。雖有美行、盛譽，不可比目、合翼相須也。此乃氣不合，音不調者也〔三〕。

【注】

〔一〕陶弘景曰：商金、角木、徵火、羽水，遞相尅食，性氣不同，故不相配合也。宮則土也，土主四季。四者由之以生，故能爲四聲之主也。○高金體曰：商金、角木、徵火、羽水，遞相克食，不相配合。土主四時，四者由之以生，故爲四聲之主也。○尹桐陽曰：音與下文接合韻，接讀入也。同與下文宮爲韻。受同㑄，有癰蔽也。商金、角木、徵火、羽水，遞相尅食，故不相合配。宮則土也，土主四季。四者由之而生，故能爲四聲主。史記律書：「殺氣相並，而音尚宮。」○俞棪曰：樂記曰：「其哀心感者，其聲噍以殺；其樂心感者，其聲嘽以緩；其喜心感者，其聲發以散；其怒心感者，其聲粗以厲；其敬心感者，其聲直以廉；其愛心感者，其聲和以柔。」此聞聲和音之術也。按：宮、商、角、徵、羽，合稱五聲、五音。左傳昭二十五年：「章爲五聲。」疏：「聲之清濁，差爲五等，聖人因其有五，分配五行，……土爲宮，金爲商，木爲角，火爲徵，水爲羽。」「聞聲知音」與上文「見形爲容、象體爲貌」的認識方式是一致的，皆爲透過表象看實質。俞棪解「和音」，當依道藏本，於義未洽。

〔二〕陶弘景曰：散、傷、醜、害，不和之音，音氣不和，必與彼乖，故其言必逆於耳。○尹桐陽曰：悲同比，和也。是即湜，清也。以與矣同，一曰是同諟，理也。醜同啾，小聲也。害即齘，齒相切聲也。例與說文丯讀介同。害與上文配、悲爲韻。耳與上文是爲韻。耳讀兒也，說文弭或作⿰弓兒。○蕭登福曰：散，指言談時心志不專；傷，謂以言語傷人；醜，言辭不雅訓；害，謂言辭暗藏禍機。　按：尹說以道藏本爲據，故解「悲」爲比、和。然前已言「不和」，釋悲爲和，重複。

〔三〕陶弘景曰：言若音氣乖彼，雖行譽美盛，非彼所好，則不可如比目之魚，合翼之鳥，兩相須也。其有能令兩相交道藏本、乾隆本作「求」。應，不與同氣者乎。　○尹桐陽曰：美，說文作媄，色好也。譽與下文須者爲韻。須讀蘇也。史記司馬相如傳：「蒙鶡蘇。」集解：「蘇，尾也。」東京賦注：「凡下垂爲蘇。」蘇皆須借字。合翼，比翼鳥也。爾雅謂之鶼鶼，山海經作蠻蠻。管子封禪：「東海致比目之魚，四海致比翼之鳥。」須同胥，相胥，相助也。調，和也。　按：須，需要。須、需均爲心母侯部，爲同源字。論衡效力：「化民須禮義，禮義須文章。」尹說前後不一，既解須爲蘇，又解爲胥。不妥。陶說是。

【校】

①知，道藏本、乾隆本、百子全書本訛作「和」。　②恩愛，二字道藏本、乾隆本、百子全書本訛作「則恩受」。　③悲，道藏本、嘉靖鈔本、乾隆本、百子全書本作「不悲」。

（執）［解］仇①鬪郄，謂解羸（徵）［微］②之仇；鬪郄者，鬪强也〔一〕。强郄既鬪，稱勝者高其功，盛其勢也〔二〕；弱者哀其負，傷其卑，汙③其名，恥其宗〔三〕。故勝者聞④其功勢，苟進而不知退，弱者聞哀其負，見其傷，則强大力倍，死（者）〔而〕⑤是也〔四〕。郄無强大⑥，御無强大，則皆可脅而並〔五〕。

【注】

〔一〕陶弘景曰：辯説之道，其猶張弓。高者抑之，下者舉之，故羸（徼）〔微〕爲仇，從而解之；强者爲郄，從而鬬之也。○高金體曰：辯説之道，其猶張弓，高者抑之，弱者舉之。故羸微爲仇，從而解之；强者爲郄，從而鬥之也。○尹桐陽曰：羸微，羸弱也。仇同究，窮也。郄，卻之或體，與劇通用。説文：「劇，務也。」爾雅：「務，强也。」郄，故可以强釋之。説文谷或作臄，可證。按：羸微，指弱小者。仇，同伴。詩周南兔罝：「赳赳武夫，公侯好仇。」解仇鬥郄，即團結弱者，抵抗强者。此節分析其理論依據。

〔二〕陶弘景曰：鬬而勝者，從而高其功，盛其勢也。○尹桐陽曰：謂既説强者，使與人鬥。功與下文宗爲韻。按：强者一旦羸對方，則高其功，盛其勢。

〔三〕陶弘景曰：鬬而弱者，從而哀其負劣，傷其卑小，汙下其名，恥辱其宗也。○尹桐陽曰：負同北，敗也。行，言也，唁也。名同邊，行垂崖也。行垂崖者，必危。一曰名讀如字。行即侊，小也。宗同㚇，斂足也。

〔四〕陶弘景曰：知進而不知退，必有亢龍之悔。弱者聞我哀傷，則勉强其力，倍意致死，爲我爲是也。　○尹桐陽曰：苟，亟也。勢、退爲韻。力同仂，材，十人也。强大力倍者，謂强大其力而或仂或倍也。詩黃鳥：「百夫之特。」特即仂耳。負、倍爲韻。是同寔，止也，猶云死而後已。

**按**：此言勝者聽到自己的功勞與威勢，一味地進攻而不知退；弱者聽到己方失敗，受到損傷，反而會强大實力，倍增力量，拼死抵抗。

〔五〕陶弘景曰：言雖爲郄，非能强大，其於扞御，亦非强大。如是者，則以兵威脅，令從己，而並其國也。　○高金體曰：郄無極大，御無極大者。恃强好鬥以御人，雖大可小也，可破也，故曰可協而並。　○尹桐陽曰：言以兵威脅，令從己而並其國。並與上文是爲韻。並讀攏也。說文：「玡讀若攏，手。」　**按**：此言敵方的勢力威力無比强大，那麼我們的防禦也會無比强大，皆可吞併掉它。

【校】

①執，道藏諸本作「解」，下文亦作「解」。今據改。　②徵，下注作「徵」。道藏本、乾隆本、百子全書本正文及注皆作「微」。疑作「徵」。　③汙，道藏本、百子全書本訛作「行」。　④聞，道藏本、嘉靖鈔本、乾隆本、百子全書本作「鬥」。　⑤者，道藏本、乾隆本、百子全書本作「而」。　⑥强大，道藏本、乾隆本、百子全書本作「極大」。

綴去者，謂綴己之繫言，使有餘思也〔一〕。故接貞信者，稱其行，厲其志，言(可)①爲可復，會之期喜〔二〕。以他人庶，引驗以結往，明欵欵②而去之〔三〕。

【注】

〔一〕陶弘景曰：繫，屬也，謂己令去，而欲綴其所屬之言，令後思而同也。○尹桐陽曰：綴同輟，車小缺復合者；去，驅也。綴去者，謂事已綴而復驅之使行也。車小缺則有已義，因云謂綴已之。爾雅釋詁：「綴，已也。」是其證。已與下文思、志、期爲韻。又曰：繫言，驕言也，猶云飛語。權篇曰：「故繫言而不亂，翺翔而不迷。」思即偲，彊力也。按：綴去，系連去者。綴去之術，旨在稱讚將離開之人，使之心裏時刻不忘自己。尹説可參。

〔二〕陶弘景曰：欲令去後有思，故接貞信之人，稱其行之盛美，厲其志令不怠，謂此美行必可常爲，必可報復，會通其人，必令至於喜悦也。○尹桐陽曰：故，詁也，謂釋。上文「綴去者」至「使有餘」，思之義。繼續而行曰接。厲同勵，勉也。言可謂信，行可謂貞也。會，快也。對下文喜字言。按：此言要交接誠信者，稱讚他們的言行，勉勵他們的志向，言辭中流露出希望他們回來，表達出再次相會的喜悦之情。論語曰：「信近於義，言可復也。」管子曰：「言而不可復者，君不言也。」皆無可字。

〔三〕陶弘景曰：言既稱行厲志，令其喜悦，然後以他人庶幾於此行者，引之以爲成，驗以結己往之心，又明己欵欵至誠如是，而去之，必思己而不忘也。此句道藏諸本殘。○高金體曰：會通其辭，必令至於喜悦，又以他人之庶幾於此者引而驗之，以結往日之誠，而明前言之疑。○尹桐陽曰：庶同蹠，行也。庶與下文去爲韻。説文：「驗，馬名。」結字當同趥，走也。謂人引馬而走。往貞信之塗，以明行貞信者之德不孤。明，勉也。疑疑，即莘莘，往來之貌，説文作「燊」。去，驅也。○俞棪曰：呂氏春秋察傳曰：「凡聞言必熟論，其於人必驗之以理。」又按：説文曰：「款，意有所欲也。」楊倞注荀子曰：「款，誠款也。」又按説文有兩疑字，一作𠤕，訓定也；一作疑，訓惑也。如詩「靡所止疑」及儀禮「疑立」等皆當作「定」解。依此兩義，本文上一疑字，宜從本義，下一疑字當作定解。又按荀子非十二子篇曰：「信信，信也；疑疑，亦信也。」如其説，則本文或脱一疑字，共爲三疑字。上句明疑，下句則爲「疑疑而去之」，説亦可通，但究以前説爲近是。**按**：庶，也許可以，表示希望或揣測。左傳昭公十六年：「宣子喜曰：『鄭其庶乎！』」詩大雅江漢：「四方既平，王國庶定。」此處以他人之庶幾於此者引而驗之，表示希望對方能够明白自己，即使走了以後，心還留在這裏。

**【校】**

①「可」字疑衍。　②欵欵，道藏本、乾隆本、百子全書本訛作「疑疑」。

卻語者，察伺短也〔一〕。故言①多必有數短之處，識其短，驗之〔二〕。動以忌諱，示以時禁〔三〕。其人恐畏，然後結信②，以安其心，收語蓋藏而卻之〔四〕。無見己之所不能於多方之人〔五〕。

【注】

〔一〕陶弘景曰：言却語之道，必察伺彼短也。○尹桐陽曰：卻，隙也。權篇曰：「卻論者，釣幾也。」卻論即却語耳。語與下文處，短與下文數爲韻。按：卻，閒隙。史記絳侯周勃世家：「由此梁孝王與太尉有卻。」卻語，即有缺陷之語。卻語之術，是善於發覺別人言語的缺陷或漏洞，利用它來爲自己服務。

〔二〕陶弘景曰：言多不能無短，既察其短，必記識之，取驗以明以上四字，道藏本、乾隆本作「以取驗之相」。也。○尹桐陽曰：多同哆，張口言也。數同謱，謰謱也，支離牽引之謂。處，敷也，陳也。驗同譣，問也。驗與下文禁、心爲韻。

〔三〕陶弘景曰：既驗其短，則以忌諱動之，時禁示之。按：以犯忌諱觸動他，以當時禁令明示於他。

〔四〕陶弘景曰：其人既以懷懼，必有求服之情，然後結以誠信，以安其懼，以收其以上三字，道藏本、乾隆本訛脱作「心」。向語，蓋藏道藏本、乾隆本作「利」。而却之，則其人之恩感，固以深矣。○尹桐陽曰：結，束縛也。安同按，抑也。收同孅，竦身也。收語猶云竦語，蓋藏則隙不見，故云收語蓋藏而卻之。詩：「糾糾葛屨。」ㄐ、篋聲轉。無與下文所韻。

〔五〕陶弘景曰：既藏向語，又戒之曰：勿於多方人前，見其所不能也。○尹桐陽曰：無，說文孅讀若。見，俔也，罄，盡也。所同許，聽也。詩：「伐木許許。」說文引作所所。不能，不怠也。多方之人，語雖少隙，而始終伺之不怠，必可見其短。墨子小取：「故言多方，殊類異故。」

**按**：此言不要把自己不能做的顯露給有見識的人。

【校】

①言，道藏本、乾隆本、百子全書本脱。②「其人恐畏」四字道藏本、乾隆本、百子全書本脱。信，道藏本、乾隆本、百子全書本脱。

攝心者，謂逢好學伎術者，則爲之稱遠〔一〕。方驗之道①，驚以奇怪，人繫其心於己〔二〕。效之於人②，驗去，亂其前，吾歸誠於己〔三〕。遭淫酒色者，爲之術；音樂動之，以爲必死，生日少之憂〔四〕。喜以自所不見之事，終可以觀漫瀾之命，使有後會〔五〕。

【注】

〔一〕陶弘景曰：欲將攝取彼心，見其好學伎術，則爲作聲譽，令遠近知之也。○尹桐陽曰：攝，服也。伎，説文作技，巧也。稱同偁，譽也，揚也。術、遠與下文怪、己間句韻。遠讀陟，怪讀窟也。説文：「遠，古文從陟。」古文德，省聲作遶。又聖讀若免窟之窟。按：攝心，攝取人心，收買贏得人心。伎術即技藝道術。稱遠，稱揚其名，使之遠播。

〔二〕陶弘景曰：既爲作聲譽，方且以道德驗其伎術，又以奇怪從而驚動之。如此，則彼人必繫其心於己也。「則」字下，道藏本、乾隆本作「彼人心繫於己」。○尹桐陽曰：方，有也。驗，信也。方驗之者，謂稱遠而人多信之人，感德而繫其心於己，則心攝。

〔三〕陶弘景曰：人既繫心於己，又効之於時人，驗之於往賢，然後更理其目前所爲，謂之曰：吾所以然者，歸誠於彼人之已。如此，則賢人之心可得，而攝亂者，理也。○尹桐陽曰：効同效，明也。去，無也，謂稱遠而人無信之者。去與下文吾爲韻。亂同嬭，好也。前即揃，竊也。吾，語也。前吾即竊語，謂私語也耳。歸誠，終信也。終信則人心仍攝。按：亂，治也。陶説是。

〔四〕陶弘景曰：言將欲探道藏本、乾隆本作「攝」。下同。愚人之心，見淫酒色者，爲之術；音樂之可説，又以過於酒色，必之死地，生日減少，以此可憂之事，以感動之也。○尹桐陽曰：酒與下文憂爲韻。術，説也。書説命、墨子尚同作術令。死與下文會爲韻。按：言貪戀酒色者，用攝心之術的做法，就是以音樂打動他，讓他以爲這樣做必死，活着的日子已經不多。使他因憂愁而醒悟。

〔五〕陶弘景曰：又以音樂之事，彼所不見者，以喜悅之言，終以可觀，何必淫於酒色。若能好此，則性命漫瀾而無極，然後終會於永年。愚人非可以道勝説，故惟音樂可以探其心。○尹桐陽曰：自，始也。始所不見之事，指音樂言。又曰：（此節）承上文「必死生日少」而反言之。可同訶，大言而怒也。爾雅：「觀，多也。」即，延也。漫瀾，放蕩之貌。命謂壽命。鄭玄禮記注「司命主督察。」三命即養生經所謂上壽、中壽、下壽者。後會，後快也。**按**：漫瀾之命，意即燦爛前景。

【校】

①道，道藏本、乾隆本、百子全書本脱。②人，道藏本、乾隆本、百子全書本訛作「驗」。

守義者，謂［守］以人［義］①，探其②在内以合也〔一〕。探心，深得其主也。從外制内，事有繫曲③而隨之〔二〕。故小人比人，則左道而用之，至能敗家奪國〔三〕。非賢智，不能守家以義，不能守國以道。聖人所貴道微妙者，誠以其可以轉危爲安，救亡使存也〔四〕。

【注】

〔一〕陶弘景曰：義，宜也。探其内心，隨其人所宜，遂道藏本、乾隆本作「遂人」。所欲以合之也。○

尹桐陽曰：人同仁，義與下文隨爲韻。在，裁也。在内即下文所云制内。合，同彶行也。心、合爲韻。　按：此言謹守人之符合社會合宜的行爲，探取對方内心，再迎合他。

〔二〕陶弘景曰：既探知其心，所以得主深也。得心既深，故能從外制内，内由我制，則何事不行。故事有所屬，莫不由曲而隨己以上五字，道藏本、乾隆本脱訛作「隨之」。也。　○尹桐陽曰：探、深聲近。素問靈蘭秘典論：「心者，君主之官，神明出焉。」淮南精神：「心者，形之主也。」故心可以主釋之。由，説文作𦣞，𦣞之或體，譯也。率鳥者，繫生鳥以來之，名曰𦣞。唐呂溫有由鹿賦，由即𦣞耳。　按：此言探其心，得其内心深處的真實意圖。然後可以從外事控制其内心，讓其因有事繫於我，而委曲從於我也。尹依道藏本解「由」，可參。

〔三〕陶弘景曰：小人以探心之術來比於君子，必以左道用權。凡事非公正者，皆曰小人反道亂常、害賢伐善，所用者左，所違者公，百度道藏本、乾隆本作「慶」。昏亡，萬機曠紊，家敗國奪，不亦宜乎！　○尹桐陽曰：則，賊也，言小人則爲人害者相親。比與下文國、存爲韻。左同㐌，㐌，行不正也。左道，謂不正之道。禮記王制：「執左道以亂政。」説文：「奪，手持隹失也。」孟子：「勿奪其時。」荀子注作「失」。　○俞棪曰：荀子非十二子篇曰：「知而險，賊而神，爲詐而巧，言無用而辯，辯不給惠而察，治之大殃也。行辟而堅，飾非而好，玩姦而澤，言辯而逆，古之大禁也。」此所謂小人也。　按：比，合也。莊子逍遥遊：「故夫知效一官，行比一鄉，德合一君，而徵一國者，其自視也亦若此矣。」釋文引李云：「比，合也。」此處小人與下文聖人對言。

〔四〕陶弘景曰：道，謂中經之道也。此句注語脱，依道藏本補。○尹桐陽曰：微，説文作㣲，妙也。商君書定分：「夫微妙意志之言。」

【校】

①「以人」二字，道藏本、嘉靖鈔本、乾隆本、百子全書本作「守以人義」，今據改。藍格本作「守以仁義」。②其，道藏本、嘉靖鈔本、乾隆本、百子全書本作「心」。③曲，道藏本、嘉靖鈔本、乾隆本、百子全書本譌作「由」。

# 附録一

## 鬼谷子佚文

鬼谷子曰：人之不善而能矯之者，難矣。説之不行，言之不從者，其辯之不明也；既明而不行者，持之不固也；既固而不行者，未中其心之所善也。辯之，明之，持之，固之，又中其人之所善，其言神而珍，白而分，能入於人之心，如此而説不行者，天下未嘗聞也。此之謂善説。（説苑善説）

故曰：聖人不朽，時變是守。虚者，道之常也；因者，君之綱也。（史記太史公自序）

鬼谷子曰：不放不忘。（北堂書鈔卷二十七）

鬼谷子曰：魯酒薄而邯鄲圍。（北堂書鈔卷一百四十八）

鬼谷子曰：人動我靜，人言我聽。能固能去，在我而問。（意林卷二）

鬼谷子曰：知性則寡累，知命則不憂。憂累去則心平，心平而仁義著矣。（意林卷二）

鬼谷子曰：以德養民，猶草木之得時；以仁化人，猶天生草木以雨潤澤之。（意林卷二）

鬼谷子反覆篇云：其和也，若比目魚；其司言也，若聲與響。注曰：和荅問也，因問而言，申敍其解。如比目魚，相須而行，候察言辭，往來若影隨形，響之應聲。（太平御覽第四百六十二卷）

鬼谷子抵巇（音熙）篇云：巇者始有朕，可抵而塞，可抵而却。聖人知之，獨保其用，因作說事。（太平御覽第四百六十二卷）

鬼谷子午合篇云：伊尹五就桀，五就湯，然後合於湯；呂尚三入殷朝，三就文王，然後合於文王。此天知之，至歸之不疑。注云：伊尹、呂尚各以至知說聖王，因澤釣行其術策。

（太平御覽第四百六十二卷）

鬼谷子揣情篇云：説王公君長，則審情以説王公，避所短，從所長。（太平御覽第四百六十二卷）

鬼谷子摩意篇云：摩者，揣之也，説莫難於悉行，事莫難於必成。注曰：摩不失其情，故能建功。（太平御覽第四百六十二卷）

鬼谷子量權篇云：與智者言，依於博；與博者言，依於辯；與辯者言，依於要。此其説也。（太平御覽第四百六十二卷）

鬼谷子量權篇云：言有通者，從其所長；言有塞者，避其所短。注曰：人辭説，條通理達，即敍述從其長者，以昭其德。人言壅滯，即避其短，稱宣其善以顯其行。言説之樞機，事物之志務者也。（太平御覽第四百六十二卷）

鬼谷子量權篇云：介蟲之捍，必以甲而後動；螫蟲之動，必先螫毒。故禽獸知其所長而談者，不知用也。注云：蟲以甲自覆鄣而言，説者不知其長。（太平御覽第四百六十二卷）

鬼谷子謀慮篇云：乃立三儀：曰上、中、下。曰：糸以立焉，變生事，事生謀，謀生計，計生儀，儀生説，説生進。注曰：三儀：有上有下有中。會同異曰儀；決是非曰説。（太平御覽第四百六十二卷）

鬼谷子曰：君得名則群臣恃之，君失名則群臣欺之。（太平御覽第六百二十卷）

鬼谷子曰：夫決情定疑，萬事之基。以正亂治天決，誠爲難者也。（太平御覽第七百二十八卷）

# 附録二

## 歷代官私書志著録

隋書經籍志縱横家：鬼谷子三卷，皇甫謐注。鬼谷子，周世隱於鬼谷。鬼谷子三卷，樂一注。

舊唐書經籍志縱横家：鬼谷子二卷，蘇秦撰。又三卷，樂臺撰。又三卷，尹知章注。

新唐書藝文志縱横家：鬼谷子二卷，蘇秦。樂臺注鬼谷子三卷，尹知章注鬼谷子三卷。

宋史藝文志縱横家：鬼谷子三卷。

崇文總目：鬼谷子三卷。鬼谷先生撰。

陳騤中興書目：鬼谷子三卷。周時高士，無鄉里族姓名字，以其所隱，自號鬼谷先生。蘇秦、張儀事之，授以捭闔以下至符言等十有二篇，及轉圓、本經、持樞、中經等篇，亦以告儀、秦者也。一本始末皆東晉陶弘景注。一本捭闔、反應、内揵、抵巇四篇，不詳何人訓釋，中、下二篇與弘景所注同。元冀爲指要幾千言。

晁公武郡齋讀書志子部縱横家：鬼谷子三卷，鬼谷先生撰。按史記，戰國時隱居潁川陽城之鬼谷，因以自號。長於養性治身，蘇秦、張儀師之，受縱横之事。敘謂此書即授秦、儀者，捭闔之術十三章，本經、持樞、中經三篇，梁陶弘景注。隋志以爲蘇秦書，唐志以爲尹知章注，未知孰是。陸龜蒙詩謂鬼谷先生名詡，不詳所從出。柳子厚嘗曰：「劉向、班固録書無鬼谷子，鬼谷子後出而險盭峭薄，恐其妄言亂世，難信。尤者晚乃益出七術，怪謬異甚，言益隘，使人狙狂失守。」來鵠亦曰：鬼谷子，昔教人詭紿激訐揣測憸猾之術，悉備于章旨。六國時得知者，惟儀、秦而已。如捭闔、飛箝，實今之常態。是知漸離之後，不讀鬼谷子書者，其行事皆得自然符契也。昔倉頡作文字，鬼爲之哭。不知鬼谷作是書，鬼何爲耶？世人欲知鬼谷子者，觀二子言略盡矣，故掇其大要著之篇首。

尤袤遂初堂書目雜家類：鬼谷子。

鄭樵通志藝文略：鬼谷子三卷，皇甫謐注。鬼谷先生，楚人也。生於周世，隱居鬼谷。又三卷，樂壹注。又三卷，唐尹知章注。又三卷，梁陶弘景注。

陳振孫直齋書録解題：鬼谷子，三卷。戰國時，蘇秦、張儀所師事者，號鬼谷先生。其地在潁川陽城。名氏不傳於世。此書漢志亦無有，唐志則直以爲蘇秦撰，不可考也。隋志有皇甫謐、樂壹二家注。今本稱陶弘景注。又云：按唐書藝文志作二卷。

馬端臨通考經籍志：鬼谷子三卷。

錢曾讀書敏求記：陶弘景注鬼谷子三卷。鬼谷子，無鄉里族姓名字，戰國時隱居潁川陽城之鬼谷，故以爲號。其轉丸、胠篋二篇今亡。貞白曰：或云即本經、中經是也。

張之洞書目答問子部周秦諸子：鬼谷子，陶弘景注，一卷。秦恩復校刻兩本。縱橫。

姚振宗隋書經籍志考證子部縱橫家：鬼谷子，三卷，皇甫謐注。鬼谷子者，周時隱於鬼谷。

范希曾書目答問補正子部周秦諸子：補：陶弘景，南朝梁人。秦刻兩本皆三卷，此題一卷誤。四庫本作一卷。秦氏乾隆五十四年刻本，據道藏本刊。又，嘉慶十年刻本，據述古堂鈔本刊。四部叢刊景印秦氏乾隆刻本。涵芬樓道藏舉要景印道藏本。

陳鍾凡諸子通宜附周秦迄元明諸子書目：鬼谷子一卷。漢志不著録，隋志縱横家有三卷。注：「周世隱于鬼谷。」唐志卷數同，注「蘇秦」。胡應麟謂：「漢志有蘇秦三十一篇，張儀十篇。必東漢人本二書之言，薈萃爲此，而託于鬼谷，若子虛亡是之屬。」其爲僞託灼然可見。子彙本、十二子本、緜渺閣本、清江都秦氏重刊陶弘景注本、盧文弨以述古堂舊鈔本補道藏本陶弘景注三卷、江都秦氏刊本。

高維昌周秦諸子概論：鬼谷子一卷。漢志不著録，隋志縱横家有三卷。注：「周世隱於鬼谷。」唐志卷數同，注「蘇秦」。胡應麟謂：「隋志有蘇秦三十一篇，張儀十篇。必東漢人本二書之言，薈萃爲此，而託于鬼谷，若子虚亡是之屬。」其爲僞託明矣。緜渺閣本、陶弘景注本、江都秦氏刊本。

# 附録二

## 歷代序跋

佚名鬼谷子序曰：「周時有豪士，隱於鬼谷者，自號鬼谷子。言其自遠也。然鬼谷之名，隱者通號也。」（文選卷二十一郭璞遊仙詩李善注引）

樂壹鬼谷子序曰：「秦欲神秘其道，故假名鬼谷。」（史記蘇秦列傳索隱引，秦恩復曰：「鬼谷子序」。）

長孫無忌鬼谷子序曰：隋書經籍志鬼谷子三卷，皇甫謐注。鬼谷子，楚人也，周世隱於鬼谷。梁有陶弘景注三卷。又有樂壹注三卷。從横者，所以明辯説，善辭令，以通上下之志者也。漢志以爲本出行人之官。受命出疆，臨事而制，故曰：誦詩三百，使于四方，不能專對，雖多，亦奚以爲？周官掌交「以節與幣巡邦國之諸侯，及萬姓之聚，導王之德意志慮，使辟行之，而和諸侯之好，達萬民之説，諭以九税之利、九儀之親、九牧之維、九禁之難、九戎之威」是也。佞人爲之，則便辭利口，傾危變詐，至於賊害忠信，覆邦亂國。監修國史趙國公長孫無忌等撰上（子彙，明周子儀編，明萬曆四年刊本）

尹知章序鬼谷子曰：蘇秦、張儀往事之，受捭闔之術十有三章，復受轉丸、胠篋二章。然秦、儀用之，裁得溫言酒食貨財之賜。秦也，儀也，知道未足行，復往見，具言「所受於師，行之，少有口吻之驗耳；未有傾河填海移山之力，豈可更至要，使弟子深見其閫奧乎？」先生曰：「爲子陳言至道！」齋戒擇日而往見。先生乃正席而坐，嚴顏而言，告二子以全身之道。（王應麟困學紀聞卷十，商務印書館一九五九年版）

鬼谷子曰：周有豪士，居鬼谷，號爲鬼谷先生，蘇秦、張儀往見之。先生曰：「吾將爲二子陳言至道，子其齋戒，擇日而學。」後儀、秦齋戒而往。（太平御覽卷五百三十，秦恩復曰：「此條疑是鬼谷子序文。」）

楊慎鬼谷子序：鬼谷捭闔之旨，其探竊人意，誠有似於子輿氏穿窬之案。然其本經七篇，非知道而深隱自養者未易作也。其言曰：「神爲之長，心爲之舍，德爲之人，養神之所歸諸道。」又曰：「心氣一則欲不徨，欲不徨則志意不衰，志意不衰則思理達，思理達則和通，和通則亂氣不煩於胸中。」又曰：「無爲而求，安靜五臟，和通六腑，精神魂魄，固守不動，乃能内視反聽定志，思之太虚，以觀天地開闔，知萬物所造化，見陰陽之終始，原人事之政理，不出户而知天下，不窺牖而見天道，不見而命，不行而至。」其爲言如是，夫豈以言不言餂人者哉！夫物之乖理，人言爲甚；言之善飾，不迷爲難。莊子曰：「無聽之以耳，而聽之以心；無聽之以心，而聽之以氣。氣者，虚之府也；虚者，明之藏也。」明，故終日聽而不昏，終日辯而不亂。鬼谷子其有得於是説者哉！其精言玄思，更多可誦。讀者善用之，靡不爲儀、秦之續耳。（楊升庵先生評注先秦五子全書，明天啟五年，武林張懋寀横秋閣刻本）

謝其盛鬼谷子序：鬼谷子，無姓名里俗。戰國時隱居潁川陽城之鬼谷，因以自號，長於養性治身，蘇秦、張儀師之，受捭闔之術十三章，晚乃益出七術，險盩峭薄，言益奇而道益陋，使人狙狂失守，而易於陷墜。柳子厚嘗辨之。劉向、班固録書無鬼谷子，隋志始列之縱横家，唐志以爲蘇秦之書，大抵皆捭闔鈎箝揣摩之術，觀儀、秦二子之言略盡矣。昔倉頡作文字，鬼爲之哭，不知鬼谷作是書，鬼何哭耶！今考其言有曰：「人動我靜，人言我聽。知性則寡累，知命則不憂。」至盛神養志諸論，所謂中稽道德之祖，散入神明之蹟者，

殆亦幾乎！（二十家子書，明萬曆六年吉藩崇德書院刊本）

高金體鬼谷子敘：古之有道德者，必有文章，有文章者必有事功，謂德非言不著，言非事不彰也。故以魯連之高蹈，不能忘情於聊城一矢。名心之中人，雖養真弢晦之士有未易消除者。如戰國有一隱士號鬼谷子者，其姓族行事不可概見於人間，倘所謂龍德而隱者乎？至其所爲書，則一翕一張，一闔一辟，通陰陽，法天地，淵乎真人之撰，莽乎大人之言，出其餘緒，直將囿一世于鈎索之中，措諸侯于掌股之上。舉當世掉舌之雄，鮮有出其藩者。及按而求之史册，春秋六七君雖不尚，曳裾時王之門，盱衡列國之宇，能詳籌熟計乃爾耶。予有以窺其微矣。蓋傷當時短長家，言不本于道德，法不軌于先王，惟挾其狙伏鷙攫之術，以伺察時王之隙，不媚則激，干禄爵于一時，以故久之不内，生世主之疑，則外來鄰國之謗，致身名俱敗者，比比也。是以洞泄其緘，爲從横家准的。其言亦夷奥，乍淺乍深，王簡棲所謂不可以學地知，不可以意生及者也。余嘗問侍之余，休居無事，聊而讀之，反復討索，轉有遺音。覺他書之理，隨讀竟者，了無味也。（合諸名家批點諸子全書，高金體鬼谷子評點，明天啟間刊本）

謝鏞鬼谷子序：鬼谷先生，不知何許人也。皇甫謐以爲楚人，然無族氏鄉里可考，烏知其爲楚其爲周末隱君子乎？彼其抱道幽棲，負神識聖智之品，隱於鬼谷，不使姓字落人間，如巢、由輩，豈止爲一代之雄而已哉。書出隋書經籍志，樂壹、皇甫謐、陶弘景、尹知章諸人各有注，而此書之神髓精妙何曾模仿其萬一。當時少得其解者，惟蘇秦、張儀二子從學於先生。三年後，方以此書授之，二子不過得其捭闔、揣摩之理。至於本經陰符，包羅乾坤之道，則茫然未曉也。夫所謂法五龍、法靈龜、法螣蛇、法伏熊、法鷙鳥、法猛獸、法靈蓍，如此數法，變幻無窮，非聖智神識，安能窮其涯際。二子知用其術而不知善用其術，一從一横，敗不旋鍾，是不能用先生持樞之道而逆天之正。故曰：「逆之者，雖成必敗，此天道人君之大綱也。」嗟乎！千載而下，誰有能誦先生之言，而行先生之行者乎！溯之往古，則有管夷吾、晏平仲，庶幾近之。然亦不能善藏其用，則又不如先生之遠引，高蹈如蒼龍之在雲霧中，見其首則不見其尾，見其尾則不見其首，猶龍之稱不獨老聃爲！然予于先生，亦云大哉鬼谷，其猶龍乎？人第知先生之神，而不知其神之神。此書特先生之一端耳，而其深微奥妙如盛神養志解仇鬥郄，可以轉危爲安，救亡使存。苟非聰明聖智達天德者，其孰能知之，況轉丸、胠篋二篇亡失無存，此必有人秘而藏于金匱石室之中而不使流傳世上，如玉枕之在一塚，千百年後必有發之者矣。或曰：「此書載在諸子集中，非秘也。子何奇而刻之？」予曰：「不然。予正謂世人不知其爲秘而忽之如論語、四書，今人只以此爲梯榮之具，而不知濟世奇書不外論語、四書之内，特人人雖讀皆不能用耳！趙普以半部論語佐太祖，半部論語佐太宗，猶侈言之也。即如道，千乘一章，三言兩句，何等直截，何等真切，經濟之奇，寧越是耶！先生身不見用於世，以時衰道微，故隱於清溪，如深潭之潛龍，常人豈能測之！其書雖在世間，人多忽之而不學，以爲非本業，不若論語、四書可以梯榮。嗟嗟，不知此正今時用世之奇書也。」今國家當多事之秋，海内元氣半爲虜寇所耗，奴揷伺於外，流寇訌於内。徵兵兵疲，調餉餉詘，當事者剿除無期，而九重廟算未定，人能取先生是書而讀之，探玄闡奥，繇飛箝以及七法，必能窮天之用，賊人之私。建威銷萌，破賊滅虜，奠宇宙於安瀾，茂勳猷於竹帛，亦不難矣。予不肖一副熱血肝腸，願與海内有志匡濟者共之，不但知性命寡憂累而已也。時崇禎乙亥夏五月謝鏞禹銘父題於攝山棲霞寺之藥師庵。（鬼谷子，明崇禎八年刻本）

周廣業鬼谷子跋曰：緑飲鮑君購得鬼谷子注鈔本，屬余是正。注甚明白簡當，自非五季宋人可及。乃其卷首題曰「東晉貞白先生丹陽陶弘景注」，則非也。陶系梁人，大同初賜謚貞白。東晉之誤，無待深辨。案鬼谷録自隋志，有皇甫謐、樂壹注各三卷。新舊唐志無皇甫謐而增尹知章注三卷，不聞陶也。陶注始見於晁氏讀書志，潛溪諸子辨繼之，卷如樂、尹而亡轉丸、胠篋二篇，是本篇卷適與相符，當即宋氏所見者。其書不類古本，如以捭闔、反應、内揵、抵巇列上卷，飛箝、忤合、揣、摩、權、謀、決事、符言並亡篇列中，本經陰符七術及持樞、中經列下，與近刻無異。凡文之軼見於史記、意林、太平御覽諸書者，此皆無之。其篇名舊有作反覆、抵巇、飛鑽、涅闇、午合、揣情、摩意、量權、謀慮者，今亦不然。至盛神、養志諸篇，正柳子厚所譏「晚乃益出七術，怪謬不可考校」之言。梁世甯遽有此？縱有之，隱居抗志華陽，安用險詭之談？梁史及邵陵王碑銘亦絶不言其注鬼谷，而僞託焉可乎！困學紀聞載尹知章序鬼谷子，有云：蘇秦、張儀事之，受捭闔之術十三章，復受轉丸、胠篋三章。晁氏則但言序謂此書，即受秦、儀者。雖詳略不同，可證其皆爲尹序。序出於尹，安見注不出尹？觀其注文，往往避唐諱，如以「民」爲「人」，「世」爲「代」，「治」爲「理」，「縲紲」作「縲絏」之類，而筆法又絶似管子注，是爲尹注無疑。尹生中宗、睿宗之世，卒於開元六年，故於「隆基」，字不復避也。其注亡篇云：或有取莊周胠篋充次第者，以非此書之意不取。注持樞云：恨太簡促，或簡篇脱爛，本不能全故也。蓋自底柱漂没之後，五部殘缺，不能復睹文德舊本，故注家以爲憾事。若果系陶注，則同時劉勰作文心雕龍，明言「轉丸騁其巧辭，飛箝伏其精術」矣。此豈不見原文者，可遽云轉丸已亡乎？庚仲容亦梁人，其所鈔子今在意林，「人動我静」，及「以德養民」二條，顯有完書可據。何是本獨以脱爛爲恨？此亦是尹非陶之明徵也。乃其謁尹爲陶，莫解其由，以意揣之，尹注在舊史。雖云頗行於時，而新志卻自注云尹知章不著録。意其本在宋初，原無標識，而持樞篇中嘗一稱「元亮曰」。元亮系晉陶淵明字，或錯認陶淵明爲陶通明，遂妄立主名，而讀者不察，致成久假耳。抑或諂道之徒，既詭鬼谷子爲王詡，强名爲元微子，復以貞白寓情仙術，矯托以注，未可知也。然是注世已罕傳，大可寶貴。似宜改題曰唐國子博士尹知章注，與趙蕤長短經合梓以行。其裨益人神智，正不少也。乾隆辛丑閏五月七日海甯周廣業書。（鬼谷子，清嘉慶十年江都秦氏石研齋刻本）

盧文弨鬼谷子跋：鬼谷子，小人之書也。凡其捭闔、鈎箝之術，祇可施於闇君耳！其意欲探厥意指之所向，從而巧變其説以要結之，使得親悦於我，膠固而不可離，千古奸邪之愚弄其主者，莫不如是。彼豈待教之而後知，學之而後能哉？其用術一一與此書暗合，未必皆見此書也。來鵠有云：捭闔、飛箝，實今之常態。不讀鬼谷子書者，皆得自然符契也。兹言信矣！及觀其施于常人，亦必在於昏邪庸怯之輩。其言曰：「有守之人，目不視非，耳不聽邪，言必詩書，行不淫僻，以道爲形，以德爲容，貌莊色溫，不可象貌而得也。

如是隱情塞卻而去之。」觀此言，是其術，遇正人而窮也。又其抵巇篇云：「世無可抵，則深隱而待時。」此非遇明君治世，所挾之術皆無所可用乎！或問曰：「如此，則是書何以不毀？」曰：凡夫奸邪之情狀，畢見於斯。爲人主者，不可不反覆留意焉！庶幾遇若人也，洞見其肺肝然。彼欲以其術嘗我，而我得以逆折之，是助上知人之明也，何可毀也！吾甚惜其方寸之間，神明之舍，惟詭譎變詐之是務，而終不免於窮，亦何苦而爲此？且其術亦有至淺至陋而斷不能轉移人者，如遭淫酒色者，爲之術；音樂之可悅，謂足以移其所好。夫聞正樂則唯恐臥，必將以靡靡之樂庶或動之？靡靡之樂，適足以助其情欲耳，其術不更疏乎！是書，余年家子江都秦太史敦夫曾依道藏本繡梓，爲校一過。今年甲寅，始見錢遵王手鈔本，乃知道藏本之譌脱不可勝計，内揵篇内至脱去正文、注文四百十有二字。余亟借以補正之。噫，若使無此本，不即以藏本爲善本哉！校既竟，因爲書其後。東里盧文弨跋。（鬼谷子，清嘉慶十年江都秦氏石研齋刻本）

阮元鬼谷子跋：陶弘景注鬼谷子，爲道藏舊本。吾鄉秦編修敦夫，博覽嗜古，精於校讎，因刺取諸書，考訂譌謬，梓行之，其略見自序中。元讀鬼谷子，中多韻語，又其抵巇篇曰：「巇者，罅也」。讀巇如呼，合古聲訓字之義，非後人所能依託。其篇名有飛箝，按周禮春官典同：「微聲韽。」後鄭讀爲「飛鉆涅韽」之「韽」。箝、鉆同字。賈疏即引鬼谷子證之。又揣、摩二篇，似放蘇秦傳「簡練以爲揣摩」之語爲之。然史記虞卿傳稱虞氏春秋亦有揣摩篇，則亦遊説者之通語也。竊謂書苟爲隋、唐志所著録而今僅存者，無不當精校傳世，況是編爲縱横家獨存之子書。陶氏注又世所久佚，誠網羅古籍者所樂睹也。乾隆戊申冬月儀真阮元跋尾。（鬼谷子，清嘉慶十年江都秦氏石研齋刻本）

秦恩復鬼谷子序：鬼谷子，陶弘景注，三卷。陽湖孫淵如同年讀道藏於華陰嶽廟時所録本也。乾隆丁未恩復與淵如校書于文源閣，暇日出以相示，計欲付梓，旋以乞假歸里，不果。戊申冬來京師，因取而校之。按鬼谷子，不知何人。道藏目録云：「姓王名詡，晉平公時人。」史記云：「蘇秦師事鬼谷先生。」拾遺記則以鬼谷爲歸谷。蓋歸、鬼聲轉。爾雅曰：「鬼之言歸也。」其謂蘇秦託名鬼谷者，以史記蘇秦列傳有「簡練以爲揣摩，期年，揣摩成」之語，而鬼谷子適有揣、摩二篇，遂附會其説，實無所據。或云，周時有豪士，隱於鬼谷者，近是。書凡三卷，自捭闔至符言凡十二篇，轉丸、胠篋二篇舊亡。又有本經陰符七術，及持樞、中經共二十一篇。考説苑、史記注、文選注、太平御覽、意林諸書所引，頗有數條爲今書所不載，或文與今本差異，則知書之脱佚不僅轉丸、胠篋二篇也。是書不見漢志，至隋唐始著録。隋書作三卷，舊唐書、新唐書皆作二卷，又作三卷。直題曰：蘇秦撰。史記索隱引樂壹注云：「蘇秦欲神秘其道，故假名鬼谷。」然漢書「從横家」有蘇子三十二篇，使假名鬼谷，何以班固略而不注也！柳子厚嘗譏其險盩峭薄，妄言亂世。今觀其書，詞峭義奥，反覆變幻，蘇秦得其緒餘，即掉舌爲從約長，真從横家之祖也。注鬼谷者，舊有樂壹、皇甫謐、陶弘景、尹知章四家。陶注至中興書目始見，樂注、文選注中一引之。太平御覽遊説部所引注皆與陶注不同，意亦樂氏注也。今藏本不著注者名氏，淵如據注中有「元亮曰」云云。元亮爲陶潛字，弘景引其言，故去姓稱字，斷爲陶注。恩復按：中興書目、晁公武讀書志、陳振孫書録解題、錢遵王讀書敏求記皆稱陶弘景注。則知陶注自宋迄今猶存。鬼谷子，世多有其書，而陶注不傳，向非道藏所存，則亦終湮失矣！恩復因刺取唐宋書注所引，校正文字一二，舊注亦掇而存之，附于本文之下，其或他書所引本文，今本不載，及稱鬼谷事迹足相考證者，並附録於後，以備觀覽焉。乾隆五十四年八月朔日書。（鬼谷子，清乾隆五十四江都秦氏石研齋刻本）

秦恩復鬼谷子序：鬼谷子，不見於漢志，至隋唐始著録。新舊唐書，皆以爲蘇秦撰。然漢書縱横家别有蘇子三十二篇，其文與鬼谷不類。使秦託名鬼谷，班固何以略而不注？陸龜蒙以鬼谷爲王詡。王嘉拾遺記以鬼谷爲歸谷，蓋歸、鬼聲轉。爾雅曰：「鬼之爲歸也。」其謂蘇秦假託者，以儀、秦師事鬼谷，而史記蘇秦傳有「簡練揣摩」之語，鬼谷書適有揣、摩二篇，遂附會其説，實無所據。或云：周時豪士，隱於鬼谷者，近是。書凡三卷，自捭闔至符言十二篇，轉丸、胠篋二篇舊亡。又有本經陰符七術，及持樞、中經共二十一篇。柳子厚嘗譏其險盭峭薄，妄言亂世。今觀其書，抉摘幽隱，反覆變幻，蘇秦得其緒餘，即掉舌爲從約長，真從横家之祖也。考説苑、史記注、文選注、意林、太平御覽諸書所引，或不見於今書，或文與今本差異。蓋自五季散亂之後，傳寫漸失其真，陶陰帝虎，訛脱相仍，不僅轉丸、胠篋也。注鬼谷者，舊有樂壹、皇甫謐、尹知章三家。樂注一見於文選注中，太平御覽數條亦不著注者名氏。中興書目始列陶弘景注，晁、陳二家繼之。貞白生於蕭梁，書廼晚出，讀者不無然疑。同年海甯周耕崖孝廉以注中多避唐諱，斷爲是尹非陶，詞頗博辯。然亦憑虚臆言，絶無佐證。惟馬貴與文獻通考於陶注下云：唐志以爲尹知章注，未知孰是，則在宋時已兩存其説。幸賴華陽真逸之名，得籍收於道藏。無論爲陶爲尹，皆可決其非宋以後之書矣。是書刻於乾隆乙酉，僅據孫淵如觀察華陰嶽廟所録本讎校刊行。盧抱經先生重加勘定，至再至三，最後鄒示述古堂舊鈔，始知道藏所存訛脱正復不少。讀書固難，校書亦不易也。因重付剞劂，一以錢本爲主，其有錢本所無，而藏本所有者，審其異同，互相考證。又剌取唐宋書注所引舊注，掇而存之，附于本文之下。其或今本亡佚别見他書，及稱鬼谷事跡，足資參考者，附録於後，以備觀覽焉。嘉慶十年乙丑八月十五日江都秦恩復序。（鬼谷子，清嘉庆十年江都秦氏石研斋刻本）

嚴元照鬼谷子跋：壬子之歲，予於虎邱萃古齋錢氏得此舊鈔本，聞有新刻本，未之見也。今春寄示盧抱經學士，爲校一過。云新刻注中脱十餘字，得此補之。孟秋之月，過知不足齋，向以文先生假得舊鈔本，字甚老草。據以文云是錢遵王述古堂本。予亦未之信。歸而以三本對校，新刻本脱落錯誤極多。上卷内揵篇白文注文共脱四百十有二字（勞權云實四百五十一字，當改正）。而此本亦同。其餘更不必言。不有錢氏本，則無以見其真矣！大抵此本少愈于刻本而大段皆同。予既取刻本，校閲一過，復以餘力校此本，正譌補闕不一而足，庶可讀矣。嗚呼！書籍佳否，故不可以鈔手精粗論。若不以兩本對校，則幾乎不棄彼而留此，又重歎夫刊刻古書者之不可輕率，當博訪善本，以資參考也。乾隆五十有九年秋八月望前一日。芳椒堂主人嚴元照校罷識。（鬼谷子，上海大一統圖書局民國十七年排印本）

嚴元照鬼谷子跋：予既得善本，校此一過，亦殊漏略。季秋之月，抱經學士過予芳椒堂，取去校閲一過，又指出數處。良足是正吁。予年二十二耳，而心且粗率如此，視抱經先生真不啻霄壤之别矣！孟夏廿三日元照又識。（鬼谷子，上海大一統圖書局民國十七年排印本）

徐鯤鬼谷子跋：甲寅夏，鮑君以文出所藏鬼谷子注鈔屬余，與坊刻對勘，坊刻出道藏，其訛脱至多，不可枚舉。鮑君所藏爲錢遵王舊物，乃據宋本傳録者，如卷首所題東晉貞白先生丹陽陶弘景注一行，係沿南宋中興書目之誤。似即當時館閣著録之本。余既硃朱細勘，復手録清本一通，且屬吾友錢君廣伯證定之，因綴數語於簡末，嘉慶元年臘月蕭山徐鯤識。（鬼谷子，上海大一統圖書局民國十七年排印本）

勞權鬼谷子跋：此先友歸安嚴修能手校，復經盧學士臬徐北溟先生重校。北溟補校，甚爲精寀，學士所校，尚有遺漏。惜江都秦氏於嘉慶乙丑重梓此書，但據學士校本耳。秦氏初用藏本校刊，在乾隆己酉即嚴跋所云新刻本也。咸豐丁巳六月校秦本一過，並識數語。丹鉛生仁和勞權記。（鬼谷子，上海大一統圖書局民國十七年排印本）

繆荃孫鬼谷子跋：鬼谷子，世以嘉慶乙丑石研齋刻本爲最佳。秦本出於盧抱經，所據鮑録飲藏述古堂本。秦氏又自輯古今論鬼谷子者，爲附録。較乾隆己酉刻道藏本高出不啻倍蓰。壬子二月，傅君沅叔以明鈔藍格本見眎，正文頂格，注文低一格，原出道藏，末有嘉靖乙丑三月九日校畢一行，又有小字。此本原系蘇州文氏所藏。乾隆甲寅，嚴九能以錢述古堂本校過，又經抱經先生覆校，九能有跋。明年徐北溟再校。咸豐丁巳藏勞平甫所，亦跋之。可謂善本矣。徐北溟於嘉慶元年手寫一本，今在況夔生處。曾録其跋，亦按次寫入。此書之注，錢氏本次行則云東晉貞白先生丹陽陶弘景注。弘景梁人，非東晉，其誤不足辨。注中多避唐諱，如以「民」爲「人」，「世」爲「代」，「治」爲「理」，「縲紲」作「縲絏」之類。昔人又以爲尹知章注。因爲其唐人也。然尹注管子，今具存。此書符言篇與管子九守篇大略相同，因以彼校此，訛脱甚多。注皆望文生義，果出尹知章手，豈有自注管子而略不省勘乎！然則今本題陶注固難信，而非尹注則無疑義。異同以朱筆志於眉間，佳字尚不少也。清明後三日繆荃孫校訖因識。（鬼谷子，上海大一統圖書局民國十七年排印本）

尹桐陽鬼谷子新釋序：今之談目録學者，其於周秦諸子，輒以見於班志與否爲剮真僞之資。噫，謬矣！夫一人之耳目有限，而欲飛長以周知天下圖籍，固戛戛乎難之。即或能之，秉筆者爲誰？於其書不合誰之意者，往往刪而戉削之，斯迺世儒之通病。知此則可以論不見於漢志之諸子之未必爲僞矣。鬼谷子者，從横家之蘇秦、張儀師也。史記蘇秦傳曰：「東事師於齊，而習之於鬼谷先生。」張儀傳曰：「始嘗與蘇秦俱事鬼谷先生學術。」集解徐廣曰：「潁川陽城有鬼谷，蓋是其人所居，因以號。」裴駰引風俗通義曰：「鬼谷先生，六國時縱横家。」夫史公既云東事師於齊，習之於鬼谷。又云張儀與蘇秦俱事其學術，則鬼谷明明爲齊人，而且有書以傳於世者。周禮典同云：「微聲韽。」注「韽」讀爲「飛鉗涅韽」之「韽」。飛鉆者，即鬼谷子第五篇名之飛箝也。鄭君生於距周未遠之漢末，博學多聞，固曾披讀陰言陰經，攗摭之以證音讀。又豈僅晉郭璞、唐李翺輩之嘖嘖稱道弗衰哉！桐陽癖治先秦丙部書，管、商、韓、墨、莊、列，於陵諸子，均有詮釋。恒自詡一得之愚可質當世而信來兹。而時值多艱，曲學賈鳴，揣摩乏術，仕門横扃，鐸振北南，金聲罕應，軨踰艾歲，不禁扼擥。民國辛未夏，載遊舊都，重設講所。狼豺横掠於梓第，睢鶚勃溪於衡館。課授之暇，惆然惄然，因檢鬼谷子讀以自娱。文義方良，籛兜以終。而本、中二經尤爲濛鴻，大類尚書。渺渺然而環奥旨古，節古音確爲陳籍。迺揮毫操笞，檮昧譔注，鈎其訓故，考其固實，以欲省覽。越旬餘而帙成。顔曰鬼谷子新釋。蓋將欲原同異，抒權謀。以抵巇抵却而抵得也。春秋而降，淪爲戰國，姬、姒守府，雄裂爲七。蘇、張擷鬼谷數術，猶能福利于一時，民邦佻造，慨今廿載。内而群猾，外而强敵。紛籍竝起，烝黎困備火熱水深，問誰能掇振窮之策？持中正之道，施之以定傾而撫危。此桐陽所以穆然于鬼谷書而弗之舍，而爲之注也。嗟乎！國故陵夷，珠玉瓦屑，衆流百家，半等疣贅。桐陽前濫竽寧省財政廳秘書，而廳長張公壽鏞酷嗜子籍，諈諉徵購鬼谷，亦戰國諸子之一。以古無善注而蓋闕耿耿如也。拙釋新成，回憶舊事，特速鏤劘，以公同玫籍，廣河間之儲。厥時，從學弟子之分任讎校者，有蔡鑑、曾鴻昌、易廷毓、鄧高僧、吳世拱、鄧崇禮、商鴻逵、黄輝仁、易啟藩、胡吉宣、王焯勛諸生，例得書而誌之。大中華民國二十年七月廿八日，常甯尹桐陽候青氏敘于北平六書講習所。（鬼谷子新釋，民國二十一年上海文明印刷所排印本）

俞棪鬼谷子新注自序：余於民國初元始讀鬼谷子，輒苦其古奥，以爲非淺學所能解，嘗望安得樂壹、皇甫謐諸家注而一讀之。顧其書早亡，卒不可得。越數載，復尋繹其義，稍增興會。因輒介之于昆弟朋好，共同研索，冀或有得。顧朋輩中類以其義藴不易詮釋，咸囑余爲任述作之役。余幼孤貧，屢失學，無所師承，夫詎敢妄有所論述？惟心焉識之，期異日或得，當一申其志云爾。迨十二年冬，余自遼海南歸嶺表。襄垣李君楓橋自平寓書，督望甚殷。余以庸陋，奔命海隅，私意亦欲於此暇日姑試爲之。顧每一執筆，輒自覺其空疏，稿成而毁之者三，遂廢然而輟。夫作然後知述學之匪易，斷非淺學者所能任也。雖然，自斯以還，每一研誦，遂爲劄記以志其意。積日累年，忽忽十載，所記凡若干條。雖意無所信，虚而無實，然以戰國時代，學人輩出，其與鬼谷先生同時並世或先後者不少，其文體義理，較相近接，取彼釋此，義自恰當。至於學説從同，或且溯流尋源，而本出於鬼谷者，則舉一反三，其理益顯。其或義無可索，則取之秦漢諸家學説，雖歷時稍遠，而旁搜遠紹，摭其片詞瘠義，亦足資詮詁；以視陶注之以己意詮釋者，其取徑自殊，庶幾或猶不悖鬼谷先生之真意也歟。至於鬼谷原書，歷代傳本，文多舛錯，余維戰國初期作品，文多從韻，以便口誦，流習任授，斯爲正宗。鬼谷文中錯簡類，多可以古韻校正。因不避檮末，輒擇其于義尤晦澀者，爲易其序。至文中訛誤，傳襲既久，亦抉其最不通者，校而正之。於是，鬼谷文義，始豁然開朗，爲初學者所易探悉矣。然此固一家之私見，固猶待是正于大雅君子也。民國二十二年八月番禺俞棪誠之。（鬼谷子新注，民國二十二年上海商務印書館排印本）

（日）皆川願刻鬼谷子序：君子喻于義，小人喻於利。余知君子之言，可因以之利，而小人之言亦可因以之義。易不言乎：「一致而殊途，同歸而百慮。」夫文武之道，及至戰國已墜於地，而諸子因裂之，其家百數。近者孟、荀，遠者蘇、張、申、韓。若老若莊，若衍若龍，詭譎幻恢，變端不測。譬之鬼魅，逞妖於晦夜，及旦察之，其所弄作者，皆假之夫常者爾。是故諸子亦皆文武之殘也。昧者眩，末明者眎，本是謂讀諸子法。鬼谷子，身陰山巖，而言狙世，主捭闔之術，峭薄極矣哉！吾未信古果有若是人也。然而熟玩其書，文最簡深，義多奥邃。要之，其人材是爲蘇、張之師而其世必戰國之人也。先儒嘗謂一闔一闢，易之神也；一翕一張，老氏之幾也。鬼谷子，其術往往有得於闔闢翕張之外，神而明之。蓋至於自拔潰裂而不可禦。由此言而推之，雖曰文武之殘之尤者，不亦可乎！顧善讀者，及得其道用。反之易則其或庶矣。予十七八時嘗爲人一訂此書，今已二十年。其人請出付梓人，予不能拒，乃爲之序。安永甲午夏六月皆川願撰。（鬼谷子考閲，日安永三年大阪嵩山堂刊本）

# 附録四

## 鬼谷子書目

鬼谷子，一卷，存。分内、外篇，無注。前有長孫無忌序並高似孫子略文。隋書經籍志、郡齋讀書志並著録。

明景陽宫刊大字十行本（臺灣「國立」故宫博物院藏）；

明正德間刊十二子本；

明方疑編刊十二子本；

明刊十子本；

明萬曆五年刊子彙本；

民國二十六年上海商務印書館「元明善本叢書」景印子彙本；

一九六九年臺灣商務印書館「宋元明善本叢書」景印子彙本；

百部叢書景印子彙本；

明萬曆二十五年吳勉學校刊二十子本；
明萬曆三十年刊先秦諸子合編本；
明天啟間刊諸子褒異本；
明萬曆間刊且且菴初箋十六子本；
清乾隆間四庫全書鈔本；
清光緒十九年上海鴻文書局二十五子彙函石印本；
清光緒二十三年上海文瑞樓子書二十八種排印本；
民國八年上海掃葉山房百子全書石印本；
一九六三年臺灣古今文化出版社景印本。

鬼谷子，三卷，皇甫謐注。佚。隋書經籍志著録。
清宣統三年上海育文樓書局子書二十八種石印本；
民國九年上海五鳳樓子書四十八種石印本。

鬼谷子，三卷，（梁）陶弘景注。存。上、中、下三卷，分篇分段低一格作注，不引他説。

篇目下間亦注明篇旨。未署注者姓氏。郡齋讀書志著録。

明正統道藏本；

道藏舉要本；

民國八年上海涵芬樓四部叢刊景印道藏本；

民國十八年四部叢刊重印本；

民國二十五年四部叢刊縮印本；

明萬曆六年吉藩崇德書院刊二十家子書本（中國國家圖書館藏）；

清乾隆五十四年秦氏石研齋刊本；

民國十二年沔陽盧氏慎始基齋刊湖北先正遺書本（北京大學圖書館藏）；

民國十五年上海中華書局四部備要排印本；

民國二十五年四部備要縮印本；

民國十一年古書流通處古書叢刊景印本（北京大學圖書館藏）；

民國十二年陽曲第一高等小學校「中經」單篇本（臺灣中研院藏）。

鬼谷子，三卷，樂壹注。佚。隋書經籍志著録，並注云：「樂壹注」。

鬼谷子，三卷，尹知章注。佚。舊唐書經籍志、新唐書藝文志著錄。

鬼谷子，五卷，馬總録。存。摘録鬼谷子要語九條，無注。作「五卷」，注云：「樂氏注，名壹。」首有按語，「總按：其序云：周時有豪士，隱者，居鬼谷，自號鬼谷先生，無鄉里族姓名字。下並注云『此蘇秦作書記之也。鬼之言遠，猶司馬相如假無是公云爾』。」

在意林內。

明正統十年道藏本（中國國家圖書館藏）；

上海涵芬樓四部叢刊景印道藏本。

鬼谷子，三卷，陶宗儀節鈔。存。節鈔鬼谷子原文，分段刪節，不標篇名，無注，作「三卷」。

在説郛內。

民國十六年上海商務印書館排印本；

一九六三年臺灣新興書局景印本。

鬼谷子，一卷，鄭子龍、方疑批點。存。無注。眉批引南華經，間附「音注」。前有敘録引徐渭曰：「鬼谷子，姓王名謝，河南府人。」

在十二子内。

明萬曆間且且菴刊本（臺灣「中央」圖書館藏）。

鬼谷子，一卷，方疑輯校。存。分内、外篇，無注。篇目下間引陶弘景注，内篇末附事略、鬼谷子書考。

在十六子内。

明萬曆間且且菴初箋十六子本（中國國家圖書館藏）。

鬼谷子，一卷，沈津纂。存。節録鬼谷子中之捭闔、反應、飛箝、忤合、揣、摩、權、謀、符言、陰符七篇文字。無注。前有「鬼谷子題辭」，謂：「掇其大要。」

在百家類纂内。

明隆慶元年刻本。

鬼谷子，一卷，周子儀编。存。内篇十四篇，轉丸、胠篋二篇有目無文。外篇題：「本經陰符七篇、持樞及中經篇間引陶弘景注。」前有長孫無忌敘並高似孫子略文。

在子彙内。

明萬曆五年刊子彙本（中國國家圖書館藏）；

民國二十六年上海商務印書館「元明善本叢刊」景印子彙本；

一九六九年臺灣商務印書館「宋元明善本叢刊」景印子彙本；

百部叢刊景印子彙本。

鬼谷子，一卷，謝汝韶編，存。鬼谷子十三篇，雙行夾註。篇目下有注，採陶弘景注本，前有鬼谷子序。

在二十家子書内。

明萬曆六年吉藩崇德書院刊本（中國國家圖書館藏）。

鬼谷子，陳繼儒編，未見。國學總目著録。

在古今粹言内。

明刊本。

鬼谷子，陳繼儒、王衡編，存。節録鬼谷子原文，分類編入各目内，無注。

在諸子類語内。

明刊本。

鬼谷子，陸可教、李廷機編，存。録鬼谷子内篇全文，無注。篇名間有雙行簡注，加以圈點、眉批。雜引虞集、高似孫、林希元、陳後山、羅大經、王維楨、舒芬諸家説。

在諸子玄言評苑内。

明光裕堂刊本（日本國立公文書館藏）。

鬼谷子，一卷，楊慎評注，張懋寀校，存。録鬼谷子全文，白文無注。眉批、圈點。題上雙行夾註，不舉主名。前有長孫無忌敘並高似孫子略文。首題「戰國隱士撰，楊慎評注，張懋寀校梓。」

在楊升庵先生評注先秦五子全書内（中國國家圖書館藏）。

明天啟五年張懋寀横秋閣刻本。

鬼谷子，一卷，外篇一卷。吴勉學編。存。白文無注，附外篇。原闕轉丸第十三、胠篋第十四二篇。前有鬼谷子序。

在二十子内。

明萬曆二十五年吴勉學校刊二十子本（中國國家圖書館藏）；

明萬曆間黄之寀十九子全集重印本。

鬼谷子，一卷，馮夢禎編。存。録鬼谷子全文，白文無注。不分卷，附外篇，題陰符、持樞、中經。前有長孫無忌敘並高似孫子略文。

在先秦諸子合編十六種内。

明萬曆三十年緜眇閣刻本（中國國家圖書館藏）。

鬼谷子，焦竑校正、翁正春參閲、朱之蕃圈點。存。録鬼谷子全文，無注。眉評採王維楨、錢福、陳後山、王慎中、林希元、袁宗道諸家雜説。

在二十九子品彙釋評内。

明萬曆四十四年刻本(中國國家圖書館藏)。

鬼谷子,歸有光輯,文震孟參訂。存。節録捭闔、反應、内揵、抵巇、飛箝、揣篇、摩篇七篇原文,無注。並加圈點,眉評引楊升菴、虞伯生、孫季泉、王鳳洲、康勵峰、舒國裳等諸家雜説,前有鬼谷子考略。

在諸子彙函内。

明天啟五年刻本;

四庫全書存目叢書景印本。

鬼谷子,一卷。鍾惺輯評。存。原題術言,内題鬼谷子撰。書目綜録著録。

在合刻五家言内。

明刊本(上海圖書館藏)。

鬼谷子,李元珍編。存。節録鬼谷子原文,分類編入名目下,並加圈點、旁注。

在諸子綱目類編内。

明刊朱墨套印本;

一九七四年臺灣商務印書館景印本。

鬼谷子,一卷。陳仁錫編。存。録鬼谷子全文,加以旁注,以文評爲主。前有鬼谷子序及小傳。

在諸子奇賞前集内。

明天啟六年蔣氏三徑齋刊本。

鬼谷子,李雲翔編。存。節録鬼谷子之捭闔、内揵、抵巇諸篇文字,無注。有眉批、圈點,並附王鳳洲、李爲霖等評語。

在新鐫諸子拔萃内。

明天啟七年金陵余思泉餘慶堂刊朱墨套印本。

鬼谷子,一卷。高金體評點。存。無注。有眉批、圈點,篇目下雙行夾註,不舉主名。

首題「明臨安高金體評點」，前有高金體鬼谷子敍，長孫無忌及高似孫鬼谷子序。

在合諸名家批點諸子全書内。

明天啟間刻本（中國國家圖書館藏）。

鬼谷子，一卷。謝鏞編。存。無注。録鬼谷子全文，白文無注。前有長孫無忌及高似孫鬼谷子序。題：「崇禎乙亥鬼谷子。序於攝山棲霞寺之藥師庵。」西諦書目著録。

在謝禹銘五刻内。

明崇禎八年刻本（中國國家圖書館藏）。

鬼谷子，范方評。未見。題「楊慎輯，范方評」。日本尊經國文庫漢籍分類目著録。

在權譎秘書内。

明崇禎十五年刊秘書七種本。

鬼谷子，汪定國編。未見。書目綜録著録。

明刊本。

鬼谷子，一卷。徐鯤校。存。古書叢刊景印本鬼谷子，末附徐氏嘉慶元年識語云：「甲寅夏鮑君以文出所藏鬼谷子注鈔，屬余與坊刻對勘，坊刻出道藏，其譌脱至多，不可校舉。鮑君所藏爲錢遵王舊物，乃據宋本傳録者。余既硃末細勘後，手録清本一通，且屬吾友錢君廣伯證定之，因綴數語于簡末。」云。

清嘉慶元年手校本。

鬼谷子，姚文田韻讀，存。節録鬼谷子文句之有韻者，將叶韻之字加以圓圈，下注篇名或章名，依韻别類輯。

在古音諧内。

清道光二十五年歸安姚氏刊本；

清光緒二十一年重刊本。

鬼谷子，三卷，秦恩復校，存。分上、中、下三卷。以乾隆乙酉孫星衍校勘道藏本爲底本，並經盧文弨重加勘定。又以錢曾述古堂舊鈔本爲主，錢本所無，而道藏本所有者，審其異同。互相考證，並刺取唐、宋類書所引舊注，附于本文下，其或今本亡佚，别見他本，稱鬼谷事跡，足資參考者，附録於後以備觀覽。首題：「梁陶弘景注」。前有嘉慶十年秦恩復自序，末附鬼谷子篇目考、附録。乾隆辛丑周廣業跋、盧文弨跋、乾隆戊申阮元跋尾。

清嘉慶十年江都秦氏石研齋刊本；

民國十一年古書流通處古書叢刊景印本；

一九七五年臺灣廣文書局景印本；

北京市中國書店一九八五年景印本。

鬼谷先生佚文，嚴可均輯。存。

在全上古三代文（卷九）内。

中華書局一九五八年景印本。

鬼谷子，江有誥韻讀。存。節録鬼谷子之捭闔、反應、内揵、抵巇、忤合、本經陰符六篇中之有韻文字，加以圓圈，並注韻部、音節及四聲。

在音學十書先秦韻讀内。

清嘉慶道光間刻本；

民國二十年渭南嚴式誨刻本；

中華書局一九九三年版。

鬼谷子，勞權校正。存。古書叢刊景印本鬼谷子末附勞氏咸豐丁巳自記，略云：「歸安嚴修能手校，復經盧學士纂徐北溟先生注重校，北溟所校甚爲精彩，學士所校尚有遺落。咸豐六年校秦本一過，並識數語。」

清咸豐七年手校本。

在鬼谷子四種内，中國子學名著集成編印基金會景印本。

鬼谷子，一卷，俞樾平議。存。節録鬼谷子中重要文句，引據管子、儀禮、國語、説文、爾雅、陶弘景注校正文字文義，並附己見。

在諸子平議補録内。係李天根從讀書餘録中輯録而成。

民國十一年雙流李氏念劬堂刊本；

中華書局一九五七年排印本。

鬼谷子，孫詒讓札記。存。據陶弘景注本、秦恩復校本、俞樾讀記。更引管子尹知章注、孫志祖脞録等校訂文字文義，並附己見。

在札迻内。

清光緒二十年刻本；

清光緒二十一年重修本；

中華書局一九八九年排印本。

鬼谷子，李寶淦編。存。録鬼谷子之捭闔至持樞九篇原文，加以删節、圈點。間附按語。

在諸子文粹内。

清光緒二十三年原稿本；

民國六年上海商務印書館排印本。

鬼谷子，繆荃孫校。存。古書叢刊景印本鬼谷子末附繆氏題識，略云：「壬子二月，傅君沅叔以明鈔藍格本見眎，原出道藏，末有『嘉靖乙巳三月九日辛未録畢』一行。以朱筆志於眉間，佳字尚不少也。」按：此即明嘉靖乙巳鈔本。集盧文弨、徐鯤、嚴元照、勞權等校本於一書。

民國元年朱墨手校本。

在鬼谷子四種内，中國子學名著集成編印基金會景印本。

臺灣世界書局一九五八年初版。

鬼谷子校记，陳乃乾校。存。以繆荃孫校本爲底本，校于秦恩復石研齋刊本之上，分上、中、下三卷。標舉文句，附以校語，以明同異。引繆荃孫、俞樾、勞權諸家校文，並自附按語。前有小敘，略稱：「明鈔鬼谷子，蘇州文氏舊藏。乾隆甲寅嚴九能以述古堂鈔本校過，又經盧召弓覆校。明年徐北溟再校。咸豐丁巳，勞平甫又校。今歸江安傅氏繆小珊。嘗借校于秦刻本上，佳處甚多。古書流通處既景印秦本，因録其異同爲校記付之，俾附印於後。」

民國十一年古書流通處古書叢刊手稿景印本；

民國十七年上海大一統圖書局石印本；

一九七五年臺灣廣文書局景印古書叢刊本。

鬼谷子佚文，一卷，王仁俊輯。存。

在玉函山房輯佚書續編三種經籍佚文内。

上海古籍出版社一九八九年出版。

鬼谷子治要，張文治編。節録鬼谷子之捭闔、揣篇、摩篇、權篇、謀篇五篇文字，無注。加以斷句。前有鬼谷子傳略。

在諸子治要内。

民國十九年上海文明書局排印本。

鬼谷子新釋，三卷，尹桐陽撰。存。以道藏本爲底本，録鬼谷子全文，不取陶弘景注，雜引經、史、子、集以資詮詁者，自作新釋，雙行夾註，附於文句下，並指明韻字。篇首署常甯尹桐陽候青新釋，前有鬼谷子新釋敘，末附鬼谷子佚文。

民國二十一年上海文明印刷所刊本（上海圖書館藏）。

鬼谷子新注，俞棪撰。存。以秦恩復校刊陶弘景注本爲底本，分章雙行夾註，取秦漢諸家學説，以資詮詁，並校正錯簡，訛誤。前有民國二十二年著者自序、清嘉慶十年秦恩復序，鬼谷子先生事略、鬼谷子真僞考。末附附録，録歷代各家評語、篇目考、陳乃乾鬼谷子校記、乾隆辛丑周廣業跋、阮元跋尾。

在國學小叢書内。

民國二十年上海商務印書館排印本。

鬼谷子考，梁嘉彬撰。存。考證鬼谷子其人，謂與關尹有關，可能並受學於老子。

在大陸雜誌第十卷第四期内，一九五五年出版。

一九六三年大陸雜誌語文叢書第一輯第二冊景印本。

鬼谷子考辨，趙鐵寒撰。存。對版本源流、今本一二卷即漢志之蘇子、部分爲後人所纂亂、篇目及其佚文與異文考、第三卷爲陶弘景僞託、今本非陶弘景注、漢志鬼谷區即鬼谷子、鬼谷子有無其人等加以考辨。

在大陸雜誌第十四卷第五、六期，一九五七年出版；

一九六三年大陸雜誌語文叢書第一輯第二冊景印本。

鬼谷子注釋，一卷。趙全璧注。存。依鬼谷子，分十六章。每章分段低一格作注，順文直解，並及字義，間引孟子語。前有一九七八年四月蔣緯國序及作者自序。

一九七八年五月初版自印排印本。

鬼谷子研究，蕭登福撰。存。以繆荃孫校清嘉慶十年秦恩復刊本爲底本，分上下兩編，上編爲「鬼谷子研究」，對鬼谷子其人及其著作、鬼谷子真僞、版本源流等進行辨析考證；下編爲「鬼谷子譯注」，雜引各家説，以爲佐證。前有一九八四年八月自序，末附作者搜集鬼谷子研究參考資料。

一九八四年臺灣文津出版社排印本。

鬼谷子天機妙意，鄭傑文撰。存。主要歸納整理鬼谷子的遊説術，亦對鬼谷子其人其書作考證。前有楊向奎序。末附鬼谷子注譯。

南海出版公司一九九三年出版。

鬼谷子奧義解説，鄭傑文撰。存。分兩部分：前有「鬼谷子奧義概覽」，羅列策士遊説三種程式及勾門權術兩種程式；主要對鬼谷子作奥義解説，以清嘉慶十年秦恩復校本爲底本，改秦本陶弘景注爲唐尹知章注。雜引楊慎、高金體及諸子彙函所引諸家評點，參考俞棪鬼谷子新注，蕭登福鬼谷子研究，末附歷代有關鬼谷子的著録、評説、序跋、題識、古注及佚文。

山東大學出版社一九九三年出版。

鬼谷子詳解，陳蒲清撰。存。分三部分：一是正文的校注翻譯。以道藏本爲底本，參考四庫全書本、秦恩復乾隆刊本與嘉慶刊本作校勘；保留道藏注釋，並吸收俞樾諸子平議補録作新注。二是對鬼谷子真僞、寫作年代、道藏本注者作考證；三是資料附録。

嶽麓書社二〇〇五年出版。

鬼谷子研究，許富宏撰。存。分上、中、下三編：上編「鬼谷子真僞考辨」，從出土文獻、傳世文獻、思想史、漢語史四個方面對鬼谷子真僞做研究；中編「鬼谷子作者與成書」，對鬼谷子其人與其著作等進行辨析考證；下編「鬼谷子思想」。前有趙逵夫序，末附鬼谷子研究論文目録。

上海古籍出版社二〇〇八年版。

新編鬼谷子全書，房立中主編。存。分上、中、下三編。上編録鬼谷子原文，作校勘，注譯，考證鬼谷子其人其書，附録鬼谷子主要版本及傳爲鬼谷子所作其他作品；中編録當代學者論鬼谷子、鬼谷子實用價值及鬼谷子在國外的影響等；下編録有關鬼谷子遺跡、傳説、古典詩文中吟詠鬼谷子之作品。

學苑出版社一九九五年出版。

鬼谷子辭典，閻崇東編。録鬼谷子原文，並作注譯，詞語集釋，戰國縱横家事例注譯，鬼谷子書中歷史人物傳，鬼谷子舊注中所引歷史人物傳和鬼谷子有關的歷代作者傳。

湖北人民出版社一九九八年出版。

鬼谷子，二卷，皆川願考閲。存。漢文著述。分上、下二卷。取唐尹知章注本。加假名斷句，眉欄校訂文字、文義。前有安永甲午皆川願刻鬼谷子序。首題：「唐尹知章注，平安皆川願考閲。」

安永三年西村平八青雲館刊本；

安永三年大阪嵩山堂刊本；

明治年間大阪青木恒三郎重印本。

國譯鬼谷子，一卷，兒島獻吉郎譯。存。以皆川願考閲本爲底本，日文翻譯，假名標點，注文則附下欄，以數位標出。參校群書治要、藝文類聚、太平御覽等書，並俞樾平議。補脱删衍，皆以己意爲之。前有大正九年鬼谷子解題，末附漢文原文。首題兒島獻吉郎譯並注。在國譯漢文大成内。

大正十年日本東京國民文庫刊行會排印本。

（參照嚴靈峰周秦漢魏諸子知見書目，中華書局一九九三年版；中國叢書綜録（第二册）上海圖書館編，上海古籍出版社一九八六年版。）

# 附録五

## 歷代辨僞

柳宗元辯鬼谷子曰：元冀好讀古書，然甚賢鬼谷子，爲其指要幾千言。鬼谷子要爲無取，漢時，劉向、班固録書無鬼谷子。鬼谷子後出，而險盭峭薄，恐其妄言亂世，難信，學者宜其不道。而世之言縱横者，時葆其書。尤者晚乃益出七術，怪謬異甚，不可考校。其言益奇，而道益陿，使人狙狂失守，而易於陷墜。幸矣，人之葆之者少。今元子又文之以指要。嗚呼，其爲好術也過矣！（柳宗元集，中華書局一九七九年版）

歐陽修崇文總目敘釋縱横家類：春秋之際，王政不明，而諸侯交亂，談説之士出於其間，各挾其術以干時君，其因時適變，當權事而制宜，有足取焉。（歐陽文忠公文集，四部叢刊景印元刊本）

歐陽修跋平泉草木記：余嘗讀鬼谷子書，見其馳説諸侯之國，必視其爲人、材性、賢愚、剛柔、緩急，而因其好惡、喜懼、憂樂而捭闔之，陽開陰塞，變化無窮。顧天下諸侯無不在其術中者。惟不見其所好者，不可得而説也。以此知君子宜慎其好。盖泊然無欲而禍福不能動，利害不能誘。此鬼谷之術所不能爲者，聖賢之高致也。其次，簡其所欲不溺於所好，斯可矣。（皇朝文鑑，四部叢刊景印古里瞿氏鐵琴銅劍樓藏宋刊本）

高似孫子略：戰國之事危矣！士有挾雋異豪偉之氣求聘乎用，其應對酬酢變詐激昂以自放於文章。見於頓挫險怪離合揣摩者，其辭又極矣！鬼谷子書，其智謀，其數術，其變譎，其辭談，蓋出於戰國諸人之表。夫一辟一闔，易之神也；一翕一張，老氏之幾也。鬼谷之術，往往有得於闔闢翕張之外，神而明之。益至於自放潰裂而不可禦。予嘗觀諸陰符矣，窮天之用，賊人之私。而陰謀詭秘有金匱、韜略之所不可該者，而鬼谷盡得而泄之，其亦一代之雄乎！按劉向、班固録書無鬼谷子，隋志始有之，列於縱横家。唐志以爲蘇秦之書，然蘇秦所記以爲周時有豪士隱者，居鬼谷，自號鬼谷先生，無鄉里族姓名字，今考其言，有曰：「世無常貴，事無常師。」又曰「人動我静，人言我聽」，「知性則寡累，知命則不憂」。凡此之類，其爲辭亦卓然矣。至若盛神、養志諸篇，所謂「中稽道德之祖，散入神明之頤」者，不亦幾乎！　郭璞登樓賦有曰：「揖首陽之二老，招鬼谷之隱士。」遊仙詩曰：「青溪千餘仞，中有一道士。借問此誰何？　云是鬼谷子。」可謂慨想其人矣！　徐廣曰：「潁川陽城有鬼谷。」注其書者，樂壹、皇甫謐、陶弘景、尹知章。（子彙，明周子儀編，明萬曆四年刊本）

王應麟引史記正義：鬼谷，谷名。在雒州陽城縣北五里。七録有蘇秦書。樂壹注云：「秦欲神秘其道，故假名鬼谷也。」鬼谷子，三卷，樂壹注。樂壹，字正，魯郡人。有陰符七術，有揣及摩二篇，戰國策云：「得太公陰符之謀，伏而誦之，簡練以爲揣摩，期年，揣摩成。按鬼谷子乃蘇秦書明矣。」（廣陵書社二〇〇三年景印）

王應麟漢書藝文志考證：縱横家蘇子三十二篇，鬼谷子三卷，樂壹注云：「蘇秦欲神秘其道，故假名鬼谷也。」史記正義：戰國策云：乃發書陳篋數十，得太公陰符之謀，伏而誦之，簡練以爲揣摩。鬼谷子有陰符七術，有揣及摩二篇，乃蘇秦書明矣。東萊呂氏曰：戰國遊説之風，蘇秦、張儀、公孫衍，實倡之。秦，周人也。儀與衍，皆魏人也。故言權變辯智之士，必曰三晉兩周云。石林葉氏曰：蘇秦學出於揣摩，未嘗卓然有志天下，反復無常，不守一道，度其隙苟可入者則爲之。此揣摩之術也。故始求説周，周顯王不能用，則去而之秦，再求説秦，秦孝公不能用，則去而之燕。幸燕文侯適合而從説行。其所以説周者，吾不能知。若秦孝公從而聽之，則必先爲横説以噬六國，何有于周？此蘇秦所以取死也。劉氏涇曰：老之翕張，易之闔辟，其與鬼谷，往來如環。鬼，幽而顯者也；谷，扣而應者也。藏幽露顯，一顯一露，一扣一應，信如其名哉！（江蘇廣陵古籍刻印社一九八五年刻本）

宋濂諸子辯：鬼谷子三卷，鬼谷子撰。一名元微子。鬼谷子，無姓名里居，戰國時隱潁川陽城之鬼谷，故以爲號。或云王詡者，妄也。長於養性治身，蘇秦、張儀師之，受捭闔之術十三章，又受轉圓、胠篋及本經、持樞、中經三篇。轉圓、胠篋今已亡。梁陶弘景注。劉向、班固録書無鬼谷子，隋志始有之，列於縱横家。唐志以爲蘇秦之書。大抵其書皆捭闔、鉤箝、揣摩之術，其曰「與人言之道，或撥動之令有言，以示其同；或閉藏之使自言，以示其異，捭闔也；既内感之而得其情，即外持之使不得移，鉤箝也；量天下之權，度諸侯之情，而以其所欲動之，揣摩也」。是皆小夫蛇鼠之智，家用之則家亡，國用之則國僨，天下用之則失天下，學士大夫宜唾去不道。高氏獨謂其得於易之闔闢翕張之外，不亦過許矣哉！其中雖有「知性寡累，知命不憂」及「中稽道德之祖，散入神明之頤」等言，亦恒語爾，初非有甚高論也。嗚呼，曷不觀之儀、秦乎？儀、秦用其術而最售者，其後竟何如也？

高愛之慕之，則吾有以識高矣。（國學基本叢書，古書辨僞四種諸子辯，商務印書館民國二十四年版）

胡應麟四部正譌：鬼谷，縱横之書也。余讀之，淺而陋矣！即儀、秦之師，其術宜不至猥下如是。柳宗元謂劉氏七略所無，蓋後世僞爲之者，學者宜其不道，而高似孫輩輒取而尊信之，近世之耽好之者，又往往而是也。甚矣！邪説之易於入人也。宋景濂氏曰：鬼谷所言「捭闔」「鈎箝」「揣摩」等術，皆小夫蛇鼠之智，家用之則家亡，國用之則國僨，天下用之則失天下。其中有雖『知性』『寡累』等語，亦庸言耳。學士大夫所宜唾去，而宋人愛且慕之，何也？其論甚卓，足破千古之訛。楊用修云：漢書藝文志「鬼容區三篇」，注即鬼臾區也。郊祀志「黄帝得寶鼎，冕侯問于鬼臾區」云云，注：「即鬼容區，『容』『臾』聲相近。」今案鬼谷即鬼容者，又字相似而誤也。高似孫子略便謂藝文志無鬼谷子，何其輕於立論乎？案鬼臾區，黄帝之臣。漢藝文志兵陰陽家有鬼容區三篇，與風後、力牧連類。説者謂即鬼臾區，以『臾』、『容』聲相近，是矣。而楊以爲鬼谷，則「區」字安頓何所乎？此其可笑，正與「方城」作「萬城」切對，漫筆之以當解頤。（案意林注鬼谷者，謂無其人，猶無是公云爾。斯説得之。）鬼谷子，漢志絶無其書，文體亦不類戰國。晉皇甫謐序傳之。案漢志縱横家有蘇秦三十一篇，張儀十篇，隋經籍志已亡；蓋東漢人本二書之言，會萃附益爲此，或即謐手所成，而託名鬼谷，若「子虚」「亡是」云耳。隋志占氣家又有鬼谷一卷，今不傳。（又關尹傳亦稱鬼谷，見隋志。）（顧頡剛校點古籍考辨叢刊四部正譌，中華書局一九五五年版）

姚際恒古今僞書考：鬼谷子，漢志無。隋志始有，列於縱横家。唐志以爲蘇秦之書。按史記蘇秦傳云：「東事師於齊，而習之於鬼谷先生。」索隱曰：「樂壹注鬼谷子書云，秦欲神秘其道，故假名鬼谷。」然則其人本無考，況其書乎！是六朝所託無疑。晁子止、高似孫皆信之，過矣。柳子厚曰：「鬼谷後出，而險盭峭薄，恐其妄言亂世，難信，學者宜其不道。」宋景濂曰：「鬼谷所言捭闔、鈎箝、揣摩之術，皆是小夫蛇鼠之智，家用之則家亡，國用之則國僨，天下用之則天下失，學士大夫宜唾去不道。其中雖有知性寡累，知命不憂等言，亦恒語爾。」恒按：楊升菴謂漢志有鬼谷區三篇，即鬼谷子。然無考，即有之，亦非今所傳也。（國學基本叢書古書辨僞四種古今僞書考，商務印書館民國二十四年版）

四庫全書總目提要：案鬼谷子，漢志不著録。隋志「縱横家」有鬼谷子三卷，注曰周世隱於鬼谷。玉海引中興書目曰：「周時高士，無鄉里族姓名字，以其所隱，自號鬼谷先生。蘇秦、張儀事之，授以捭闔至符言等十有二篇，及轉丸、本經、持樞、中經等篇。」因隋志之説也。唐志卷數相同，而注曰「蘇秦」。張守節史記正義曰：「鬼谷在雒州陽城縣北五里。」七録有蘇秦書，樂壹注云：「秦欲神秘其道，故假名鬼谷。」此又唐志之所本也。胡應麟筆叢則謂隋志有蘇秦三十一篇，張儀十篇，必東漢人本二書之言，薈萃爲此，而托于鬼谷，若子虚、亡是之屬。其言頗爲近理，然亦終無確證。隋志稱皇甫謐注，則爲魏晉以來書，固無疑耳。説苑引鬼谷子有「人之不善而能矯之者，難矣」一語。今本不載。又惠洪冷齋夜話引鬼谷子曰：「崖蜜，櫻桃也。」今本亦不載，疑非其舊。然今本已佚其轉丸、胠篋二篇，惟存捭闔至符言十二篇。劉向所引或在佚篇之内。至惠洪所引，據王直方詩話，乃金樓子之文，惠洪誤以爲鬼谷子耳。均不足以致疑也。高似孫子略稱其「一闔一辟，爲易之神，一翕一張，爲老氏之術，出於戰國諸人之表」誠爲過當。宋濂潛溪集詆爲「蛇鼠之智」，又謂「其文淺近，不類戰國時人」，又抑之太甚。柳宗元辨鬼谷子，以爲「言益奇而道益隘」，差得其真。蓋其術雖不足道，其文之奇變詭偉，要非後世倣能爲也。（欽定四庫全書總目整理本，中華書局一九九七年版）

姚振宗隋書經籍志考證子部縱横家：按晁氏引陸魯望詩，謂鬼谷先生名詡。通考又引作訓；道藏目録云鬼谷子姓王名詡，晉平公時人，並謂受道於老君。宋人僞子華子，又謂鬼谷子姓劉名務滋，楚人。宋潛溪諸子辨云鬼谷子一名玄微子，皆不知其何所據。其書實蘇子之遺。樂壹之言，唐志之載，征實可信，特未必漢志三十一篇之舊耳。王氏漢志考既已證明爲蘇秦書，玉海諸子篇亦具言之，其識卓矣！而於漢志考證中又別出不著録之鬼谷子一條，以自污其書，是亦不可以已乎！（上海古籍出版社一九九五年版）

姚振宗漢書藝文志拾補諸子略縱横家：按劉向説苑善説篇引鬼谷子，則漢時有其書審矣！注其書者有皇甫謐、樂壹、陶弘景、尹知章四家。今惟陶注三卷在道藏，江都秦恩復刻之。上卷四篇曰：捭闔篇第一、反應篇第二、内揵篇第三、抵巇篇第四；中卷八篇曰飛箝篇第五、忤合篇第六、揣篇第七、摩篇第八、權篇第九、謀篇第十、決篇第十一、符言篇第十二，其轉丸十三、胠篋十四兩篇亡；下卷爲本經陰符七篇、持樞、中經，凡二十一篇。（上海古籍出版社一九九五年版）

孫淵如詩文集：縱横家有蘇子，而今所傳鬼谷子，不見于藝文志，是一是二，能詳考歟！（四部叢刊景印上海涵芬樓藏原刊本）

凌扬藻蠡勺编鬼谷子：陳振孫書録解題：「縱横家有鬼谷子三卷，謂戰國時蘇秦、張儀所師事者，號鬼谷先生。其地潁川陽城，名氏不傳於世，此書漢志無，隋唐志始見之，唐志則直以爲蘇秦撰，不可考也。」按：丹鉛總録言：「漢藝文志有鬼容區三篇。」注云：「即臾區也。」郊祀志：「黄帝得寶鼎冕候，問鬼臾區。」注云：「即鬼容區。」楊升菴謂容、臾聲相近，今鬼谷即鬼容者。又字相似而誤也。然則鬼容區即其名氏，而不得謂漢志無有矣。但其爲戰國時人，而鬼谷又以地而得名，則乃未可强同耳。又隋志有皇甫謐、樂壹二家注，今本稱陶弘景注。（清同治二年南海伍氏粤雅堂刻本）

張爾田史微：樂壹注鬼谷子謂蘇秦欲神秘其術，故假名鬼谷，然史記明言蘇秦、張儀俱學於鬼谷先生，則鬼谷子一書非秦所依託也。鬼谷先生，六國時有道士也。著書十三章，其術曰捭闔，曰反應，曰内揵，曰抵巇，曰飛箝，曰忤合，曰揣摩，曰權謀，曰決，而以符言、陰符二篇推本於君人南面之道。捭闔之術曰：「捭之者開也，言也，陽也；闔之者閉也，默也，陰也。捭之者，料其情也；闔之者，結其誠也。捭者或捭而出之，或捭而納之；闔者或闔而取之，或闔而去之。此天地陰陽之道而説人之法也。」反應之術曰：「因其言，聽其辭，言有不合者，反而求之，其應必出。己反往，彼覆來，言有象比，因而定基。重之襲之，反之覆之，萬事不失其辭。此聽真僞、知同異，得其情詐也。」内揵之術曰：「内者，進説辭，揵者，揵所謀也。可出可入，可揵可開。故聖人立事，以此先知而揵萬物。」抵巇之術曰：「巇者，罅也。巇始有朕，可抵而塞，可抵而卻，可抵而息，可抵而匿，可抵而得，此謂抵巇之理也。」飛箝之術曰：「鉤箝之語，其説辭也，或量能立勢以鉤之，或伺候見㵎而箝之，必度權量能，見天時之盛衰，制地形之廣狹，岨嶮之難易，人民貨財之多少，諸侯之交孰親孰憎，知其所好惡，乃就説其所重，以飛箝之辭，鉤其所好，以箝求之，此飛箝之綴也。」忤合之術曰：「計謀不兩忠，必有反忤，反於是，忤於彼，忤於此，反於彼，其術也。用之天下，必量天下而與之；用之國，必量國而與之；用之家，必量家而與之；用之身，必量身材能氣勢而與之。大小進退，其用一也。」揣之術曰：「揣情者，必以其甚喜之時往而極其欲也，其有欲也，不能隱其情；必以其甚懼之時往而極其惡也，其有惡也，不能隱其情。情變於内者，形見於外，故常必以其見者而知其隱者，此所謂測深揣情也。」摩之術曰：「摩之符也。内符者，揣之主也。用之有道，其道必隱微，摩之以其所欲，測而探之，内符必應。其應也，必有爲之，故微而去之。此言内符之應外摩也。」權之術曰：「策選進謀者權也。與智者言依于博，與拙者言依於辨，與辨者言依於要，與貴者言依於勢，與富者言依于高，與貧者言依於利，與賤者言依於謙，與勇者言依於敢，與過者言依於鋭，此其術也。」

謀之術曰：「因其疑以變之，因其見以然之，因其説以要之，因其勢以成之，因其惡以權之，因其患以斥之，摩而恐之，高而動之，微而正之，符而應之，擁而塞之，亂而惑之，是謂計謀。」決之術曰：「爲人凡決物必託於疑者，度以往事，驗之來事，參之平素，可則決之，公主大人之事也。危而美名者可則決之，不用費力而易成者可則決之，用力犯勤苦然而不得已而爲之者可則決之，去患者可則決之，從福者可則決之。」其爲説也精微繁密如此。嗚呼，從横家學備於此矣。彦和有言：「鬼谷眇眇，每環奥義。」此所以能於諸子中獨成一家也哉。問者曰：「子謂從横之學出於鬼谷，是矣，然余觀戰國一代，若蘇代、蘇厲、陳軫、甘茂、范雎、蔡澤、樗里子、公孫衍等，其行事大抵以從横著名，史稱三晉多權變之士，豈亦聞鬼谷子之遺教歟？」答之曰：「戰國者，從横之世也，豈特陳軫、甘茂諸人爲從横專家哉？」即儒、墨、名、法，其出而問世，無不兼從横之學也。章實齋言：「九流之學承官曲於六典，及其出而用世，必兼從横，所以文其質也。古之文質合於一，至戰國而各具之，質當其用也，必兼從横之辭以文之，周衰文弊之效也。」故孟子曆聘齊、梁，荀卿三爲祭酒，墨子胼胝以救宋，韓非説難以存韓，公孫龍説平原以止邯鄲之封，尉繚子説秦王以亂諸侯之謀，商君爭變法，李斯諫逐客，其與結駟連騎抵掌華屋者何以異耶？亦可見從横一術，戰國諸子人人習之，無足怪者。後世迂儒既不知從横出於行人之官，又以蘇秦、張儀爲深恥，而

後古人專對之材始爲世所詬病矣。（上海書店出版社二〇〇六年版）

孫德謙諸子通考序：蘇、張學於鬼谷子，歷説諸侯，取富貴于立談，儒者每鄙之，爲不足道；然禁攻息兵，天下稍免干戈之患，其功烈亦何可輕議。

諸子通考卷一：縱横家者，古之掌交也。鬼谷子一書所以明交鄰之道。而使于四方者，果能扼山川之險要，察士卒之强弱，識人民之多寡，辨君相之賢愚，沈機觀變，以銷禍患於無形，則張儀、蘇秦其各安中國至於十餘年之久者，不難繼其功烈矣。

諸子通考卷二：至於縱横一家，後世皆鄙夷之，不知七國時，兵連禍結，使非有儀、秦輩，從而持急扶傾，天下必胥被其害。今劉晝九流篇云：「譯二國之情，弭戰爭之患。」此爲孟堅所未言。而讀鬼谷子書者，苟知縱横之術，以弭兵爲事，則不敢斥爲妾婦之道矣。蓋今之天下，一縱横之天下也。嘗謂爲使臣者，果能於口舌之間，隱消禍亂，俾國家受無形之福，則其功爲至大，故特表而出之，以告世之有交鄰之責者。（清宣統二年江蘇存古學堂鉛印本）

俞棪鬼谷子真僞考：鬼谷子，三卷，始見於隋志，而班志不録。新舊唐書均以爲蘇秦撰，樂壹注及王應麟玉海、漢書藝文志考證亦以爲蘇秦書。考劉向説苑善説篇已引鬼谷子，其權謀篇所稱述，亦均鎔會鬼谷子之言。茲引證之，比較如下：

| 鬼谷子文 | 説苑權謀篇文 |
| --- | --- |
| 「聖人……必先謀慮計定」忤合篇；「先王乃用蓍龜以自決也。」決篇 | 聖王之舉事，必先諦之於謀慮，而後考之蓍龜 |
| 「聖人以道先知存亡。……」轉圓篇；「……必知其吉凶成敗之所終。」轉圓篇 | 「知命者，預見存亡禍福之原。」「見事而知得失成敗之分，而究其所終極。」 |
| 「事之危也，聖人知之獨保其身。」抵巇篇 | 「居亂世則不害於其身，在太平之世，則必得天下之權。」 |
| 「天下分錯，……則抵而得之。」抵巇篇；「故小人比人則左道而用之，至能敗家奪國。非賢智不能守家以義，不能守國以道。」中經 | 「君子之權謀正，小人之權謀邪。……誠者隆至後，詐者當身而滅。」 |

劉向領校中秘時，有詔求天下遺書（成帝三年八月）。固曾親讀鬼谷全書者，其著録已在漢書藝文志之前。（其後向子歆繼之，始傳七略，班固因爲藝文志。）可見鬼谷子故存於西漢以前，此其明證一。

又按淮南子氾論訓曰：「忤而後合，謂之知權。」又曰：「聖人之言，先忤而後合。」淮南又淮南子厝引此言，凡四五見。「忤合」爲鬼谷書篇目，反忤求合，固縱横家之心傳也。又淮南子一書，乃綜合先秦諸子百家言，多依諸子舊文，其時必曾見鬼谷書無疑。考淮南王安於漢武元狩元年反誅，是在漢武之前，鬼谷之書具傳於世矣。此其二證。

次，史記太史公自序云：「故曰：聖人不朽，時變自守。虚者道之常，因者君之綱也。」索隱曰：「此出鬼谷子，遷引之以成其章，故稱故曰。」如索隱所證引，可爲鬼谷書存於西漢前之第三證。

次，揚子法言曰：「蘇秦、張儀學乎鬼谷術。」又曰：「或問蒯通抵韓信，不能下，又狂之。曰：『方遭信閉，如其抵。』曰：『巇可抵乎？』曰：『賢者司札，小人司巇，況拊鍵乎。』」雄與歆同時，其言「賢者司札，小人司巇」，固儒者排斥異端之言，不足爲訓。然其時雄固熟誦鬼谷子抵巇篇無疑。不然則抵巇之原理不如是之精熟也。此可爲歆前鬼谷子具在之第四證。

次，漢書杜業傳傳贊：「業因勢而抵陒。」服虔曰：「抵音紙，陒音羲。蘇秦書有此法。」顔師古注：「抵，擊也。陒，毁也……亦險也。……鬼谷有抵巇篇。」杜業，漢成帝時人，與劉向同時。班贊用鬼谷書語，而謂其時可無其書，毋乃不合理論。此可爲第五證。

然班固述劉氏父子之學，因歆所傳七略而爲藝文志，何以獨漏鬼谷子不載，此必有故。嘗考劉向校録遺書，據漢書藝文志敘：「光禄大夫劉向校經傳諸子詩賦，……每一書已，向輒條其篇目，撮其指意，録而奏之。」鬼谷子書在向時，或雖在中秘，而未經向奏録，故其子歆奏上七略時（哀帝建平元年），於父所作，悉入著録，而獨遺鬼谷者此也。至班固作藝文志，全録七略。據班氏藝文志自注：「固於七略所録，有出無入，有省無補，而獨無删。」故藝文志之不録其書，非無故也。又考向子歆好左氏春秋、毛詩、周禮、古文尚書，並傳孔氏古文之學。歆，妄人也。嘗改名秀，以應讖文，以繼統受命自居。於古書多竄改，務合己意。其人專欲自是，已非復乃父爲學之忠實。鬼谷子書之不見録，或在其時已誤指爲蘇子之作，删併於蘇子書，否則爲歆所斥爲異端而排抑之。二者苟有一於是，則鬼谷書之湮而不彰，理自可見矣。然則鬼谷書固向所目睹而未經奏録之書也。詎能以歆固所未收，遂指以僞作，不亦謬乎。吾嘗謂鬼谷子一書，不特傳於漢世，亦具存于晉、齊、梁之世，而後傳于隋，始見著録。請舉其説。

郭璞登樓賦曰：「揖首陽之二老，招鬼谷之隱士。」又遊仙詩曰：「青溪千餘仞，中有一道士。借問此何誰？云是鬼谷子。」璞，晉初時人也。又考宋道藏本持樞篇陶注嘗一稱「元亮曰」，元亮，晉陶淵明也。弘景稱其先世，故略其姓而稱其字，由此可證此書具傳於晉世，未嘗中斷也。

梁代庾仲容子略，今在意林（見馬總意林篇目序）。據意林録馬鈞（字衡，齊明帝時人），物理論□銘全文，均出鬼谷子捭闔篇。蓋因鬼谷子之言，以鎔製成銘者。茲舉其例證，比較於次。

| 鬼谷子文 | 物理論□銘文 |
| --- | --- |
| 觀陰陽之開闔，知存亡之門户。……口者心之門户也，心者神之主也。…… | 存亡之機，開闔之術，開闔之術，口與心謀，安危之源。 |
| 故言長生安樂富貴尊榮，……爲陽，曰始。故言死亡憂患貧賤苦辱，……爲陰，曰終。 | 樞機之發，榮辱隨焉。 |

物理論又言：「指南車見鬼谷子。」今宋本謀篇有：「鄭人之取玉也，載司南之車。」語可證南齊時，此書亦流傳民間。

梁代劉勰文心雕龍言：「轉丸騁其巧辭，飛箝伏其精術。」轉丸、飛箝皆鬼谷子篇名。此豈不見原文可以云爾乎。又庾鈔子略有鬼谷子，今意林悉依其篇目，亦録有鬼谷子。又陶弘景注鬼谷子，陶亦梁武時人。然則梁世此書具傳，固信而有征矣。

由此觀之，此書歷代流傳，未嘗中絶，不得謂爲晚出，亦不得謂爲僞託。何以言之，此書之組織，條理系統，原理方法，皆秩然有序。先秦諸子罕有其比。其詞義古茂，韻依古聲，斷非後世所能依託者。汪中經義新知錄斷爲非後人僞撰。所見至卓。清儒儀征阮元謂：「鬼谷子中多韻語，其抵巇篇，巇者，罅也。讀巇如呼，合古聲訓字之義，非後人所能依託。其篇名有飛箝，按周禮春官典同：『微聲韽』，後鄭讀爲『飛鉆涅韽』之『韽』。箝、鉆同字。賈疏即引鬼谷子證之。」阮言是也。後世第以班志不録而疑之，苟博考，必有以明其不然也。

余嘗疑此書，大體爲蘇秦纂述師説之作。在西漢之末世，已誤亂爲蘇子書。計鬼谷子，凡二十三篇，合蘇子説秦連横，説燕、趙、魏、楚、韓、齊合縱共七篇，又説齊、秦各一篇，凡九篇，合爲三十二篇。適與漢志蘇子篇數相符。疑班志不録鬼谷，必在劉歆手時已誤合爲蘇子書矣。劉向博覽天下遺書，明明録引鬼谷子之言，何緣而中絶，謂非歆誤合之而何。總之，鬼谷子爲蘇秦纂述師説之書，間有竄入已作之處，如揣、摩兩篇及陰符説解等是。至其遊説之辭，則蘇子之成文蒿草也。一述一作，人同事異，故易混淆。……

其書爲代表戰國時政略學家之思想之書，據吾考訂爲蘇秦述其師學之作。其中有爲鬼谷傳誦於弟子之言，書中凡古韻之文均是也。有爲蘇秦自撰之篇，如揣、摩及陰符説解是也。有爲蘇子纂集吕尚周書之言，如符言之録自齊太公陰符是也。其他如抵巇篇中亦有戰國晚年縱横家竄入之詞，如「五帝之政，抵而塞之；三王之事，抵而得之」等句，系解釋上文之注脚，疑繫傳寫之誤，否則爲戰國末世時注文，誤竄爲正文無疑。其他後人注釋之文，誤爲正文者，亦非絶無。（鬼谷子新注，民國二十二年上海商務印書館排印本）

顧實重考古今僞書考：漢書杜周傳注服虔曰：「抵音紙，陒音羲，謂罪敗而復採彈之，蘇秦書有此法。」顏師古曰：「陒與戲同音，戲亦險也。鬼谷子有抵戲篇也。」據此，則鬼谷子十四篇，本當在漢志之蘇子三十一篇中，蓋蘇子爲總名，而鬼谷子其別目也。秦策記蘇秦得太公陰符之謀，伏而誦之，簡練以爲揣摩，期年揣摩成。鬼谷子正有揣篇、摩篇、陰符篇，明是蘇秦自道其所得，而爲重要之部分。故後世蘇子書亡，而鬼谷子猶以別行而存也。漢人書籍，如史記太史公自序、蘇秦張儀傳、説苑善説篇、法言淵騫篇、論衡答佞明雩兩篇及風俗通義，皆有引用鬼谷子語及事跡。樂壹謂蘇秦假名鬼谷，尚無大謬，至柳宗元輩失考，而幾莫知鬼谷子爲何書矣。楊升菴謂漢志有鬼容區，則在術數略，與鬼谷子無涉。又後漢王符傳李注引蘇子一條及太平御覽引蘇子二條，當俱從他書轉引而來，非必唐宋時蘇子書猶存。別詳漢書藝文志講疏。（大東書局民國十五年印行）

顧實漢書藝文志講疏：史記本傳曰：「秦得周書陰符，伏而讀之，期年以出揣摩。」裴駰曰：「鬼谷子有揣摩篇。」王劭曰：「揣情摩意，是鬼谷之二章名。」服虔曰：「抵音紙，陒音義。謂罪敗而復抨彈之，蘇秦書有此法。」顔師古曰：「陒與戲同音，戲亦險也。鬼谷子有抵戲篇也。」是諸家皆以鬼谷子爲即蘇秦書，而服虔爲漢經師大儒，其言尤可信也。惟鬼谷子曰：「周時有豪士居鬼谷，號爲鬼谷先生，蘇秦、張儀往見之，擇日而學。」故史記蘇秦張儀傳皆本此説，則宜鬼谷子自鬼谷子，蘇秦書自蘇秦書，不相同也。然説苑引鬼谷子曰：「人之不善，而能矯之者難矣。」或本蘇秦述其師説，故劉向别録原題鬼谷子。班志本七略，從其核實，題名蘇子，未可知也。隋志鬼谷子三卷，樂注。新唐志二卷，蘇秦撰，又三卷樂臺注。樂臺曰：「蘇秦欲神秘其道，故假名鬼谷。」其言或别有本。今書自捭闔至符言十二篇，尚有佚篇，司馬遷稱「聖人不朽，時變自守。虚者時之常也，因者君之綱也」。索隱謂「其詞出鬼谷」，今本無之，蓋在佚篇中矣。（上海古籍出版社一九八七年版）

陳清泉諸子百家考：鬼谷子者亦烏有、子虚等假設的稱呼，非實有其人。然其人縱令假設的，而其書古奥，決非後世所假託。予嘗竊疑鬼谷子之背景爲蘇秦，又察蘇秦之行事與心術，認爲有與鬼谷子内容一致契合之處。

史記蘇秦傳云：「師事東齊習於鬼谷先生。」又張儀傳云：「嘗與蘇秦共事鬼谷先生而學術。」似鬼谷子非假設的稱呼，實有其人者。而鬼谷先生爲何人，爲何國之人，史記概不說明。只隋書經籍志注謂鬼谷子，周之世隱於鬼谷。通志藝文略注云：「鬼谷先生，楚人也，生於周世，隱於鬼谷。」試就鬼谷考之。按史記諸注，徐廣音義謂潁川陽城有鬼谷，蓋是其人之居處，因以爲號。司馬貞索隱曰：「鬼谷，地名也，扶風池陽與潁川陽城皆有鬼谷墟。蓋是其人之居所，因以爲號。」張守節正義曰：「鬼谷在洛州陽城縣北五里。」然究因居鬼谷，故號其人曰鬼谷子乎？抑因鬼谷子居之之故，稱其地曰鬼谷乎？尚未明瞭。日本伊勢人高葛坡說明鬼谷之字義曰：「鬼者，歸也；谷者，窮也；居窮而不屈，義也。鬼谷本非地名，似爲其人之書名。」要之鬼谷子既爲蘇秦、張儀所師事，則亦一世之人傑。太史公宜爲其人立傳，記載其族姓名字，兼論及其著書。然史記無一言爲鬼谷子敍述，可謂奇異。故予以鬼谷子爲蘇秦之偶像，而主張蘇秦即鬼谷子之正體。

鬼谷子三卷，有疑爲後人假託者。漢書藝文志之縱横家著録蘇秦、張儀以下凡十二家百七篇，而不及鬼谷子。然晉、宋、齊、梁之際有鬼谷子之書。晉有皇甫謐、樂壹之注，梁有陶弘景注，劉勰文心雕龍論鬼谷子曰：「脣吻策勳。」又曰：「鬼谷眇眇，每環奥義，情辨而澤。」然既有其書，其書又爲何時何人所作，是不可以不推究。晉郭璞登樓賦曰：「揖首陽之二老，招鬼谷之隱士。」又遊仙詩曰：「青溪千餘仞，中有一道士。借問是阿誰，云是鬼谷子。」郭璞似視鬼谷子與伯夷、叔齊同，爲歷史上之人物。然詩人言語，往往趨於感情，不顧事實。郭璞亦不遑察鬼谷子爲假設的，殆因修辭計，引鬼谷之隱士，以對首陽之二老耳。至鬼谷隱士之正體，是否蘇秦則不顧也。予所以以鬼谷子之正體歸於蘇秦者，因鬼谷先生之傳記，概不見於史記。鬼谷子三卷之内容，又與蘇秦之行事心術有一致之處也。試翻蘇秦傳，蘇秦出遊數歲，大困歸家，兄弟妻嫂，皆竊笑之。蘇秦乃閉室不出，伏讀周書陰符，期年揣摩成，所以他日曆説六國而成合縱，終能佩六國相印也。試翻鬼谷子三卷，通篇文字，皆説翕張闔闢之術，智謀術數，殆如睹蘇秦其人。揣摩陰符七篇，亦載在卷末。皆與蘇秦傳符合。則蘇秦與鬼谷子決非别人。鬼谷子三卷，可斷言爲蘇秦所撰著。故晉樂壹鬼谷子注曰「蘇秦欲神秘其道，故假名鬼谷」，歐陽修贊同之。唐書藝文志謂鬼谷子二卷，爲蘇秦之書，皆先得我心者也。

鬼谷子既爲蘇秦之書，何故不見於漢志，而著録於隋志及唐志，不得無疑。漢志縱横家有蘇子三十一篇，而無鬼谷子。僅隋志及唐志之縱横家有鬼谷子三卷，而無蘇子。鬼谷子三卷，或即蘇子三十一篇之殘缺者乎？明楊慎謂漢志有鬼區三篇，即鬼谷子，亦臆斷之説耳。

鬼谷子之内容，柳宗元評曰：「險盭峭薄，妄言亂世。」宋濂詆其書曰：「皆捭闔、鉤箝、揣摩之術，用於家則家亡，用於國則國僨，用於天下則天下失，學士大夫宜唾去而不道。」皆極言此書之餘弊者也。現今社會之情勢，縱橫家遍於天下，捭闔、飛箝化爲常態，予非如柳、宋二家懼鬼谷之餘弊者，然高似孫稱鬼谷子爲一代之雄，以其書賅括易之闔闢，老子之翕張，及金匱韜略之陰謀詭秘，予則不能首肯也。（商務印書館民國二十二年三月印行）

朱星元戰國縱横家研究：（一）縱横巨子，實推蘇秦、張儀，鬼谷子是他們的先生；且他又著了一部鬼谷子書，專講遊説縱横之術，所以鬼谷子實爲縱横家的宗祖。但是説到他的身世，却没有正確的傳狀，所以很難考定：鬼谷子究竟爲何代人氏？究爲何人？就是他的真姓名——這許多問題，固不易解決；甚至現在有人疑鬼谷子，或無其人，這又更成問題了。我且把古籍所載，和鬼谷子身世有關係的，略抄一二，以作參考：

1.史記蘇秦列傳：蘇秦東師事於齊，而習之于鬼谷先生。

2.又張儀列傳：「始嘗與蘇秦俱事鬼谷先生學術。」

3.徐廣音義：「潁川陽城，有鬼谷，蓋是其人所居，因以爲號。」

4.司馬貞索隱：「鬼谷，地名也；扶風池陽，潁川陽城，並有鬼谷墟，蓋是其人所居，因爲號。」

5.楊子法言：「蘇秦學乎鬼谷術。」

6.王充論衡答佞篇：「蘇秦、張儀縱横，習之鬼谷先生，掘地爲坑曰：『下説令我泣出，則耐分人君之地。』蘇秦下説，鬼谷先生泣下沾襟。」

7.又明雩篇：「蘇秦、張儀悲説坑中，鬼谷先生泣下沾襟。」

8.應劭風俗通義：「鬼谷先生，六國時縱横家。」

9.王嘉拾遺記：「蘇秦、張儀二人，遞剪髮以相活，或傭力寫書，行遇聖人之文，無以題記，則以墨書於掌中及股裏，夜還析竹寫之。二人假食于路，剥樹皮爲囊，以盛天下良書，每息大樹之下，假息而寐。有一先生問曰：『子何勤苦若是？』而儀、秦共與言論曰：『子是何人？』答曰：『吾死生於山谷，世論謂余歸谷子也。』秦、儀後遊學，復逢歸谷子，乃請其學術，則教以於世俗之辯。乃探胸中韋帙三卷，書言輔時之事，故儀、秦學之以終身也。古史考云：『儀、秦受術，鬼谷先生，歸之聲與鬼相亂故也。』」

10.梁元帝金樓子：「秦始皇聞鬼谷先生言，因遣徐福入海，求金菜玉蔬。」

11.文選注：「鬼谷子序：『周時有豪士，隱於鬼谷者，自號鬼谷子，言其自遠也。然鬼谷之名，隱者通號也。』」

12.隋書經籍志注：「鬼谷子，周之世，隱於鬼谷。」

13.太平御覽禮儀部鬼谷子：「周有豪士，居鬼谷，號爲鬼谷先生。蘇秦、張儀往見之，先生曰：『吾將爲二子陳言至道，子其齋戒擇日而學！』後儀、秦齋戒而往。」

14.晁公武讀書志：「尹知章敘：『儀、秦復往見，先生乃正席而坐，嚴顔而言，告二子以全身之道。』」

15.鄭樵通志藝文略注：「鬼谷先生，楚人也；生於周世，隱於鬼谷。」

觀上所舉：我們可以知道鬼谷子其人者，一定是有的；他是蘇秦、張儀的先生，他是隱士或豪士，他是縱横家，隱於鬼谷，或歸谷。這許多多是以上幾條參考給予我們的答案。但是内中文選注鬼谷子序一節，他説：「鬼谷之名，隱者通號也。」從這句看來，鬼谷子這人，有些遊移模糊了。所以金樓子上説：「秦始皇聞鬼谷先生言，因遣徐福入海，求金菜玉蔬。」這時鬼谷子，不見得還活在人間吧！因爲時間已遠了；那是這鬼谷先生想真是隱者的通號了。我們再看郭璞的登樓賦中有二句道：「揖首陽之二老，招鬼谷之隱士。」又遊仙詩中，也會提及鬼谷二字，如：「青溪千餘仞，中有一道士。借問此誰何？云是鬼谷子。」這兩個鬼谷子，一定不是指這縱横家的鬼谷子，蘇秦、張儀的先生，一定是一個普通的隱士。因爲鬼與歸之聲相亂，故鬼谷先生，即歸谷而隱的先生。如此，則鬼谷子或鬼谷先生，確是一個普通隱士之稱。雖然，鬼谷子、鬼谷先生，雖是隱者的通號，然而史記所稱，授術與蘇、張的縱横家的鬼谷子，仍有其人在。不過不露姓氏，人就也視之爲隱者罷了。

（二）第二步研究鬼谷子的著作。鬼谷子雖有其人在，然而現在還傳行的一部鬼谷子三卷，是否是這鬼谷子——蘇秦、張儀的先生——所作？這實在是一個大問題。按漢書藝文志：縱横家有蘇子三十一篇，張子十篇，而獨無鬼谷子。柳子厚云：「漢時劉向、班固録書，無鬼谷子，鬼谷子後出。」可見鬼谷子一書，有些模糊。鬼谷子既是蘇、張的先生，何以班固只知蘇子、張子，而不知鬼谷子的著作呢？直到隋志，方有鬼谷子書三卷發現，這實是一個疑點。

按新舊唐書，多主鬼谷子三卷，爲蘇秦撰。但既是蘇秦撰，又何爲要託名鬼谷呢？史記蘇秦列傳索隱：樂壹注鬼谷子書云：「蘇秦欲神秘其道，故假名鬼谷。」這也不可信；蘇秦既託名鬼谷，何以班固獨録蘇子三十一篇，而不録鬼谷子呢？況且蘇秦既自著書，——蘇子三十一篇——可知彼並不要神秘其道，則又何必更託名鬼谷呢？

有的又以爲史記蘇秦傳上有「簡練以爲揣摩」之語，鬼谷子書上，恰巧有揣、摩二篇，於是就附會鬼谷子書是蘇秦作了。但按史記虞卿傳稱：虞氏春秋，亦有揣摩篇。可見揣摩二字，是當時遊者的通語而已！不足爲據。

有的又以爲是後人所僞造。但按阮元的考證，證明鬼谷子中多韻語，且多古聲訓字之義，必非後人所能依託的。他説：「鬼谷子中多韻語。又其抵巇篇曰：『巇者，罅也。』讀巇如呼，合古聲訓字之義，非後人所能依託。」且古籍中引鬼谷子語者頗多，如謂後人所僞，則古籍中何以早有鬼谷子語呢？如：説苑善説篇：「人之不善，而能矯之者難矣！説之不行，言之不從者，其辨之不明也。既明而不行者，持之不固也；既固而不行者，未中其心之所善也。辨之明之，持之固之，又中其人之所善，其言神而珍，白而分，能入於人之心。如此，而説不行者，天下未嘗聞也。」史記太史公自序：「故曰：『聖人不朽，時變自守』。虚者，道之常也；因者，君之綱也。」索隱曰：「此出鬼谷子。遷引之，以成其章，故稱『故曰』也。」然則非後人所能僞造，是很明瞭的了。我們再按胡應麟和姚明煇兩人的説數，或者可以得到一些歸宿。

胡應麟説：「漢志有蘇秦三十一篇，張儀十篇，必東漢人本二書之言，薈萃爲此，而託於鬼谷。」

姚明煇説：「鬼谷子書，漢志不録，蓋後人取秦書爲之。」依據了這兩人之言，才可以勉强講通。班固漢志所以没有鬼谷子書，實在因爲没有這部書。到東漢，本蘇子書，改成了鬼谷子書。所以晉有皇甫謐、樂壹注，梁有陶弘景注，劉勰之評，（文心雕龍：『鬼谷眇眇，每環奥義，情辨而澤。』）於是隋志才有鬼谷子，而蘇子書也同時亡了。那是史記、説苑所引，或是直接出於蘇子書的，而所引語，有不見於今書的，可知已被東漢人删去了。史記索隱是唐司馬貞做的，那時鬼谷子書已有了。所以他這樣説。總之，這書是鬼谷作，或蘇子作，要不外是縱横家的宗范。我想都不會否認的吧！

（三）鬼谷子一書，久不顯於世，中又經許多的編删，傳到現在，不無散亂失真；所以有的説三卷，有的二卷，有的一卷。如：

隋書經籍志：縱横家鬼谷子三卷。鬼谷子三卷（樂壹注）。

舊唐書經籍志：鬼谷子二卷（蘇秦撰），又三卷（樂臺注），又三卷（尹知章注）。

新唐書藝文志：鬼谷子二卷（蘇秦撰），又三卷（樂注），又三卷（尹注）。

中興書目：鬼谷子三卷。

宋史藝文志：鬼谷子三卷。

鄭樵通志藝文略：鬼谷子三卷。又三卷（樂注），又三卷（尹注），又三卷（梁陶弘景注）。

馬端臨通考經籍志：鬼谷子三卷。

四庫全書目録子部：鬼谷子一卷（舊本題鬼谷子撰）。

至於篇章之數，也有異同。按晁公武讀書志：「鬼谷子三卷，鬼谷先生撰。蘇秦、張儀師之，受縱橫之事。敘（尹知章敘）謂：此書即授儀、秦者，捭闔之術十三章。」可知舊本有十三章。又四庫全書目録：鬼谷子一卷，下注：「原本十四篇，今佚其二。舊有樂壹等四家注，今並不傳。」觀此，又有十四篇。所謂佚其二，或轉丸、胠篋。若對江都秦氏重刊陶弘景注本，則除上卷捭闔、反應（太平御覽作反覆）、内揵、抵巇，中卷飛箝、忤合、揣篇、摩篇、權篇、謀篇、決篇、符言十二篇外，尚餘下卷本經陰符七術、持樞、中經三篇。若合上卷中卷下卷十二篇，則又有十五篇了。如再加上佚文二篇，那就有十七篇了。如果將下卷並作一篇，那就成十三章。總之，從符言以下，篇章很是混亂錯散，必有錯誤；或爲後之術數家妄造的，亦未可知。

鬼谷子的本子，有子彙本、十二子本、緜渺閣本、清江都秦氏重刊陶弘景注本、盧文弨以述古舊抄補道藏本、陶弘景注三卷江都秦氏刊本。（參陳鍾凡氏諸子通宜）

（四）鬼谷子雖是縱橫家之祖，但後世對於他總没有好的批評。攻擊最劇烈的，要算柳子厚。他説：「元冀好讀古書，然甚賢鬼谷子，爲其指要幾千言。鬼谷子要爲無取，漢時，劉向、班固録書無鬼谷子。鬼谷子後出，而險盭峭薄，恐其妄言亂世難信，學者宜其不道，而世之言縱橫者，時葆其書。尤者晚乃益出七術，怪謬異甚，不可考校。其言益奇，而道益愜，使人狙狂失守，而易於陷墜。幸矣，人之葆之者少。今元子又文之以指要。嗚呼，其爲好術也過矣！」柳氏嫉惡鬼谷子是一部害人的書，但暗裏仍説他是很奇的，（可惜元冀的指要幾千言，現在不得見了。）乃盧文弨竟説他不值一錢。他説：「鬼谷子，小人之書也。凡其捭闔鈎箝之術，只可施於闇君耳！其意欲探厥意指之所向，從而巧變其説，以要結之，使得親悦於我，膠固而不可離，千古奸邪之愚弄其主者，莫不如是。彼豈特教之而後知，學之而後能哉？其用術一一與此書闇合，未必皆見此書也。吾甚惜其方寸之間，神明之舍，惟詭譎變詐之是務，而終不免於窮，亦何苦而爲此耳！其術亦有至淺至陋，而斷不能轉移人者，如遭淫酒色者，爲之術音樂之可悦，謂足以移其所好；夫聞正樂，則惟恐臥，必將以靡靡之樂，庶或動之，靡靡之樂，適足以助其情欲耳！其術不更疏乎？」

鬼谷子雖給人攻擊，但也有稱揚他的。如高似孫云：「鬼谷子書，其智謀，其數術，其變譎，其辭談，蓋出於戰國諸人之表。夫一闢一闔，易之神也。一翕一張，老氏之幾也；鬼谷之術，往往有得於闔闢翕張之外，神而明之，益至於自放潰裂而不可禦。予嘗觀諸陰符矣，窮天之用，賊人之私，而陰謀詭秘，有金匱韜略之所不可該者，而鬼谷盡得而泄之，其亦一代之雄乎！」

總而言之，鬼谷子自有其一部分價值在。毁斥他的，於他不能減損，頌揚他的，於他也不能提高。假使我們讀戰國一代的歷史，當時的變化，風雲的局勢，是誰在中指揮着？那是鬼谷子的力量和價值，已很明顯的給我們一個估計了！（東方學術社民國二十四年五月版）

錢穆先秦諸子繫年：又考漢志縱横家蘇子三十一篇。沈欽韓曰：「今見於史記、國策，灼然爲蘇秦者八篇，其短章不與。秦死後，蘇代、蘇厲等並有論説。國策通謂之蘇子，又誤爲蘇秦。此三十一篇，容有代、厲並入。」今按：秦語見史記、國策者均後人僞造，並多與代、厲相混，此蓋由後世策士附託，亦未必出代、厲之手也。沈氏謂漢志三十一篇有代、厲，蓋信。而不知其猶有僞，是辨之猶未盡也。又史記蘇秦傳：「於是得周書陰符，伏而讀之，期年，以出揣摩。」今按：秦時是否有周書陰符已可疑，此亦後之策士所飾説以神其事者。然史明謂讀陰符以資揣摩，若使鬼谷真有揣摩書，秦直治其師傳可矣，何煩覓陰符乎！索隱引江邃曰「揣人主之情，摩而近之」，是爲揣摩正解。而集解裴駰案：「鬼谷子有揣摩篇」，又索隱引王劭曰：「揣情、摩意，是鬼谷之二章名，非爲一篇也。」今漢志亦無鬼谷子，疑後之僞鬼谷書者，本史記而成揣摩之篇，非史記襲鬼谷而綴揣摩之字也。而秦策則云：「得太公陰符之謀，伏而誦之，簡練以爲揣摩。讀書欲睡，引錐自刺其股，血流至足。曰：安有説人主，不能出其金玉錦繡取卿相之尊者乎？期年，揣摩成。曰：此真可以説當世之君矣。」高誘注：「簡，汰也。練，濯。濯治（疑當作汰）陰符中奇異之謀，以爲揣摩。揣，定也；摩，合也。定諸侯，使讎其術，以成六國之從也。」則高氏亦不以揣摩爲篇名。而云「期年揣摩成」，殊覺不辭。上已云「安有説人主不能取卿相之尊」，下復云「此真可以説當世之君」，亦嫌語沓。疑「期年揣摩成」一語，或後人增入，遂若以揣摩爲蘇子書篇名矣。又按虞卿傳，卿著書上採春秋，下觀近世，曰節、義、稱、號、揣、摩、政、謀凡八篇，以刺譏國家得失，世傳之曰虞氏春秋。以揣摩名篇，實始見於此。其所載殆多策士遊説之辭，即如韓非説難，亦揣摩之術耳。此皆在揣摩之風大盛之後，後之策士上飾蘇秦以爲揣摩之祖，而又神之以鬼谷，然亦不謂鬼谷、蘇秦有揣摩之書也。又漢書杜業傳贊：「業因勢而抵陒。」服虔曰：「抵音紙，陒音羲。謂罪敗而復抨擊之，蘇秦書有此法。」顏師古曰：「今鬼谷子有抵戲篇。」（戲陒同音）然服虔僅云蘇秦書有抵陒之法，法者術也，謂其書有此術，非即謂其書有此篇。此亦後之僞鬼谷書者，因服語而造爲此篇，非服氏見鬼谷有此篇，而引爲此注也。又説苑善説篇引鬼谷子曰云云，此由漢前有蘇秦、張儀學於鬼谷子之説，故當時必有造爲鬼谷子言論行事以傳世者。（按史記蘇秦傳：蘇秦東師事於齊，而習之於鬼谷先生。徐廣曰：潁川陽城有鬼谷，蓋是其人所居，因爲號。裴駰曰：風俗通義：鬼谷先生，六國時縱横家。此或可確有其人，或亦策士僞飾。要之其書既僞，其人又無他事迹言行可考，則置之不論不議之列可也。）或説苑所引語，即在漢志蘇子三十一篇或張子十篇中，或出別書，亦不能據此即謂劉向實曾見鬼谷書。余疑漢志蘇子三十一篇，當如沈氏説，即今傳史記、國策所載蘇氏兄弟之辭，而鬼谷子則猶爲東漢後晚出僞書，不得謂今鬼谷子即出漢志蘇子三十一篇，故復爲之附辨焉。（據史記索隱引鬼谷子語同莊子胠篋篇，而鬼谷亡篇有胠篋，此必襲之莊書，而後人去之。此亦證鬼谷書不盡在張子、蘇子二書中也。）（商務印書館二〇〇一年版）

張心澂僞書通考：鬼谷子，一卷，疑僞。周楚鬼谷子撰。裴駰曰：「鬼谷子有揣摩篇。」（史記集解）

王劭曰：「揣情、摩意，是鬼谷之二章名。」（史記索隱引）

梁七録有蘇秦書，樂壹注云：「秦欲神秘其道，故假名鬼谷。」（張守節史記正義引）

隋書經籍志縱横家載鬼谷子三卷，注曰：「皇甫謐注，鬼谷子，周世隱於鬼谷。」又載鬼谷子三卷，樂壹注。

長孫無忌序曰：「鬼谷子，楚人也。周世隱於鬼谷。梁有陶弘景注三卷，又有樂壹注三卷。」

柳宗元曰：「元冀好讀古書，然甚賢鬼谷子，爲其指要幾千言。鬼谷子要爲無取，漢時，劉向、班固録書無鬼谷子。鬼谷子後出，而險盭峭薄，恐其妄言亂世難信，學者宜其不道，而世之言縱横者，時葆其書。尤者晚乃益出七術，怪謬異甚，不可考校。其言益奇，而道益陿，使人狙狂失守，而易於陷墜。幸矣，人之葆之者少。今元子又文之以指要。嗚呼，其爲好術也過矣！」（唐柳先生集）

新唐書藝文志有鬼谷子二卷，蘇秦撰。又三卷，樂臺注。

中興書目曰：周時高士，無鄉里族姓名字，以其所隱，自號鬼谷先生。蘇秦、張儀事之，授以捭闔至符言等十有二篇，及轉丸、本經、持樞、中經等篇。（玉海引）

晁公武曰：鬼谷先生撰。按史記戰國時隱居潁川陽城之鬼谷，因以自號。長於養性治身，蘇秦、張儀師之。敘謂此書即授二子者，言捭闔之術凡十三章，本經、持樞、中經三篇，梁陶弘景注。隋志以爲蘇秦書，唐志以爲尹知章注，未知孰是。（郡齋讀書志）

宋濂曰：鬼谷子三卷，鬼谷子撰。一名玄微子。鬼谷子，無姓名里居，戰國時隱潁川陽城之鬼谷，故以爲號。或曰王誗（或云王詡）者，妄也。長於養性治身，蘇秦、張儀師之，受捭闔之術十三章，又受轉圓、胠篋及本經、持樞、中經三篇。轉圓、胠篋今亡。梁陶弘景注。劉向、班固録書無鬼谷子，隋志始有之，列於縱横家。唐志以爲蘇秦之書。（諸子辯）

胡應麟曰：鬼谷，縱横之書也。余讀之，淺而陋矣！即儀、秦之師，其術宜不至猥下如是。柳宗元謂劉氏七略所無，蓋後世僞爲之者，學者宜其不道，而高似孫輩輒取而尊信之，近世之耽好之者，又往往而是也。甚矣！邪説之易於入人也。宋景濂氏曰：「鬼谷所言捭闔鉤箝揣摩等術，皆小夫蛇鼠之智，家用之則家亡，國用之則國僨，天下用之則失天下。其中有雖『知性寡累』等語，亦庸言耳。學士大夫所宜唾去，而宋人愛且慕之何也？」其論甚卓，足破千古之訛。楊用修云：漢書藝文志「鬼容區三篇」，注即鬼臾區也。郊祀志「黄帝得寶鼎冕候，問於鬼臾區」云云，注「即鬼容區，『容』『臾』聲相近」。今案鬼谷即鬼容者，字相似而誤也。高似孫子略便謂藝文志無鬼谷子，何其輕於立論乎？案鬼臾區，黄帝之臣。漢藝文志兵陰陽家有鬼容區三篇，與風後、力牧連類。説者謂即鬼臾區，以『臾』、『容』聲相近，是矣。而楊以爲鬼谷，則「區」字安頓何所乎？此其可笑，正與「方城」作「萬城」切對，漫筆之以當解頤。（案意林注鬼谷者，謂無其人，猶無是公云爾。斯説得之。）鬼谷子，漢志絶無其書，文體亦不類戰國。晉皇甫謐序傳之。案漢志縱横家有蘇秦三十一篇，張儀十篇，隋經籍志已亡；蓋東漢人本二書之言，會萃附益爲此，或即謐手所成，而託名鬼谷，若「子虛」「亡是」云耳。隋志占氣家又有鬼谷一卷，今不傳。（又關尹傳亦稱鬼谷，見隋志。）（四部正訛）

姚際恒曰：漢志無。隋志始有，列於縱横家。唐志以爲蘇秦之書。按史記蘇秦傳云：「東事師於齊，而習之於鬼谷先生。」索隱曰：「樂壹注鬼谷子書云，秦欲神秘其道，故假名鬼谷。」然則其人本無考，況其書乎！是六朝所託無疑。晁子止，高似孫皆信之，過矣。楊升菴謂漢志有鬼谷區三篇，即鬼谷子。然無考，即有之，亦非今所傳也。（古今僞書考）

四庫提要曰：隋志稱皇甫謐注，則爲魏晉以來書，固無疑耳。説苑引鬼谷子有「人之不善而能矯之者，難矣」一語。今本不載。又惠洪冷齋夜話引鬼谷子曰：「崖蜜，櫻桃也。」今本亦不載，疑非其舊。然今本已佚其轉丸、胠篋二篇，惟存捭闔至符言十二篇。劉向所引或在佚篇之内。至惠洪所引，據王直方詩話，乃金樓子之文，惠洪誤以爲鬼谷子耳。均不足以致疑也。

顧實曰：漢書杜周傳注服虔曰：「抵音紙，阸音義，謂罪敗而復採彈之，蘇秦書有此法。」顔師古曰：「阸與戲同，音戲，亦險也。鬼谷子有抵戲篇也。」據此，則鬼谷子十四篇本當在漢志之蘇子三十一篇中。蓋蘇子爲總名，而鬼谷子其别目也。秦策記蘇秦得太公陰符之謀，伏而誦之，簡練以爲揣摩，期年揣摩成。鬼谷子正有揣摩篇、陰符篇，明是蘇秦自道其所得，而爲重要之部分。故後世蘇子書亡，而鬼谷子猶以别行而存也。（重考古今僞書考，商務印書館一九三九年版）

蔣伯潛諸子通考：漢志兵陰陽家有鬼容區，顔注曰：「即鬼臾區也。」王應麟考證曰：「史記封禪書有鬼臾區，號大鴻。『容』、『臾』音近。楊用修以爲即鬼谷。」如楊氏説，則鬼谷之「谷」，非山谷之谷，其字作「谷」，音裕。欲、浴、容等字皆從「谷」聲。是鬼谷乃鬼容或鬼臾之音轉，非地名矣。不特此也，鬼谷子之姓名年代，亦紛歧而悠謬。據仙傳拾遺，鬼谷子姓王名利（利一作詡），晉平公時人。晉平公在春秋時，去蘇、張甚遠。寧波府志謂鬼谷子姓王名詡，西周時人。則去蘇、張更遠矣。録異記又謂鬼谷子姓王氏，自軒轅歷商、周，隨老君西遊流沙。周末復號，居漢濱鬼谷，弟子百余人，唯蘇、張不慕神仙，從學縱横之術云云，更爲無稽之談矣。漢志縱横家有蘇子、張子，無鬼谷子。隋志、唐志始有鬼谷子，唐志逕注曰蘇秦撰。樂臺（意林及王應麟漢志考證均引作樂壹。此從新、舊唐志及通志）注曰：「蘇秦欲神秘其説，假名鬼谷。」胡應麟筆叢曰「東漢人薈萃蘇子、張子以成此書，而記於鬼谷。」按漢書杜周傳注引服虔曰：「蘇秦書有抵戲之法。」顔師古曰：「鬼谷子有抵戲篇。」蘇、張一生奔走遊説，忙於弋取富貴，必無暇著書，無意著書。蘇子、張子亦後人所捃摭薈萃而成，好事者又託之鬼谷爾。故所謂「鬼谷子」者，實並無其人也。（浙江古籍出版社一九八五年版）

蕭天石鬼谷子四種提要：鬼谷子，三卷十三篇，周鬼谷子撰。漢志不著録，隋志列縱横家。世傳之陶弘景、皇甫謐、樂壹、尹知章等注本，較通行。其文古樸簡奥，奇變詭偉，當非漢以後書。今特選刊四種，合爲一帙。四部備要作：戰國時人王詡作，非。係據寧波府志之誤。明胡應麟少室山房筆叢謂：「隋志有蘇秦三十一篇，張儀十篇，東漢人薈萃二書之言爲此，而託於鬼谷。」録異記則謂爲古之真仙，蘇秦、張儀曾從之學縱横術。惟均無確史可證。

鬼谷子事蹟，雖不見正史，然當爲古之隱君子，世稱其爲縱横家之祖。中興書目云：「周時高士，無鄉里族姓名字，以其所隱，自號鬼谷先生，蘇秦、張儀師之，授以捭闔至符言等十有二篇，及轉丸、本經、持樞、中經等經。」漢書藝文志：「鬼容區三篇。」注「即鬼臾區也。」郊祀志：「黄帝得寶鼎冕候，問於鬼臾區」云。辭源釋鬼臾區爲黄帝臣名，司占星之官。容、臾聲相近，容、谷字相似。兵家陰陽家、術數家、占驗家等，皆有鬼谷子其人，博學多聞，才慧超絶，知周萬物，慮盡無涯；覩周之衰，遂隱鬼谷，以地名漫託之也。亦猶老子號曰老聃，得關尹而傳，黄石之書，賴子房爲授，隱邃如神人，入山惟恐不深，難能爲世俗道也！周秦高士之行表，類多如此。

戰國策、史記所載蘇秦、張儀事蹟，以秦國與齊、楚、燕、趙、韓、魏，互爲合縱連横，各逞其捭闔陰謀之詭計，國與國間興衰隆替，而關係於布衣策士之言，採用以爲決策，豈各國人主皆屬闇愚，股肱如雲，謀臣如雨，均不足爲獻可替否者，是之商、韓法制，教戰修政，四公子賓從結士，以輔其國，其皆無所作爲，是則蘇、張之師於鬼谷，而鬼谷之道，抑亦高矣！秦策記蘇秦得太公陰符之謀，伏而誦之，簡練以爲揣摩，期年揣摩成，而鬼谷子篇中有揣、摩二篇，正爲蘇秦所得之處。漢志蘇子三十一篇亡，而鬼谷子此三卷廿一篇仍在，蘇秦之學，出於鬼谷，宗旨正同，謂爲鬼谷自著，或經蘇秦輯述表張，自無不可也。周秦諸子均非一人所撰，論語、孟子亦皆門弟子多人所輯，此可直視爲縱横家一家之言。其源亦通於儒、道、兵、陰陽、法家，是鬼谷子之道性閎通，别以捭闔爲鳴，亦有足傳者。

儒家以天地立心，爲生民立命，爲往聖繼絶學，爲萬世開太平。春秋之義不外嚴夷夏防，立忠奸辨。夏之於夷，忠之於奸，首鼠已分兩途，各異其趣，必欲夷之降於夏，奸之屈於忠，斯即爲立心、立命、繼絶學、開太平之春秋大法，果也！夷已降矣，奸已屈矣，四海一家，結鄰相望，生老以相往來，則何者爲忠，何者爲夏，亦徒稱爲時代之名詞，無從爲防，無從爲辨矣！斯則陰陽已無消長之機，天地亦無開闔之運，是曰生生，亦言寂滅，是則儒學外王，終非究竟，必期濟以因革，此仲尼爲聖之時，循乎天道人事之靡窮，而爲制用。

先王禮樂，後王政刑，世之度量衡權，究以何者爲其准的，從燕適越，郢亦非中，聖之不論不議不辯，自别有廣論廣議廣辯在焉。知也有涯，物類難齊，所謂孝慈、民利、盜賊，皆依乎世所謂聖者智者之角度而觀之，自是其是，必以人者而謂爲非，其謂非者，終必逞其無窮之廣論廣議廣辯之詞，嘵嘵不休，永無寧日。揆之情勢，轉不若絶棄聖智之道，還其遂初，是其所謂平者。四時之序，日月經行，而終始無相悖者，出乎自然，必法乎自然，是鬼谷子之捭闔因應，亦基於天道而爲表裏發明，亦聖哲爲心，期天下生民之治，平之至平，斯無間言矣！

唐柳宗元謂：「其言益奇而道益陋，使人狙狂失守，易於陷墜。」明宋濂謂：「鬼谷所言捭闔、鈎箝、揣摩等術，皆小人蛇鼠之智，家用之則家亡，國用之則國僨，天下用之則失天下。」儒家正倫敦品，衛道之士以此爲言，無足怪者。惟孔子聖者，究不世出，孔子殁後二千餘年，漫漫長夜，孟、荀性善惡之爲辯，程、朱、陸、王，繼有道問學尊德性之爲辯；仲尼性與天道既不可得而聞，則唯有文章之如春秋、詩、書、禮、樂而已！博而寡要，勞而少功，史已譏之。此後世之儒流，不流入名法以作致身，則必求諸計然貨殖以留退步，秉忠信，行篤敬，亦唯一己之私而已。陰陽言忌，使人有所畏；法家務忍，使人有所懼；道釋仙佛果報，深植人心，皈依者如潮如海。至若歷代帝王開創之局，亦莫不倚安攘捭闔，以爲其斬鯨逐鹿之利器。孔子之誅少正卯，以其行僻而堅，心逆而險，言僞而辯，記醜而博，順非而飾，五者盜竊不與。春秋大法之嚴夷夏防，立忠奸辨，則必待名法縱横之能捭闔、鈎箝，忍毅果行，以期其致用。用之於小人蛇鼠，亦必審其習性，誘餌謀之，大憝巨逆，則必遏其亂源，除其滋蔓，其謂殊途同歸，一致百慮。春秋孔子言之者，與鬼谷所以倡而行之者，則皆可爲法焉。不然，張儀以其術促嬴秦而定漢室一尊，一疆圉、開郡縣，書同文、車同軌，相因而不容廢者，推源其始，則鬼谷王詡，其功蓋亦大矣！

板築、渭漁，見於前史；鬼谷、黄石，以開秦、漢之業，皆以隱君子，學際天人，爵禄不與，爲帝王師。是書用於創業垂綸，實爲帝王之學，亦帝王師之學也！今值新戰國時代，權謀術略，縱横捭闔之學，實不可廢，故特表而出之。本書注者陶弘景，南北朝時之秣陵人，字通明，讀書破萬卷，工草隸，善琴棋，精道術，明陰陽、五行、地理、醫藥。齊高帝時，拜左衛殿中將軍。入梁，隱句曲山，號華陽真人。梁武帝時，禮聘不出，朝廷大事，輒就諮詢，有「山中宰相」之稱。道譽甚隆，舉世無兩。梁史有紀述，乃道門中聖真之士也。先生卒，謚貞白先生。嘗注本草經，造有渾天儀，其著作有帝代年厯、真誥、真靈位業圖等書，行於世。（鬼谷子四种，中国子学名著集成编印基金会印行）

余嘉錫古書通例：鬼谷子編入蘇子。漢志縱横家有蘇子三十一篇，注云「名秦」，而無鬼谷子，世皆以爲僞書。柳宗元辯鬼谷子曰：「漢時劉向、班固録書，無鬼谷子。鬼谷子後出，而險盭峭薄，恐其妄言亂世，難信。」（見柳集卷四）疑鬼谷者以此爲最早。明胡應麟四部正譌（卷中）因詆爲淺陋，謂「即儀、秦之師，宜不至猥下如是」。又云：「鬼谷子文體不類戰國。晉皇甫謐序傳之。案漢志縱横家有蘇秦三十一篇，張儀十篇，隋經籍志已亡；蓋東漢人本二書之言，會萃附益爲此，或即謐手所成，而託名鬼谷，若「子虛」「亡是」云耳。」（少室山房筆叢卷三十一）四庫提要（卷一百十七）謂「其言頗爲近理，然亦終無確證」。今案史記蘇秦傳云：「蘇秦東師事于齊（時天下之學在齊魯），而習之於鬼谷先生。」索隱曰：「樂臺（正義作樂臺）注鬼谷子云：『蘇秦欲神秘其道，故假名鬼谷。』」正義云：「七録有蘇秦書，鬼谷子有陰符七篇，有揣及摩二篇。戰國策云：『得太公陰符之謀，伏而誦之，簡練以爲揣摩，期年揣摩成。』按鬼谷子乃蘇秦書明矣。」（今殿本史記正義無此條，此據玉海卷三十五引）漢書杜周傳贊云：「業乘危而抵陒。」（案謂杜業）注：「服虔曰：『抵音坻，陒音羲，謂罪敗而復抨擊之，蘇秦書有此法。』師古曰：『一説陒讀與戲同，鬼谷有抵戲篇也。』」詳師古之意，蓋證明服虔所引之蘇秦書，即鬼谷子也。馬總意林卷二云：「鬼谷子五卷，總按其序云：『周世有豪士隱者居鬼谷，自號鬼谷先生，無鄉里族姓名字。』注云：『此蘇秦作書記之也。鬼之言遠，有司馬相如假無是公云爾。』」（按此當是樂臺注）新舊唐志皆有鬼谷子二卷，注云「蘇秦」。司馬貞、張守節、顔師古、馬總皆唐人。舊唐志本之唐母煚古今書録，是唐人自柳宗元外，皆以爲鬼谷子即蘇子也。張守節言七録有蘇秦書，今隋志有鬼谷子，而蘇秦書不著録。考隋志之例，凡阮孝緒七録有，而隋目録無者，輒注曰梁有某書，亡。今於縱横家，不注梁有蘇秦書，蓋因阮孝緒以鬼谷子爲蘇秦撰也。樂臺鬼谷子注，見於隋志，當是隋以前人。臺謂蘇秦名鬼谷，是南北朝人，亦以爲鬼谷子即蘇子也。文選吴都賦劉逵注云：「鬼谷先生書有抵巇篇。」按左思三都賦成，劉逵、張載作注，皇甫謐作序：使鬼谷子爲謐所僞撰，逵與之同時，安肯遽引其書？是胡應麟謂成於謐手之説，不足據矣。劉向説苑善説篇引鬼谷子曰：「人之不善，而能矯之者，難矣。説之不行，言之不從者，其辯之不固也；既固而不行者，未中其心之所善也。辯之，明之，持之，固之，又中其人之所善，其言神而珍，白而分，能入於人之心，如此而説不行者，天下未嘗有也。」（今鬼谷子無此文，按内揵篇陶弘景注云：「揵者，持之令固也。言上下之交，必内情相得，然後結固而不離。」正用辨之，明之，持之，固之之意，知此是内揵篇佚文。漢書藝文志考證及四庫提要，僅以「人之不善而能矯之者難矣」一句爲鬼谷子語，非是。）是西漢時已有鬼谷子。胡應麟謂爲東漢人會粹附益之説，又不足據矣。劉向既引用其語，則不能謂爲未見其書，何以七略不著於録？蓋鬼谷子爲蘇秦手著，其戰國策中合縱説六國之詞，不在此書之中。向合而編之，爲蘇子三十二篇，（或是秦、漢間爲縱横説者所編。）故鬼谷子不别著録也。（此爲拙著四庫提要辨證之説，後見顧實漢書藝文志講疏，亦持此論，惟不及余説之詳。）（上海古籍出版社一九八五年版）

黄雲眉古今僞書考補正：鬼谷當屬假託之名。然自司馬遷有蘇秦習於鬼谷先生之言，而漢人已盛傳其人。揚雄法言淵騫篇曰：「或問儀、秦學乎鬼谷術，而習乎縱横言，安中國者各十餘年，是夫？曰，詐人也，聖人惡諸！」王充論衡明雩篇曰：「蘇秦、張儀，悲説坑中，鬼谷先生，泣下沾襟。」（即答佞篇意）郭璞登樓賦曰：「揖首陽之二老，招鬼谷之隱士。」又遊仙詩曰：「青溪千餘仞，中有一道士；借問此何誰？云是鬼谷子。」文選注鬼谷子序曰：「周時有豪士隱於鬼谷者，自號鬼谷子，言其自遠也。」則鬼谷子有其人矣。

史記蘇秦列傳裴駰集解徐廣曰：「潁川陽城有鬼谷，蓋是其人所居，因爲號。」司馬貞索隱曰：「鬼谷，地名也。扶風池陽、潁川陽城並有鬼谷墟，蓋是其人所居，因爲號。」王應麟玉海引張守節正義曰：「鬼谷，谷名，在雒州陽城縣北五里。」則鬼谷有其地矣。

劉向説苑善説篇引鬼谷子曰：「人之不善而能矯之者，難矣。」漢書杜周傳：「業因勢而抵陒。」顔師古曰：「抵，擊也。陒，毁也。陒音詭，一説陒，讀與戲同。鬼谷有抵戲篇也。」文選蜀都賦「劇談戲論」注：「鬼谷先生書有抵戲篇。」史記田世家索隱引鬼谷子云：「田成子殺齊君十二代而有齊國。」（莊子胠篋篇文與此同。）蘇秦傳集解：「鬼谷子有揣摩篇也。」索隱引王劭云：「揣情、摩意是鬼谷之二章名，非爲一篇也。」太史公自序：「故曰『聖人不朽，時變是守』。」索隱：「此出鬼谷子，遷引之以成其章，故稱故曰也。」則鬼谷子有其書矣。

然要之皆由司馬遷之言而來，前此未有稱鬼谷者，竊謂蘇秦當時以一貧士，借三寸舌，致勢位富厚，不有所託，不足以取重立異，故詭稱師事鬼谷以欺人耳。不然，豈有如此韜光匿采不識姓名之高士（高士之稱，見中興書目），肯以捭闔鉤箝揣摩之術，教人取富厚禍敗乎？史記所紀，得諸傳聞，本不足據。自後人紛紛實之以地，贅之以書，而後所謂鬼谷先生者，遂若確其有人，而爲談縱横短長術者之所宗矣。古史上假託之名，漸演漸變，往往形成一極有權威之人，此例正多。不僅一鬼谷然也。若其書之僞託，則揣、摩兩篇，即其鐵證。戰國策載蘇秦得太公陰符之謀，伏而誦之，簡練以爲揣摩，期年揣摩成。史記載蘇秦得周書陰符，伏而讀之，期年以出揣摩，曰：「此可以説當世之君矣。」玩其語氣，不過謂蘇秦伏讀陰符，以期年之功，成揣摩之術，而出以説當世之君耳。成者，成是術也；出者，出是術也，非謂成是書而出是書也。今鬼谷子乃有揣、摩之篇，其不可信一也。就令揣、摩係書名，則此書乃由蘇秦用苦功讀太公之陰符而來，非習之於鬼谷，何以揣、摩之篇，乃在鬼谷之書？其不可信二也。若謂蘇秦所讀之陰符，即今鬼谷中之陰符，則陰符可屬鬼谷，揣、摩應屬蘇秦，今鬼谷子既有陰符，又有揣、摩，其不可信三也。揣摩二字，其含義何若，雖難確定，然大率當連讀，不當分讀。高誘曰：「揣，定也。摩，合也。定諸侯使讎其術以成六國之從也。」江邃曰：「揣人主之情，摩而近之。」果如二説，則連爲一篇可耳。今鬼谷子乃分爲揣篇、摩篇，既狀一「揣」字，又狀一「摩」字，義相屬而辭不相涉，分之不患其拘耶！若如王劭所云：「揣爲揣情，摩爲摩意。」（太平御覽亦稱揣情、摩意篇）則情之與意，相混既易，揣之與摩，相去更近，分之不嫌其復耶！其不可信四也。陳三立亦以揣摩篇疑鬼谷子爲僞書（讀鬼谷子）而未盡其辭；今暢言之，使知其書之僞，即此兩字加以研詁，便足令僞託者無可逃遁，不俟煩引博援也。

王應麟謂「樂壹有蘇秦假名鬼谷之語，而鬼谷子有陰符七術及揣、摩二篇，合之秦策所記，則鬼谷子乃蘇秦書明矣。」（見漢書藝文志考證）不知此書之有陰符及揣、摩篇，正以暗射秦策也。杜周傳服虔注抵陒曰：「抵音低，陒音羲，謂罪敗而復抨彈之。蘇秦書有此法。」與師古注不同。顧實據之，遂謂「鬼谷子，十四篇，本在漢志之蘇子三十一篇中，蓋蘇子爲總名，而鬼谷子其別目也。」（重考古今僞書考）不知此書之有抵巇篇，正以暗射服説也。胡應麟曰：「鬼谷子，漢志絶無其書，文體亦不類戰國，晉皇甫謐序傳之。案漢志縱横家有蘇秦三十一篇，張儀十篇。隋經籍志已亡，蓋東漢人本二書之言，薈萃附益爲此，或即謐手所成，而託名鬼谷，若子虛、亡是云爾。」此説雖未見其必然，然謂鬼谷子即蘇子，毋寧謂爲鬼谷子盜蘇子以成書耳。蘇子書久亡，鬼谷子乃後人僞託，自後人以鬼谷子爲蘇子，而蘇子與蘇子，又生無端之糾葛。嚴可均曰：「近有爲鬼谷子篇目考者，據御覽等書所引蘇子三條，謂其文與鬼谷子不類，蓋不知道家之蘇子，乃蘇彦非蘇秦也。」（鐵橋漫稿蘇子敍）黄以周曰：「意林載蘇淳語曰：『蘭以芳致燒，膏以肥見熱，翠以羽殃身，蚌以珠碎腹。』北堂書鈔太平御覽並引之。困學紀聞以爲蘇秦語固誤；後人以爲彦語，亦未是。」（子敍蘇子敍）以蘇淳誤蘇彦，以蘇彦誤蘇秦，以蘇秦誤鬼谷子，其病皆由於不知鬼谷子之僞。而近人金天翮曰：「鬼谷書無言縱横者。縱横家乃其弟子蘇、張所立，以遊士而喪其名，並以其師爲天下詬。鬼谷子高蹈，未嘗蘄用於世，其術未必僅傳諸蘇、張，易世而爲道家宗，其所以攝陰陽之鑰而法龜龍也，可不謂智乎哉！」（讀鬼谷子）噫！其與宋濂所謂「小夫蛇鼠之智」者何遠耶！蓋尤爲不善讀書者之説已。（齊魯書社一九八〇年版）

王籧常諸子新傳：鬼谷子者，無鄉族里姓名字。或曰姓王名詡，或曰齊人，或曰楚人，皆不可信。隱居潁川陽城之鬼谷，因以自號。六國時縱衡家。長於養性保身。嘗遊于齊，蘇秦、張儀往見之。鬼谷子曰：「吾將爲二子陳言至道。」儀、秦齋戒而往，授以捭闔，下至符言等十有二篇，又轉圓、本經、持樞、中經等篇，亦以告儀、秦者也。已學，鬼谷子掘地爲坑曰：「下，説令我泣，出則耐分人主之地矣。」秦、儀悲説坑中，鬼谷子泣下沾襟。秦、儀遂立功名。後復往見，鬼谷子乃正席而坐，嚴顔而言，告二子以全身之道。然秦連六國縱親，乃被反間而死。儀振暴其短，以扶其說，成其衡道。來鵠曰：「鬼谷子教人詭紿激訐揣測憸滑之術，六國時得之者，惟儀、秦而已。如捭闔、飛箝，實今之常態，是知漸漓之後，不讀鬼谷子書者，其行事皆若自合符契也。昔倉頡造字，鬼爲之哭，不知鬼谷子作是書，鬼復何爲邪？」可謂慨乎言之，不獨爲鬼谷子發矣。

王鑊常曰：鬼谷子不見於七略與漢書藝文志及七録，隋書經籍志始著之。世遂疑其僞託，或竟疑蘇秦欲神秘其道以假名聲。然秦說多見戰國策，與此絶不類。且六國時尊師説，安有以子虛、烏有以自重者。且使秦妄言，張儀亦同其妄言而不揭其謬乎？必不然矣。國策言秦發書得太公陰符之謀，簡練以爲揣摩，期年揣摩成。正謂以師術治太公書而成，何得言其自爲揣摩篇乎？至劉向説苑善説篇已引鬼谷子，其權謀篇亦鎔會其説，則非不見其書。其所不録者，當出於其子歆。歆妄人，七略成其手，當時或已傳書由秦記，遂合於蘇秦書，故書存而名亡乎？（録自中國思想家傳記彙詮，復旦大學出版社一九九三年版）

梁嘉彬鬼谷子考：近人考論鬼谷子著作年代，每據明胡應麟少室山房筆叢之説，以爲：鬼谷子一書，在前漢書藝文志不見著録，至隋書經籍志乃有鬼谷子三卷，唐書經籍志直謂鬼谷子爲蘇秦所撰，又隋書經籍志有蘇秦三十一篇，張儀十篇，故可推定所謂鬼谷子三卷必乃東漢人薈粹蘇秦、張儀二書之言爲之，而託于鬼谷而已。清姚際恒則更以鬼谷子爲六朝人之僞作也。此爲近人論史喜用「以後志覈前書」法之一例，用心謹慎，未可厚非；其影響所及，固亦有得有失，其甚者且適足以妨害史學之正常發展矣。

嘉彬謹案：胡應麟之説誤也。覈查前漢書藝文志已有蘇子三十一篇，蘇秦撰；張子十篇，張儀撰，爲縱横家，非自隋書經籍志始有蘇秦三十一篇、張儀十篇也。其誤一。隋書以鬼谷子列於縱横家，唐書混蘇秦之書與鬼谷子爲一談，大抵係由於誤以蘇秦所撰鬼谷子傳爲鬼谷子原書所致。覈查鬼谷子原書内容實爲陰陽學説，而非縱横學説。胡應麟豈未讀鬼谷子而盲從隋書唐書經籍志？其誤二。覈查前漢書藝文志陰陽家實有鬼容區三篇，小字註云：「圖一卷，黄帝臣依託。」師古（唐顔師古）曰：「即鬼臾區也。」彬謂鬼容區（鬼臾區）三篇實即鬼谷子三卷也。胡應麟特未細加查考耳！其誤三。是胡氏有此三誤，遂導後人於迷津也。

嘉彬謹考：鬼谷子實即鬼容區（鬼臾區）也。查前漢書郊祀志云（史記封禪書略同）：入海求蓬萊者言：蓬萊不遠，而不能至者，殆不見其氣。上（漢武帝）迺遣望氣佐候其氣云。其秋，上雍且郊，或曰，五帝，泰一之佐也。宜立泰一而上親郊之。上疑未定。齊人公孫卿曰：「今年得寶鼎，其冬辛巳朔旦冬至與黄帝時等（師古曰：等，同也），卿等有札書曰：黄帝得寶鼎冕候（史記封禪書「冕候」作「宛昫」），問于鬼臾區。臾區對曰：『黄帝得寶鼎神策，是歲己酉朔旦冬至，得天之紀，終而後始。』於是黄帝迎日推策。後率二十歲復朔旦冬至，凡二十推三百八十年，黄帝仙登於天。卿因所忠（人名）欲奏之，所忠視其書不經，疑其妄言，謝曰：寶鼎事已決意矣，尚何以爲？卿因嬖人奏之，上大悦。……」

是鬼臾區之事出自漢武帝時齊方士公孫卿之「札書」，其僞託五德終始之説於黄帝，以鬼臾區爲黄帝臣，確乃陰陽家之慣技，顯而易見。復查唐杜光庭録異記云：「鬼谷先生（即鬼谷子）者，古之真仙也。姓王氏，自軒轅（黄帝）之代，曆于商周，隨老君（老子）西至流沙，周末復歸，居漢濱鬼谷山，弟子百餘人，惟蘇秦、張儀不慕神仙，從學縱横之術。……」是鬼谷子之事亦出自陰陽學家，與鬼臾區皆託始于黄帝，年代合，學説同矣。又曆查我國神仙家著作如海内十洲記、名山拾遺記、仙傳拾遺諸書，皆記鬼谷長壽不老，海内十洲記且記秦始皇遣使問事於鬼谷，乃命徐福入海，其説荒誕，自不足信。史記蘇秦列傳張儀列傳皆謂蘇秦、張儀並師事鬼谷，是鬼谷者爲周末之仙學者歟？其合一也。

查史記蘇秦列傳云：「蘇秦者，東周雒陽人也，東事師于齊，而習之於鬼谷先生。……出遊數歲，大困而歸。……於是得周書陰符，伏而讀之，期年以出揣摩（彬案：鬼谷子内有揣篇摩篇及本經陰符，曰：此可説當世之君矣。……」張儀列傳云：「張儀者，魏人也，始嘗與蘇秦俱事鬼谷先生學術，蘇秦自以爲不及張儀。」史記索隱云：「鬼谷，地名也，扶風池陽，潁川陽城並有鬼谷墟，蓋是其人所居，因爲號。」彬案：所謂鬼谷墟實即鬼臾區或鬼容區之同音異寫耳。其人其教，以所居地爲號，其學或世代相傳，自太公陰符薈粹而來，故蘇秦得此而讀之。據康熙字典釋「谷」字云：「谷——唐韻、集韻、韻會、正韻：並古禄切，音穀。廣韻：養也。老子道德經：谷神不死。又爾雅釋天：東風謂之谷風。……。又廣韻：餘蜀切，集韻、韻會：俞玉切，並音欲，義與説文、爾雅同。……音韻五書：山谷之谷，雖有『穀』『欲』二音，其實『欲』乃正音。易『井谷』，陸德明一音浴；書『暘谷』，一音欲；左傳『南谷中』，一音欲；史記樊噲傳『横谷』，正義：音欲；貨殖傳『谷量牛馬』，索隱：音欲；苦縣老子銘書『谷神』作『欲神』，是也。轉平聲則音臾，上聲則音與，去聲則音裕，今人讀穀爲谷，而加山作峪，乃音裕，非。」釋「臾」字云：「臾——唐韻、集韻：並求位切，音匱，同蕢。」説文：「草器也。」引論語：荷臾而過孔氏之門。廣韻：羊朱切；集韻、韻會：容朱切；正韻：雲居切，並音余。又集韻、韻會並勇主切，音庾；正韻：尹竦切，音勇，縱臾與慫慂之慂通。韻補：叶俞戍切，音裕。」釋「容」字云：「容——古文宊。廣韻、集韻、韻會並餘封切，音融。説文：盛也，從宀從谷，徐鉉曰：屋與谷皆所以盛受也。增韻：受也，包函也。……又集韻：尹竦切，與慫慂之慂同，勸也。又正字通：餘壟切，音湧。」此可見「谷」、

「臾」、「容」三字音韻涵義皆正相通矣。古者，寄音字（同音異寫字）不知凡幾，胡應麟等未加查考，故謂鬼谷之書在漢書藝文志不見著録耳。至於「區」、「墟」皆指所居地而言。「區」字顔師古註云：「區謂居止之所也。」集韻、韻會：「並袪尤切，音丘，域也。」「墟」字説文：大丘也。又廣雅釋詁云：「按古籍所稱姚墟、陶墟、殷墟、夏后氏之墟皆以所居之地爲名。」是鬼谷子所居地，鬼谷墟實即鬼臾區或鬼容區矣。復因所居地（所設教地）爲著作篇名。前漢書藝文志所載陰陽家鬼谷區三篇實即後人所稱鬼谷子三卷，於理甚明。其合二也。

查清欽定古今圖書集成以尹喜（關尹子）與鬼谷子並列于神仙部列傳内。（宋張君房雲笈七籤並可參。）查史記老莊申韓列傳云：「老子修道德，其學以自隱無名爲務，居周久之，見周之衰，迺遂去至關，關令尹喜曰：子將隱矣，强爲我著書。於是老子迺著書上下篇，言道德之意五千餘言而去，莫知其所終。」西漢劉向列仙傳云：「關令尹喜者，周大夫也。善内學星宿，服精華，隱德行仁，時人莫知。老子西遊，喜先見其氣，知真人當過，候物色而跡之，果得老子。老子亦知其奇，爲著書。與老子俱之流沙之西，服具勝實，莫知其所終；亦著書九篇，名關尹子。」而前漢書藝文志亦云：「關尹子九篇，名喜，爲關吏，老子過關，喜去吏而從之。」彬查尹喜有長壽不老神説，與鬼谷子同。（雲笈七籤謂「昔周康王聞尹先生有神仙大度，乃拜爲大夫，次昭王時，大夫遇老君遂得道。」是謂尹喜生當西周；史記以尹喜遇老子於函谷關事在周之衰，屬諸孔子問禮於老聃後，是謂尹喜生當東周。神秘莫測，自隱無名，是神仙學家之特徵也。）尹喜有隨老子西至流沙傳說，與鬼谷子亦同（參考上引録異記）。「喜」、「鬼」音韻通，尹喜所守爲函谷關，何尹喜與鬼谷巧合如此？其事大可疑也。復查隋書經籍志云：「關令內傳一卷：鬼谷先生撰。」舊唐書經籍志云：「關令尹喜傳：鬼谷先生撰，四皓注。」仙傳拾遺云：「鬼谷先生，晉平公時（東周靈王、景王時，當西元前第六世紀），隱居鬼谷，因爲其號。先生姓王名利，亦居清溪山中，蘇秦、張儀（並西元前第四世紀時人）從之學縱横之術，二子欲馳騖諸侯之國，以智詐相傾奪，不可化以至道。」又寧波府志云：「周鬼谷子姓王名詡，西周人，受道於老君，入雲氣山採藥服之，顔如童，居清溪之鬼谷，因以爲號。嘗遊鄞（案即寧波），太白山南水濂洞有祠，倚山臨水，幽深閴寂，人跡罕到，真神仙之宅也。晉郭璞有詩云：『清溪千餘仞，中有一道士，雲生梁棟間，風吹牕牖裏，借問此何誰？云是鬼谷子。』祠存陽堂鄉。」可見鬼谷子與關尹子甚有關係也。神仙家中人之生時居處，神秘莫測，其學以自隱無名爲務，其或互爲形影者歟？抑關尹子、鬼谷子並受學於老子，而蘇（秦）、張（儀）二子又受學於鬼谷子也？余觀鬼谷子既撰關尹子傳，則蘇秦撰鬼谷子傳，亦有可能者，然則隋書唐書經籍志誤以蘇秦所撰鬼谷子傳爲鬼谷子原書，因以貽誤後人，亦有由來矣。（仙傳拾遺有述鬼谷與蘇秦、張儀道雖不同，而交甚厚事。）鬼谷子之書非可列於縱横家者，特蘇秦之縱横術脱胎於此，應無疑義，此其合三也。雖然，神仙家中人之祕，余安能而窺之？黄帝、老子、籛鏗（彭祖）、鬼谷子、安期生、徐福（徐市）諸先生之幻、之真、之遊、之居、之現、之隱、之容、之德，余又安得而考之？先存其疑以俟後學者之教。余兹篇之意爲鬼谷子之書已見於史記（封禪書並蘇秦張儀列傳），已見於漢書（藝文志並郊祀志），當爲戰國陰陽學説之書，無他言也！（《大陸雜志》第十卷四期）

趙鐵寒鬼谷子考辨：一、版本流傳考

舊説鬼谷子不見於漢志（按此説非是，漢志鬼容區即鬼谷子。其説詳本文第七節），隋書經籍志忽出，列縱横家，有皇甫謐注及樂壹注兩種不同本，同爲三卷。在隋志成書之略早，長孫無忌序鬼谷子，語其源流，又出一梁陶弘景注三卷本。至新、舊唐志，則以鬼谷子爲蘇秦撰，又於樂注外，别出一尹知章注本。云：「鬼谷子二卷，蘇秦。樂壹注鬼谷子三卷。尹知章注鬼谷子三卷。」是此書至五代已有皇甫謐注，樂壹注，陶注、尹注，四種不同版本，故鄭夾際作通志藝文略遂備載之。樂壹者，僅知爲唐初魯郡人，無甚可考。皇甫謐注鬼谷子不見於本傳，亦不見於歷代著録（按胡應麟四部正譌：云「皇甫謐序傳之。」即以皇甫曾序而非注，與隋志不同，惜不知所據。）尹知章注則有新、舊唐書本傳爲證，且有「頗行於世」之語。其後中興書目及晁氏讀書志、書録解題，皆就其所見稱陶注本，不及樂、尹各家。而注者姓名，元代以下，其書入於道藏，脱出學人研究範圍，間有别行之本（如錢氏絳雲樓所收陶注本，即燼餘以遺其族孫錢遵王，收入述古堂書目者，又如孫氏祠堂收藏有明緜眇閣本、明十二子本、明刻子彙本、明吳勉學本等）亦不爲世重，沈淪三百餘年，至清乾隆間，孫星衍始自華陰華嶽廟所藏道藏中録出，其同年進士江都秦恩復加以讎校，於乾隆五十四年刊行，是即今日行世之四部備要本也。另有涵芬樓景印正統道藏本，涵芬樓借無錫孫氏藏石研齋刊景印本，及據景印正統道藏本縮印之四部叢刊本，以正統道藏本讎備要本，間有譌奪，自應以道藏本爲正。備要本不知所據，以涵芬樓借景之無錫孫氏本覈之，兩本完全相同，疑備要本所自來，亦出於孫氏藏石研齋也。

二、今本一二兩卷即漢志之蘇子辨

向來論此書者，紛紜十餘家，其言大别爲六類：由道德立場，詳爲「險盭峭薄，妄言亂世」（柳宗元鬼谷子辨）、「家用之則家亡，國用之則國僨」（宋濂諸子辨），柳宗元、來鵠、劉涇、宋濂等屬之；泛論爲戰國遊説陰謀之書，由揣摩鉤箝之語，索其篇章名義者，呂東萊、葉石林、王應麟、阮元等屬之；考證其由來，而枝葉片段，未能全中肯綮者，晁公武、陳振孫、錢遵王、秦恩復等屬之；斷定其書僞，而立言籠統無根者，胡應麟、姚際恒、梁任公等屬之；以其書「因時適變，權事制宜，有足取者」（歐陽修鬼谷子序，見錢東垣崇文書目輯釋引），「有雋異豪偉之氣，其智謀、數術、變譎、辭談，出於戰國諸人之表」（高似孫子略），歐陽修、高似孫屬之；以其書與漢志鬼容區及蘇子三十一篇有連類之關係，而未能剖析入微，使人心服者，楊用修、顧實屬之。今按此書三卷，應區分兩部言之：第一部分即今本上中兩卷，其中雜僞；真者即蘇秦之殘篇，僞者又經東漢以後人所竄亂。第二部分，即今本之下卷，亦即柳宗元所謂「七術晚出，怪謬益甚」者，蓋出陶弘景所僞撰僞注，甚至當時並不附於一二卷之後者。……

阮氏（即阮孝緒）所録之縱横書二種，雖因七録早佚，自唐以來，無復見其名目，但蘇秦書必在二種之内，則可於史記正義得之，張守節之言曰：「梁七録有蘇秦書，樂壹注云『秦欲神秘其道，故託名鬼谷。』」考之索隱則曰：「樂壹注鬼谷子書云：『蘇秦欲神秘其道，故假名鬼谷。』」可知樂壹之言本注鬼谷子之按語，張守節於其上冠「梁七録有蘇秦書」，則除不信鬼谷先生著書外，更暗示吾人隋以下之鬼谷子，即梁七録蘇秦書所蜕變。此七字爲千載下吾人知其關連曲折之重大線索，彌足珍貴。新、舊唐志所以有二卷本鬼谷子題曰蘇秦撰，以及顧實以爲鬼谷子爲蘇子之一部分，疑皆由此線索而來。……

又蘇子之書，自唐以來，各家著録所不見，而後漢書王符傳注章懷引蘇子曰：「人生一世，若朝露之託于桐葉耳，其與幾何！」太平御覽引蘇秦曰：「天子坐九重之内，樹塞其門，旅以翳明，衡以隱聽，鸞以抑馳。」又曰：「蘭以芳自燒，膏以肥自焫，翠以羽殃身，蚌以珠致破。」此三則必非蘇子之言，辭氣備弱，其一也；章懷所引者，頹廢枯槁，道家之言，決非蘇子淩厲雄傑思想中所應有，其二也；「九重」形容天子所居，初見于楚辭九辯，其時代雖與蘇子相當，但爲楚人迷離想象之詞，非質樸不離人事，出生于洛陽，代表北方生活色彩之蘇子所能道，其三也；自隋至太平御覽之成書將四百年，各家未見蘇秦書，而御覽忽引之，其爲僞造或不悟其僞間接誤録於他書，殆可定論。

三、今本一二兩卷部分爲後人所竄亂辨

今本一二兩卷中，爲後人所竄亂者，約二之一，非特玩其文辭，有涇渭不同之别，抑且另有故實，可爲真僞之佐證，左列數端，是其犖犖大者：内揵篇有云：「若蚨母從其子也。」按青蚨還錢之説，出淮南萬畢術，御覽卷九五〇引其文曰：「青蚨還錢：青蚨一名魚，或曰蒲。以其子母各等置甕中，埋東行陰垣下，三日後開之，即相從。以母血塗八十一錢，亦以子血塗八十一錢，以其錢更互市，置子用母，置母用子，錢皆自還也。」萬畢術者，方伎數術之書，爲儒者所不道，是否即漢志淮南子外篇三十三篇之一，大成問題。以下晉干寶搜神記，唐陳藏器本草拾遺，皆沿襲其説，惟萬畢術來歷不明，即無法斷言此説出現之時代，幸有説文，可作此説之下限。説文蟲部「蚨」，許氏曰：「青蚨，水蟲，可還錢。」由此可知，許叔重時，「青蚨還錢」已成流傳之通説，故采以解字。吾人姑認萬畢術屬於淮南外篇，則此説之起，最早不過西漢初年。可證此語爲漢人或更其以後之人所竄入，蘇子之世，固無此説也。後世有據鬼谷子以説青蚨還錢者，如段氏説文解字注，阮氏經籍纂詁等，此皆誤以鬼谷子此語爲先秦之舊，不足憑信。

又反應篇有云：「如螣蛇之所指。」考螣蛇之名，最先昉自荀子，勸學篇云：「螣蛇無足而飛。」此「螣」通「騰」，狀其飛騰，無他神秘。至説文解字説「螣」，始曰：「神蛇也。」郭璞注爾雅，乃因許氏神蛇之説，擴而充之曰：「蛇似龍者也，名螣。一名螣蛇。能與雲霧而遊其中也。」六朝道士占算之説，乃以青龍、白虎、朱雀、玄武、螣蛇、勾陳爲六神，螣蛇所指，禍福不差。蘇子之世，占卜吉凶，惟龜與蓍，螣蛇所指云云，與蘇子風馬牛之不相及也。

又反應篇云：「若磁石之取鍼。」又謀篇云：「故鄭人之取玉也，載司南之車，爲其不惑也。」茲分述之：慈石引鐵之理，最先見於呂氏春秋精通篇，曰：「慈石召鐵，或引之也。」其下又見於西漢初年成書之淮南子説山訓篇。其應用則水經渭水注，有阿房宫以磁石爲門，有懷刃入門者，則脅之以示神之記載。阿房宫作於呂氏春秋成書之後十餘年，磁石引鐵之物理，甫見記載，秦人有無以磁石爲門之能力，不無疑問。兩漢之世，磁石應用，記載殊疏，惟王充論衡有「磁石引鍼」之語，足證前舉「若磁石之取鍼」，襲之王充，爲東漢中葉以後人所竄入無疑。

司南車之記載，莫先於韓非子，但僅名司南，無車字，其言曰：「故先王立司南，以端朝夕。」司南下加車字，殆始於三國。三國志魏書杜夔傳裴松之注，及其後不久成書之崔豹古今注均有之。至南朝時司南車或指南車已成通名，故宋書禮樂志述其源流製作使用頗詳。蘇秦書而有此，足證其爲魏晉以下人所竄亂，非蘇秦之舊文。

餘如今本權篇曰：「故介蟲之捍也，必以堅厚；螫蟲之動也，必以毒螫。」此出淮南子說山訓，淮南原文云：「介蟲之動以固，貞蟲之動以毒螫。」又如忤合篇之「伊尹五就湯，五就桀」，出於孟子。摩篇之「抱薪救火」，出於戰國策，皆非蘇子所應道，固一望而知者也。

四、今本一二兩卷篇目及其佚文異文考

古籍中間有引鬼谷子文，而爲今本所無或彼此不同者，凡史記太史公自序、說苑、宋書禮志、史記索隱、意林、太平御覽、子略等，七家數百言。其中史記、說苑、宋書，成書皆在隋書以前，其時鬼谷子與蘇秦書，各自分行，尚未混爲一書，則其所稱鬼谷子者，即鬼容區，與今本鬼谷子無干，此處可以不論。若史記索隱以下，則鬼、蘇二書，混爲一談。司馬貞、馬總去隋志未遠，可能得見鬼容區之片段殘文，若李昉、高似孫等，則生隋志數百年後，所見究爲鬼容區佚文，抑今本鬼谷子之遺簡，或兩者兼而有之，不易遽加論定，以下僅就文體與辭旨略加比較剖析言之。

史記田齊世家索隱引鬼谷子曰：「田成子殺齊君十二代而有齊國。」按此節取莊子胠篋篇文句而成，即古注所謂以莊子胠篋充亡失之轉丸、胠亂二篇者，今本已據古注刪去，甚是。又意林引鬼谷子曰：「人動我靜，人言我聽。」又曰：「能固能去，在我而問。知性則寡累，知命則不憂。」又曰：「以德養民，猶草木之得時。以仁化人，猶天生草木以雨潤澤之。」其中「人動我靜，人言我聽」及「知性則寡累，知命則不憂」等四語，又見於高似孫子略引。按此數語除前二句仿佛蘇秦外，中四句儒道雜糅，當出南朝人手。末四句純儒家言，蘇子所不道，且文氣卑弱無力，絶無先秦氣概，今本並無之，實所應爾。

御覽治道部引鬼谷子曰：「事聖君，有聽從，無諫諍；事中君，有諫諍，無諂諛；事暴君，有補削，無矯拂。」又遊説部引量權篇曰：「言有通者，從其所長；言有塞者，避其所短。」又引揣情篇曰：「説王公君長，則審情以説，避所短，從所長。」右所云云，今本並無之。前段言臣事君之理，文辭觀念，似皆出於漢人，不可信。中末兩段，遊説之道，與本文第二節所引者相近，可能爲蘇子之佚文。

至其異文見於宋書禮志、文選李善注、意林、御覽等書，其中御覽所見最多，並有注亦與今本不同，文繁不能備引，下舉一例，藉見一斑。御覽卷四六二遊説部引鬼谷子量權篇曰：「與智者言，依於博；與拙者言，依於辯；與辯者言，依於要。此其説也。」其下又引此段注云：「人辭説條理通達，即敘述從其長者，以昭其德；人言壅滯，即避其短，稱宣其善，以顯其言行；説之樞機，事物之志也。」今本權篇文曰：「故與智者言，依於博；與博者言，依於辯；與辯者言，依於要。與貴者言，依於勢；與富者言，依于高；與貧者言，依於利；與賤者言，依於謙；與勇者言，依於敢；與過者言，依於鋭。此其述也，而人常反之。」今本此段之注，亦與御覽完全不同，注曰：「此量宜發言之術也，不達者反之，則逆理而不免成於害也。」依右例證明，可知宋初李昉諸人所見者，與今本大有出入，自明正統道藏以下，鬼谷子文字，始趨於劃一，如今行世各本，無論爲四部備要、叢刊，或涵芬樓景印孫氏藏石研齋本，縱有歧異，止在一二字之間，大體無甚參差也。

五、今本第三卷爲陶弘景僞託考

梁書處士陶弘景傳，一則曰：「性好著述，尚奇異。」再則曰：「明陰陽、五行、風角、星算、山川地理、方國、産物、醫術、本草。」弘景自爲本草序云：「隱居先生，以吐納餘暇，頗遊意方伎。」（見陶隱居集）其學駁雜不純如此，其思想括易、老、莊、佛而有之，此元嘉玄學成立以來，南朝自然風氣，弘景「年十歲，得葛洪神仙傳，晝夜研尋，便有養生之志。」又「從東陽孫遊岳受符圖經法。遍曆名山，尋訪仙藥」，「善辟穀導引之法」，「年逾八十……曾夢佛授其菩薩提記名爲勝力菩薩，乃詣鄮縣阿育王塔，自誓受五大戒。」（以上並見梁書本傳）其思想所中邪惡之毒害，較他人尤爲執迷難拔，而在南史中，竟名重一時，蕭齊草創之初，「朝儀故事，多取決焉」。可知鬼神荒唐，只是弘景生活之一面，非其全豹，此又可於其從子陶翊所作本起録後附載著作名目中，不乏經史之書得之。

弘景著作，本傳中僅敘其夢記一種，不及其他。據其從子翊所撰「華陽隱居先生本起録」，末附弘景所著書目，有三禮序、尚書毛詩序、三國志贊述、古今州郡記、帝王年曆、夢記、真誥、學苑及老子注、抱樸子注、占算、星曆、醫藥、辟穀、吐納等書凡四十二種都一百六十九卷（見雲笈七籤卷一〇七）。梁、陳易代，泰半散佚，隋志所録，流傳至今者，惟有真誥、刀劍録、洞玄靈寶真靈位業圖共三種。另有明張溥所輯陶隱居集（收入漢魏百三名家集），寥寥四宗而止。前三者四庫全書曾著録。真誥所述，託名許邁、楊羲手記與群仙問答語，人鬼交接之方式，極似今日迷信左道者之扶乩，滿紙真人天尊，令人發噱。至真靈位業圖，則爲弘景代擬群仙洞府之等級座次表，詳書數百真仙仙銜姓名，分等列坐。其中最可注意者，爲第四等座中左位第十三人，赫然爲鬼谷先生，其地位在「正一真人三天法師張諱道陵」及莊子之下（張四等座左位第一席、莊子第三等座右位第二十八席），大在張良、赤松子、東方朔、墨子之上（張良四左二十六席、赤松子四左三十一席、東方朔四左四十七席、墨子四左五十二席），弘景於此書自序中言，仙亦有等級千億，不能不精委條領。可見上舉序列之安排，與其在陶氏心目中之地位，重輕相當。鬼谷先生雖屈居七等中之第四等，但能正座於「太清太上老君」（四等中位）之左第十三位，下視張良、墨翟之瞠乎其後者，亦足以自豪矣。

若右列荒誕之書，後人多疑爲南朝無知黄冠道士之言，不信其出於弘景之手，而證以真靈位業圖陶之自序，是又不然，其序有曰：「仙亦有等級千億，若不精委條領，略識宗源者，猶如野夫出朝廷，見朱衣必令史；句驪入中國，呼一切爲參軍。豈解士庶之貴賤，辨爵號之異同乎。」此中「野夫出朝廷，見朱衣必令史，句驪入中國，呼一切爲參軍」兩語，非隋唐以下人所能道，加以句法清麗，類其爲人，似弘景所作者不誣。

今本卷三，包括本經、持樞、中經三部分。本經部分全名爲「本經陰符七篇」，一曰盛神法五龍、二曰養志法靈龜、三曰實意法螣蛇、四曰分威法伏熊、五曰散勢法鷙鳥、六曰轉圓法猛獸、七曰損兑法靈蓍。以下曰持樞、曰中經。其言皆道士吐納修煉之方，開明五氣九竅十二舍之義，陰陽動變之理，天地開闢真人與天爲一之道。與陰陽符録雜糅之道士言，初無二致，與真誥、真靈位業圖一氣沆瀣，與前二卷文筆辭意，氣韻神態，無一相同，非特不出於蘇季，抑且不類爲一書，其爲他人所僞託，了無疑義。

柳宗元曰：「晚乃益出七術，怪謬益甚，不可考校。其言益奇，而道益陿。」其「晚」字頗值注意，柳所謂晚出，有兩種可能，一則知爲後人依託之言，但不能指其主名，故含糊言之，一則比較文辭，以其首尾不類，疑爲晚出。前者與本文觀點一致，可謂千年前柳已發其覆，縱屬後者，亦爲判别涇渭之首，予吾人以莫大之啟示。

弘景曾注鬼谷子，不見於隋志，惟長孫無忌鬼谷子序有之。隋書成於貞觀十年，與長孫同時，而彼此取捨不同如此。據舊唐書令狐德棻傳：隋書先經顔師古撰述，後成於魏徵。顔師古世代書香，藏書甚富，吾人有理由認隋書經籍志創自顔氏，惜令狐德棻傳語焉不詳，無法得知其授受經過耳。果如上述，則顔氏文史名家既詳書本之源流，態度趨於慎重，故止取皇甫與樂壹兩本，而不著陶弘景注，似對長孫所取陶注本有所懷疑，故置而不論。顔氏所疑何在，固不得而知，據筆者淺見，則所謂陶注者，實即弘景所僞撰之今本第三卷，陶氏自撰自注，其事正同于張湛之僞託列子也。

按陶栩本起録所附弘景著作名目，曾注「老子内外集注四卷。抱樸子注二十卷」。無鬼谷子，然此並不足以證明陶無此作，本起録之末有言曰：「又有圖像雜記甚多，未得一二盡知盡見也。」此言誠然，如真靈位業圖及刀劍録，均不在名目中，而如前所述，位業圖不僞，至刀劍録出於弘景，尤爲千年來學林所公認，陶栩著作目，遺漏不全，已可概見。因此吾人不爲陶栩不言注鬼谷子——實爲僞作今本第三卷——動摇弘景僞託之信念也。

吾人甚至可疑直至五代，仍有不附弘景僞託第三卷之鬼谷子本。此可由舊唐志見之，舊志作：「鬼谷子二卷蘇秦。樂壹注鬼谷子三卷。尹知章注鬼谷子三卷。」開首之鬼谷子二卷，疑即不附僞託之本也。

六、今本非陶弘景注辨

陶注鬼谷子之曲折已略見上述，隋志既持不同之見解，新、舊唐志亦並不録陶注本（舊唐志出於五代趙瑩、張昭遠、賈緯、趙熙等手，無陶注本。歐陽公新唐志于此書全襲舊志之説），甚至王堯臣等修崇文總目亦僅列其書，而不著其注者。迨宋南渡之後，圖籍殘缺，鄭夾漈作通志，以爲崇文總目文繁無用，不取其説，别爲經籍志，乃以陶注與皇甫、樂、尹各家並立。至中興書目更進而舍皇甫、樂、尹三家，惟取陶氏，曰：「一本始末皆東晉陶弘景注。」蓋其所見之本，以第三卷之陶注括及全書，其誤正與長孫無忌同。餘如晁氏讀書志、陳氏書録解題、錢氏讀書敏求記，皆祖陶注之舊説，别無新義。明代道藏以外别行本、如「中央」圖書館所藏嘉靖三十四年籃格鈔本，亦題陶注，此本經盧雅雨手校並跋，因只見目録，未見原書，不知盧氏云何也。

明正統道藏本，有注而削去注者名氏，嘉靖刻道藏未見，其本既在正統後，想或與正統本相同。以其已削去注者名氏也，故下殆乾隆間，又經孫星衍自道藏中録出時，究竟其注誰屬，頗費酌量，最後仍定爲陶注，今四部備要本前有原刻者秦恩復序其所以云：「今藏本，不著撰者名氏，淵如據注中有『元亮曰』，元亮爲陶潛字，弘景引其言，故去姓稱字，斷爲陶注。」按此雖不失爲推求注者之一法，要非絶對可靠，其一，古籍傳寫，譌脱至易，焉知『元亮曰』之上，不曾脱一『陶』字？ 其二，陶淵明潯陽人，弘景秣陵人，自古載籍，無二人同宗之説，南朝閥閱觀念至深，不能隨意攀援瓜葛，豈可據後代之陋習，遽認「元亮曰」與後世之「家元亮曰」同義？ 稱同宗者曰家某人，雖不詳其起源，但二陶時代，無此風氣，則可斷言。 況秦刻本於同書之中，即另有兩處於原注下加秦氏附注曰：「別本引稱『陶弘景曰』。」既然有別本於某注中明白標出「陶弘景曰」，則未標之注，自不屬於弘景，其理甚明，梁任公有言：「書中引述某人語，則必非某人作。 若是某人作的，必無某某曰之詞。」（見古書真僞及其年代卷一）此辨僞之通例，亦爲四部備要本非陶注之有力證明，擴而充之，今行世本，凡與備要本其注同者，皆非弘景，此殆今日較近真實之結論。

又錢遵王讀書敏求記，亦有陶注之反證，錢氏之言曰：「陶弘景注鬼谷子三卷，……其轉丸、胠篋（按「篋」應作「亂」）今亡。 貞白曰：『或云即本經、中經是也。』」錢氏所舉之「貞白曰」，與秦恩復所見別本之「陶弘景曰」同例，自屬他人注鬼谷子所引之陶弘景語，與開首所謂「陶弘景注」者自相抵觸，不但不足證其爲陶注，適足反證其非陶注。 且遵王所記者，即述古堂書目所收之本，亦即其族祖牧齋所遺留者。錢牧齋在絳雲樓書目中書曰：「鬼谷子三卷蘇秦，陶弘景注鬼谷子三卷。」先云「鬼谷子三卷蘇秦」者，完全仿新舊唐志例，同受史記正義引樂壹曰：「秦欲神秘其道，故假名鬼谷」之影響。牧齋不明其書分合之由，故兩存之，似是兩本又未明言爲兩本。惟新舊唐志題蘇秦者作二卷，其樂注、尹注則皆作三卷。錢牧齋仍題蘇秦而作三卷者，蓋不知二卷爲未雜七術以下之舊本，故從其所見之實際逕作三卷。降至錢遵王在述古堂書目中所記，既不考此書之歷史，又不解牧齋所以模棱之故，乃逕云：「鬼谷子陶弘景注六卷。」竟合絳雲樓之蘇秦本與陶注本爲一，作六卷，魯莽如是，吾人頗疑其於此二本内容有無分别？異同何在？既未寓目，亦未究心。此在常人固無足怪，但非吾人所望於目録學家者也。

如上所云，今本既非陶注，究爲誰何？此問題現可假定答曰：「尹知章注。」按尹注本南宋晁公武、元王應麟皆曾見之。王應麟漢書藝文志考證引晁氏讀書志曰：「鬼谷子三卷……鬼谷長於養性治身，蘇秦、張儀師之，受縱横之事。尹知章敍謂此書即授秦、儀者。」今本讀書志奪「尹知章」三字，僅作「敍謂」，無意中失一尹本流傳之線索，可惜之至。又王應麟困學紀聞卷十一則云：「尹知章序鬼谷子曰：蘇秦、張儀往事之，受捭闔之術十有二章，復受轉丸、胠篋（轉丸、胠篋今亡）二章。然秦、儀用之，裁得溫言酒食貨財之賜，秦也儀也，知道未足行，復往見，具言：『所受于師，行之，少有口吻之驗耳；未有傾河填海移山之力，豈可更至要，使弟子深見其閫奥乎？』先生曰：『爲子陳言至道！』齋戒擇日而往見。先生乃正席而坐，嚴顔而言，告二子以全身之道。」此序未知其真假，如尹注本果有此序，似爲尹知章以道家立場設辭爲鬼谷先生文飾者，想象之言，恐無根據。且就此文言之，亦似首尾不全，今既不得尹注本覈之，難窺其全豹。同時亦不能斷言今本之非陶注者即尹注。不勝遺憾之至。日前偶見臺灣大學圖書館藏日人久保天髓遺書，收有日本皆川願所刻漢文本鬼谷子，赫然題曰「尹知章注」，其注與今行陶注完全相同，似可作今本即尹注本之證，頗惜其書惟皆川願一序，空泛無歸，至以不詳其源流爲恨耳。

七、漢志鬼容區即鬼谷子考

漢志兵陰陽家有鬼容區三篇，圖一卷，班氏注云：「黄帝臣依託。」師古曰：「即鬼臾區也。」又漢書郊祀志曰：「黄帝得寶鼎冕候，問于鬼臾區。」師古曰：「藝文志云鬼容區，而此志作臾區，『臾』、『容』聲相近，蓋一也。」楊用修云：「今案鬼谷即鬼容者，又字相似而誤也。高似孫子略便謂藝文志無鬼谷子，何其輕於立論乎？」胡應麟四部正譌駁楊氏之説曰：「案鬼臾區，黄帝之臣。漢藝文志兵陰陽家有鬼容區三篇，與風後、力牧連類。説者謂即鬼臾區，以『臾』、『容』聲相近，是矣。而楊以爲鬼谷，則『區』字安頓何所乎？此其可笑，正與「方城」作「萬城」切對，漫筆之，以當解頤。」末兩語，跡近刻薄，胡氏意甚自得，顧不知「區」者即「子」，楊用修不陋（就此端而言，至昔人有評楊氏之學僻陋蕪雜者，另當別論），而適見胡氏所見不廣也。以下請舉「谷」、「子」二字，一一論之。

按谷正音「浴」，不僅如楊用修所云：「鬼谷即鬼容者，字相似而誤」已也，如老子「谷神。」陸氏釋文曰：「谷，河上本作浴。」洪氏隸釋著録後漢陳相、邊韶建老子碑，其銘引「谷神」亦作「浴神」，與陸德明所謂河上本同。又鮮卑族之吐谷渾，金壺字彙作吐「浴」渾。顧亭林音學五書，更詳論之曰：「山谷之谷，雖有「縠」、「欲」二音，其實「欲」乃正音。易：『井谷。』陸德明『一音浴。』書：『暘谷』『一音欲。』大傳：『南谷中。』『一音欲。』史記樊噲傳：『横谷。』正義：『音欲。』貨殖傳：『谷量牛馬。』索隱：『音欲。』苦縣老子銘，書谷神作浴神是也。轉平聲則音『臾』，上聲則音『與』，去聲則音『裕』。今人讀縠爲『谷』，而加山作『峪』，乃音『裕』非。」容字正韻音「湧」，與慫慂之「慂」同。而臾字正韻音「勇」，又與慫慂之「慂」相通，可知郊祀志之鬼臾區，實即藝文志之鬼容區，其字無論作「容」作「臾」作「谷」，皆一聲之轉而已。

再言區字，按古音「區」、「丘」同音通用，古例甚多，楊用修丹鉛雜録曰：「區本音『袪』，又音『鉤』。樂記：『草木茂區盟達。』音『甌』。左：『豆區鍾釜。』注：『區，四豆也。』人姓，王莽傳：『中郎區博。』音『邱』。曲禮：『不諱嫌名。』注：『若宇與寓，邱與區。』按『宇』、『寓』今讀不別，『邱』、『區』今讀則異。然尋古語，其聲亦同。陸機詩：『普厥邱宇。』又晉宮閣名，所載若『于邱』。則知古『邱』、『區』音義俱同。」又如釋名：「九丘。丘，區也。」陳琳大荒賦：「過不死之靈域兮，仍羽人之丹丘；惟民生之每每兮，佇盤桓以躊躕。」以「丘」與「躕」爲韻。又曲禮不諱嫌名注，顏師古曰：「古語丘區二字音不別。」「區」、「丘」即爲一字，故唐王士元僞亢倉子，書鬼容區即作鬼容邱。丘古韻讀如「欺」，與「子」字、「之」字同在頤部。詩衛風氓：「送子涉淇，至於頓丘。匪我愆期，子無良媒；將子無怒，秋以爲期。」以「丘」、「媒」、「期」三字成韻。又詩小雅巷伯：「楊園之道，猗於頓丘。寺人孟子，作爲此詩。凡百君子，敬而聽之！」以「丘」、「詩」、「之」三字成韻。又戰國策齊策，記田單攻狄，三月不下，齊小兒謠曰：「大冠若箕，修劍拄頤。攻狄不能下，壘枯骨成丘。」以「箕」、「頤」、「下」（按「下」古音同「虞」）、「丘」四字成韻。「丘」與「之」既可爲韻，則與「子」亦可爲韻。疊韻字與雙聲字之可通用者同。綜合上述，可得一結論曰：「鬼容區即鬼谷子。」楊用修之言不謬，胡應麟破之以爲「區」字無處安頓者，反不足取也。

吾人所知者止此。易言之，雖知古有鬼谷子，因其書已佚，並不知其內容何若也。魏晉以前古籍，間有片段擷引古本鬼谷子者，試引而申論之。史記太史公自序曰：「故曰：

『聖人不朽，時變是守。』」索隱曰：「此出鬼谷子，遷引之，以成其章，故稱『故曰』也。」小司馬此言，不知其根據，轉録他書？或當時蘇秦書雖已冒鬼谷子之名，而古本鬼谷子仍有逸文零簡可見？無法確定。又説苑善説篇引鬼谷子曰：「人之不善，而能矯之者難矣。」説苑本漢以前古書，劉向所校録，其書雜記古事，各爲起迄，或出於衆手，不肇自一人，疑説苑之名，亦劉向所加。羅根澤曰：「説苑序録又言：『更以造新事，十萬言以上，凡二十篇，七百八十四章，號曰新苑。』考今説苑亦二十篇，漢志向所存序書有説苑無新苑。向本傳言：『采傳記行事，著新苑、説苑凡五十篇。』則自漢志所載，以至今行世之説苑，蓋即劉向增補之新苑。」（見古史辨第四册新序説苑列女傳不作始于劉向考）宋黄震黄氏日鈔又曰：「方南豐編集時官書僅五卷，後於士大夫間得十五卷以足之，則後世之殘斷錯誤，非必皆劉向本文耳。」説苑既如此累積而成，則所引鬼谷子之語，已不能斷其時代與真僞。又沈約宋書禮志引鬼谷子曰：「鄭人取玉，必載司南，爲其不惑也。」按此三語見今本鬼谷子卷二謀篇，文辭稍異，作：「故鄭人之取玉也，載司南之車，爲其不惑也。」如本文第二節所述，今本鬼谷子第一二兩卷，爲蘇秦縱横家言，沈約所引者，與蘇秦書不類，雖保留至今，吾人頗疑爲後人據宋書所竄入，不能謂其即蘇子書之一鱗也。又文心雕龍論説篇曾見轉丸、飛箝篇名，已見前論，劉勰雖生於隋志之前百年，但玩其辭義，旨在蘇秦書，與古本鬼谷子無涉，彦和之言曰：「暨戰國爭雄，辯士雲踴，縱横參謀，長短角勢；轉丸騁其巧辭，飛箝伏其精術。一人之辯，重於九鼎之寶；三寸之舌，强于百萬之師。」不特劉勰之言，無關於鬼容區，即太史公自序——吾人姑認司馬貞説成立——説苑、宋書所引者亦似與鬼容區不倫。鬼容區者兵陰陽家也，其言縱不全同於蘇、張，亦必不離兵爭陰陽之軌範，以此衡量，則三家所言，僅宋書司南之用，較近兵家聲口，其他二家，皆有未合。「聖人不朽，時變是守」似道家語，「至人之不善而能矯之者，難矣」則儒家之言，與談兵之理，渺不相及矣。

## 八、鬼谷子有無其人辨

此爲本文價值最弱之一環，蓋先秦諸子著書，本無題名習慣，今日吾人所見某書某人著者，或出後人追題，或出後人附會，嚴格追求，先秦書，吾人至今不知其著者究爲誰何者，不在少數，正不獨鬼谷子爲然，特以本文既以涉及鬼谷子各方面爲言，而此又爲聚訟紛紜之問題，不便略而不贊一詞而已。史記蘇秦列傳寫鬼谷先生無姓名爵里，第云：「東師事於齊，而習之於鬼谷先生。」張儀傳較此尤簡，僅曰：「始嘗與蘇秦俱事鬼谷先生學術。」有關鬼谷子之原始資料，如此而止。依常理言，就此資料，深入探索，當首先注意「東師事於齊」之「齊」字，而不幸竟不如此！在史記成書五百餘年後，裴駰於所撰史記集解中忽引徐廣曰：「潁川陽城有鬼谷，蓋是其人所居。」此乃强納鬼谷子於鬼谷其地者，文義甚明，徐廣生史記以下且四百年，於此並無自信，故自設疑詞曰「蓋」，依常理言，後人如欲追尋，自應捨此另求發展，不幸又不如此！千古以來，望徐廣而學步，雖鬼谷之所在，忽東忽西，飄摇不定，而必納鬼谷子于隨時發現之鬼谷，則與徐廣初無二致。

唐以來完全鈔襲徐廣潁川陽城説者五家，計李吉甫元和郡縣志、晁公武郡齋讀書志、陳振孫書録解題、王應麟玉海、錢遵王讀書敏求記。其最爲荒唐者，爲司馬貞史記索隱，乃云：「鬼谷，地名也。扶風池陽、潁川陽城，並有鬼谷墟，蓋是其人所居，因爲號。」如是鬼谷子之所居，乃有東西相距千里之二處。鬼谷如居池陽，不知蘇秦傳「東師事於齊，而習之於鬼谷先生」之齊字，如何安頓？顧事之離奇，更有甚於此者，晉郭璞作遊仙詩，有句云：「青谿千餘仞，中有一道士。雲生梁棟間，風從窗户裏。借問此誰何？云是鬼谷子。」遊仙詩本屬遺興寓言之類，郭璞忽用鬼谷入詩，自是隨手拈來者，不能鑿求認爲鬼谷子即居於青谿。若然則郭璞又於其所作登百尺樓賦中云：「揖首陽之二老，招鬼谷之隱士。」（見郭宏農集明張溥輯，收入百三名家集）亦可據此謂鬼谷子曾居百尺樓矣。事之可笑，寧有逾此；而後世凡地名有青溪者，必附有鬼谷，而又堅持即鬼谷子隱居之處。如寧波府志、湖北安遠縣志、湖南大庸縣志、陝西韓城縣志，莫不就所有之青溪水名，附會爲鬼谷子居處。其尤爲曲折者，如樂史太平寰宇記敍在今陝西三原耀縣間之清水谷，曰：「清水谷，一名鬼谷。昔蘇秦、張儀師事鬼谷先生學，即此谷也。」竟以清水谷迂曲而作青溪，其不憚煩如此。推原禍首，在於庾仲雍之荆州記，其言曰：「臨沮縣（按即今湖北當陽縣）有青溪山，山東有泉，泉側有道士精舍。郭景純嘗作臨沮縣（按郭璞作臨沮縣，不見於本傳，各家著作亦不載，不知庾仲雍何據），故遊仙詩嗟青溪之美。」（見文選李注引荆州記）後世紛紜，蓋皆由此線索所引申也。此外又有籠統言隱於鬼谷而不指實其處者，如文選李善注、隋書經籍志注、御覽禮儀部引、通志藝文略等四家。其最爲含蓄得體者爲中興書目，僅曰：「周時高士，無鄉里族姓名字，以其所隱，自號鬼谷先生。」如此老實，方符儒家「君子于其所不知，蓋闕如也」之精神。但此標準不能擴大應用於荒誕無知之道士，如拾遺記（按梁蕭綺作，假託符秦道士王嘉）、録異記、仙傳拾遺（以上二書並唐末道士杜光庭作），淩空造作鬼谷子鄉里姓名，尤以仙傳拾遺所記爲詳（見太平廣記引），成爲名符其實之「杜撰」，安足以語「闕疑」之大義也哉！（《大陸雜志》第十四卷五、六期）

稽哲先秦諸子學：鬼谷子者，周時高士，無鄉里族姓名字，以其隱居潁川陽城之鬼谷，因以爲號焉。史記蘇秦列傳集解引徐廣曰：「潁川陽城有鬼谷，蓋是其人所居，因以爲號。」索隱曰：「鬼谷，地名也。扶風池陽、潁川陽城，並有鬼谷墟，蓋是其人所居，因以爲號。」鬼谷子曰：「周有豪士居鬼谷，號爲鬼谷先生。蘇秦、張儀往見之，擇日而學。」風俗通曰：「鬼谷先生，六國時縱横家也。」據上所云：則鬼谷子確有其人，以其所居之地名爲號也。

今存有鬼谷子著書二卷。由其所説，則道乃作成天地巧妙不可思議之神靈；天地間一切現象，皆由此神靈而成，故悉爲一定之法則所支配。知此道者，咸爲心之作用；心之發在口，志意、喜欲、思慮、智謀等，由口出入。故有術者，不得不先詳其敵之狀勢；説人主者，不得不詳人主之心，此之謂揣。一切事物，均有連絡，推一端能知他端，此之謂摩。應於摩時而來者謂之符。要之，從天地之理，察動靜變化，貫自己之意志，乃縱横家之主眼也。

揣、摩、符者，鬼谷子之篇名也。鬼谷子既有其書，又有其説，似真有其人者也。然後世有信其人者，亦有疑其人者，有信其書者，亦有疑其書者。竊以鬼谷子之姓名年代，後人所述，既紛歧而又悠謬，實不足以置信也。鬼谷子之姓名年代，仙傳拾遺以爲「鬼谷子姓王名利（利一作誗），晉平公時人」。晉平公在春秋時，去蘇、張甚遠。寧波府志謂：「鬼谷子姓王名詡，西周時人。」則去蘇秦更遠矣。録異記又謂：「鬼谷子姓王氏，自軒轅曆周、商，隨老君西遊流沙。周末復號，居漢濱鬼谷，弟子百餘人也，惟蘇、張不慕神仙，從學縱橫之術。」神秘其説，尤爲無稽之談，則其人其事，實若子虛、亡是之類也。其人既爲子虛，則其書必爲僞託，然後世亦有信其書者。四庫提要曰：「隋志稱皇甫謐注，則爲魏晉以來書，固無疑耳。説苑引鬼谷子有『人之不善而能矯之者，難矣』之語，今本不載，疑非其舊。然今本已佚其轉丸、胠篋二篇，惟存捭闔至符言十二篇。劉向所引，或在佚篇之内。至惠玲所引，據王直方詩話乃金樓子之文，惠玲誤以爲鬼谷耳。均不足致疑也。」此四庫提要不以鬼谷子爲僞作，而以爲古有其書，今其書雖亡佚二篇，而皇甫謐注，固無疑也。查鬼谷子，漢志既未著録，文體亦不類戰國。漢志僅有蘇子、張子，而無鬼谷子。或爲東漢人本蘇、張二書之言，薈萃附益而託名鬼谷，神秘其説也。四庫提要雖以其言近理，然亦終無確證。是故鬼谷子其人其書之有無，終莫能定，置之勿論可也。（乾齋書屋一九六六年版）

任繼愈道藏提要：鬼谷子，三卷。史記蘇秦傳稱秦學於鬼谷先生。然鬼谷子不見漢書藝文志。隋書經籍志著録鬼谷子三卷，有皇甫謐及樂壹兩家注。樂壹注鬼谷子云：「蘇秦欲神秘其道，故假名鬼谷。」（史記蘇秦列傳索隱引）。兩唐志著録鬼谷子二卷，並題「蘇秦撰」。考漢書藝文志縱横家有「蘇子三十一篇，名秦」。戰國策秦策言蘇秦「得太公陰符之謀，伏而稱之，簡練以爲揣摩，期年揣摩成」。今鬼谷子有揣、摩、權、謀、符言、本經陰符等篇。漢書杜周傳贊「因勢而抵陒」。服虔注：「抵音紙，陒音義，謂罪敗而復抨彈之，蘇秦書有此法。」「抵陒」亦作「抵戲」。今鬼谷子有抵戲篇。服虔，後漢經師，兩相互證，可見今之鬼谷子於漢時蓋在蘇子三十一篇之中。鬼谷子今殘存廿一篇，較之漢志三十一篇，佚亡已多。故説苑善説篇引：「鬼谷子曰：人之不善而能矯之者，難矣。」不見今本，當在佚文中。是書有晉皇甫謐、樂壹、梁陶弘景、唐尹知章注，可見漢、魏、六朝、隋、唐，歷代流傳不絕。郡齋讀書志稱「陸龜蒙詩謂鬼谷先生名詡，不詳所從出」。考杜光庭仙傳拾遺即以鬼谷先生姓王名詡，或爲陸龜蒙所本，然光庭之説，實杜撰也。

今本鬼谷子上中兩卷爲捭闔至符言十二篇。下卷爲本經陰符七篇及持樞、中經二篇。其餘篇目可考者尚有轉丸、胠篋二篇。四庫提要謂「其文之奇變詭偉，要非後世所能爲也」。道藏本鬼谷子雖爲古本，但譌脱頗多。盧文弨據錢遵王述古堂轉鈔宋本鬼谷子校，其内揵篇道藏本之正文及注脱四百餘字（見抱經堂集卷十鬼谷子跋），即其一例。（中國社會科學出版社一九九一年版）

劉建國鬼谷子僞書辨證：現存鬼谷子，鬼谷子撰。

鬼谷子，戰國時楚國人。有人認爲他無鄉里族姓名字，隱居潁川陽城之鬼谷，故以爲號。有人認爲「秦欲神秘其道，故假名鬼谷」，確實姓名無考。他長於養生持身和縱横捭闔之術。據史記張儀列傳記載，「張儀者，魏人也。始嘗與蘇秦俱事鬼谷先生學術」。史記蘇秦列傳亦稱「蘇秦者，東周洛陽人也。東事師於齊，而習之於鬼谷先生」。可見鬼谷子曾是張儀、蘇秦的老師。張儀卒於前三一〇年，蘇秦約生於前三四〇年，卒於前二八四年，約五十多歲，由此推之，鬼谷子當比張儀大二十歲，則生於前三八〇年。在鬼谷時其爲前三六〇—前二八〇年之間，晚於莊子三十歲，所以莊子没有提到鬼谷子。史記蘇秦列傳所稱「東事師於齊，而習之於鬼谷先生」，當是前三〇〇年第一次之齊前夕的事情，而張儀前三一〇年死去，二人學於鬼谷子則在前三一〇年之前。這即是説，當時確有鬼谷子其人，也有張儀、蘇秦師之之事，亦撰有鬼谷子一書。

鬼谷子的真僞問題，也是歷來衆説紛紜的問題。有人認爲是真書，有人認爲是僞書，有的認爲鬼谷子撰，有的認爲蘇秦撰，有的認爲鬼谷子是鬼容區或是蘇子中的一部分等等。認爲是真書者有晁公武、高似孫、四庫全書總目的作者等。就是姚際恒在古今僞書考一書中所説：「晁子止、高似孫皆信之，過矣。」而多數人認爲是僞書，其中有唐柳宗元、明胡應麟、楊修，清姚際恒，現代的張心澂等。

最早提出對鬼谷子質疑的是唐柳宗元。他在辯鬼谷子一文中説：「元冀好讀古書，然甚賢鬼谷子，爲其指要幾千言。鬼谷子要爲無取，漢時，劉向、班固録書無鬼谷子。鬼谷子後出，而險盭峭薄，恐其妄言亂世，難信，學者宜其不道。而世之言縱横者，時葆其書。尤者晚乃益出七術，怪謬異甚，不可考校。其言益奇，而道益狹，使人狙狂失守，而易於陷墜。幸矣，人之葆之者少。今元子又文之以指要。嗚呼，其爲好術也過矣！」這裏可以看出，柳宗元還只是提出「難信」的質疑，而没有提出僞造的問題。可是到明代的胡應麟在其四部正譌一書中説：「鬼谷，縱横之書也。余讀之，淺而陋矣！即儀、秦之師，其術宜不至猥下如是。柳宗元謂劉氏七略所無，蓋後世僞爲之者，學者宜其不道，而高似孫輩輒取而尊信之，近世之耽好之者，又往往而是也。甚矣！邪説之易於入人也。宋景濂氏曰：『鬼谷所言捭闔、鈎箝、揣摩等術，皆小夫蛇鼠之智，家用之則家亡，國用之則國僨，天下用之則失天下。其中有雖『知性寡累』等語，亦庸言耳。學士大夫所宜唾去，而宋人愛且慕之何也？』其論甚卓，足破千古之訛。……鬼谷子，漢志絶無其書，文體亦不類戰國。晉皇甫謐序傳之。案漢志縱横家有蘇秦三十一篇，張儀十篇，隋書經籍志已亡。蓋東漢人本二書之言，薈萃附益爲此；或即謐手所成而託名鬼谷，若子虚、亡是云耳。」在這段話中，爲了説明鬼谷子是僞書，則把柳宗元的原文妄加竄改，在柳文「學者宜其不道」之前加上去「蓋後世僞爲之者」一句，實際這是一種作僞證的表現。清姚際恒在其古今僞書考一書中說：「漢志無。隋志始有，列於縱横家。唐志以爲蘇秦之書。按史記蘇秦傳云：『東事師於齊而習之於鬼谷先生。』索隱曰樂壹（臺）注鬼谷子書云，『秦欲神秘其道，故假名鬼谷。』然則其人本無考，況其書乎！是六朝所託無疑。晁子止、高似孫皆信之，過矣。」四庫全書總目作者：「隋志稱皇甫謐注，則爲魏晉以來書，固無疑耳。說苑引鬼谷子有「人之不善而能矯之者，難矣」一語，今本不載。又惠洪冷齋夜話引鬼谷子曰：「崖蜜，櫻桃也。」今本亦不載，疑非其舊。」張心澂在其僞書通考中認爲「鬼谷子一卷，疑僞」。辭海作者認爲：「鬼谷子……書名。舊題周楚鬼谷子撰，實係後人僞託。共三卷。漢書藝文志不載此書。隋書經籍志始著録三卷，列縱横家，注稱：『皇甫謐注。鬼谷子，周世隱於鬼谷。』又列鬼谷子三卷，樂壹（臺）注。今本系南朝梁陶弘景注，内容多述『知性寡累』和揣摩、捭闔等術」。

綜合疑古派疑鬼谷子爲僞書的理由不外以下幾點：第一，認爲漢書藝文志没有著録，而隋書經籍志開始著録，所以爲六朝人僞託的贋品。第二，認爲「鬼谷所言捭闔、鈎箝、揣摩等術，皆小夫蛇鼠之智，是妄言亂世之言」，所以爲僞託的贋品。第三，認爲文體亦不類戰國。第四，認爲劉向在説苑和惠洪在冷齋夜話中各引鬼谷子的一句話不在今本之中。至於是何人作僞？他們大致提出多六朝之人作僞，或皇甫謐作僞。

我們多所謂鬼谷子爲僞書的理由，逐條予以辨證之。

第一，關於漢書藝文志没著録鬼谷子一書的問題。這並不奇怪。因爲班固也不是天下所有書都能見到的，其中也包括司馬遷、劉向等人也不是所有的古書都能見到的。比如馬王堆漢墓出土的帛書中的戰國縱横家書就是司馬遷、劉向、班固所没見到的，而在地下埋藏一千二百餘年才出現。經考證，子華子、於陵子等書，漢書藝文志皆未著録，但確是由漢流傳至今的真書。

第二，關於鬼谷子是「小夫蛇鼠之智」，或「妄言亂世」的問題。這是純儒家傳流的門户之見。這一點從荀子到柳宗元直到蘇軾、朱熹、宋濂、胡應麟皆是如此。荀況在其荀子臣道中把蘇秦列爲善於獻媚的態臣，呂不韋把齊用蘇秦説成必亡，劉向説苑尊賢把齊用蘇秦、秦用趙高説成天下知其亡，蘇軾把莊子中的漁父、説劍、盜跖、讓王四篇説成是僞書，則是因爲「其詆孔子者」。所以，柳宗元之「妄言亂世，難信，學者宜其不道」和宋濂之「皆小夫蛇鼠之智，家用之則家亡，國用之則國僨，天下用之則失天下」，純是荀況、呂不韋、劉向否定蘇秦的言論的翻版，不足爲怪。

第三，關於文體亦不類戰國的問題。更是没有根據。我們認爲鬼谷子文體恰是戰國時之文體，詳見後説。

第四，關於劉向説苑引鬼谷子一句話和惠洪在冷齋夜話的引文，今本不載的問題。我們完全同意清代汪中和四庫全書總目作者的意見。汪氏在經義知新記中説：「説苑善説篇引鬼谷子，然則鬼谷子非僞書也。」爲什麽我們同意汪中的意見呢？就是説説苑善説篇確實有「鬼谷子曰：『人之不善而能矯之者，難矣。』」這句話，雖然不在今本鬼谷子中，然今本已佚其轉丸、胠篋二篇，劉向所引或在佚篇之内，不能以不在今存十二篇之内，就證是僞書。至於惠洪引「鬼谷子曰：『崖密，櫻桃也。』」四庫全書總目作者早已指出是引自王直方的詩話，非引自鬼谷子一書。因而也不是僞書之證。

我們認爲鬼谷子非僞書是真書也是有根據的。其爲真書的外證，有以下幾點：

第一，漢代的劉向引鬼谷子之文及其人物的排列次序可證其爲真書。爲了説明問題，我們不妨將其大段引録如下：

孫卿曰：「夫談説之術，齊莊以立之，端誠以處之，堅强以持之，譬稱以諭之，分别以明之，歡忻憤滿以送之。寶之珍之，貴之神之，如是則説常無不行矣。夫是之謂能貴其所貴。」傳曰：「惟君子爲能貴其所貴也。」詩云：「無易由言，無曰苟矣。」鬼谷子曰：「人之不善而能矯之者，難矣。説之不行言之不從者，其辯之不明也。既明而不行者，持之不固也。既固而不行者，未中其心之所善也。辯之、明之、持之、固之，又中其人之所善，其言神而珍，白而分，能入於人之心，如此而説不行者，天下未嘗聞也。此之謂善説。」子貢曰：「出言陳辭，身之得失，國之安危也。」詩云：「辭之繹矣，民之莫矣。夫辭者人之所以自通也。」主父偃曰：「人而無辭，安所用之！昔子産修其辭，而趙武致其敬；王孫滿明其言，而楚莊以慙（慚）；蘇秦行其説，而六國以安；蒯通陳其説，而身以得全。夫辭者乃所以尊君重身安國全性者也。故辭不可不修，而説不可不善。」

在這段話中，引鬼谷子的話是按書名排在傳、詩之後的。而且引鬼谷子之言之後又述説了縱横家漢代主父偃、鬼谷子學生蘇秦等來證善説之意。可見劉向是見過鬼谷子一書的，也瞭解鬼谷子一書的善説内容的。至於不見於今本，當在所佚之轉丸或胠篋篇中，無可非議。

第二，在隋書經籍志著録鬼谷子之前，就有鬼谷子一書流傳於民間。南朝劉宋裴駰的史記集解就記載：「鬼谷子有揣摩篇也。」唐司馬貞的史記索隱引晉王劭的話有：「揣情、摩意是鬼谷之二章名。」

第三，自隋書經籍志以後，歷代諸志均有著録。隋書經籍志縱横家著録鬼谷子三卷，注曰：「皇甫謐注。鬼谷子，周世隱於鬼谷。」又鬼谷子三卷，樂壹注。舊唐書經籍志縱横家著録鬼谷子二卷，誤認蘇秦撰，又三卷誤認爲樂臺撰；又三卷尹知章注。新唐書藝文志著録同，改樂壹撰爲樂臺注。宋史藝文志著録鬼谷子三卷。玉海稱「中興書目三卷，周時高士，無鄉里族姓名字，以其所隱，自號鬼谷先生，蘇秦、張儀事之，授以捭闔至符言等十有二篇，及轉丸、本經、持樞、中經等篇。亦以告儀、秦者也」。清四庫全書總目著録稱：「今本已佚其轉丸、胠篋二篇，惟存捭闔至符言十二篇。」

第四，自漢代以來就有多種版本流傳於世。漢劉向所見之鬼谷子是一種版本，晉王劭和南朝裴駰所見之版本，皇甫謐注本，梁有陶弘景注本，唐有樂臺注本、尹知章注本，其後宋、明均有刻本，清代有四庫全書本和百子全書無注本等等。並且所記載的也不同，晁公武郡齋讀書志稱「蘇秦、張儀師之。敍謂此書即授二子者，言捭闔之術凡十三章，本經、持樞、中經三篇。而宋濂在諸子辨中稱：「蘇秦、張儀師之，授捭闔之術十三章，又授轉圓、胠篋及本經、持樞、中經三篇，轉圓、胠篋今已亡。」四庫全書總目作者稱：「然今本已佚其轉丸、持樞二篇，惟存捭闔至符言十二篇。」然而百子全書的鬼谷子中除捭闔至符言十二篇外，尚有本經陰符七篇。上述説明，不但注本不同，其中各本的篇數亦有異，宋濂和四庫全書總目所説的佚失的轉圓或轉丸篇並未佚失，在今百子全書本的本經陰符七篇之中，只有胠篋不見而佚失。這説明鬼谷子一書自傳授予張儀、蘇秦之後，一直没有間斷地流傳於世至今。所以今本非僞書。

鬼谷子是真書，還有其内證可驗。

第一，鬼谷子一書是戰國時代的産物。鬼谷子一書的内容不外是兩個方面：一是縱横之説，一是養性治身之説，而縱横之説是其書的中心内容。從其捭闔開始至其符言爲止的十二篇，皆是言如何進行縱横之説的，就是他在鬼谷子捭闔中説的「此天地陰陽之道，而説人之法也」。在忤合中所説的「乃可以縱，乃可以横」。鬼谷子的學説，没有戰國時期各國交戰之歷史，是不會産生的。這種學説是後人造不出來的，因爲理論都是時代的産物。

第二，鬼谷子的篇題是按當時以行文中的首句、中句或尾句的某兩字定篇的。如捭闔篇題是據行文中「捭闔者，天地之道」而定的，反應篇題是據行文中的「反而求之，其應必出」中「反應」二字定名的，内揵篇題是據行文中「事皆内揵」一句中之「内揵」二字定名的。飛箝是由「飛而箝之」定名的，忤合是由「忤合之地」定名的，揣篇是由「揣諸侯之情」的「揣」字而定名的，摩篇是由句首「摩之符也」的「摩」字定名的，謀篇是由句首「爲人凡謀有道」的「謀」字定名的，決篇是由首句「爲人凡決物」的「決」字而定的。如此等等，不一而足。這一點和戰國時期其他一些著作定篇名的方式完全相同。而與漢以後的文章篇名以作者按中心思想概括篇名是不同的，由此可證鬼谷子是真書。

第三，鬼谷子縱横説的理論爲蘇秦、張儀所實踐。我們認爲鬼谷子授捭闔之術十二篇當有其事，而蘇秦之所以能之齊取得齊湣王的信任是與其師授之説分不開的。從蘇秦給燕王的信中完全可以看出，蘇秦被扣留於趙時曾給燕王寫信，告之恐趙足欲説丹與得君李兑，韓爲不信任蘇秦不讓他去齊國的分析，以及讓燕王派使臣到趙國召他出趙的分析和計謀，能擺脱趙的控制，都是按鬼谷子的「説法」行事的。（見戰國縱横家書的蘇秦自趙獻書燕王章）

第四，鬼谷子一書的用辭是戰國中期的用語。如「内揵」一辭，與其稍前的莊子就用過。莊子庚桑楚説：「夫外韄者，不可繁而捉，將内揵，内韄者不可繆而捉，將外揵。」可見同一時代的人用同樣的概念，其書爲真。在符言中有五官，是指戰國時的五種官職，即禮記曲禮中所説的：「天子之五官，曰司徒、司馬、司空、司士、司寇，典司五衆。」至於「至人」的概念也幾乎與莊子説的「至人」完全相同。

第五，鬼谷子一書中有繼承名法思想家鄧析的言論。他在内揵中引用了鄧析子的無厚中的「故遠而親者，志相應也。近而疏者，志不合也。就而不用者，策不得也。去而反求者，無違行也。近而不御者，心相乖也。遠而相思者，合其謀也」的思想。在摩篇中又吸收了鄧子轉辭中的「夫謀莫難於必聽，事實難於必成」的思想。在權篇中又吸收了鄧子轉辭中的「夫人情發言欲勝，舉事欲成，故明者不以其短疾人之長，不以其拙病人之工」的思想。在符言中也吸收了鄧子轉辭的「目貴明，耳貴聰，心貴智，以天下之目視，則無不明；以天下之耳聽，則無不聞；以天下之智慮，則無不知」的思想。在本經七篇的養志章中還吸收了鄧子轉辭中的「心欲安靜，慮欲深遠，心安靜則神策生，慮深遠則計謀成」的思想。尤其名實關係，鬼谷子也有「循名而爲，實安而完，名實相生，反相爲情。故曰名當則生於實」的觀點，以及他的賞罰觀點。這些都是鬼谷子繼承名法家鄧析的理論，是非常現實、生動的而不是後人所能僞造出來的真品的有力内證之一。

鬼谷子一書的思想並不像前人所説的「小夫蛇鼠之智，家用之則家亡，國用之則國僨，天下用之則失天下」的言論，而其中集中地反映了鬼谷子對人的心理的分析、權謀之術的研究和養性治身的陳述。他的這種理論有的繼承以前的文化遺産，也有其創新的見地，用傳統儒家文化觀來評論其學説的無價值的觀點是不正確的。（先秦僞書辨證，陝西人民出版社二〇〇四年版）

# 附録六

## 生平資料與有關傳説

史記蘇秦列傳：蘇秦者，東周洛陽人也。東事師於齊，而習之於鬼谷先生。（中華書局标点本一九五九年版）

史記張儀列傳：張儀者，魏人也。始嘗與蘇秦俱事鬼谷先生學術。蘇秦自以不及張儀。（中華書局标点本一九五九年版）

揚雄法言淵騫：或問：「儀、秦學乎鬼谷術，而習乎縱横言，安中國者各十餘年，是夫？」曰：「詐人也，聖人惡諸。」（二十二子，上海古籍出版社一九八六年版）

王充論衡明雩篇：蘇秦、張儀悲説坑中，鬼谷先生泣下沾襟。（四部叢刊景印上海涵芬樓藏明通津草堂本）

王充論衡答佞：術則從横。師則鬼谷也。傳曰蘇秦、張儀從横，習之鬼谷先生。掘地爲坑，曰：「下説令我泣出，則耐分人君之地。」蘇秦下説，鬼谷先生泣下沾襟，張儀不若。（四部叢刊景印上海涵芬樓藏明通津草堂本）

王嘉拾遺記：張儀、蘇秦二人同志好學，迭剪髮而鬻之以相養。或傭力寫書，非聖人之言不讀。遇見墳典，行途無所題記，以墨書掌及股裏，夜還而寫之，析竹爲簡。二人每假食于路，剥樹皮編以爲書帙，以盛天下良書。嘗息大樹之下，假息而寐。有一先生問：「二子何勤苦也？」儀、秦又問之：「子何國人？」答曰：「吾生於歸谷，亦云鬼谷。」鬼者，歸也。又云歸者，谷名也。乃請其術，教以干世俗之辯。即探胸内得二卷，説書言輔時之事。古史考云：「鬼谷子也。鬼、歸相近也。」（中華書局一九八一年版）

劉勰文心雕龍諸子：申、商刀鋸以制理，鬼谷脣吻以策勳。又曰：鶡冠緜緜，亟發深言；鬼谷渺渺，每環奥義。（民國三十六年商務印書館印行）

蕭繹金樓子箴戒：「秦始皇聞鬼谷先生言，因遣徐福入海，求玉蔬金菜並一寸椹。」（知

（不足齋本金樓子）

蕭繹金樓子志怪：神洲之上有不死草，似菰苗，人已死，此草覆之即活。秦始皇時，大苑中多枉死者，有鳥如烏狀，銜此草墜地，以之覆死人，即起坐。始皇遣問北郭鬼谷先生，云東海亶洲上不死之草，生瓊田中。秦始皇聞鬼谷先生言，因遣徐福入海求金菜玉蔬，並一寸椹。（知不足齋本金樓子）

樂府詩集卷第五十九：蔡氏五弄。琴曆曰：「琴曲有蔡氏五弄。」琴集曰：「五弄，遊春、淥水、幽居、坐愁、秋思。并宫調。蔡邕所作也。」琴書曰：「邕性沈厚，雅好琴道。熹平初，入青溪訪鬼谷先生所居，山有五曲，一曲製一弄。山之東曲，常有仙人遊，故作遊春；南曲有澗，冬夏常淥，故作淥水；中曲即鬼谷先生舊所居也，深邃岑寂，故作幽居。北曲高巖，猨鳥所集，感物愁坐，故作坐愁；西曲灌水吟秋，故作秋思。三年曲成，出示馬融，甚異之。」琴議曰：「隋煬帝以嵇氏四弄，蔡氏五弄，通謂之九弄。」今按：近世作者多因題命辭，無復本意云。（樂府詩集，中华书局一九七九年版）

李善文選注：周時有豪士，隱於鬼谷者，自號鬼谷子，言其自遠也。然鬼谷之名，隱者通號也。（六臣注文選，浙江古籍出版社一九九九年版）

盧照鄰幽憂子集：徵孔門之禮樂，吞鬼谷之縱横。（四部叢刊景印江安傅氏雙鑑樓藏明閩漳張氏刊本）

盧照鄰幽憂子集：童子學者，以揣摩志切，皆投鬼谷先生。（四部叢刊景印江安傅氏雙鑑樓藏明閩漳張氏刊本）

李吉甫元和郡縣志：鬼谷在告城縣北，即六國時鬼谷先生所居也。（中華書局校點本一九八三年版）

鬼谷子天髓靈文卷上云：「（鬼谷先生）初以傳孫子、龐公。」（道藏本）

杜光庭録異記：鬼谷先生者，古之真仙也。云姓王氏，自軒轅之代，曆于商、周，隨老君西化流沙，洎周末復還中國，居漢濱鬼谷山。受道弟子百余人，惟張儀、蘇秦不慕神仙，好縱横之術。時王綱頹弛，諸侯相征，陵弱暴寡，干戈雲擾。二子得志，肆唇吻于戰國之中，或遇或否，或屯或泰，以辯譎相高，爭名貪禄，無復雲林之志。先生遺儀、秦書曰：「二君足下，功名顯赫，但春到秋不得久茂，日既將盡，時既將老。君不見河邊之樹乎？仆馭折其枝，波浪激其根，此木非與天下人有仇怨，所居者然也。子不見嵩岱松柏、華霍之樹，上葉淩青雲，下根通三泉，上有玄狐黑猿，下有豹隱龍潛；千秋萬歲，不逢斤斧之患，此木非與天下有骨血，蓋所居者然也。今二子好雲路之榮，慕長久之功。輕喬松之永延，貴一夕之浮爵。痛焉悲夫二君。」儀、秦答書曰：「先生秉德含弘，饑必啖芝英，渴必飲玉漿。德與神靈齊，明與三光同，不忘賜書，戒以貪味。儀以不敏，名聞不昭，入秦匡霸，欲翼時君。刺以河邊，喻以深山，雖素空闇，誠銜斯旨。儀等曰：偉哉先生！玄覽遐鑒，興亡皎然。二子不能抑志退身，甘蓼蟲之樂，棲竹葦之巢，自掇泯滅，悲夫痛哉！」（續修四庫全書景印明崇禎毛氏刻津逮秘書第十一集本）

杜光庭仙傳拾遺：鬼谷，晉平公時人。隱居嵩陽鬼谷，因以爲號。先生姓王名詡。蘇秦、張儀從之學縱横術，智謀相傾奪，不可化以至道。臨別去，先生與一隻履，化爲犬，以引二子即日到秦矣。先生在人間數百歲，後不知所之。（陳葆光三洞群仙録卷四十引，道藏要籍選刊第六册，上海古籍出版社一九八九年版）

樂史太平寰宇記：清水谷，一名鬼谷。蘇秦、張儀師事鬼谷先生學，即此谷也。（宋本太平寰宇記，中華書局二〇〇〇年版）

李昉等太平廣記神仙：鬼谷先生，晉平公時人，隱居鬼谷，因爲其號。先生姓王名利，亦居清溪山中。蘇秦、張儀從之學縱横之術，二子欲馳婺諸侯之國，以智詐相傾奪，不可化以至道。夫至道玄微，非下才得造次而傳。先生痛其道廢絶，數對蘇、張涕泣，然終不能寤。蘇、張學成别去，先生與一隻履，化爲犬，北引二子即日到秦矣。先生凝神守一，樸而不露，在人間數百歲，後不知所之。秦皇時，大宛中多枉死者横道，有鳥銜草覆死人面，遂活。有司上聞，始皇遣使賫草以問先生。先生曰：「巨海之中有十洲，曰祖洲、瀛洲、玄洲、炎洲、長洲、元洲、流洲、光生洲、鳳麟洲、聚窟洲，此草是祖洲不死草也，生在瓊田中，亦名養神芝。其葉似菰，不叢生，一株可活千人耳。」（中華書局修訂本一九六一年版）

李昉等太平廣記神仙：徐福，字君房，不知何許人也。秦始皇時，大宛中多枉死者横道。數有鳥銜草，覆死人面，皆登時活。有司奏聞始皇，始皇使使者賫其草，以問北郭鬼谷先生。云是東海中祖洲上不死之草，生瓊田中。乘樓船入海，尋祖洲不返，後不知所之。（中華書局修訂本一九六一年版）

晁公武郡齋讀書志引尹知章鬼谷子注敘：張儀、蘇秦復往見鬼谷先生，乃正席而坐，嚴顔而言，告二子以全身之道。（昭德先生郡齋讀書志，民國二十六年商務印書館印行）

洪适盤洲文集：始集孫、吴、穰苴、韜略之祕，裒爲四種兵書。故漢之名將叠出，家擅兵法，要皆四種兵書爲之鼻祖也。嗚呼，兵不可廢法尚矣！貴師其意，無泥其跡，趙括之徒讀父書，卒召長平之敗；龐涓之淺嘗鬼谷，遂致馬陵之禍，可不鑒哉！（四部叢刊景印宋刊本）

洪邁容齋續笔：蘇秦、張儀同學於鬼谷，而縱横之辯如冰炭水火之不同，蓋所以設心者，異耳！（四部叢刊景印宋刊本配北平圖書館藏宋刊本、常熟瞿氏鐵琴銅劍樓藏明弘治活字本）

洪邁容齋四笔：鬼谷子書：鬼谷子與蘇秦、張儀書曰：「二足下，功名赫赫，但春華至秋，不得久茂。今二子好朝露之榮，忽長久之功。輕喬松之永延，貴亘之浮爵。夫女愛不極席，男歡不畢輪。痛哉夫君！戰國策楚江乙謂安陵君曰：「以財交者，財盡而交絶；以色交者，華落而愛渝。」是旨嬖女不敝席，寵臣不敝軒。吕不韋説華陽夫人曰：「以色事人者，色衰而愛弛。」詩氓之序曰：「華落色衰，復相棄背。」是諸説大氐皆以色而爲喻。士之嗜進而不知自反者，尚監茲哉。（四部叢刊景印宋刊本配北平圖書館藏宋刊本、常熟瞿氏鐵琴銅劍樓藏明弘治活字本）

蘇秦初與張儀俱事鬼谷先生，十一年，皆通六藝，經營百家之言。鬼谷先生弟子五百餘人爲之土窟窖，深二丈。先生曰：「有能獨下説窖中，使我泣出者，則能分人主之地。」久蘇秦下説窖中，鬼谷先生泣下沾衿。次張儀下説窖中，亦泣。先生曰：「蘇秦詞説與張儀一體也。」（太平御覽卷第四百六十三，中華書局一九六〇年版，下同）

蘇秦師於鬼谷先生，後得周書陰符，讀之以揣摩。因説六國以拒秦。爲從約並六國，各佩其印。行過洛陽，車騎輜重，諸侯各使送之，甚衆，擬於王者。周王聞，恐懼。除道使

人郊勞，於是散千金以賜宗族。（太平御覽卷第四百七十）

袁淑真隱傳：鬼谷先生，不知何許人也。隱居鬼谷山，因以爲稱。蘇秦、張儀師之，遂立功名。先生遺書勉之曰：「二君豈不見河邊之樹乎，僕御折其枝；風浪盪其根。此木豈與天地有仇怨？所居然也。子見嵩岱之松柘乎？上枝干於青雲，下根通於三泉。千秋萬歲不逢斧斤之患，此木豈與天地有骨肉所居然也。（太平御覽第五百一十卷引）

周有豪士，居鬼谷，號爲鬼谷先生。蘇秦、張儀往見之。先生曰：「吾將爲二子陳言至道，子其齋戒，擇日而學。」後儀、秦齋戒而往。（太平御覽第五百三十卷）

春秋後語曰：蘇秦事鬼谷子，學終辭歸，道乏困行，以燕人蠡卜傳説自給，各解臧獲之裘。（太平御覽卷第七百二十六）

後村先生大全集：親逢聖主，恥爲鬼谷子之揣摩，不揆賤臣。（四部叢刊景印上海涵芬樓舊鈔本）

後村先生大全集：吾愛鬼谷子，青谿無垢氛。囊括經世道，遺身在白雲。（四部叢刊景印上海涵芬樓舊鈔本）

趙道一歷世真仙體道通鑑卷六：鬼谷先生，晉平公時人，姓王名詡，不知何所人。受道於老君，入雲氣山採藥，合服，得道，顏如少童，居青溪之鬼谷，因以爲號。蘇秦、張儀問道於先生，先生曰：「聞道易，修道難。二子世心未冥，可學遊説，以適今時之宜，必得相其國矣，必不得相其死矣。若不懼之，當相傳。」二子請學之，三年辭去。先生云：「二子輕松喬之永壽，貴一旦之浮榮。惜哉。後復遺其書曰：『二君足下，勤勞駟馬，功名赫赫。九州稽首，春榮到秋，不得久茂。日數將盡，時訖將老。子不見河邊之木乎？仆馬折其枝，波浪漱其根。此所居者然也；子不見崧岱之松柏乎？華霍之梓檀乎？葉幹青雲，根洞三泉，千秋萬歲，無斤斧之患。」元狐疫死者，有鳥如烏銜草覆其面，遂活。有司上聞，秦始皇遣使齎草以問先生。先生曰：「巨海中有十洲，祖洲有不死之草，生於瓊田之中，亦名養神芝。其葉似菰，不叢生，一株可活千人耳。」先生在人間數百歲，後不知所之，或曰鬼谷在嵩高之陽城也。（道藏要籍選刊第六冊仙鑑，上海古籍出版社一九八九年版）

王應麟困學紀聞卷十：尹知章序鬼谷子曰：「蘇秦、張儀往事之，受捭闔之術十有二章，復受轉丸、胠篋（轉丸、胠篋今亡）三章。然秦、儀用之，裁得溫言酒食貨財之賜，秦也儀也，知道未足行，復往見，具言：『所受于師，行之，少有口吻之驗耳；未有傾河填海移山之力，豈可更聞至要，使弟子深見其閫奥乎？』先生曰：『爲子陳言至道！』齋戒擇日而往見。先生乃正席而坐，嚴顏而言，告二子以全身之道。」（商務印書館一九五九年版）

張天雨玄品録卷一：鬼谷子，周時隱者，居鬼谷，因以爲號。無鄉黨族姓名字。所著書蓋出於戰國諸人之表，易、老、陰符所不能該者，而鬼谷盡得而泄之，其亦一代之雄乎！其言有曰：「世無常貴，士無常師。」又曰：「人動我靜，人言我聽，知性則寡累，知命則不憂。」凡此之類，其爲辭亦卓然矣。至若盛神、養志諸篇，所謂「中稽道德之祖，散入神明之頤者」，不亦幾乎！郭璞遊仙詩云：「青溪千餘仞，中有一道士。借問此爲誰？云是鬼谷子。」可謂慨想其人也矣。徐廣曰：「潁川陽城有鬼谷。」注其書者，皇甫謐、陶隱居、尹知章。（道藏要籍選刊第六册，上海古籍出版社一九八九年版）

戴剡源剡源戴先生文集：吾觀古之崆峒、鬼谷之徒，蹤跡巉峭，言行誕譎，往往皆

是。（四部叢刊景印明萬曆刊本）

洪北江詩文集：鬼谷子，皇甫謐注，楚人。（四部叢刊景印北江全書本）

謝榛四溟詩話（卷一）：枚乘始作七發，後有傅毅七激、張衡七辯、崔駰七依、馬融七廣、劉向七略、劉梁七舉、崔琦七蠲、桓麟七説、李尤七歎、劉廣世七興、曹子建七啟、徐幹七喻、王粲七釋、劉邵七華、陸機七徵、孔偉七引、湛方生七歡、張協七命、顔延之七繹、竟陵王七要、蕭子範七誘。諸公馳騁文詞，而欲齊驅枚乘，大抵機括相同，而優劣判矣。趙王枕易曰：「七發來自鬼谷子七箝之篇。」（丁福保輯歷代詩話續編，中華書局一九八三年版）

天下郡國利病書（陝西上）：地道記云：池陽有巀嶭山，有鬼谷。案：史記，鬼谷在潁川陽城，不在池陽。（四部叢刊景印昆山圖書館藏稿本）

嘉慶重修一統志：鬼谷（在登封縣東南。史記：蘇秦習於鬼谷先生。徐廣曰：陽城縣有鬼谷。元和志：在告成縣北五里，即六國時鬼谷先生所居也。）（四部叢刊景印清史館藏進呈寫本）

嘉慶重修一統志：周鬼谷子（姓王名詡，楚人，嘗入雲夢山採藥得道。）（四部叢刊景印清史館藏進呈寫本，下同）

嘉慶重修一統志：周鬼谷子墓（在襄城縣西北五十里黄草坪。）

嘉慶重修一統志：鬼谷洞（在永定縣天門山下，石室深邃，有清流，世傳鬼谷子嘗遊此。）

定盦文集：行人之官之後爲縱横鬼谷子氏。（四部叢刊景印同治刊本）

定盦文集：他如韓非、慎到、吴起、孫臏、尹文、尸佼、屈原、呂不韋、燕太子丹、趙公孫龍、尉繚、關尹、鶡冠、鬼谷之倫，雖各分門而別户，亦皆殊途而同歸。卓哉！（四部叢刊景印同治刊本）

# 附録七

## 鬼谷子韻讀

鬼谷子韻讀，清江有誥撰，節録鬼谷子之捭闔、反應、内揵、抵巇、忤合、本經陰符六篇中之有韻文字，加以圓圈，並注韻部、音節及四聲。在音學十書「先秦韻讀」内。

### 捭闔

或陰或陽，或柔或剛；或開或閉，或馳或張（陽部）。是故聖人一守其門戸，審察其所先後（叶音户，侯魚通韻）。度權量（平聲）能，較其伎巧短長（陽部）。微排其所言而捭反之，以求其實（去聲）。貴得其指；闔而捭之，以求其利。或開而示之，或闔而閉之（脂部）。開而示之者，同其情也；闔而閉之者，異其誠也（耕部）。可與不可，審明其計謀，以原其同異。離合有守，先從其志（之部）。即欲捭之貴周，即欲闔之貴密（平聲）。周密之貴微，而與道相追（脂部）。

以陽動者，德相生也；以陰靜者，形相成也（耕部）。以陽求陰，苞以德也；以陰結陽，施以力也（之部）。陰陽相求，由捭闔（音協）也。此天地陰陽之道，而説人之法也（葉部）。

## 反應

己反往，彼覆來，言有象比，因而定基。重之襲之，反之覆之，萬事不失其辭。聖人所誘愚智，事皆不疑（之部）。

其察言也不失，若磁石之取鍼，舌之取燔骨。其與人也，微其見情也疾（脂部）。

未見形圓以道之，既形方以事（叶士救反）之。進退左右，以是司（叶音漱）之。己不先定，牧人不正（耕部）。事用不巧，是謂忘情失道（幽部）。己審先定以牧人，策而無形容，莫見其門，是謂天神（文真通韻）。

## 内揵

故遠而親者，有陰德也；近而疏者，志不合也。就而不用者，策不得也；去而反求者，事從中來（音力）。日進前而不御者，施不合也；遥聞聲而相思者，合於謀待決事（入聲）也（緝之通韻）。

揵而反之，内自得而外不留；説而飛之，若命自來（叶音流，之幽通韻）。己迎而御之，若欲去之，因危與（去聲）之（魚部）。環轉因化，莫知所爲，退爲大儀（歌部）。

## 抵巇

物有自然，事有合離（叶音黎）。有近而不可見，遠而可知（歌支通韻）。近而不可見者，不察其辭也；遠而可知者，反往以驗來也（之部）。

巇始有朕，可抵而塞，可抵而卻，可抵而息，可抵而匿，可抵而得（之部）。

公侯無道德，則小人讒賊，賢人不用，聖人竄匿，貪利詐僞作，君臣相惑（之部）。土崩瓦解而相伐射，父子離散，乖亂反目。是謂萌芽巇罅（音謼，魚部）。

## 忤合

化轉環屬，各有形勢。反覆相求，因事爲制。是以聖人居天地之間，立身御世，施教揚聲明名也，必因事物之會（祭部）。觀天時之宜，因之所多所少（當作所少所多），以此先知之，與之轉化（歌部）。

## 本經陰符七篇

（盛神）道者，天地之始，一其紀也（之部）。物之所造，天之所生，包宏無形化氣，先天地而成，莫見其形，莫知其名。謂之神靈（耕部）。故道者，神明之源，一其化端（元部）。是以德養五氣（入聲），心能得一，乃有其術（脂部）。

（養志）神喪則髣髴，髣髴則參會不一（脂部）。養志之始，務在安己（之部）。己安則志意實堅，志意實堅則威勢不分，神明常固守，乃能分之（文真通韻）。

（實意）心安靜則神明榮，慮深遠則計謀成（耕部）。神明榮則志不可亂，計謀成則功不可間（元部）。

（分威）以實取虛，以有取無。若以鎰稱銖（叶音蛛，侯魚通韻）。故動者必隨，唱者必和（歌部）。撓其一指（去聲），觀其餘次（脂部）。

（轉圓）以不測之智而通心術，而神道混沌爲一（脂部）。以變論萬類，説義無窮。智略計謀，各有形容（東中通韻）。或圓或方，或陰或陽（陽部）。或吉或凶，事類不同（東部）。

（損兑）事有適然，物有成敗。機危之動，不可不察（掣，去聲，祭部）。故聖人以無爲待有德。言察辭合於事（入聲，之部）。用分威散勢之權，以見其兑（徒吠反）。威其機危，乃爲之決（去聲，祭部）。故善損兑者，譬若決水於千仞之堤，轉危石於萬仞之谿（支部）。

（清江有誥著音學十書，中華書局一九九三年版）

# 附録八

## 鬼谷子校記

鬼谷子校記，陳乃乾撰。序云：明鈔鬼谷子，蘇州文氏舊藏。乾隆甲寅嚴九能以述古堂鈔本校過，又經盧召弓覆校。明年徐北溟再校。咸豐丁巳，勞平甫又校。今歸江安傅氏繆小珊。嘗借校于秦刻本上，佳處甚多。古書流通處既景印秦本，因録其異同爲校記付之，俾附印於後。

### 卷上

（注）聖人（下有之）在天地間；（注）故爲衆生（下有之）先（下有也）；（注）能謂才（勞改材）能；

夫賢不肖智愚勇怯仁義（繆曰仁義二字疑衍，與賢不肖智愚勇怯不同，注亦未及）有差；（注）股肱各（咸）盡其力；（注）以原其同異（下有也）；（注）更求其反（及）也；

富貴尊榮顯名（繆曰：兩節皆四字句，名下脱二字。如以榮顯名譽爲句，則富貴尊三字不可解）由此言之（無之）；

苞(包)以德也；　(注)君臣所以能相求者(事)；　常持其網(下有而)驅之；　(注)報猶(由古通)合也；　別雄雌(雌雄，注同)；　如舌之取燔(蟠，注同)骨；　圓以道(勞改導)之；　(注)謂臣向(勞改嚮)晦；　(注)即以才(方)職任之；　是謂忘(亡)情失道；　(注)謂以友道結連於君(勞補若)王者之臣；　(注)故(則)能固志於君；　(注)待之以決其(無其)事；　(注)則出入自由揵開任意也(句上有用其情三字)；　(注)然後損益時事議論去就也(無也)；　(注)乃(有可以二字)立功建德也；　(注)入貢賦(賦貢)之業；　(注)如此(下有則)天下無邦；　(注)故曰揵而反之(下有也)；　(注)如員(圓)環之轉；　(注)可謂全身(下有之)大儀；　(注)因而除(勞改賒)之；　上(勞改土)無明主；　則爲之謀(下有此道二字)。

## 卷中

立勢而(無而)制事；　引(別)鉤箝之辭；　(注)人或(勞補知)過而從之；　或稱財貨琦瑋(瑋)珠玉璧帛采色以事之；　(注)謂人能(勞改既)從化；　材能知(勞改智)睿；　(注)夫人之性(勞改情)；　此所以謂測深探(揣)情；　故計國事者(無者)；　此謀之大(繆曰大因注而衍)本也；　(注)故能成事而(勞改亦)無患也；　(注)彼應(符)自著；　如

操鈎（勞改鈞）而臨深淵；　不費而民不知所以服（句上勞補國）；　（注）皆有所難能（句上勞補三者二字）；　（注）如受（勞改運）石（下有而）投水；　（注）夫謀成（事）必先考合於術數；　（注）自然（勞補易言二字）利辭；　所以闗（開）閉情意也；　（注）其不精（勞補不）利；　其偏害（繆改成）者也；　（注）今按全書無此文（乃乾按：孫詒讓曰：「按高承事物紀原九引樂壹注鬼谷子曰：『肅慎還，周公恐其迷路，造指南車送之。』則此爲樂注文。今本是陶注，故無此文也。」）；　（注）後（情）必相疏；

其數行（一）也；　（注）須別（制）事以爲法；　是（下有謂）医事而裁之；　（注）少則可以（無可以二字）得衆；　（注）愚（不智）者猜忌；　（注）惟（無惟）智者可矣；　（注）智（勞補者）獨能用之；　（注）教所憎相千里（下有馬）也；　（注）誘于仁壽（勞改義）之域也；　（注）既不更（勞改受）其決；　（注）沛然（勞補而）莫之能御；　德之術曰：勿堅而拒之（管子九守作聽之術曰勿望而距，勿望而許）；　（注）因求而與（勞改應）；　開閉不善不見原也（乃乾按：開當作闗，善上脱開字）；　（注）乃（勞改方）以聖人爲大盜之資；　（注）或曰轉丸胠篋（勞補二章二字）

## 卷下

盛神（下有者）中有五氣；　（注）無爲而自然者（無者）也；　出於（與）物化；　（注）是四者能不衰（勞補滅）；　（注）此明（謂）縱欲者不能養氣（無氣）志；　必先知其養氣（無

氣）志；（注）此明（謂）喪神始於志不養也；（注）則（下有事）多違錯；（注）我有其威（勞改盛）；待人意慮之交會（下有者）；（注）精虛（勞改靈）動物謂之威；無間則不（下有行）散勢者；（注）乃後（勞改復）轉圓而從其方；（注）使風濤潛駭（句上有終字）；（注）用其心服（章鈺曰服乃眼之誤）；（注）强者（勞改大）爲郄；以他人（下有之）庶；（注）如是而去之（下有人）；（注）則（即）以忌諱動之；（注）然後更理其目（勞改日）前；終可以（勞改以可）觀。